KB116819

세상은 실제로 어떻게 돌아가는가

세상은 실제로 어떻게 돌아가는가

1판 1쇄 발행 2023. 3. 9.
1판 5쇄 발행 2023. 5. 29.

지은이 바츨라프 스밀
옮긴이 강주헌

발행인 고세규
편집 이한경 디자인 유상현 마케팅 박인지 홍보 이한솔·장예림
발행처 김영사
등록 1979년 5월 17일(제406−2003−036호)
주소 경기도 파주시 문발로 197(문발동) 우편번호 10881
전화 마케팅부 031)955−3100, 편집부 031)955−3200 | 팩스 031)955−3111

이 책의 한국어판 저작권은 (주)이와이에이를 통한 저작권사와의 독점 계약으로 김영사에 있습니다.
저작권법에 의해 한국 내에서 보호를 받는 저작물이므로 무단전재와 무단복제를 금합니다.

값은 뒤표지에 있습니다.
ISBN 978−89−349−5096−7 03300

홈페이지 www.gimmyoung.com   블로그 blog.naver.com/gybook
인스타그램 instagram.com/gimmyoung   이메일 bestbook@gimmyoung.com

좋은 독자가 좋은 책을 만듭니다.
김영사는 독자 여러분의 의견에 항상 귀 기울이고 있습니다.

바츨라프 스밀 | 강주헌 옮김

세상은
실제로
어떻게
돌아가는가

How the World
Really Works

How the World
Really Works

김영사

차례

왜 지금 이 책이 필요한가?

어느 시대에나 독특한 면이 있겠지만 지난 세 세대, 즉 제2차 세계대전 이후 수십 년 동안에는 제1차 세계대전이 발발하기 전의 세 세대만큼 근본적인 변화는 없었던 듯하다. 그러나 전례가 없는 사건과 발전이 부족했던 것은 아니다. 역사상 어느 시대보다 더 많은 사람이 이제 더 높은 수준의 생활을 즐기고 장수와 건강을 누리게 된 것이 가장 인상적이다. 하지만 거의 80억 명에 가까운 세계 인구에 비하면 그 수혜자는 여전히 소수, 약 5분의 1에 불과하다.

두 번째로 인상적인 성취라면, 물리적 세계와 온갖 형태의 생명체에 대한 이해의 폭이 전례 없이 넓어졌다는 것이다. 우리 지식은 복잡계를 우주적 차원(은하와 항성)과 행성적 차원(대기권과 수권水圈과 생물권)에서 일반화하던 수준으로부터 원자와 유전자

차원에서 처리하는 수준으로까지 깊어졌다. 가장 강력한 마이크로프로세서의 표면에 식각觸刻된 선의 굵기는 인간 DNA 직경의 2배에 불과하다. 이렇게 넓어지고 깊어지는 이해의 폭과 깊이는 현대 문명을 유지해주는 기계, 장치, 절차, 규약 그리고 간섭을 끝없이 나열하는 것에 비유할 수 있다. 지금까지 축적된 지식과 그 지식을 유용하게 사용하는 방법은 1명의 개인이 이해할 수 있는 범위를 훌쩍 넘어선다.

1500년 피렌체의 시뇨리아 광장에서는 진짜 르네상스인을 만날 수 있었다. 그러나 그 시대가 아주 오랫동안 지속되지는 않았다. 18세기 중반 무렵 2명의 프랑스 학자 드니 디드로Denis Diderot와 장 르 롱 달랑베르Jean le Rond d'Alembert는 박식한 학자들의 도움을 받아 그 시대 지식의 개념어를 거의 망라한《백과전서 혹은 과학, 예술, 기술에 관한 체계적인 사전》을 여러 권으로 펴냈다. 다시 수 세대 뒤에는 자기 유도magnetic induction(1831년 마이클 패러데이Michael Faraday가 발견한 전기 발전의 기초)부터 식물 대사(1840년 유스투스 폰 리비히Justus von Liebig가 발견한 화학비료의 기초)까지 다양한 분야에서 기본적인 발견이 이루어지며, 우리 지식의 폭과 깊이가 크게 향상되었다. 1861년 제임스 클러크 맥스웰James Clerk Maxwell이 모든 무선통신의 기초가 되는 전자기를 이론화한 것도 이즈음이었다.

1872년, 즉《백과전서》의 마지막 권이 출간되고 한 세기가 지난 뒤에는 주제어들이 급속도로 증가해 지식을 모은 책들은 각 주제어를 피상적으로 다룰 수밖에 없었다. 다시 한 세기 반이 지난 지금은 협소하게 규정된 전문 분야에 대한 우리 지식을 요약하는 것조차 불가능할 정도가 되었다. 예컨대 '물리학'이나 '생물학' 같은 용어는 이제 거의 무의미한 명칭이다. 입자물리학 전문가는 요즘 발표되는 바이러스면역학 연구 논문의 첫 페이지도 이해하기 힘들 것이다. 지식의 이런 세분화로 공공 분야의 의사 결정은 더 어려워졌다. 현대 학문에서 고도로 전문화한 분야는 거의 불가해한 수준으로까지 발달해서, 그 분야에 종사하는 사람들은 30대 초반이나 중반까지 교육을 받아야 전문가 반열에 오른다.

그들은 오랫동안 함께 교육을 받지만, 최적의 방책에 대해서는 의견이 일치하지 않는 경우가 많다. 코로나19 팬데믹에서 확인되었듯 마스크 착용 여부 같은 지극히 간단해 보이는 문제에서도 전문가들의 의견이 갈린다. 팬데믹이 시작되고 3개월이 지난 2020년 3월 말까지도 세계보건기구World Health Organization, WHO는 감염자가 아니면 마스크를 쓸 필요 없다고 조언했고, 그러한 조언은 2020년 6월 초에야 번복되었다. 이제는 과거에 지배적이던 주장이 철회되거나 수그러들었지만, 전문 지식을 갖추지 못한 사람들이 어떻게 한쪽을 선택하고 이런 논란을 이해할 수 있겠는가?

하지만 계속되는 불확실성과 논쟁이 현대 세계가 기본적으로 어떻게 작동하는지 대부분의 사람이 제대로 이해하지 못하는 현상에 대한 변명이 되지는 않는다. 여하튼 밀이 어떻게 재배되고(2장), 강철이 어떻게 만들어지는지(3장) 알아보고, 세계화가 새로운 것도 아니고 불가피한 것도 아니라는 사실(4장)을 파악하는 게 우리에게 펨토화학femtochemistry(1999년 노벨 화학상을 수상한 아메드 즈웨일Ahmed Zewail이 확립한, 10^{-15}초에 일어나는 화학반응에 대한 연구)이나 폴리메라제 연쇄반응polymerase chain reactions(1993년 노벨 화학상을 수상한 캐리 멀리스Kary Mullis가 확립한, DNA를 신속하게 증폭하는 기술)을 이해하라고 요구하는 것과 같지는 않다.

그런데 현대사회에서 대부분의 사람이 세상이 실제로 어떻게 움직이는지에 대해 그렇게 피상적인 지식만 갖게 된 이유는 무엇일까? 그 이유는 현대사회의 복잡성이 명확한 설명을 제공한다. 우리는 블랙박스와 끊임없이 상호작용한다. 이 상호작용에서 비롯되는 결과는 상대적으로 단순해서 쉽게 이해할 수 있기 때문에 블랙박스 안에서 무엇이 어떻게 작용하는지 굳이 알아야 할 필요가 없다. 휴대폰과 노트북같이 어디에나 있는 전자장치도 다를 바 없다. 궁금한 것을 검색창에 입력하면 그것으로 충분하다. 대규모로 진행되는 백신 접종의 경우도 마찬가지이다. 2021년에 대대적으로 이뤄진 백신 접종에서 경험했듯이, 소매를 걷어 올려야 한다는 게 우리가 백신에 대해 이해할 수 있는 유일한 부분이었다. 그러나 우리 지식의 범위가 전문화를 부추기고, 그 반작용으로 기본에 대한 이해가 점점 얕아지거나 기본 자체를 무시하게 된다는 사실만으로 이해의 부족을 모두 설명할 수 있지는 않다.

도시화와 기계화가 이런 이해 부족의 주된 이유였다. 2007년 이후로 인류의 절반 이상이 도시에 거주하고 있다(부유한 국가에서는 80퍼센트 이상). 19세기와 20세기 초에 산업화하던 도시들과 달리 현대 도시 지역의 일자리는 대체로 서비스 업종에 속한다. 따라서 대부분의 현대 도시인은 식량을 생산하는 곳뿐만 아니라 기계와 기구를 조립하는 곳과도 떨어져 지낸다. 모든 생산 활동이 점차 기계화한다는 것은 세계 인구에서 극히 일부만이 문명을 지탱하는 에너지와 현대 세계를 구성하는 물질을 전달하는 데 종사한다는 뜻이다.

현재 미국에서 식량 생산에 직접 종사하는 사람 — 실제로 밭을 갈고, 씨를 뿌리고, 비료를 주고, 잡초를 뽑고, 곡물을 수확하는 사람, 또는 가축을 사육하는 사람 — 은 약 300만 명에 불과하다(농장주와 임금노동자). 특히 과일과 채소를 수확하는 과정이 가장 노동 집약적이다. 300만 명이란 수치는 미국 인구의 1퍼센트에도 못 미친다. 따라서 미국인 대부분이 빵과 고기가 어떻게 그들의 식탁에 오르는지 전혀 모르거나, 막연하게만 아는 게 조금도 놀랍지 않다. 콤바인이 밀을 수확한다. 그런데 대두와 렌즈콩을 수확할 때도 콤바인을 사용할까? 작은 새끼 돼지가 성장해서 돼지갈비가 되는 데는 얼마나 걸릴까? 몇 주일까, 몇 년일까? 미국인의 압도적 다수가 모르는 까닭에 부끄러울 건 없다.

중국은 세계 최대 강철 생산국이다. 매년 거의 10억 톤을 제련하고 주조하고 압연한다. 그러나 14억 명에 달하는 중국 인구 중 0.25퍼센트 이하가 그 모든 일을 해낸다. 달리 말하면, 중국 인구 중 극히 일부만이 용광로 가까이 접근하거나, 주물공장에서 뜨거운 강철이 빨간 띠를 이루며 움직이는 걸 볼 수 있을 뿐이다. 이런 단절은 세계 어디에서나 목격할 수 있는 현상이다.

에너지(식량과 연료)와 내구성을 띤 물질(금속과 비금속, 콘크리트)이 전달되는 기본적인 과정에 대한 이해가 부족하고, 그런 현상이 심화하는 또 하나의 주된 이유는 그 과정이 시대에 뒤떨어지지는 않더라도 구태의연해서 정보와 데이터 그리고 이미지로 이루어지는 세계에 비교하면 재미없는 것으로 여겨지기 때문이다. 따라서 이제 뛰어난 인재는 토양학을 전공하지 않고, 더 좋은 시멘트를 만들려고 손을 더럽히지도 않는다. 형체 없는 정보, 즉 무수히 많은 초소형 장치에서 전자의 흐름을 연구하기를 더 좋아한다. 변호사와 경제학자부터 코딩 전문가와 자산 관리자까지 그들은 삶과 관련한 물질적 현실과는 동떨어진 일로 터무니없이 높은 보수를 받는다.

게다가 이런 데이터 숭배자 중에는 전자의 흐름이 전에는 필수적으로 여기던 물질을 불필요하게 만들 것이라고 믿는 사람들이 적지 않다. 예컨대 밭이 도시의 수직 농법으로 대체되고, 궁극적으로는 합성 물질이 식량 재배의 필요성 자체를 없애버릴 것이라고 예측한다. 이렇게 인공지능에 의해 탈물질화가 이뤄지면 성형된 금속과 가공된 광물에 의존하는 우리 신세도 막을 내릴 것이다. 결국에는 지구라는 환경 없이도 우리는 잘 지낼 수 있을지 모른다. 예컨대 지구처럼 환경을 바꿔놓은 화성에 갈 수 있다면 지구가 왜 필요하겠는가? 물론 이 모든 것은 극도로 성급한 예측 수준이 아니다. 이는 가짜 뉴스가 만연하고 현실과 허구가 뒤섞인 사회가 조장한 환상이다. 이 사회에서 맹신적 성향을 띠며 무엇이든 쉽게 믿는 사람은, 과거의 날카로운 관찰자였다면 인정사정없이 모호한 망상으로 여겼을 것까지 믿어버린다.

이 책을 읽는 독자는 누구도 화성으로 이주하지 못할 것이다. 우리 모두가 이른바 도시 농업 지지자들이 상상하는 수직 농장이 아니라 널찍한 농경지에서 생산한 곡물을 계속 먹을 것이다. 우리는 누구도 탈물질화한 세계에서 살지 않을 것이다. 탈물질화한 세계에서는 물의 증발이나 식물의 수분受粉같이 그 무엇으로도 대체할 수 없는 자연의 섭리가 필요 없겠지만, 풍요로운 소수가 수 세대 전에 남겨놓은 조건에서 다수의 인류가 살기 때문에 이런 존재론적 필요조건을 그대로 물려주기가 점점 어려워지기는 할 것이다. 물론 에너지와 물질에 대한 수요 증가가 생물권에 너무 크고 지나치게 빠른 속도로 스트레스를 주어, 생물권이 장기적으로 기능할 수 있는 범위 내에서 본래의 흐름과 비축량을 유지하는 역량이 위험에 빠졌기 때문에도 그러한 조건을 물려주기가 어려워질 것이다.

핵심적인 예를 하나만 들어보자. 2020년 세계 인구의 약 40퍼센트(사하라사막 남쪽의 아프리카에서 살아가는 거의 모든 사람을 포함한 31억 명)에게 공급된 일인당 연간 평균 에너지량은 1860년 독일과 프랑스가 달성한 수치보다 높지 않다! 그 31억 명이 인간다운 생활수준의 문턱에 도달하기 위해서는 일인당 에너지 사용량이 3배가 된다면 더 낫겠지만, 적어도 2배는 되어야 한다. 그 수준에 도달하려면 전기 공급을 크게 늘리고, 식량 생산을 증진하고, 도시에 필요한 사업과 교통 등에서 기반 시설을 갖추어야 한다. 이런 요구를 충족하려면 생물권의 추가적인 악화는 피할 수 없을 것이다.

또 확산 일로에 있는 기후변화에는 어떻게 대처할 것인가? 바람직하지 않은 결과를 예방하기 위해 '무엇'인가를 해야 한다는 폭넓은 합의가 있기는 하다. 그러나 어떤 종류의 행동, 어떤 계통의 행동 변화에서 최선의 효과를 기대할 수 있을까? 에너지와 물질에서 우리 세계가 당면한 상황을 무시하는 사람들, 즉 우리가 어쩌다가 이 지경에 이르렀는지 이해하려는 노력보다 '녹색 해법green solution'이란 만트라mantra를 더 좋아하는 사람들의 처방전은 간단하다. 그저 탈탄소화하자는 것이다. 쉽게 말하면, 화석연료를 태우는 방식을 끝없이 순환되는 재생에너지로 전환하자는 것이다. 억지스러운 주장이 아닐 수 없다. 우리 문명은 화석연료를 기반으로 한 문명이다. 달리 말하면, 엄청난 양의 화석 탄소를 태워야 기술과 과학의 발전 및 삶의 질 상승과 번영이 가능하다. 따라서 우리 미래를 결정하는 이 중대한 요소를 수십 년 내에 단절하기는 힘들고, 수년 내는 그야말로 어불성설이다!

2050년까지 세계경제를 완전히 탈탄소화하겠다는 목표를 달성하려면 상상조차 할 수 없는 세계경제의 후퇴를 각오하거나, 거의 기적에 가까운 과학기술의 발전에 따른 급격한 변화가 있어야 할 것이다. 그러나 후자를 추구할 만한 과학기술적 수단도 없고, 설득력 있고 현실적이며 실현 가능한 범지구적 전략도 없는 마당에 누가 세계경제의 후퇴라는 희생에 흔쾌히 동의하겠는가? 그럼 실제로 어떤 일이 벌어질까? 희망 사항과 현실 사이의 어마어마한 격차에도 불구하고, 당사자 모두가 현실 세계와 관련한 정보의 극히 일부조차 공유하지 않고 자신의 편향된 의견만 내세우며 물리적 가능성과 동떨어진 주장을 펼친다면, 민주 사회에서는 다양한 의견과 제안의 경쟁이 합리적으로 이뤄질 수 없다.

이 책은 이해 부족을 조금이라도 줄이고, 우리의 생존과 번영을 결정하는 기본적이고 주요한 문제들을 설명해보려는 시도이다. 내 목표는 미래를 예측하려는 것도 아니고, 미래에 있을 현상을 미화하거나 암울하게 묘사하려는 것도 아니다. 이런 예측은 예부터 자주 시도되었지만 항상 실패했다. 따라서 나까지 이런 예측에 나설 필요는 없을 것이다. 더구나 장기적으로는 개인적 노력이나 집단적 연구를 통해서는 예측할 수 없는 뜻밖의 발전과 복잡한 상호작용이 무수히 많을 테니 말이다. 물론 현실에 대한 특정한(편향된) 해석을 절망의 징조라고, 혹은 무한한 희망의 조짐이라고 옹호할 생각도 없다. 나는 비관론자도 아니고 낙관론자도 아니다. 세계가 실제로 어떻게 움직이는지 설명해보려는 과학자이다. 그렇게 해서 찾아낸 답을 근거로, 우리 미래의 한계와 기회를 더 깊이 알아내고 싶을 뿐이다.

이런 종류의 연구는 필연적으로 선택적일 수밖에 없다. 그러나 면밀한 조사를 위해 선택한 일곱 가지 핵심 주제 하나하나가 존재론적 필요조건과 관련이 깊다. 달리 말하면, 핵심 주제에서 허튼 것이 하나도 없다는 뜻이다. 1장에서는 많은 에너지를 사용하는 우리 사회가 일반적으로 화석연료, 특히 가장 탄력적인 형태의 에너지인 전기에 점진적으로 의존하게 된 과정을 다룬다. 이런 현실을 정확히 이해해야 세계 에너지 공급을 빠른 시일 내에 탈탄소화할 수 있다는 허황된 주장, 즉 20~30년이면 탈탄소화를 끝내고 재생에너지에 전적으로 의존할 수 있을 것이라는 얼토당토않은 주장을 바로잡을 수 있다. 이런 주장이 요즘 너무 만연해 하루라도 빨리 바로잡을 필요가 있다. 현재 새로운 재생에너지원(수력이 아니라 태양광과 풍력)이 더 많은 전기를 생산하고 도로 위를 달리는 전기차가 점차 많아지고 있지만, 육로와 항로 그리고 해로의 운송 수단까지 탈탄소화하는 과제는 훨씬 더 까다롭다. 또한 화석연료에 의존하지 않고 핵심적인 물질을 생산하는 문제를 해결하는 것도 쉽지 않다.

2장에서는 생존에 가장 기본적인 필요조건, 즉 식량 생산을 다룬다. 이 장에서는 밀부터 토마토와 새우까지 우리의 생존에 필수적인 것 대다수가 어떻게 하나의 공통분모 — 그것들의 생장에 직간접적으로 상당량의 화석연료가 필요하다는 사실 — 를 갖게 되었는지 설명하는 데 초점을 맞추었다. 이렇게 우리의 생존이 화석연료에 기본적으로 의존하고 있다는 사실을 깨달아야 우리에게 화석 탄소가 지속적으로 필요하다는 현실을 이해할 수 있다. 석탄이나 천연가스를 태우지 않고 풍력 터빈이나 태양전지로 전기를 생산하는 건 상대적으로 쉽다. 그러나 액체 화석연료가 없다면 밭에서 사용하는 기계를 운용하기가 더 어려울 것이다. 천연가스와 석유가 없다면 비료와 농약을 생산하는 일도 훨씬 더 어려울 것이다. 요컨대 앞으로도 수십 년 동안은 화석연료를 에너지와 원자재로 사용하지 않고는 지상의 생명체를 적절한 수준으로 먹이는 게 불가능하다.

3장에서는 인간의 창의성이 만들어낸 물질이 우리 사회를 어떻게 지탱하는지 설명한다. 특히 내가 현대 문명의 네 기둥이라고 이르는 것, 즉 암모니아·강철·콘크리트·플라스틱을 집중적으로 다룬다. 이런 현실을 올바로 이해할 때, 서비스산업과 소형화한 전자 기기가 지배하는 현대 경제의 탈물질화에 대해 요즘 유행하는 주장이 잘못된 허상임이 백일하에 드러날 것이다. 많은 완제품에 사용되는 단위당 물질의 상대적 감소는 현대 산업 발전을 규정하는 추세 중 하나이다. 절대량으로 보면 물질 수요는 세계에서 가장 부유한 사회에서도 꾸준히 증가하는 추세이지만, 자동차는 말할 것도 없고 튼튼한 아파트와 주방용품 그리고 에어컨을 꿈꾸는 수십억 인구가 살아가는 저임금 국가에서 상상할 수 있는 포화 수준보다는 훨씬 낮다.

4장에서는 세계화 이야기, 즉 세계가 교통과 통신으로 긴밀히 연결된 과정을 다룬다. 이 역사 이야기에서는 그 과정의 기원이 먼 옛날로 거슬러 올라가고, 세계화가 진정으로 최고조에 이른 시기는 최근이라는 걸 보여준다. 더 면밀히 분석하면 지금처럼 세계화가 이중적으로 인식되는 현상, 즉 많은 칭찬과 의문과 비판이 혼재된 현상의 향방에서 불가피한 것은 없다는 사실이 분명해진다. 최근 세계 곳곳에서 눈에 띄게 세계화를 거부하는 현상이 있었다. 포퓰리즘과 국가주의를 지향하는 경향도 일반적이다. 그러나 이런 움직임이 언제까지 계속될지, 또 이런 변화가 경제와 안보 그리고 정치와 결합하며 어느 정도까지 수정될지도 불분명하다.

5장에서는 우리가 직면한 위험을 판단하기 위한 현실적 구조를 다룬다. 현대사회는 과거 목숨을 위협하거나 장애를 초래하던 많은 위험, 예컨대 소아마비와 출산의 위험을 해소하거나 줄이는 데 성공했다. 그러나 앞으로도 많은 위험이 항상 우리 곁에 있을 것이다. 우리는 그런 위험을 제대로 평가하는 데 번번이 실패하고, 직면한 위험을 과소평가하거나 과장한다. 5장을 읽고 나면, 독자는 비자발적인 실수와 자발적인 행동(집에서 넘어지는 실수와 허리케인이 잦은 도시에 사는 것부터 대륙을 넘나드는 비행과 스카이다이빙까지)의 상대적 위험을 올바로 인식할 수 있을 것이다. 또 다이어트 산업의 허튼소리를 파헤치고 나면, 우리가 장수하기 위해 먹을 수 있는 음식이 많아진다는 것도 확인할 수 있다.

6장에서는 현재의 환경 변화가 우리 생존에 반드시 필요한 세 가지 요소, 즉 산소와 물과 식량에 어떤 영향을 미치는지 먼저 살펴보고, 후반부에서는 지구온난화에 초점을 맞춘다. 지구온난화는 근래에 환경적 관심사를 지배하며 거의 종말론적인 새로운 격변설로 이어졌다. 하지만 한편으로는 지구온난화라는 과정 자체를 완전히 부정하는 의견도 만만치 않다. 많은 책이 이렇게 대립되는 주장을 평가해서 최종 판결을 내리고 있으므로, 나는 일반 인식과 달리 이런 대립이 최근에야 불거진 현상이 아니라는 걸 강조하고자 한다. 지구온난화 과정의 기본 법칙은 이미 150년 전부터 알려졌다.

게다가 현재의 온난화 정도는 대기권에서 이산화탄소 농도가 한 세기 이상 동안 2배로 증가한 결과와 관계가 있다. 이는 이미 알려진 사실이며, 이런 전 지구적 실험은 전례가 없었고 반복해서도 안 된다는 경고 또한 반세기 이상 전부터 있었다. 실제로 이산화탄소의 정확한 측정은 1958년에 시작되었고 한 번도 멈춘 적이 없다. 그러나 우리는 이런 설명과 경고 및 기록을 무시하며 화석연료에 더욱 의존하는 길을 선택했다. 그 결과, 화석연료에 대한 의존을 끊기가 쉽지 않게 되었다. 따라서 현 상황을 얼마나 신속하게 바꿔갈 수 있을지는 여전히 불분명하다. 여기에 다른 환경문제들까지 더하면 "인류는 생물권이란 안전한 경계 내에서 자신의 열망을 실현할 수 있을까?"라는 중대한 존재론적 문제에 답하는 것이 쉽지 않다고 결론지을 수밖에 없다. 그러나 우리는 문제의 자초지종을 알아야 한다. 그래야 지구온난화라는 문제를 효과적으로 다룰 수 있을 것이다.

마지막 장에서는 미래를 예측해보았다. 특히 격변론과 기술낙관주의라는 두 상반된 경향에 초점을 맞추었다. 재앙론자들은 현대 문명이 종언을 고할 때까지 몇 년밖에 남지 않았다고 주장하고, 기술낙관주의자들은 발명의 힘이 지구의 경계를 넘어 무한한 지평을 열며 지구 문제를 하찮게 만들 것이라 예측한다. 나는 어느 쪽을 특별히 싫어하지도 않고, 어느 쪽을 편들지도 않을 것이다. 내 생각에는 어느 쪽이 역사에서 곧 사라질 것 같지도 않다. 미래가 미리 정해졌을 리는 없고, 우리가 어떤 선택을 하느냐에 따라 상당히 복잡하게 전개될 것이 분명하다.

이 책은 두 가지를 기초로 쓰였다. 하나는 과학계의 풍부한 성과이고, 다른 하나는 반세기 동안의 내 연구와 저술 활동이다. 과학계의 성과에는 에너지 전환과 온실가스에 대한 19세기의 선구적 설명 같은 고전적인 기여부터 범세계적 과제들에 대한 최근의 평가와 위험 확률까지 다양한 항목이 포함되었다. 내가 지금까지 발표한 많은 책에 집약했듯이, 수십 년 동안 학문의 경계를 넘나들며 연구한 성과가 없었다면 결코 이 책을 쓰지 못했을 것이다. "여우는 많은 것을 알고, 고슴도치는 큰 것 하나를 안다"는 고대 성현의 비유를 굳이 거론하지 않더라도, 나는 현대 과학자가 구멍을 계속 더 깊이 파는 착암기(요즘에는 명성을 얻는 지름길)이거나 지평선을 드넓게 훑는 스캐너(요즘에는 크게 줄어든 부류)라고 생각하는 편이다.

구멍을 끝없이 깊게 파고 눈에 보이는 하늘의 극히 작은 부분을 근원부터 파헤치는 탁월한 전문가가 되겠다는 생각은 나에게 애초부터 없었다. 나는 내 제한된 능력이 허락하는 범위 내에서 두루 사면팔방을 훑어보기를 좋아했다. 내 평생의 주된 관심 분야는 에너지였다. 그 방대한 분야를 만족스러운 수준으로 이해하려면 물리학·화학·생물학·지질학·공학에 대한 이해가 있어야 하고, 역사는 물론이고 사회·경제·정치와 관련한 요인들에도 주목해야 하기 때문이다.

지금까지 내가 발표한 40종 넘는 저서는 다소 학술적인 성격을 띤다. 그중 거의 절반이 일반 에너지론과 에너지를 역사적 관점에서 폭넓게 천착한 경우부터 개별 연료(석유, 천연가스, 생물량)와 구체적인 속성 그리고 처리 과정(출력 밀도, 에너지 전환) 등을 면밀하게 분석한 경우까지 에너지와 관련된다. 나머지 연구물에서는 학문의 경계를 넘나드는 내 관심사가 여실히 드러난다. 성장과 위험 같은 기본적인 현상, 지구환경(생물권, 생물지질화학적 순환, 지구생태학, 광합성 생산성, 수확), 식량과 농업, 원자재(특히 강철과 비료), 기술 발전, 제조업의 흥망에 대해 썼고, 고대 로마와 근대 미국사 그리고 일본 음식에 대해서도 썼다.

이 책은 내가 평생 연구한 결과이다. 일반인을 위해 썼지만, 생물권과 역사 그리고 우리가 만들어낸 세계의 근본적 현실을 이해해보려는 내 오랜 탐구의 연장선에 있다. 물론 내가 수십 년 동안 고집스레 견지해온 관점을 그대로 유지했다. 다시 말하면, 극단적 견해를 경계하고 멀리하라고 강력히 주장한다. 따라서 어느 쪽이든 극단적 견해를 옹호하는 사람들에게 이 책은 실망스러울 것이다. 2030년에 세계가 종말을 맞을 것이란 비통한 애가도 없고, 예상보다 빨리 도래한 인공지능의 놀라운 힘에 대한 찬사도 없기 때문이다. 나는 이 책에서 절제되고 필연적으로 불가지론적인 관점에 대한 근거를 제시해보려 했다. 따라서 여기서 제시하는 합리적이고 객관적인 접근법을 통해, 독자들이 세계가 실제로 어떻게 움직이고 미래 세대에 더 나은 세계를 전해줄 가능성이 얼마나 되는지 이해하길 바랄 뿐이다.

그러나 특정한 주제에 본격적으로 뛰어들기 전에 부탁을 겸해 한 가지 경고를 해두고 싶다. 이 책은 숫자로 가득하다. 현대 세계의 현실은 정성적定性的 설명만으로는 이해되지 않기 때문이다. 이 책에 쓰인 숫자는 필연적으로 엄청나게 크거나 무척 작다. 이런 현실은 세계적으로 유효한 접두사로 표현되는 자릿수로 다루는 게 최선이다. 자릿수와 관련해 기초 교육을 받은 적이 없다면 부록을 참조해주길 바란다. 이런 이유로 이 책을 뒤에서부터 읽는 게 더 나은 독자도 있겠다. 1장부터 에너지를 정량적으로 면밀하게 분석한 숫자를 만나게 될 것이기 때문이다. 정량적 분석은 결코 유행에서 벗어나지 않는 관점이다.

1

에너지에 대하여

연료와 전기

How
the
World
Really
Works

어떤 공상과학 소설에서, 우리가 생명체를 찾아 멀리 떨어진 행성으로 떠나는 게 아니라, 극도로 지적인 문명체가 근처 은하계로 무인 탐사선을 보내 지구와 지구인을 원격으로 감시한다고 가정해보자. 그들이 지구를 감시하는 이유가 무엇일까? 지구를 체계적으로 이해하는 데 만족하지 않고, 나선은하spiral galaxy에서 평범한 항성 주위를 회전하는 제3행성의 위험한 급습을 피하기 위함일 수 있고, 그들에게 제2의 고향이 필요한 경우를 대비한 것일 수도 있다. 이런 이유에서 그 행성은 지구를 주기적으로 감시한다.

이번에는 어떤 탐사선이 100년을 주기로 한 번씩 우리 지구를 향해 다가와서, 전에는 관찰하지 못한 종류의 에너지 전환— 에너지가 어떤 형태에서 다른 형태로 변화하는 현상 — 이나 그 에너지 전환에 따라 새롭게 구현된 물리적 현상을 감지할 경우 그걸 더 정밀하게 조사하도록 프로그램화되었다고 상상해 보자. 기본 물리학적 관점에서 보면 강우, 화산 폭발, 식물의 생장, 동물의 포식, 인간 지혜의 성장 등과 같은 어떤 과정을 일련의 에너지 전환으로 규정할 수 있다. 그렇다면 지구가 형성된 이후 수십억 년 동안 그 미지의 탐사선은 화산 폭발, 지진, 대기 폭풍 등 변화무쌍하지만 궁극적으로는 단조로운 현상만 보았을 것이다.

근본적 변화

최초의 미생물은 약 40억 년 전에 나타났지만, 지구를 지나가던 탐사선은 그 미생물을 찾아내지 못했을 것이다. 그 생명체가 드물기도 했지만 알칼리를 함유한 해저 열수熱水 분출공과 어울려 감추어져 있었기 때문이다. 탐사선이 처음 미생물을 정밀 조사할 수 있던 시기는 35억 년 전으로, 그때 얕은 바다에서 단순한 단세포 광합성 미생물을 찾아내 기록했을 것이다. 그 미생물은 가시스펙트럼 바로 위에 있는 근적외선을 흡수했지만, 산소를 배출하지는 않았다.[1] 그 후로 어떤 변화의 징후도 없이 수억 년이 흘렀고, 마침내 시아노박테리아cyanobacteria가 가시 태양복사 에너지를 사용해 이산화탄소와 물을 새로운 유기화합물로 전환하며 산소를 배출하기 시작했다.[2]

이 근본적인 변화로 산소를 함유한 지구 대기권이 형성되었지만, 그러고도 오랜 시간이 지난 뒤, 즉 12억 년 전에야 한층 복잡한 새로운 해양 유기체가 바다에서 눈에 띄었고, 탐사선은 (광합성색소인 피코에리트린phycoerythrin 때문에) 선명한 색상을 띤 홍조류紅藻類와 상대적으로 큰 갈조류褐藻類가 생겨나 확산되었다고 기록할 것이다. 녹조류는 거의 5억 년 뒤에 나타났다. 이렇게 해양 식물이 새로이 급증한 데다 해저까지 추적해 관찰하려면 탐사선은 더 좋은 감지기가 필요했을 것이다. 그에 대한 보상이 있었던지, 약 6억 년 전 탐사선은 또 하나의 획기적인 발견을 해냈다. 분화 세포differentiated cell로 이루어진 최초의 유기물을 찾아낸 것이다. 이 약간 납작하고 부드러우며 바다에서 살아가는 생명체(오스트레일리아에서 서식하기 때문에 에디아카라 동물군Ediacara fauna이라고 부른다)는 신진대사를 위해 산소가 필요한 최초의 단순한 동물이었고, 파도와 해류를 따라 떠다닐 뿐이던 조류와 달리 스스로 움직였다.[3]

그때부터 탐사선은 상대적으로 신속하게 변하는 것을 기록하기 시작했다. 달리 말하면, 생명체가 없는 대륙을 지나가며 수억 년을 기다린 뒤에야 또 다른 획기적 변화를 끼적대는 수준에서 벗어나, 다양한 종의 생명체가 잉태된 후 확산·멸종하는 과정을 순서대로 기록하기 시작했다. 이 시기는 해저에서 살아가는 작은 해양 동물이 폭발적으로 등장한 캄브리아기(5억 4,100만 년 전으로 초기에는 삼엽충이 많았다)에서 시작해 최초의 어류와 양서류, 육지 식물, 네발짐승, 즉 예외적으로 움직이는 동물들이 등장한 때까지 이어진다. 주기적인 멸절로 인해 이런 다양성이 줄어들고, 때로는 거의 완전히 사라졌다. 600만 년 전까지 탐사선은 지구를 지배하는 어떤 생명체도 찾아내지 못했다.[4] 그로부터 오래지 않아 에너지 사용에서 엄청나게 중요하지만 기계적 변화였던 까닭에 탐사선이 거의 놓칠 뻔한 변화가 일어났다. 많은 네발짐승이 잠깐 일어서거나 두 발로 어색하게 걷기 시작한 것이다. 400만 년 전에는 이런 형태의 보행이 작은 유인원 같은 피조물에게는 규범이 되었고, 그 피조물은 나무보다 땅에서 더 많은 시간을 보내기 시작했다.[5]

그때부터 탐사선이 주목할 만한 사건을 본부에 보고하는 간격이 수억 년에서 수십만 년으로 크게 줄어들었다. 우리 조상들의 기나긴 계보에서, 이 초기 두발짐승은 '호모' 속屬의 '호미닌hominin'으로 분류되고, 이 호미닌의 후손이 결국 지구를 빠른 속도로 지배하기에 이르렀다. 수십만 년 전, 탐사선은 에너지가 처음으로 체외에서 사용되는 사례 — 예컨대 음식을 소화하는 경우 이외의 에너지 전환 — 를 발견했다. 직립보행하는 생명체의 일부가 불을 마음대로 다루며 조리와 안락과 안전을 위해 의도적으로 사용하기 시작했다.[6] 이렇게 불을 사용해 식물의 화학에너지를 열에너지와 빛으로 전환함으로써 호미닌은 전에는 소화시키기 어렵던 음식을 섭취하고, 추운 밤을 따뜻하게 지내며 위험한 짐승들을 쫓아낼 수 있었다.[7] 불의 사용은 환경을 전례 없던 규모로 통제하며 의도한 대로 만들어가는 첫걸음이었다.

이런 추세는 다음 단계의 중대한 변화, 즉 작물 재배의 채택으로 더욱 뚜렷해졌다. 약 1만 년 전, 탐사선은 계획적으로 씨를 뿌린 경작지에 대해 처음 기록했다. 인간이 자체 이익을 위해 작물을 재배함으로써, 즉 적절한 식물을 선택해 심고 관리한 뒤 수확함으로써 지구 전체에서 이뤄지는 광합성 중 일부가 인간에 의해 통제 및 조작된다는 뜻이었다.[8] 들짐승을 집짐승으로 길들이는 최초의 가축화가 곧바로 뒤따랐다. 가축화를 시작하기 전에는 인간의 근육이 유일한 원동기, 즉 음식에서 얻은 화학에너지를 노동이라는 운동에너지(역학적에너지)로 전환하는 장치였다. 약 9,000년 전, 일하는 동물로 소를 처음 기르기 시작하면서, 인간 근육의 에너지가 아닌 체외 에너지가 처음으로 공급되었다. 가축화한 짐승은 밭을 경작하고, 우물에서 물을 길어 올리고, 무거운 짐을 당기거나 운반하는 데 쓰였다. 물론 개인이 이동하는 수단으로도 이용했다.[9] 무생물 원동기는 그로부터 많은 시간이 지난 뒤에야 도래했다. 돛은 5,000년, 물레바퀴는 2,000년, 풍차는 1,000년 이상 전에 생겨났다.[10]

상대적으로 변화 속도가 둔화한 시대 이후로는 탐사선이 새롭게 관찰한 것이 많지 않았다. 세기가 거듭되어도 반복과 정체, 느릿한 성장이 이어지고, 오래전에 확립된 에너지 전환이 확산할 뿐이었다. 남북아메리카와 오스트레일리아에는 일하는 가축과 간단한 기계 원동기가 없어 유럽인이 도래하기 전까지는 모든 노동이 인간 근육의 몫이었다. 구세계 일부 지역에서는 산업화 이전에 마구馬具를 채운 가축, 바람, 흐르는 물이나 떨어지는 물이 곡물을 빻고 기름을 짜는 데 필요한 에너지의 상당량을 대신했다. 따라서 일하는 가축, 즉 역축役畜은 힘든 농사일(수확은 여전히 인력에 의존한 까닭에 특히 쟁기질)에, 또 물건을 운반하고 전쟁을 수행하는 데 필수적인 존재가 되었다.

그러나 이즈음 가축화한 짐승과 기계 원동기를 갖춘 사회에서도 대부분의 일은 여전히 인간에 의해 이뤄졌다. 근사치일 수밖에 없는 역축과 인구의 과거 총량을 계산하고 요즘 측정한 신체 활동에 근거한 일반적인 일일 노동량을 전제로 추정해보면, 서력기원으로 1000년대가 시작될 즈음이나 그로부터 500년 후(근대가 시작된 1500년)까지 모든 유용한 역학적에너지의 90퍼센트 이상은 사람과 역축으로 대변되는 생명력이 제공했다. 반면 열에너지는 전적으로 식물 연료의 연소를 통해 얻었다(식물 연료는 주로 나무와 숯이었지만 밀짚과 말린 똥도 작은 몫을 차지했다).

그리고 1600년 그 외계 탐사선은 본격적인 활동을 시작하며 미증유의 현상을 목격했을 것이다. 고립된 사회가 숲에만 의존하지 않고, 수억 년 전에 광합성으로 만들어진 뒤 오랫동안 지하에 묻힌 채 열과 압력으로 화석화한 연료, 즉 석탄을 태우는 빈도가 점점 증가했다. 최근의 재구성에 따르면, 잉글랜드에서는 열원熱源으로서 석탄이 1620년경, 어쩌면 그보다 훨씬 이전에 이미 바이오 연료의 사용량을 넘어섰다. 1650년쯤에는 열에너지의 3분의 2를 석탄을 태워 공급했고, 1700년쯤에는 그 비율이 75퍼센트에 달했다.[11] 잉글랜드는 예외적으로 일찌감치 석탄을 열에너지원으로 사용한 국가였다. 영국을 19세기의 경제 대국으로 만든 탄전은 모두 1640년 이전부터 석탄을 생산했다.[12] 게다가 잉글랜드의 일부 광산에서는 18세기 초부터 증기기관을 사용하기 시작했고, 증기기관은 화석연료를 태워 동력을 얻은 최초의 무생물 원동기였다.

초기의 증기기관은 무척 비효율적이라 연료를 쉽게 구할 수 있어 운송이 필요 없는 광산에만 배치했다.[13] 그럼에도 여러 세대 동안 영국은 외계의 탐사선에 가장 흥미로운 국가였다. 그 이유는 영국이 화석연료의 예외적인 초기 수용자였기 때문이다. 1800년경에도 소수의 유럽 국가와 미국에서 채굴한 석탄은 영국 생산량의 일부에 불과했다.

1800년경 지구를 지나가던 탐사선은 지구 전역에서 지배적인 두발짐승이 사용하는 열과 빛의 98퍼센트가 여전히 식물 연료에서 공급되고, 인간과 동물의 근육이 경작과 건설 그리고 제조에 필요한 역학적에너지의 90퍼센트 이상을 제공한다고 기록했을 것이다. 영국에서는 제임스 와트James Watt(1736~1819)가 개량된 증기기관을 1770년대에 내놓았고, '볼턴 앤드 와트Boulton & Watt'는 평균 출력이 25마력에 달하는 증기기관을 제작하기 시작했다. 그러나 1800년까지 그 회사는 500대를 채 팔지 못했고, 증기기관은 마구를 채운 말과 근면한 노동자가 제공하는 총동력의 극히 일부만을 대신할 뿐이었다.[14]

1850년경까지도 유럽과 북아메리카에서 채굴한 석탄은 총연료 에너지의 7퍼센트를 감당하는 데 그쳤다. 유용한 운동에너지의 거의 절반은 역축으로부터, 40퍼센트가량은 인간의 근육으로부터 얻었다. 수차와 풍차 및 서서히 확산하던 증기기관, 이렇게 세 종류의 무생물 원동기로부터 얻는 에너지는 15퍼센트에 불과했다. 따라서 1850년의 세계는 2000년의 세계보다 1700년이나 1600년의 세계와 더 유사했다.

그러나 1900년쯤에는 근대적 에너지원(석탄과 약간의 원유)이 일차에너지의 절반을 공급하고, 전통적인 연료(나무와 숯과 밀짚)가 나머지 절반을 담당해 화석연료와 재생 연료가 세계 원동기에서 차지하는 몫이 크게 변했다. 1880년대에는 수력발전소의 터빈이 주된 일차 전력원이었다. 지열 발전은 그 뒤에 탄생했고, 제2차 세계대전이 끝난 후에는 원자력과 태양광 그리고 풍력을 이용한 발전(신재생에너지)이 가능해졌다. 그러나 2020년까지도 전 세계에서 생산하는 전기의 절반 이상을 여전히 화석연료, 주로 석탄과 천연가스를 태워 만들 터였다.

1900년쯤에는 무생물 원동기가 역학적에너지 총량의 절반가량을 생산했다. 석탄을 연료로 사용한 증기기관이 가장 큰 몫을 차지했고, 정교하게 설계된 수차와 새로운 수력터빈(1830년대에 처음 도입), 풍차와 새롭게 개발된 증기터빈(1880년대 말 이후 도입), 휘발유를 연료로 사용하며 역시 1880년대에 처음 도입된 내연기관이 그 뒤를 이었다.[15]

1950년경에도 여전히 석탄이 주된 연료여서 화석연료가 일차에너지의 거의 4분의 3을 공급했다. 한편 이즈음에는 무생물 원동기가 역학적에너지 총량의 80퍼센트 이상을 만들었다. 휘발유와 디젤을 연료로 사용한 내연기관이 이를 주도했다. 2000년쯤에는 저소득 국가에서도 가난한 사람들만이 바이오 연료에 의존한 까닭에 나무와 밀짚이 세계 전역의 일차에너지 생산에서 차지한 비율은 약 12퍼센트에 불과했다. 또 인간의 노동과 역축의 작업이 휘발유나 디젤을 연료로 사용하는 기계와 전동기로 대부분 대체된 까닭에 생물 원동기는 역학적에너지의 5퍼센트를 넘지 않았다.

지난 두 세기 동안 외계 탐사선은 지구에서 화석연료 공급이 확산 및 다각화하며 일차에너지원이 신속히 대체되는 현상을 목격했을 것이다. 물론 새로운 형태의 무생물 원동기 — 처음에는 석탄을 연료로 사용한 증기기관, 다음에는 피스톤과 터빈을 이용한 내연기관 — 가 그에 못지않게 신속히 도입 및 채택되어 발전하는 과정도 지켜보았을 것이다. 그리고 가장 최근에 지구를 방문한 탐사선이라면, 화석 탄소를 대규모로 전환하는 고정식 시설과 이동식 장치가 사람이 살지 않는 일부 지역을 제외하고 어디에나 세워지며 진정으로 세계화된 사회를 규정하는 현상을 목격했을 것이다.

근현대의 에너지 사용

||||||||||||||||||||||

체외 에너지의 이런 활성화가 어떤 차이를 만들어냈을까? 범세계적 일차에너지 공급은 일반적으로 총생산을 가리킨다. 그러나 유용한 형태로 전환할 수 있는 에너지만을 분석하는 게 더 현실적이다. 그렇게 하려면 소비 전에 손실되는 부분(석탄을 분류하고 선별하는 동안, 원유를 정제하는 동안, 천연가스를 처리하는 동안), 에너지원으로 사용하지 않는 부분(화학 산업계에 공급하는 원료, 펌프부터 항공기 터빈 엔진까지 다양한 기계에 사용하는 윤활유, 그리고 도로 포장용 재료), 전기를 송전하는 동안 손실되는 부분을 빼야 한다. 내가 이렇게 조정하고 대략적으로 반올림하며 불필요한 정확성을 피해 계산한 결과에 따르면, 화석연료의 사용이 19세기 동안에는 60배, 20세기 동안에는 16배, 지난 220년 동안에는 약 1,500배 증가한 것으로 추정한다.[16]

따라서 화석연료에 대한 의존이 증가했다는 사실은 현대 문명의 발전을 설명할 때 가장 중요한 요인이다. 또한 화석연료의 취약한 공급 가능성, 화석연료의 연소가 환경에 미치는 영향에 대한 근원적인 염려를 설명할 때도 의존성 증가라는 사실을 빠뜨릴 수 없다. 게다가 같은 기간에 평균적인 에너지 전환 효율성이 높아진 걸 고려해야 하기 때문에 에너지량의 실질적 증가는 내가 방금 언급한 1,500배보다 훨씬 더 높았다.[17] 1800년에 난방을 하고 온수를 얻기 위해 난로와 보일러에서 사용한 석탄의 효율성은 25~30퍼센트에 지나지 않고, 증기기관에 사용한 석탄은 2퍼센트만이 유효 에너지로 전환되는 등 전체적인 전환율은 15퍼센트를 넘지 않았다. 한 세기가 지난 뒤에는 난로와 보일러와 엔진이 모두 개선됨으로써 전체적인 전환률도 거의 20퍼센트까지 올라섰고, 2000년에는 평균 전환율이 약 50퍼센트로 향상했다. 따라서 20세기 들어 유효 에너지량이 거의 40배 증가하고, 1800년 이후로는 약 3,500배 증가한 것으로 계산할 수 있다.

이런 변화의 규모를 더 명확히 파악하려면, 이 비율을 일인당 기준으로 다시 계산해야 한다. 세계 인구는 1800년에 10억 명이었지만 1900년에는 16억 명으로, 2000년에는 61억 명으로 증가했다. 따라서 유효 에너지 공급은 일인당 1800년 0.05기가줄gigajoule에서 1900년에는 2.7기가줄로, 다시 2000년에는 약 28기가줄로 크게 증가했다. 한편 세계 에너지 공급량이 2020년에 일인당 34기가줄로 급작스레 증가한 주된 이유로는 2000년 이후 세계 무대에 등장한 중국이 손꼽힌다. 요즘 현대인이 평균적으로 사용하는 유효 에너지량은 19세기 초에 우리 조상들이 사용하던 에너지량의 평균보다 700배나 많다.

게다가 제2차 세계대전 직후에 태어난 사람들이 평생 동안 사용한 일인당 평균 에너지량은 1950~2020년 10기가줄에서 34기가줄로, 3배 이상 증가했다. 34기가줄을 쉽게 상상할 수 있는 크기로 바꿔 표현하면, 평균적인 지구인이 매년 약 800킬로그램(약 6배럴)의 원유, 혹은 약 1.5톤의 질 좋은 역청탄을 사용하는 것과 같다. 육체노동량으로 표현하면, 60명의 성인이 한 명의 평균적인 사람을 위해 쉬지 않고 밤낮으로 일하는 것과 같고, 부유한 국가의 주민을 위해서는 국가에 따라 조금씩 다르지만 대략 200~240명의 성인이 위와 같이 일하는 것과 같다. 평균적으로도 우리 인간은 역사상 전례 없는 양의 에너지를 사용하고 있다.

유효 에너지 공급량을 인간 활동, 육체노동 시간과 여가 시간, 전반적 생활수준을 기준으로 계산한 결과는 명백하다. 모든 풍요로운 국가에서 이제 예외적 현상이 아니라 규범이 된 이득 — 예컨대 더 나은 식생활부터 대규모 여행까지, 또 생산과 운송의 기계화부터 개인 간의 즉각적인 커뮤니케이션까지 — 의 기저에는 풍부한 유효 에너지가 있고, 그 에너지로 모든 이득이 설명된다. 최근의 변화도 국가별로 상당히 다르다. 일인당 에너지 사용량이 한 세기 전에도 상대적으로 높았던 고소득 국가들에서는 증가율이 낮은 편이지만, 1950년 이후로 경제가 급속히 근대화한 국가들, 특히 일본과 한국 그리고 중국에서는 증가율이 높은 편이다. 예컨대 1950~2020년 미국은 화석연료와 일차

전력으로 공급한 일인당 유효 에너지가 대략 2배 증가했다(약 150기가줄). 그러나 일본에서는 그 비율이 5배(일인당 약 80기가줄), 중국에서는 놀랍게도 120배(일인당 약 50기가줄) 이상 증가했다.[18]

에너지는 생물권과 인간 사회 및 경제의 복잡한 구조를 이루는 한 요소일 뿐만 아니라, 상호작용하며 서로 영향을 미치는 이 시스템들의 진화를 복잡한 방정식으로 결정하는 한 변수이기도 하다. 이런 이유에서, 유효 에너지가 어떻게 사용되는지 추적해 보는 것도 무척 흥미로운 과제이다. 에너지 전환은 생명체와 진화의 기반이다. 현대사를 특정 에너지원이 새로운 에너지원으로 유례없이 급속히 옮겨가는 사례들의 연속이라고 해석할 수 있다면, 현대 세계는 그런 전환이 누적된 결과이다.

인간의 삶에서 에너지의 중요성을 처음으로 인식한 것은 물리학자들이었다. 1886년 열역학의 창시자 중 한 명인 루트비히 볼츠만Ludwig Boltzmann(1844~1906)은 자유 에너지free energy, 즉 전환 가능한 에너지를 "생명을 유지하기 위해 쟁취해야 할 대상"으로 규정하며, 생명은 궁극적으로 태양광에 의존하기 때문이라고 설명했다.[19] 또 1933년 노벨 물리학상을 수상한 에르빈 슈뢰딩거Erwin Schrödinger(1887~1961)는 생명의 기반을 "유기체가 양식으로 삼는 것은 '음'의 엔트로피negative entropy"라는 말로 압축적으로 표현했다(음의 엔트로피 또는 네겐트로피negentropy, 즉 자유 에너지).[20] 1920년대 동안에는 미국의 수학자이자 통계학자 앨프리드 로트카Alfred Lotka(1880~1949)가 19세기와 20세기 초에 활동한 물리학자들의 이런 기본적 통찰을 근거로, 가용 에너지를

가장 효과적으로 포획하는 유기체가 진화적으로 유리하다는 결론을 내렸다.[21]

1970년대 초, 미국 생태학자 하워드 오덤Howard Odum(1924~2002)은 "모든 진보는 특별한 힘의 지원이 있기 때문에 가능하다. 그 힘이 제거되는 시기와 장소에서는 진보도 어김없이 사라진다"고 말했다.[22] 최근에는 물리학자 로버트 에이리스Robert Ayres가 모든 경제 분야에서 에너지라는 핵심 개념이 차지하는 중요성을 강조하며 "경제 체제는 자원으로부터 에너지를 추출해 가공하고, 상품과 서비스로 구현되는 에너지로 바꿔가는 체제"라고 언급한 바 있다.[23] 간단히 말하면, 에너지는 유일하게 진실한 세계 통화通貨이고, 에너지의 변형 없이는 은하 회전galactic rotations부터 하루살이의 삶까지 어떤 것도 가능하지 않다.[24]

이 모든 걸 쉽게 증명할 수 있는 현실을 고려하면, 현대 경제학이 에너지를 지금까지 거의 무시한 이유를 이해하기 어렵다. 현대 경제학은 설명과 규범의 학문인 데다 오늘날 경제학자는 어떤 분야의 전문가보다 공공 정책에 큰 영향력을 행사하지 않는가! 에이리스가 지적했듯이, 경제학은 생산이라는 물리적 과정에서 에너지가 차지하는 중요성을 체계적으로 따지지 않을 뿐만 아니라, "노동과 자본만으로 생산이 이루어질 수 있는 것처럼, 다시 말하면 에너지가 노동과 자본에 의해 추출되는 게 아니라 생산 가능한 인위적 자본의 한 형태에 불과한 것처럼 (…) 경제에서 에너지가 분담하는 비용은 무시할 수 있을 정도로 작기 때문에 에너지는 중요하지 않다"고 가정한다.[25]

현대 경제학자들이 에너지에 관심을 기울인다고 보상과 칭찬을 받지는 않는다. 또 상업적으로 중요한 에너지의 공급이 위협을 받거나, 그 가격이 앙등하는 경우에만 현대 경제학은 에너지에 관심을 갖는다. 구글 엔그램 뷰어Google Ngram Viewer라는, 1500년부터 2019년 사이에 발간한 인쇄물에 언급된 개념어의 인기도를 확인할 수 있는 도구에 따르면, 20세기 동안 '에너지 가격'이란 개념어의 언급 빈도는 상당히 무시할 만한 수준이었다. 하지만 석유수출국기구Organization of the Petroleum Exporting Countries, OPEC가 원유 가격을 5배까지 인상한 후 1970년대 초에 갑자기 그 빈도가 치솟기 시작했고(이에 대한 자세한 설명은 이번 장 뒷부분 참조), 1980년대 초에는 최고조에 이르렀다. 그리고 석유 가격이 하락하자 '에너지 가격'이라는 개념어의 언급 빈도도 가파르게 떨어져 2019년에는 1972년의 수준과 거의 비슷해졌다.

세계가 실제로 어떻게 움직이는지 제대로 이해하려면 적어도 약간의 '에너지 식견energy literacy'을 지녀야 한다. 이번 장에서 나는 먼저 에너지를 규정하는 게 쉽지는 않지만, 에너지를 동력과 융합하는 흔한 잘못을 범하기는 쉽다는 걸 설명해보려 한다. 또한 각 에너지의 구체적 장점과 단점을 살펴보고, 에너지의 저장과 이동에 중요한 에너지밀도(단위 질량이나 부피에 저장되는 에너지)에 대해서도 살펴볼 것이다. 물론 다양한 형태의 에너지와 다양한 에너지밀도가 경제 발전 단계에 어떻게 영향을 미쳤는지에 대해서도 다룰 것이다. 우리가 화석연료에 대한 의존도를 점점 줄여가는 사회로 전환할 때 직면하는 문제들을 현실적으로 평가해보려고도 한다. 뒤에서 다루겠지만, 우리 문명은 화석 연료에 크게 의존하고 있어 다음 단계로의 전환에는 대부분의 사람들이 생각하는 것보다 훨씬 오랜 시간이 걸릴 것이다.

에너지란 무엇인가?

░░░░░░░░░░░░░░░

이 기본적인 물리량은 어떻게 정의할 수 있을까? 그리스어 어원은 명확하다. 아리스토텔레스는 《형이상학》에서, ἐν(in)을 ἔργον(work)와 결합하며 모든 대상은 ἐνέργεια(에너지)에 의해 유지된다고 결론지었다.[26] 이는 모든 대상에 작동하고 움직이고 변화할 수 있는 잠재력을 부여한 해석이고, 상승이나 투척 혹은 연소를 통해 다른 형태로 변형되는 잠재력을 나쁜 것으로 규정하지 않은 해석이기도 했다.

아리스토텔레스의 이런 해석은 2,000년 동안 거의 변하지 않았다. 마침내 아이작 뉴턴Isaac Newton(1642~1727)이 질량과 힘 그리고 운동량에 대한 기본적인 물리 법칙을 제시했고, 그의 제2운동 법칙 덕분에 기본적인 에너지 단위를 유도하는 게 가능해졌다. 현대의 과학적 단위를 사용하면, 1줄joule은 1뉴턴의 힘이다.

다시 말하면, $1m/s^2$로 가속화한 1킬로그램의 질량이 1미터를 움직일 때 필요한 에너지를 뜻한다.[27] 그러나 이런 정의는 운동에너지, 즉 역학적에너지를 언급할 뿐이고 온갖 형태로 나타나는 에너지를 직관적으로 이해하는 데는 도움이 되지 않는다.

에너지에 대한 실질적 지식은 19세기 동안 연소, 열과 복사輻射, 운동을 이용한 실험이 급증한 덕분에 크게 증가했다.[28] 그 성과가 에너지에 대한 가장 일반적인 정의, 즉 '일을 하는 능력'으로 이어졌다. 이 정의는 '일'이라는 개념이 투입된 노동뿐 아니라, 그 시대를 끌어가던 한 물리학자가 말했듯이 "변화에 저항하는 힘과 반대 방향으로, 시스템 내에서 환경의 변화를 만들어내는 (일반적인 물리적) 행위"를 뜻하는 경우에만 유효하다.[29] 그러나 이러한 정의도 지나치게 뉴턴 물리학, 즉 고전 물리학적 설명이어서 직관적으로 이해되지는 않는다.

"에너지란 무엇인가?"라는 질문에, 가장 뛰어난 통찰력을 지닌 20세기 물리학자 중 한 명으로 꼽히는 리처드 파인먼Richard Feynman(1918~1988)의 가변적 정의보다 더 낫게 대답할 방법은 없는 듯하다. 파인먼은 자신의 유명한 저서 《물리학 강의》에서 단도직입적으로 이 문제에 뛰어들며 "에너지는 무척 다양한 형태를 띠며, 하나의 에너지에 하나의 공식이 있다. 예컨대 중력에너지, 운동에너지, 열에너지, 탄성에너지, 전기에너지, 화학에너지, 복사에너지, 핵에너지, 질량에너지가 있다"고 역설했다. 그러고는 느슨하지만 의심의 여지가 없는 결론을 덧붙였다.

오늘날 물리학에서는 우리가 에너지가 무엇인지 모른다는 사실을 깨닫는 게 중요하다. 어떤 그림처럼, 에너지는 일정한 양의 작은 방울들로 오는 게 아니다. 에너지는 그런 게 아니다. 하지만 어떤 양을 숫자로 계산할 수 있는 공식들이 있고, 그 모든 걸 한꺼번에 더하면 (…) 항상 동일한 값이 된다. 에너지는 다양한 공식이 존재하는 이유나 메커니즘을 우리에게 말해주지 않는다는 점에서 추상적이다.[30]

맞다. 에너지는 추상적인 것이다. 우리는 여러 공식을 사용해서 움직이는 화살이나 제트여객기의 운동에너지를 정확히 계산해낼 수 있다. 또 산꼭대기에서 금방이라도 떨어질 것 같은 커다란 돌덩어리의 위치에너지, 어떤 화학반응에서 방출되는 열에너지, 깜빡이는 촛불이나 어떤 지점을 겨냥한 레이저의 빛(혹은 복사)에너지도 정확히 계산해낼 수 있다. 하지만 이 에너지들을 이해하기 쉽게 묘사한 단일 독립체로 정리하기란 불가능하다.

그러나 인스턴트 전문가들은 에너지의 이런 애매한 특성에 개의치 않는다. 에너지가 공공 담론에서 주된 관심사로 떠오른 1970년대 초 이후로, 그들은 에너지 문제에 대해 무지하지만 열정적으로 자신의 의견을 밝혀왔다. 지금도 에너지는 가장 규정하기 힘들고 잘못 이해하는 개념 중 하나이다. 게다가 기본적인 현실조차 제대로 파악하지 못한 결과, 많은 착각과 오해로 이어졌다. 앞에서도 살펴보았듯이 에너지는 다양한 형태로 존재한다. 어떤 형태의 에너지를 우리에게 유용하게 만들려면 다른 형태로 전환시켜야 한다. 그러나 이처럼 다양한 얼굴을 지닌 추상적인 무언가는 하나의 단일체로 취급하는 게 예부터 규범이었다. 다양한 형태의 에너지를 힘들이지 않고 서로 치환할 수 있는 것처럼 착각한 결과였다.

물론 몇몇 치환은 상대적으로 쉽고 우리에게 유익하기도 하다. 예컨대 촛불(밀랍의 화학에너지가 복사에너지로 전환된 예)을 대체한 전깃불은 증기터빈이 만든 전기에서 동력을 얻는다. 증기터빈에서 연료의 화학에너지가 처음에는 열에너지로, 다음 단계에서 전기에너지로, 전기에너지가 다시 복사에너지로 전환되는 것이다. 전깃불은 촛불보다 더 안전하고 밝으며, 더 값싸고 더 신뢰할 수 있는 에너지여서 많은 면에서 유익한 건 분명하다. 또 증기와 디젤을 동력으로 사용하던 기관차 엔진을 전기 구동 장치로 교체함으로써 더 낮은 비용으로도 더 깨끗하고 신속한 운송이 가능해졌다. 요즘 매끈하게 고속으로 달리는 기차는 모두 전기를 동력으로 사용한다. 그러나 많은 사람이 전기로의 교체를 주장하며 장점을 떠들썩하게 칭찬하는 까닭에 뭐든지 전기로 교체하면 좋을 듯싶지만, 전기는 여전히 교체하기에 값비싸거나, 가능하긴 하지만 현실적으로 가까운 시일 내에 비용을 절감하기가 힘들거나, 더구나 적정한 규모로는 더더욱 불가능한 분야가 많다.

전기 자동차는 첫 번째 범주의 대표적인 예이다. 전기 자동차는 요즘 쉽게 구할 수 있고, 최적의 모델은 상당히 신뢰할 만한 수준이다. 그러나 2020년에도 전기 자동차는 비슷한 크기의 내연기관 자동차보다 훨씬 더 비쌌다. 두 번째 범주에 대해서는 2장에서 자세히 살펴보겠지만, 질소비료를 생산하는 데 필요한 암모니아합성은 현재 천연가스에 크게 의존해 수소를 얻고 있다. 수소는 물을 전기분해해서도 얻을 수 있다. 그러나 풍부하고 값싼 메탄에서 수소를 추출하는 방법보다 이 방법은 거의 5배나 많은 비용이 든다. 게다가 수소 산업은 아직 대규모로 활성화되지도 않았다. 마지막 범주의 대표적인 예로는 전기로 움직이는 장거리 상업용 항공기(현재 등유를 동력으로 삼아 뉴욕에서 도쿄까지 비행하는 보잉 787에 버금가는 항공기)가 있다. 뒤에서 살펴보겠지만, 이 범주는 앞으로도 오랫동안 실현되지 못할 가능성이 높은 에너지 전환이다.

열역학 제1법칙에 따르면, 에너지가 전환되는 동안에는 에너지가 전혀 소멸하지 않는다. 음식을 소화할 때 화학에너지가 다른 화학에너지로, 근육을 움직일 때 화학에너지가 역학적에너지로, 천연가스를 태울 때 화학에너지가 열에너지로, 터빈을 돌리는 동안 열에너지가 역학적에너지로, 발전기에서 역학적에너지가 전기에너지로, 당신이 책을 읽을 수 있도록 해주는 전기에너지가 전자기에너지로 전환하는 동안에는 에너지 손실이 없다. 하지만 모든 에너지 전환은 결국 저온 열로 흩어진다. 따라서 에너지는 소멸하지 않지만 에너지의 유용성, 즉 유용한 일을 할 수 있는 능력은 사라진다(열역학 제2법칙).[31]

모든 형태의 에너지는 동일한 단위로 측정할 수 있다. 줄은 과학적 단위이고, 칼로리는 영양학 연구에서 주로 사용하는 단위이다. 요즘 식량 생산에 제공하는 막대한 에너지 보조에 대해 자세히 다루는 다음 장에서, 우리는 질적으로 다른 에너지가 실제로 존재하는 현실을 확인할 수 있을 것이다. 예컨대 닭고기를 생산하는 데는 닭고기의 에너지 함량보다 몇 배나 많은 에너지가 필요하다. 에너지의 양(입력 줄/출력 줄)에서 보조율을 계산할 수 있지만, 입력과 출력에는 근본적인 차이가 있다. 우리는 디젤유나 전기를 소화할 수 없지만, 기름기 없는 닭고기는 단백질 함량이 높고 거의 완벽하게 소화할 수 있다. 단백질은 지방질이나 탄수화물에서 얻는 동일한 양의 에너지로는 대체할 수 없는 다량 영양소macronutrient이다.

에너지 전환은 유용성에서 큰 차이가 있어 다양한 선택이 가능하다. 예컨대 등유와 디젤유는 화학에너지의 밀도가 높아 대륙을 넘나드는 항공기와 선박에 유리하다. 그러나 잠수함이 잠수 상태로 태평양을 횡단하려 한다면, 최선의 선택은 소형 원자로에서 농축우라늄을 핵분열해 전기를 생산하는 것이다.[32] 육지로 눈을 돌리면, 커다란 핵원자로가 전기를 가장 확실하게 만들어내는 장치이다. 핵원자로는 90~95퍼센트의 효율성으로 전기를 생산하는 반면, 풍력발전용 터빈은 최적의 조건을 갖춘 해안 지역에서도 약 45퍼센트, 태양전지는 가장 햇살이 좋은 기후권에서도 그 효율성이 25퍼센트에 불과하다. 독일에 설치된 태양전지판은 12퍼센트 정도의 효율성으로 전기를 생산할 뿐이다.[33]

이 같은 결과는 단순한 물리학이나 전기공학의 문제이지만, 이런 현실이 거의 무시되고 있다는 사실이 놀랍기만 하다. 또 하나의 흔한 오류는 에너지와 일률(혹은 동력power)을 혼동하는 것이다. 이는 지나칠 정도로 빈번하게 범하는 오류이다. 기본 물리학에 대한 무지를 드러내는 혼동인데, 안타깝게도 비전문가에게만 국한되지 않는다. 에너지는 스칼라scalar, 즉 물리학에서 수치로만 표시되는 양이다. 예컨대 부피, 질량, 밀도, 시간도 흔히 사용하는 스칼라이다. 한편 일률은 시간 단위로 에너지를 측정한 값이다. 따라서 일률은 비율rate(물리학에서 비율은 일반적으로 시간 단위로 변화를 측정한 값)이다. 전기를 생산하는 시설은 일반적으로 발전소power station라고 부른다. 그러나 일률, 즉 전력은 에너지 생산이나 에너지 사용의 비율일 뿐이다. 일률은 시간으로 나눈 에너지와 똑같다. 과학적으로 표현하면, '와트 = 줄/초(watt = joule/second)'이다. 따라서 에너지는 시간과 일률을 곱한 값과 같다. '줄 = 와트×초(joule = watt×second)'이다. 예컨대 당신이 성당에서 작은 봉헌 양초를 밝히면, 그 양초는 15시간 동안 타며 화학에너지를 열(열에너지)과 빛(전자기에너지)으로 전환하며 평균 40와트의 일률을 발생시킨다.[34]

안타깝게도 전기공학을 다룬 출판물에서도 "1,000메가와트의 전기를 만들어내는 발전소"라는 표현이 곧잘 눈에 띈다. 그러나 엄격히 말하면, 이런 표현은 불가능하다. 발전소에 1,000메가와트의 동력을 설치했다는 뜻일 수 있다. 다시 말해 발전소가 그 일률로 전기를 생산할 수 있다는 뜻으로 그렇게 표현했을 것이다. 그러나 이 표현대로 하려면, 발전소는 시간당 1,000메가와트를 만들어내야 한다. 과학적 단위로 말하면, 시간당 36조 줄

(1,000,000,000와트×3,600초)을 발전해야 한다. 비유해서 말하면 이렇다. 성인의 기초대사율(완전한 휴식 상태에서 신체의 기본적 기능을 유지하기 위해 필요한 에너지)은 약 80와트, 즉 초당 80줄이다. 몸무게 70킬로그램인 남자가 하루 종일 누워서 빈둥대는 데도 체온을 유지하고, 심장박동에 동력을 공급하고, 무수한 효소 작용을 관리하려면 약 7메가줄(80×24×3,600)의 음식 에너지, 즉 약 1,650킬로칼로리가 필요하다는 뜻이다.[35]

최근 혐오스럽고 공해 물질을 발생시키며 유한하기까지 한 화석연료를 우월하고 환경친화적이며 재생 가능한 태양광 전기로 거의 곧장 옮겨가자고 순진하게 주장하는, '새로운 녹색 세계'를 옹호하는 사람들에게서도 에너지에 대한 잘못된 이해를 확인할 수 있다. 원유를 정제해 얻는 액체 상태의 탄화수소 연료(휘발유, 항공유, 디젤유, 중유)는 현재 흔히 사용하는 연료 중에서 에너지밀도가 가장 높아 모든 종류의 운송 도구에 동력을 공급하는 데 적합하다. 여기에서 밀도 사다리density ladder를 잠깐 살펴보면 다음과 같다(단위: 톤당 기가줄). 자연에서 건조된 나무는 16, 역청탄은 질에 따라 24~30, 등유와 디젤유는 약 46이다. 부피를 기준으로 하면(단위: 세제곱미터당 기가줄), 나무는 약 10에 불과하고, 양질의 석탄은 26, 등유는 38이다. 천연가스(메탄)의 에너지밀도는 35MJ/m^3 혹은 1/1,000 이하에 불과하다.[36]

에너지밀도 및 연료의 물리적 속성을 고려하면, 액상 탄화수소 연료를 운송에 사용하는 이유는 명확하다. 증기기관에서 동력을 얻는 원양 정기선은 나무를 태우지 않는다. 나머지 조건이 똑같았다면 대서양을 횡단할 때 땔나무가 양질의 역청탄보다 부피가 2.5배나 커서(무게 또한 50퍼센트 이상 더 무거웠을 것이다) 승객과 상품을 운송할 공간을 줄여야 했을 것이기 때문이다. 또 메탄의 에너지밀도는 항공유보다 세 자릿수가 더 낮아 천연가스를 동력으로 사용하는 항공기도 없을 것이고, 석탄을 연료로 사용하는 항공기도 없을 것이다. 밀도의 차이는 크지 않지만 석탄은 날개에 위치한 연료 탱크에서 엔진으로 흘려보내기가 쉽지 않기 때문이다.

액체연료에는 높은 에너지밀도 이외에도 이점이 많다. 석탄과 달리, 원유는 채굴해서 저장하고 공급하기가 훨씬 더 쉽다. 원유를 채굴하기 위해 광부를 지하에 내려보낼 필요가 없고, 널찍한 노천광처럼 풍경을 해치지도 않는다. 한편 원유는 에너지밀도가 높아 탱크나 지하에 저장할 수 있다. 밀폐된 공간이면 어떤 곳에서나 액체연료는 석탄보다 대체로 75퍼센트 많은 에너지를 저장할 수 있다. 또 대량으로 장거리를 운송하는 가장 안전한 방법, 즉 파이프라인과 유조선을 사용해 공급함으로써 수요에 즉각적으로 대응할 수 있는 장점도 있다.[37] 원유는 복잡하게 혼합된 탄화수소를 연료로 분리하는 정제 과정이 필요하다. 휘발유가 가장 가볍고, 중유가 가장 무겁다. 그러나 정제 과정에서 연료들은 각각 특정한 목적에 부합하는 가치가 더해진다. 게다가 윤활유 같은 필수적인 비연료유도 원유의 정제 과정에서 얻어진다.

윤활유는 동체 폭이 넓은 제트기의 거대한 터보팬 엔진부터 작은 베어링까지 모든 것에서 마찰을 최소화하는 데 필요하다.[38]

현재 자동차는 세계 전역의 도로에서 14억 대 이상이 움직인다. 따라서 자동차가 윤활유의 가장 큰 소비 분야이고, 다음으로는 산업계(섬유, 에너지, 화학, 식품 가공)와 원양 선박이 큰 시장이다. 현재 윤활유의 연간 사용량은 120메가톤을 넘어섰다. 올리브유에서 콩기름까지 모든 식용유의 세계 총생산량이 연간 200메가톤이라는 사실과 비교하면, 윤활유의 사용량이 어느 정도인지 짐작할 수 있을 것이다. 원유에서 직접 추출한 윤활유보다 더 간단하지만 여전히 기름을 기반으로 만든 화합물, 즉 합성 윤활유가 윤활유의 대체재로 존재하지만 값이 비싼 데다 관련 산업이 세계 전역에서 성장하고 있어 원유에서 추출한 윤활유에 대한 수요는 앞으로도 꾸준히 늘어날 것이다.

원유에서 파생된 또 하나의 부산물은 아스팔트이다. 이 검고 끈적이는 물질의 세계 생산량은 100메가톤에 가깝고, 85퍼센트가 가열 아스팔트 혼합물의 형태로 도로 포장에 쓰이고, 나머지 대부분은 지붕 재료로 사용된다.[39] 원유는 다른 필수적인 비연료의 원료로도 쓰인다. 예컨대 합성섬유, 합성수지, 접착제, 염료, 페인트와 도료, 합성 세제, 살충제 등 현대 세계를 운영하는 데 중요한 것들을 만들어내는 많은 화학 합성에서 주된 원료로 사용된다. 특히 천연 휘발유에서 추출하는 에탄, 프로판, 부탄이 주된 역할을 한다.[40] 이런 장점과 이점을 고려할 때 원유를 적절한 가격으로 구하기가 더 쉬워지고, 세계 전역에 안정적으로 공급되는 순간부터 원유에 대한 의존도가 높아질 것이라는 예상은 당연했고, 피할 수도 없는 현상이었다.

석탄에서 원유로의 전환이 이뤄지는 데는 여러 세대가 걸렸다. 상업적 목적의 원유 채굴은 1850년대 러시아와 캐나다, 미국에서 시작되었다. 당시 유정은 무거운 절단 공구를 올렸다 내렸다 반복하는 고대의 타진법percussion method을 사용해 뚫은 까닭에 얕았고, 일일 생산량도 많지 않았다. 따라서 원유를 단순하게 정제해 얻은 등유가 등燈에 사용되며 고래유와 양초를 밀어냈다.[41] 내연기관을 광범위하게 채택한 이후에야 정제된 기름을 원하는 새로운 시장이 형성되었다. 처음에는 휘발유를 연료로 사용한 4행정 기관Otto cycle이 승용차와 버스와 트럭에 설치되었고, 그 뒤에는 루돌프 디젤Rudolf Diesel(1858~1913)의 한층 효율적인 엔진이 상대적으로 무겁지만 값싼 연료, 즉 디젤유를 연료로 사용하며 선박과 트럭 및 무거운 기계에 설치되었다(이에 대해서는 세계화를 다룬 4장에서 자세히 살펴보기로 하자). 내연기관이라는 새로운 원동기는 느릿하게 확산했다. 제2차 세계대전 이전에 자동차 보유율이 높은 국가는 미국과 캐나다, 두 곳이 전부였다.

중동과 러시아에서 거대 유전이 잇달아 발견되면서 원유는 세계적인 연료로 올라섰고, 결국에는 세계에서 가장 중요한 일차에너지원이 되었다. 물론 대형 유조선의 등장도 빼놓을 수 없다. 중동의 대형 유전 중 일부는 1920년대와 1930년대에 처음 시추했지만(이란의 가슈사란Gachsaran 유전과 이라크의 키르쿠크Kirkuk 유전은 1927년, 쿠웨이트의 부르간Burgan 유전은 1937년), 대부분의 유전은 제2차 세계대전 이후에 발견되었다. 세계에서 가장 큰 가와르Ghawar 유전은 1948년, 사파니야Safaniya 유전은 1951년, 마니파Manifa 유전은 1957년에 시추했다. 세 유전 모두 사우디아라비아에 있다. 한편 러시아에서는 1948년(볼가-우랄 분지의 로마쉬키노Romashkino 유전)과 1965년(서시베리아의 사모틀로르Samotlor 유전)에 초대형 유전이 발견되었다.[42]

원유의 사용 증가와
상대적 후퇴

1950년대 동안 유럽과 일본에서도 자동차가 대중화했다. 그와 동시에 경제 기반 또한 석탄에서 원유로 전환되기 시작했고, 나중에는 천연가스로 옮겨갔다. 해외무역이 확대되었고, 최초의 제트여객기가 등장하며 해외여행도 늘어났다. 암모니아와 플라스틱 합성을 위해 석유를 화학적 원료로 사용하는 빈도도 늘어났다. 1950년대 동안 세계 원유 채굴량은 2배가 되었고, 1964년에는 석유가 석탄을 밀어내고 세계에서 가장 중요한 화석연료로 등극했다. 이렇게 원유의 쓰임새가 계속 증가해도 공급이 항상 많아 가격은 줄곧 떨어졌다. 인플레이션을 고려했을 때, 세계 원유가는 1940년대보다 1950년대에 더 낮았고, 1950년대보다 1960년대에 더 낮았다. 1970년대에도 1960년대보다 낮았다.[43]

따라서 모든 분야에서 수요가 빗발친 건 당연했다. 실질적으로 원유가 너무 싼 데다 효율적으로 사용하라는 장려도 없었다. 미국의 추운 기후권에서 주택을 석유로 난방하는 사례가 증가했다. 창문에도 단판 유리를 설치했고, 벽체도 제대로 단열하지 않았다. 미국 자동차의 평균 연비는 1933~1973년 동안 오히려 떨어졌다. 에너지 집약적인 산업은 계속 비효율적인 과정을 유지하며 개선 의지를 보이지 않았다.[44] 미국이 철강을 제작하는 데 낡은 평로제강법open-hearth furnace을 우수한 산소제강법oxygen furnace으로 교체하는 속도가 일본과 서유럽보다 훨씬 느렸던 것이 대표적인 사례이다.

1960년대 말 동안, 그렇잖아도 높은 원유 수요가 미국에서만 거의 25퍼센트가량 증가했고, 세계 수요는 약 50퍼센트가량 급증했다. 유럽의 수요는 1965~1973년 거의 곱절로 늘었고, 일본의 수입량은 약 2.3배 증가했다.[45] 앞에서 언급했듯이, 새로운 유전의 발견 덕분에 이렇게 급증한 수요를 감당할 수 있었고, 원유는 기본적으로 1950년대와 동일한 가격으로 판매되었다. 하지만 좋은 상황이 끝없이 지속될 수는 없었다. 1950년에 미국은 세계 원유의 약 53퍼센트를 생산했다. 1970년에도 여전히 최대 산유국이었지만 그 비율은 23퍼센트 미만으로 떨어졌고, OPEC이 48퍼센트를 생산했다. 결국 미국도 원유 수입을 늘려야 할 실정이 되었음이 분명했다.

OPEC은 원유 가격의 지속적 하락을 예방하기 위해 1960년 5개국이 바그다드에서 결성한 단체였고, 시간은 그들 편이었다. 1960년대에는 자기주장을 내세울 만큼 규모가 크지 않았다.

그러나 1970년에 정점을 찍은 미국의 채굴량이 줄어들기 시작한 데다 OPEC의 점유율이 증가하자, 그들의 요구를 무시하는 게 불가능해졌다.[46] 1972년 4월, 텍사스철도위원회Texas Railroad Commission는 텍사스주의 채굴량을 제한하던 규제를 철폐했고, 1930년대부터 움켜쥐고 있던 가격 통제권마저 포기했다. 1971년부터는 알제리와 리비아가 석유 생산을 국유화하기 시작했고, 1972년에는 이라크가 그 뒤를 따랐다. 역시 같은 해, 쿠웨이트와 카타르 그리고 사우디아라비아도 그때까지 외국 기업의 손에 있던 자국의 유전들을 점진적으로 인수하기 시작했다. 그리고 1973년 4월, 미국은 로키산맥 동쪽 지역에서 원유 수입량을 제한하는 규제를 풀었다. 갑자기 원유가 공급자 시장으로 돌변했다. 그러자 1973년 10월 1일, OPEC은 원유의 공시 가격을 16퍼센트 인상해 배럴당 3.01달러로 올렸고, 페르시아만 6개국은 추가로 17퍼센트를 더 올렸다. 게다가 1973년 10월, 이스라엘이 시나이에서 이집트에 승리를 거둔 직후, OPEC은 미국에 대한 원유 수출을 전면 금지했다.

1974년 1월, 페르시아만 연안 국가들, 즉 걸프 국가들은 원유 공시 가격을 배럴당 11.65달러로 다시 올렸다. 한 해 만에 원유라는 기본적인 에너지원의 가격이 무려 4.5배나 인상된 셈이다. 그리하여 값싼 석유에서 동력을 얻어 경제가 급속히 팽창하던 시대는 막을 내렸다. 1950~1973년 서유럽의 경제 생산은 거의 3배로 증가했고, 미국의 국내총생산gross domestic product, GDP은 한 세대 만에 2배 이상 증가했다. 1973~1975년 세계 경제성장률은 약 90퍼센트 떨어졌다. 동시에 산업계의 에너지 효율성이 눈부시게 개선되었다. 이처럼 높은 유가에 영향을 받은 경제가 새로운 현실에 적응하자마자 이란 왕정이 몰락하고 근본주의적 신정 체제가 이란을 장악하며 다시 유가 인상의 파도가 밀어닥쳤다. 1978년 약 13달러이던 유가는 1981년에는 34달러로 인상되었다. 그 결과 1979~1982년 세계 경제성장률은 다시 90퍼센트가량 추락했다.[47]

배럴당 30달러가 넘는 가격은 수요를 억제하기에 충분했다. 그 결과 1986년 원유는 다시 배럴당 13달러에 팔리며 또 한 번의 세계화를 위한 무대를 준비했다. 이번에는 덩샤오핑鄧小平 (1904~1997)의 경제 개혁과 대대적인 해외 투자로 급속히 현대화를 추진한 중국이 주인공이었다.

두 세대가 지난 지금, 그때의 가격과 공급 소용돌이를 겪은 사람들, 혹은 수적으로 점점 줄어들고 있지만 그 영향을 연구한 사람들만이 두 번의 가격 앙등이 얼마나 충격적이었는지를 제대로 인식할 뿐이다. 유가 폭등에 따른 경제 후퇴의 여파는 40년이 지난 지금까지도 느껴진다. 원유 수요가 늘어나기 시작하자, 특히 효율적 사용을 위한 산업계의 전환 조치를 비롯해 곧바로 원유를 절약하는 많은 조치를 강화했기 때문이다.[48]

1995년 원유 채굴이 마침내 1979년의 기록을 넘어섰고, 그 후로도 계속 증산하며 경제 개혁에 나선 중국의 수요뿐 아니라 아시아 다른 지역에서도 늘어나던 수요를 맞추었다. 그러나 원유 자체는 1975년 이전의 상대적 우위를 되찾지는 못했다.[49] 원유가 세계 상업용 일차에너지에서 차지한 몫은 1970년의 45퍼센트에서 2000년에는 38퍼센트로, 2019년에는 33퍼센트로 떨어졌다. 천연가스 소비, 풍력발전과 태양광발전의 지속적 증가에 따라 원유의 상대적 추락은 앞으로도 계속될 게 분명하다. 이렇듯 태양전지와 풍력 터빈으로 전기를 생산할 기회는 더 많아질 것이다. 하지만 이런 간헐적 에너지원으로부터 20~40퍼센트의 전기를 생산하는 시스템(경제 대국으로는 독일과 스페인이 대표적인 예)과 재생에너지원에 전국의 전기 공급을 전적으로 의존하는 시스템 사이에는 근본적 차이가 있음을 알아야 한다.

인구가 많은 경제 대국이 전기 공급을 재생에너지원에 완전히 의존하려면, 우리에게 아직 없는 것이 필요하다. 전기를 대규모로 장기간(며칠에서 몇 주까지) 저장하는 장치를 개발해 간헐적인 전기 발전을 보완하거나, 표준 시간대를 넘나들며 햇살과 바람이 많은 지역에서 주요 도시와 산업 중심지로 전기를 송전하는 고압선망을 광범위하게 갖추어야 한다. 오늘날 석탄과 천연가스를 연료로 사용해 만들어내는 전력량뿐 아니라, 모든 운송 수단을 완전히 전기화해 현재 자동차와 선박과 항공기에 액체 연료로 공급하는 에너지까지 대체할 정도로 충분한 전기를 신재생에너지로 만들어낼 수 있을까? 또 몇몇 계획안이 약속하는 것처럼 이런 전환을 고작 20~30년 만에 실현할 수 있을까?

전기의 많은 이점

파인먼의 정의에 따라 에너지가 '추상적인 것'이라면, 전기는 가장 추상적인 형태를 띤 에너지이다. 다양한 형태의 에너지를 직접 경험하기 위해, 그리고 그러한 형태를 구분하고 전환의 이점을 취하기 위해 반드시 과학적 이해가 필요한 것은 아니다. 고체연료나 액체연료(화학에너지)는 만질 수 있다. 나무줄기, 석탄 덩어리, 휘발유통을 생각해보라. 숲에서든 구석기시대의 동굴에서든 증기를 만드는 기관차에서든, 어디에서라도 연료를 태우면 열에너지가 방출된다. 높은 곳에서 떨어지는 물과 흐르는 물은 중력에너지와 운동에너지의 전형적인 예이다. 목재로 간단한 수차를 만들면, 그 에너지가 유용한 운동에너지(혹은 역학적에너지)로 쉽게 전환된다. 또 바람의 운동에너지를 (곡물을 빻거나 씨앗에서 기름을 짜는) 역학적에너지로 전환하는 데 필요한 것은 그

60

운동을 맷돌로 전달하는 풍차와 톱니바퀴면 충분하다.

반면에 전기는 형체가 없다. 따라서 우리가 연료를 파악하듯이 전기를 직접 파악할 수는 없다. 그러나 전기의 존재는 정전기, 스파크, 번개에서 눈으로 확인할 수 있다. 또 낮은 전류는 몸으로 느낄 수 있지만, 100밀리암페어가 넘는 전류는 치명적일 수 있다. 전기에 대한 일반적 정의를 직관적으로 이해하기는 어렵다. 그 정의를 이해하려면 '전자' '흐름' '전하' '전류'라는 개념을 먼저 알아야 한다. 파인먼은 《물리학 강의》 1권에서 "전기에너지는 전하에 의한 밀고 당김과 관련이 있다"라고 다소 형식적으로 언급한 뒤 2권에서 그 주제로 다시 돌아가 역학적 에너지와 전기에너지 및 정상 전류定常電流(시간이 지나도 크기나 방향이 변하지 않는 전류 — 옮긴이)를 자세히 다루지만, 미적분학을 유효적절하게 사용해 일반인은 이해하기가 쉽지 않다.[50]

현대인 대부분에게 현대 세계는 블랙박스로 가득해 보인다. 정도의 차이는 있겠지만 블랙박스는 사용자도 그 내부가 어떻게 작동하는지 알지 못하는 장치이다. 전기는 어디에나 존재하는 궁극의 블랙박스일 수 있다. 많은 사람이 무엇(화력발전소에서는 화석연료의 연소, 수력발전소에서는 물의 낙차, 태양전지에 흡수되는 태양복사, 핵원자로에서는 우라늄의 분열)이 투입되는지 잘 알고, 모두가 그 결과(빛, 열, 운동)의 혜택을 누린다. 하지만 발전소와 변압기, 송전선과 최종적인 사용 장치의 내부가 어떻게 작동하는지 제대로 아는 사람은 극소수에 불과하다.

번개는 자연에서 가장 흔히 나타나는 전기 현상이다. 번개는 강력하지만 순간적이고(몇분의 1초에 불과), 생산적인 용도를 모색하기에는 지나치게 파괴적이다. 누구나 적당한 물체를 문질러 소량의 정전기를 만들어낼 수 있고, 손전등과 휴대용 전자장치에 몇 시간 동안 전기를 지속적으로 공급하는 소형 건전지를 사용할 수 있다. 하지만 상업용으로 많은 전기를 만들어내는 작업은 비용도 많이 들고 복잡하기도 하다. 또 전기를 발전한 곳에서 대규모로 사용하는 지역과 장소 — 도시와 공단 및 전기를 동력으로 사용하는 고속 교통수단 — 까지 보내는 작업도 역시 복잡하다. 변압기와 광범위한 고압선망이 필요하고, 전압을 낮춘 뒤 지상선이나 지하선으로 수십억 명의 소비자에게 송전하는 작업이 추가로 필요하기 때문이다.

최첨단 전자장치 시대에도 중간 규모의 도시(인구 50만 명)가 한두 주 동안 사용하거나, 메가시티(인구 1,000만 명 넘는 거대 도시)에 한나절 동안 공급하기에 충분한 전기를 적정하게 저장하는 것은 여전히 불가능하다.[51] 그러나 이렇게 상황을 더 복잡하게 만드는 문제와 고비용 및 기술적 한계에도 불구하고, 우리가 현대 경제를 전기화하려고 애쓰며 전기화 수준을 높이려고 꾸준히 추구한 이유는 전기에너지의 이점이 무궁무진하기 때문이다. 최종적으로 소비되는 시점에서 손쉽고 깨끗하게 쓰이고, 거의 언제나 무척 효율적이라는 게 전기의 가장 눈에 띄는 장점이다. 스위치를 올리거나 버튼을 누르고 온도 조절 장치를 돌리는 동작만으로도 전등이 켜지고, 전동기나 난방기, 냉풍기가 돌아간다(이제는 손짓으로 신호를 보내거나 목소리로 명령을 내리는 것만으로도 충분하다). 따라서 거대한 연료 저장고가 필요 없고, 힘들게 연료를 운반하거나 불을 지펴야 할 필요도 없다. 불완전연소로 유독한 일산화탄소가 배출될 위험도 없으며, 남포등과 난로, 보일러를 청소하는 수고도 덜어준다.

전기는 조명에 더할 나위 없이 좋은 에너지 형태이다. 규모를 막론하고 민간과 공공 분야의 조명에서 전기와 경쟁할 만한 에너지 형태는 없다. 극소수의 혁신이 햇빛의 한계를 걷어내고 밤을 밝히며 현대 문명에 큰 영향을 주었다.[52] 고대의 밀초와 등잔부터 초기 산업화 시대의 가스등과 등유등까지 과거의 대안들은 불빛이 약한데도 비용이 많이 들고 무척 비효율적이기까지 했다. 광원光源을 가장 효과적으로 비교하는 기준은 '발광 효율luminous efficacy'이다. 발광 효율은 시각 신호를 발산하는 능력을 뜻하고, 광원의 전력(단위는 와트)에서 광속(광원에서 나오는 에너지의 총량을 말하며 단위는 루멘)이 차지하는 몫으로 측정한다. 양초의 발광 효율을 1로 치면, 초기에 산업화한 도시를 밝히던 석탄 가스등의 발광 효율은 5~10 이상이었다. 제1차 세계대전 이전에 사용한 텅스텐 필라멘트 전구는 60 이상의 빛을 발산했고, 요즘의 최상급 형광등은 500에 버금가는 빛을 낸다. 야외 조명에 사용하는 나트륨램프의 발광 효과는 1,000배 이상이다.[53]

조명과 전동기 중 어떤 전기 변환기가 우리 삶에 더 큰 영향을 주었는지 판단하기는 불가능하다. 전기를 운동에너지로 변환시키는 전동기는 처음에 산업 생산의 거의 모든 분야에서 혁명적 변화를 일으켰고, 나중에는 일반 가정에도 파고들었다. 덜 까다로운 육체노동, 또 들어 올리고 누르며 자르고 직조하는 등 증기기관이 도맡던 산업 활동이 거의 완전히 전기화되었다. 미국에서는 교류전동기의 도입 이후 40년 만에 이런 변화가 완료되었다.[54] 1930년쯤에는 전기 구동 시스템 덕분에 미국의 산업 생산성이 거의 2배나 향상했고, 1960년대에도 그런 성과가 다시 반복되었다.[55] 그와 동시에 전동기는 전차로 시작해 여객 열차로 범위를 확대하며, 철도 교통을 조금씩 정복해나가기 시작했다.

요즘 모든 현대 경제를 지배하는 서비스 분야는 거의 전적으로 전기에 의존한다. 엘리베이터와 에스컬레이터에 동력을 공급하고, 건물 내 온도를 조절하고, 문을 열고, 쓰레기를 압축하는 데도 전동기가 필요하다. 전동기는 전자 상거래에도 필수적이다. 거대한 창고에 거미줄처럼 연결된 컨베이어 벨트를 움직이는 것도 전동기이기 때문이다. 그러나 가장 흔히 쓰이는 전동기는 우리 눈에 보이지 않는다. 매일 그 전동기에 의존해 살아가면서도 말이다. 예컨대 휴대폰에는 진동 장치를 움직이는 작은 전동기가 있다. 가장 작은 것은 4밀리미터×3밀리미터에 불과해 폭이 성인 새끼손가락 손톱의 절반도 안 된다. 직접 휴대폰을 분해하거나 온라인으로 휴대폰 분해 동영상을 시청하는 경우에만 그 작은 전동기를 볼 수 있다.[56]

일부 국가에서는 실질적으로 모든 철도 교통이 전기화되었다. 1964년 처음 개통한 일본의 신칸센을 필두로 시속 300킬로미터까지 달리는 모든 초고속 열차가 전기기관차나 여러 곳에 설치한 전동기로부터 동력을 공급받는다.[57] 일반적인 자동차에도 20~40개의 소형 전동기가 있고, 고가의 자동차일수록 전동기는 더 많다. 따라서 자동차의 무게가 증가하고, 배터리에 연결되는 플러그도 많아진다.[58] 가정에서 전기는 조명을 밝히고, 모든 전자장치(요즘에는 보안 시설까지 포함)에 동력을 전달하며, 기계와 관련된 일을 도맡고, 부엌에 열과 냉기를 공급하고, 물을 데우고, 집 안을 난방하는 에너지까지 제공한다.[59]

전기가 없다면 모든 도시에서 수돗물을 마시는 일이 불가능해질 것이다. 강력한 전기 펌프가 지방자치단체의 수도 사업소에 물을 공급하기 때문이다. 상업용 건물과 주택의 밀도가 높고 고지대까지 물을 끌어올려야 하는 도시에서 물 공급은 무척 까다로운 문제이다.[60]

액체와 기체 화석연료의 공급도 중단될 것이다. 휘발유와 등유 그리고 디젤유를 자동차 연료 탱크와 비행기 날개로 옮기는 데 필요한 연료펌프를 작동하는 데도 전동기가 필요하다. 북아메리카에서 파이프라인를 통해 천연가스를 운반할 때는 가스터빈을 주로 사용하지만, 천연가스에 의해 가열된 공기는 소형 전동기로 송풍기를 돌려 통풍관 밖으로 밀어내야 한다.[61]

장기적으로 사회를 전기화하려는 추세에 돌입한 것은 분명하다. 따라서 연료를 직접 소비하는 것보다 전기로 전환되는 연료의 비율이 증가하는 추세이다. 1882년부터 시작된 수력을 배제하더라도 태양광과 풍력 중심의 신재생에너지를 보면 이런 변화를 쉽게 알아챌 수 있다. 그러나 전기 발전의 역사를 돌이켜보면 그 과정에서 복잡한 문제가 야기될 것임이 명약관화하다. 또 전기의 중요성이 커져가는 건 분명하지만 현재 범세계적으로 소비되는 최종 에너지에서 전기가 차지하는 몫은 상대적으로 적어 18퍼센트에 불과하다는 사실도 잊어서는 안 된다.

스위치를 올리기 전에

전기 산업의 기반 및 140년 동안의 전기 발전이 남긴 유산을 올바로 이해하려면 초기로 되돌아갈 필요가 있다. 상업용 전기 발전은 1882년 세 곳의 발전소가 처음 세워지면서 시작되었다. 두 곳은 토머스 에디슨Thomas Edison(1847~1931)이 설계했고, 석탄을 태워 전기를 만드는 선구적인 발전소였다. 그중 런던의 홀번 바이어덕트Holborn Viaduct 발전소는 1882년 1월부터, 뉴욕의 펄 스트리트Pearl Street 발전소는 1882년 9월부터 가동을 시작했다. 나머지 하나는 위스콘신주 애플턴Appleton의 폭스강Fox River에 건설한 최초의 수력발전소로, 역시 1882년 9월부터 발전을 시작했다.[62]

1890년대 들어 교류 송전이 기존의 직류 전선망에 승리를 거두고, 새롭게 설계한 교류전동기를 산업계와 가정에서 채택하며 전기 발전이 급속히 확대되기 시작했다. 1900년에는 세계에서 생산한 화석연료의 2퍼센트 미만이 전기 생산에 쓰였고, 1950년에도 그 비율이 10퍼센트에 미치지 못했다. 하지만 지금은 25퍼센트를 차지하는 수준에 이르렀다.[63]

1930년대에는 수력발전량도 경쟁적으로 확대되었다. 미국과 러시아가 국가 차원에서 지원한 프로젝트를 시행하며, 제2차 세계대전이 끝난 뒤에는 연이어 최고점을 갱신했다. 특히 브라질(2007년 완공한 이타이푸Itaipu 댐의 총출력은 14기가와트)과 중국(2012년 완공한 싼샤三峽 댐의 총출력은 22.5기가와트)은 기록적인 규모의 수력발전소를 건설했다.[64] 그 사이에 핵분열을 이용한 상업용 전기 발전이 1956년 영국의 콜더 홀Calder Hall 원자력발전소에서 시작되었고, 이는 1980년대에 크게 확장되어 2006년 최고조에 달했다. 그 이후에는 조금씩 줄어들어 이제는 세계 전기 생산의 10퍼센트 남짓을 감당할 뿐이다.[65] 2020년에는 수력발전이 거의 16퍼센트, 풍력과 태양광이 약 7퍼센트를 감당하고, 나머지 3분의 2는 석탄과 천연가스를 주연료로 사용하는 대형 화력발전소에서 전기를 만들어냈다.

전기 수요가 다른 상업용 에너지보다 훨씬 빠른 속도로 성장한 것은 조금도 놀랍지 않다. 1970년부터 2020년까지 50년 동안 세계 전기 생산은 5배 증가한 반면, 일차에너지의 총수요는 3배 증가했을 뿐이다.[66] 인구가 점차 도시로 이동함에 따라 기초량 발전baseload generation(일·월·연 단위로 공급해야 하는 최소 전기량)도 덩달아 늘어났다. 수십 년 전만 해도 미국의 수요는 여름

밤이 가장 낮았다. 상점과 공장이 문을 닫고 대중교통도 끊긴 데다 소수를 제외하고는 모두가 창문을 열어둔 채 꿈나라를 찾아갔기 때문이다. 이제는 창문을 꼭 닫은 채 밤새 에어컨이 웅웅대는 소리를 들으며 후텁지근한 날씨에도 편히 잠을 잔다. 또 대도시와 메가시티에서는 많은 공장이 2교대로 운영되고, 공항과 많은 상점이 하루 24시간 내내 문을 열어둔다. 1년 내내 쉬지 않고 운영하는 뉴욕 지하철이 코로나19 팬데믹 때문에 잠시 멈추었을 뿐이다. 도쿄 지하철은 하루에 5시간만 운행을 중단한다. 도쿄역에서 신주쿠역까지 운행하는 첫 기차는 05시 16분, 마지막 기차는 0시 20분에 출발한다.[67] 수년 간격으로 촬영한 야간 위성 사진을 보면 도로와 주차 구역 그리고 건물을 밝히는 조명이 더 밝아지고, 인근 도시들까지 거대한 광역 도시권을 형성하고 있음을 알 수 있다.[68]

병원과 활주로를 밝히고 비상구의 위치를 알려주는 조명부터 인공심폐기를 비롯해 무수히 많은 산업 공정까지 모든 걸 전기 동력을 통해 얻는 사회에서, 안정된 전기 공급은 필수 조건이다.[69] 따라서 전력망 관리자들은 6개의 9에 올라서야 바람직하다고 말한다. 99.9999퍼센트의 신뢰성으로 연간 32초 만의 단전을 허용해야 한다는 뜻이다. 코로나19 팬데믹으로 혼란과 불안 그리고 피할 수 없는 죽음이 닥쳤지만, 인구가 밀집한 지역에 며칠 동안 전기 공급을 줄이는 경우에 비하면 그 영향은 미미했다. 더구나 단전이 전국적 규모로 몇 주 동안 지속될 경우 전대미문의 결과를 낳는 파국적 사건으로 발전할 것이다.[70]

탈탄소화: 속도와 규모

지구의 지각地殼에 묻힌 화석연료 자원은 부족하지 않다. 가까운 시일 내에 석탄과 탄화수소가 고갈될 위험도 없다. 2020년 수준으로 생산하면 석탄 매장량은 120년 동안, 석유와 천연가스 매장량은 50년 동안 고갈될 염려가 없다. 게다가 지속적인 연구로 자원의 범주에 있던 연료가 (기술적으로나 경제적으로 개발할 수 있는) 매장량 범주로 넘어갈 것이다. 화석연료 덕분에 현대 세계가 탄생했지만, 상대적으로 빠르게 진행되는 지구온난화에 대한 염려로 가급적 신속하게 화석연료에 대한 의존에서 탈피하자는 폭넓은 촉구가 이어졌다. 세계 에너지 공급의 탈탄소화는 이상적으로 평균 지구온난화가 섭씨 1.5도(최악의 경우에는 섭씨 2도)를 넘지 않도록 빠르게 이뤄져야 한다. 대부분의 기후 모델에 따르면, 이런 이상은 이산화탄소의 세계 순배출을 2050년까지 제로로 낮추고, 그 이후에는 순배출을 마이너스로 유지하겠다는 뜻이다.

핵심적인 수식어에 주목할 필요가 있다. 목표는 완전한 탈탄소화가 아니라 순배출 제로, 즉 '탄소 중립carbon neutrality'이다. 이는 지속적인 배출을 허용하되 대기로부터 이산화탄소를 대규모로 포집해 지하에 항구적으로 저장하거나 대대적으로 나무를 심는 등 일시적인 대책으로 배출된 이산화탄소를 상쇄하겠다는 얘기이다.[71] 5나 0으로 끝나는 해에 순배출을 제로로 낮추겠다는 목표 설정은 너도 나도 따라 하는 '미투 게임me-too game'이 되어 2020년에는 100개국 이상이 참여하겠다고 나섰다. 노르웨이는 2030년, 핀란드는 2035년을 목표로 내세웠다. 유럽연합 전체와 캐나다, 일본과 남아프리카공화국은 2050년, 심지어 세계 최대 화석연료 소비국인 중국까지 2060년을 목표로 선언했다.[72] 화석연료의 연소로 배출되는 이산화탄소가 2019년 370억 톤을 넘었다는 사실을 고려할 때, 2050년까지 순배출을 제로로 낮추는 목표를 달성하려면 전례 없던 속도와 규모로 에너지 전환을 이뤄내야 할 것이다. 에너지 전환에 필수 요소들을 면밀히 살펴보면, 그 목표의 무모함이 여실히 드러난다.

전기 발전에서 탈탄소화는 신속히 진행될 수 있다. 현재 태양광과 풍력의 단위당 설치 비용이 가장 값싼 화석연료를 선택한 경우와도 경쟁할 수 있는 수준이기 때문이다. 따라서 발전을 이미 상당량 전환한 국가도 적지 않다. 경제 대국 중에서는 독일이 가장 눈에 띈다. 2000년 이후 독일은 풍력과 태양광을 이용한 전기 생산을 10배까지 증산해 재생에너지(풍력과 태양광과 수력)에 의한 발전량을 총발전량의 11퍼센트에서 40퍼센트까지 끌어올렸다. 이런 신재생에너지에 의한 공급이 총수요에서 상대적으로 적은 몫을 차지하거나 부족분을 수입으로 보충할 수 있다면, 풍력과 태양광의 간헐성은 큰 문제가 되지 않는다.

따라서 많은 나라가 큰 변화를 시도하지 않고 간헐적 전력원으로부터 총수요의 15퍼센트까지 생산하는 추세이다. 한편 덴마크의 경우 상대적으로 작고 긴밀하게 연결된 시장에서는 재생에너지의 비율을 크게 높일 수 있음을 보여준다.[73] 2019년 덴마크는 45퍼센트의 전기를 풍력에서 얻었다. 예비 전력량을 크게 확보하지 않고도 이 이례적으로 높은 비율을 유지할 수 있는 이유는 간단하다. 전기가 부족하면 언제라도 스웨덴(수력과 원자력)과 독일(다양한 전력원)로부터 쉽게 수입해 보충할 수 있기 때문이다. 그러나 독일은 덴마크와 똑같이 할 수 없다. 총수요가 덴마크보다 20배 이상 많으므로 신재생에너지가 제대로 작동하지 않을 때 즉각 사용할 수 있는 예비 전력을 충분히 확보해둬야 하기 때문이다.[74] 2019년 독일은 577테라와트시의 전기를 생산했다. 2000년보다 5퍼센트가량 많은 전력량이지만, 발전 설비 용량은 약 73퍼센트 증가했다(121기가와트에서 209기가와트로). 이런 편차의 이유는 자명하다.

'에네르기벤더Energiewende', 즉 의식적으로 가속화한 에너지 전환을 시작하고 20년이 지난 2020년에도 독일은 구름이 끼고 바람이 잔잔한 날의 수요를 충족하려면, 여전히 화석연료를 사용하는 발전 용량의 대부분(89퍼센트)을 유지해야 했다. 여하튼 구름이 많이 끼는 독일에서 태양광발전은 평균적으로 설비 용량의 11~12퍼센트만 작동하는 까닭에 2020년에도 화석연료를 태워 거의 절반, 즉 48퍼센트의 전기를 생산했다. 게다가 풍력발전량이 증가해 바람이 많은 북부에서 수요가 많은 남부 지역으로 전기를 운반하기 위한 고압선을 새로 설치해야 하지만, 관련 계획은 여전히 지지부진한 편이다. 미국에서도 그레이트플레인스Great Plains에서 생산한 풍력 전기와 남서부에서 생산한 태양광 전기를 수요가 많은 해안 지역까지 운반하려면 대대적인 전송 프로젝트가 필요한데, 이를 위한 장기 계획은 좀처럼 추진되지 않고 있다.[75]

이런 에너지 전환은 까다로운 만큼, 기술적으로 꾸준히 개선 가능한 해결책 — 예컨대 더 효율적인 태양전지, 육지와 해안 지역의 대형 풍력 터빈, 장거리 직류 송전과 고전압 송전 — 에 의존할 수밖에 없다. 비용과 허가 절차 및 님비not-in-my-back-yard, NIMBY 현상이 방해하지 않으면 이런 기술은 신속하게 경제적으로 이용할 수 있다. 게다가 태양광발전과 풍력발전의 간헐성 문제도 원자력발전에 다시 의존하면 해결할 수 있다. 전기를 대규모로 저장하는 효과적인 방법을 가까운 시일 내에 개발하지 못하면, 원자력발전의 부활이 특히 유용할 것이다.

대도시와 메가시티에는 대용량 저장 장치가 필요하지만, 현재까지는 양수 발전pumped hydro storage, PHS이 유일하게 가능한 선택지이다. 양수 발전은 값싼 야간 전기를 사용해 아래쪽 저수지의 물을 위쪽 저수지로 퍼 올려두었다가 전기가 필요할 때 방수해 발전하는 방법이다.[76] 태양광과 풍력 등 재생에너지로 발전한 전기가 남을 때마다 양수 작업을 하더라도 양수 발전은 적절한 고도 차이가 있는 곳에서만 운영할 수 있고, 높은 쪽으로 물을 끌어올리는 양수 작업에 발전된 전기의 4분의 1이 쓰인다. 배터리, 압축공기, 슈퍼 축전기 같은 에너지 저장 장치의 용량은 대도시에 필요한 전력량에 비해 턱없이 부족하고, 심지어 하루치도 저장하지 못한다.[77]

반면에 요즘의 핵원자로는 제대로 짓고 신중하게 관리하면 지속적으로 안전하고 확실하게 전기를 공급할 수 있다. 앞에서 지적했듯 핵원자로는 90퍼센트 이상의 효율성으로 운영할 수 있고, 수명도 40년이 넘는다. 하지만 원자력발전의 미래는 여전히 불확실하다. 중국과 인도 그리고 한국만이 원자력발전 용량을 확대하는 데 열중할 뿐이다. 서구에서는 높은 자본 비용, 건축 지연, 덜 비싼 에너지원의 가용성(미국에서는 천연가스, 유럽에서는 풍력과 태양광)이 복합적으로 작용해 핵분열을 통한 발전이 매력을 잃었다. 게다가 미국이 새롭게 개발한 소형 모듈 안전 원자로는 1980년대에 처음 제기되었지만 아직까지도 상업화되지 않았다. 독일은 2022년까지 모든 원자력발전을 포기하기로 결정함으로써 유럽에 팽배한 깊은 반핵 감정을 여실히 보여주었다 (원자력발전의 실질적 위험에 대한 평가는 5장을 참조할 것).

그러나 원자력발전을 반대하는 목소리는 지속될 수 없을 듯하다. 유럽연합조차 핵원자로 없이는 야심찬 탈탄소화 목표에 도달할 수 없다는 걸 이제는 인정한다. 2050년까지 이산화탄소 순배출을 제로로 낮추려는 시나리오에서도 수십 년 동안 무시하고 방치해온 원자력발전을 다시 고려하고 있으며, 핵분열에서 얻는 에너지가 전체 에너지 소비량의 20퍼센트까지 차지할 것으로 예상한다.[78] 여기에서 전기뿐 아니라, 일차에너지 소비량을 언급한 걸 주목할 필요가 있다. 전기는 세계 최종 에너지 소비의 18퍼센트에 불과하다. 산업계와 가정, 상거래와 수송에서 사용하는 최종 에너지를 80퍼센트 이상 탈탄소화하겠다는 목표는 전기 발전의 탈탄소화보다 훨씬 어렵다. 늘어난 전기 발전은 국소 난방이나 지금도 화석연료에 의존하고 있는 많은 산업 공정에 사용할 수 있지만, 장거리 수송의 탈탄소화 진행 여부는 여전히 불분명하다.

배터리에서 동력을 얻는 초대형 제트기를 타고 대륙을 넘나드는 비행은 언제쯤이나 가능할까? 뉴스 헤드라인을 보면, 항공의 미래는 전기에 있음이 분명하다. 하지만 이는 터보팬 엔진이 태우는 등유의 에너지밀도와 전기 항공기에 언젠가 장착되리라고 머릿속에서 상상하는 리튬이온 배터리의 엄청난 차이를 철저히 무시한 것이 아닐 수 없다. 연료의 화학에너지를 열에너지와 운동에너지로 전환하며 제트여객기에 동력을 주는 터보팬 엔진이 태우는 연료의 에너지밀도는 킬로그램당 46메가줄(킬로그램당 대략 1만 2,000와트시)인 반면, 오늘날 최상의 리튬이온 배터리조차 킬로그램당 300와트시 정도를 제공할 뿐이다. 다시 말하면, 40배 이상의 차이가 난다.[79] 누구나 인정하듯이 전동기는 가스터빈 엔진보다 대략 2배나 효율적인 에너지 전환기이다. 따라서 실질적인 에너지밀도 차이는 20배이다. 그러나 지난 30년 동안 배터리의 최대 에너지밀도는 3배 정도 증가했을 뿐이다. 2050년까지 다시 3배가 증가하더라도 배터리의 에너지밀도는 킬로그램당 3,000와트시에 미치지 못할 것이다. 뉴욕에서 도쿄까지, 파리에서 싱가포르까지 비행하는 초대형 항공기에 설치하기에는 턱없이 부족한 수준이다. 결국 지난 수십 년 동안 그랬듯이 앞으로도 등유를 연료로 사용하는 보잉과 에어버스를 타고 비행할 가능성이 크다.[80]

3장에서 다시 살펴보겠지만, 현대 문명을 떠받치는 네 가지 중요한 물질을 생산하는 데 전기만으로 동력을 공급하기에 적합한 상업적 규모의 대안이 현재로서는 없다. 달리 말하면, 재생에너지로 발전한 전기를 충분히 확실하게 공급할 수 있더라도 강철과 암모니아 그리고 시멘트와 플라스틱을 대량으로 생산하는 새로운 공정을 개발해야 한다는 뜻이다.

전기 발전 이외에 탈탄소화가 느릿하게 진행되는 것도 놀라운 일은 아니다. 독일은 조만간 재생에너지로부터 절반가량의 전기를 생산하겠지만, '에네르기벤더'를 추진한 20년 동안 일차에너지 공급에서 화석연료가 차지하는 몫은 84퍼센트에서 78퍼센트로 줄었을 뿐이다. 독일인들은 속도 제한이 없는 아우토반에서 질주하고 빈번하게 대륙을 넘나들며 여행하기를 좋아하며, 독일 산업계가 천연가스와 석유에 대해 명확한 의견을 밝히지 않고 얼버무리는 걸 묵인한다.[81] 독일이 과거의 습관을 그대로 답습한다면 2040년에도 화석연료에 대한 의존도는 여전히 70퍼센트에 가까울 것이다.

많은 손해를 감수하면서도 재생에너지를 밀어붙이지 않는 나라들은 어떨까? 일본이 대표적인 예이다. 2000년 일본은 일차에너지의 83퍼센트를 화석연료에서 얻었다. 2019년에는 그 비율이 90퍼센트로 상승했다! 후쿠시마 원자력발전소가 기능을 상실해 화석연료의 수요가 증가한 탓으로 여겨진다.[82] 미국은 최근에 전기 발전을 천연가스로 대체하며 석탄에 대한 의존을 크게 줄였지만, 2019년 화석연료가 일차에너지 공급에서 차지한 몫은 여전히 80퍼센트였다. 한편 중국의 경우에는 2000년 화석연료의 비율이 93퍼센트였지만, 2019년에는 85퍼센트로 떨어졌다. 그러나 이런 상대적 하락으로, 화석연료의 수요가 거의 3배나 급증했다는 사실을 묵과해서는 안 된다. 세계적으로 화석연료의 소비가 21세기 들어 20년 동안 45퍼센트가량 증가한 주된 이유, 또 고비용임에도 재생에너지의 사용이 폭넓게 확대되었지만 세계 일차에너지 공급에서 화석연료가 차지한 몫이 87퍼센트에서 약 84퍼센트로 눈곱만큼 떨어진 이유에는 중국의 경제성장이 있었다.[83]

화석 탄소의 연간 세계 수요는 현재 100억 톤을 약간 상회한다. 인류에게 양식을 공급하는 주된 곡물의 총수확량보다 거의 5배, 80억 명의 세계 인구가 연간 마시는 물의 양보다 2배가 넘는 질량이다. 정부가 0이나 5로 끝나는 해에 이산화탄소의 순배출을 제로로 낮추겠다는 목표를 천명했다고 해서 이런 엄청난 질량이 없어지거나 대체되는 것은 아니다. 화석 탄소에 의존하는 규모와 비율이 상대적으로 높기 때문에 이를 신속하게 대체하는 것은 더더욱 불가능하다. 이런 판단은 세계 에너지 시스템에 대한 몰이해에서 비롯한 편향된 개인적 의견이 아니다. 공학적이고 경제적인 현실에 기반을 둔 사실적 결론이다.

요즘의 성급한 정치적 선언과 대조적으로, 이런 냉엄한 현실은 신중하게 계산된 장기적 에너지 공급 시나리오에서도 어김없이 확인할 수 있다. 국제에너지기구International Energy Agency, IEA가 2020년 발간한 〈공표된 정책 시나리오Stated Policies Scenario〉에 따르면, 2019년에는 화석연료가 세계 총수요에서 차지한 몫이 80퍼센트였지만, 2040년에는 72퍼센트로 하락하리라 추정된다. 반면 국제에너지기구의 〈지속 가능한 발전 시나리오Sustainable Development Scenario〉 — 세계적인 탈탄소화의 속도를 크게 높였다는 점에서 지금까지 공개된 가장 공격적인 탈탄소화 시나리오 — 에서는 2040년이면 화석연료가 세계 일차에너지 수요의 54퍼센트만을 공급할 것으로 예상한다. 그러면 54퍼센트라는 높은 비율을 10년 만에 제로로 떨어뜨린다는 게 가능할까?[84]

물질적 풍요, 기술 역량, 높은 수준의 일인당 소비와 그에 수반되는 만큼의 폐기물 등을 고려할 때 부유한 세계는 상대적으로 신속하고 인상적인 탈탄소화 조치를 취할 수 있다. 직설적으로 말해 모든 종류의 에너지를 덜 사용하면 된다. 그러나 50억 명이 소비하는 에너지량은, 점점 늘어나는 인구에게 먹일 곡물의 수확량을 늘리기 위해 더 많은 암모니아가 필요한 세계에서, 그리고 기본적인 기반 시설을 짓기 위해 더 많은 강철과 시멘트와 플라스틱이 필요한 세계에서 극히 일부에 불과하다. 이런 현실에서 위와 같은 이상적인 조치를 적용하기란 불가능하다. 따라서 지금 우리에게 필요한 것은 현대 세계를 만든 에너지, 즉 화석연료에 대한 의존도를 낮추기 위해 꾸준히 노력하는 것이다. 현재 우리는 향후 에너지 전환이 어떻게 전개될지 거의 모르지만 한 가지는 분명하다. 화석연료를 느닷없이 포기하지 않을 테고 포기할 수도 없다는 것이다. 따라서 화석연료는 갑자기 종말을 맞이하지 않고, 점진적으로 사용량이 줄어들 것이다.[85]

2

How
the
World
Really
Works

식량 생산에 대하여

화석연료를 먹는다

충분한 양과 다양한 영양을 지닌 식량의 확보는 모든 종에게 실존을 위한 필수 조건이다. 우리 호미닌 조상은 오랜 진화 과정에서, 원숭이 조상으로부터 자신을 차별화하는 중요한 신체적 이점 ― 직립 자세, 두 발 보행, 상대적으로 큰 뇌 ― 을 발달시켰다. 이 세 가지 장점이 결합해 우리 조상은 조금이나마 더 나은 청소동물scavenger(생물의 사체 따위를 먹이로 하는 동물을 통틀어 이르는 말 ― 옮긴이)이 되었고, 식물을 채집하고 작은 동물을 사냥하는 데도 더 나은 능력을 보였다.

초기 호미닌에게는 아주 단순한 석기, 예컨대 돌망치와 돌도끼만 있었다. 이런 석기가 들짐승을 도살하는 데 유용했지만, 호미닌에게 사냥과 포획에 도움을 주는 인공물은 없었다. 그래도 호미닌은 다치거나 병든 짐승, 작고 느릿하게 움직이는 포유동물을 쉽게 잡을 수 있었다. 그러나 큰 짐승의 살코기는 사나운 포식자가 죽인 짐승에게서 얻는 게 거의 전부였다.[1] 나중에는 긴 창과 손잡이 있는 도끼, 활과 화살, 그물과 바구니, 낚싯대를 이용해 다양한 종을 사냥하고 포획할 수 있었다. 일부 집단, 특히 후기구석기시대Upper Paleolithic(이 시대는 약 1만 2,000년 전에 끝났다)에 매머드를 사냥하던 무리는 몸집이 큰 짐승을 능숙하게 도살했다. 한편 해안 지역에 거주하던 조상들은 뛰어난 어부가 되었고, 그들 중 일부는 쪽배를 타고 나가 작은 고래를 잡기도 했다.

농경을 시작하고 몇몇 포유동물과 조류를 가축화하며, 수렵 채집에서 정주하는 삶으로의 전환이 가능해졌다. 그 결과, 과거보다 더 많은 사람을 먹일 수 있는 식량 공급을 예측할 수 있었다. 물론 예측이 빗나가는 경우도 많았고, 평균적인 영양 공급 또한 더 나아졌다고 말할 수는 없었다. 그러나 척박한 환경에서 수렵과 채집에 의존하려면, 한 가족을 부양하는 데도 100제곱킬로미터 이상의 면적이 필요했다. 그 면적을 런던에 대입하면 대략 버킹엄 궁전에서 런던 동쪽의 아일오브독스Isle of Dogs까지의 거리이고, 뉴욕에 대입하면 맨해튼 끝에서 센트럴파크 중앙까지의 거리이다. 갈매기라면 순전히 살아남기 위해 꽤 넓은 땅을 날아가야 하는 셈이다.

상대적으로 생산성이 좋은 지역은 인구밀도가 헥타르당 2~3명까지 올라갈 수 있었다(100헥타르는 정식 축구 경기장 140개에 해당하는 면적).[2] 수렵과 채집에 의존하면서 인구밀도가 높은 사회는 해안 지역에서만 가능했다(특히 태평양 연안의 북서부 지역). 그들은 매년 회유성 물고기를 만날 수 있었고, 해양 포유동물을 사냥할 기회도 많았다. 단백질과 지방이 풍부한 식량을 안정적으로 확보하게 되자 그들은 큰 공동체를 형성해 정착하는 삶으로 전환했고, 여가 시간에는 인상적인 토템 기둥을 조각하기도 했다. 한편 초기 농업 사회에서는 그저 씨를 뿌려 수확하는 수준이었기 때문에 경작지 1헥타르당 한 사람 남짓만 먹고살 수 있었다.

수렵 채집민은 많은 종류의 야생종을 채집했을 가능성이 크지만, 초기의 농업 종사자는 경작하는 작물의 범위를 좁힐 수밖에 없었다. 따라서 소수의 주된 작물(밀, 보리, 쌀, 옥수수, 콩, 토마토)이 그들의 식단을 지배했을 것이다. 그러나 이런 주곡으로 수렵 채집 사회보다 두세 자릿수나 높은 인구밀도를 지탱할 수 있었다. 고대 이집트의 인구밀도는 제1왕조 이전 시대(기원전 3150년 이전)에 경작지 1헥타르당 1.3명에 불과했지만, 3,500년 후 로마 제국의 속주屬州가 되었을 때는 헥타르당 2.5명으로 증가했다.[3] 한 명을 먹이는 데 4,000제곱미터의 면적이 필요했다는 뜻이다. 테니스 코트에 비유하면 정확히 6면에 해당하는 면적이다. 그러나 이렇게 높은 생산 밀도는 예외적으로 좋은 성과였으며, 매년 어김없이 범람하던 나일강 덕분이었다.

시간이 지나면서, 산업화 이전에도 식량 생산율은 무척 느리긴 하지만 꾸준히 증가했다. 그러나 헥타르당 3명이라는 비율은 16세기가 되어서야 도달했다. 그것도 집약적으로 경작하던 중국 명나라의 일부 지역에서 달성한 수치였다. 유럽에서는 18세기까지 헥타르당 생산성이 2명 이하였다. 산업화 이전의 오랜 역사에서 식량 생산성이 정체하거나 무척 느리게 성장했다는 것은 수 세대 전까지도 소수의 지배 계급만이 먹을 것을 걱정하지 않았다는 뜻이다. 간혹 평균 이상의 풍작을 거둔 해에도 전형적 식단은 단조로워서 영양실조와 영양 결핍이 다반사였다. 흉작이 닥치고 전쟁으로 밭이 망가지면 필연적으로 굶주림이 뒤따랐다. 그러니 개인의 이동성이 증가하고 사유재산의 폭이 확대된 것과 같은 최근의 변화는 해마다 먹고 남을 정도로 식량을 생산하는 능력만큼 존재론적으로 근본적인 변화는 아니었다. 오늘날 부유한 국가와 중간 소득 국가에서 대부분의 사람은 이제 생존을 걱정하지 않고, 건강을 유지하거나 개선해 수명을 연장하려면 무엇을 어떻게 먹어야 최선인지를 걱정한다.

하지만 여전히 식량 부족에 시달리는 어린이와 청소년과 성인이 많다. 이는 특히 사하라사막 남쪽의 국가들에서 두드러진 현상이다. 그러나 지난 세 세대 동안, 기근에 시달리는 총인원은 세계 인구의 과반수에서 10명 중 1명 미만으로 떨어졌다. 유엔 식량농업기구Food and Agriculture Organization, FAO의 추정에 따르면, 전 세계에서 영양 부족인 사람의 비율이 1950년 65퍼센트에서 1970년에는 25퍼센트, 2000년에는 약 15퍼센트로 떨어졌다. 자연재해와 군사 충돌로 인한 일시적 후퇴와 변동이 있었지만 영양 섭취의 지속적 개선으로 2019년에는 8.9퍼센트로 줄어들었다. 달리 말하면, 식량 생산의 증대로 말미암아 1950년 약 3명 중 2명이던 영양실조율이 2019년에는 11명 중 1명으로 줄어들었다는 뜻이다.[4]

그사이에 세계 인구가 급증했다는 사실까지 고려하면, 이런 인상적인 성취는 한층 더 주목할 만하다. 1950년 25억 명이던 세계 인구가 2019년에는 77억 명으로 급상승했다. 그런데도 세계적으로 영양 결핍이 가파르게 줄었다는 사실은, 1950년의 세계는 약 8억 9,000만 명에게 적정한 식량을 공급할 수 있었지만, 2019년에는 70억 명에게도 적정한 식량을 공급할 수 있게 되었다는 뜻이다. 절대적 수치로는 거의 8배가 증가한 셈이다!

이런 인상적인 성취가 어떻게 가능할 수 있었을까? 작물 수확량이 더 많아졌기 때문이라는 것은 너무도 뻔한 대답이다. 더 생산성 높은 품종, 경작의 기계화, 적정한 비료, 관개시설, 작물 보호 등의 복합적인 결과로 수확량이 증가했다는 대답은 경작법의 중대한 변화를 정확히 지적하는 것이긴 해도 근본적인 설명으로는 부족하다. 현대의 식량 생산은 농지에서의 작물 재배든 바다에서의 어류 포획이든 두 종류의 에너지에 의존하는 특별한 혼성체이다. 첫 번째 에너지는 가장 확실한 에너지, 즉 태양이다. 그러나 이제는 화석연료가 반드시 필요하고, 우리 인간이 만들어내는 전기도 필요하다.

화석연료에 의존하는 흔한 사례에 대해 질문을 받으면, 유럽과 북아메리카의 추운 지역에 거주하는 사람들은 집을 난방하는 데 사용하는 천연가스를 즉각 떠올릴 것이다. 또 대부분의 운송 수단에 동력을 제공하는 액체연료의 연소를 지적하는 사람도 있을 것이다. 그러나 현대 세계에서 우리가 화석연료에 의존하는 가장 중요한 사례, 즉 근본적으로 우리 생존과 관련 있는 사례는 바로 식량 생산이다. 식량을 생산할 때 우리는 화석연료를 직간접적으로 사용하고 있다. 직접적인 사용에는 농사일에 쓰이는 농기구(트랙터와 콤바인 등의 수확용 기계), 수확물을 농지에서 저장고와 가공 공장으로 옮기는 운송 수단, 관개시설에 쓰이는 펌프에 동력을 공급하는 연료가 포함된다. 간접적인 사용에는 농기구, 비료, 농약(제초제, 살충제, 살진균제)을 생산하는 데 쓰이는 연료와 전기가 포함된다. 온실을 만들 때 필요한 유리와 플라스틱판부터 정밀 농업precision farming을 가능하게 해주는 장치까지 다양한 기구를 제작하는 데 쓰이는 연료와 전기도 간접적으로 사용하는 경우이다.

우리의 식량을 생산하는 데 필요한 근본적인 에너지 전환 방식은 바뀌지 않았다. 항상 그렇듯이 우리는 광합성의 산물을 먹는다. 식물을 먹으면 그 산물을 직접 먹는 것이고, 살코기를 먹으면 그 산물을 간접적으로 먹는 것이다. 광합성은 생물권에서 가장 중요한 에너지 전환으로, 태양복사에서 동력을 얻는다. 변한 것은 곡물과 살코기의 생산성이다. 화석연료와 전기의 투입이 꾸준히 증가하지 않았다면, 지금처럼 풍부하고 예측 가능하게 수확할 수 없었을 것이다. 이런 인위적인 에너지 보조가 없었다면, 우리는 인류의 90퍼센트에게 적절한 영양을 공급할 수 없었을 테고, 영양실조율을 그 정도로 낮추지도 못했을 것이다. 물론 한 사람을 먹이는 데 필요한 경작지 면적과 노동량을 꾸준히 줄이지도 못했을 것이다.

인간을 위해 식용작물을, 가축을 위해 목초를 재배하는 농업은 태양복사에서, 특히 가시스펙트럼의 푸른 부분과 붉은 부분에서 에너지를 공급받아야 한다.[5] 식물세포에서 빛에 민감한 분자, 즉 엽록소와 카로티노이드는 각각 푸른색과 붉은색 파장에서 빛을 흡수해 광합성에 필요한 에너지를 제공한다. 광합성은 대기의 이산화탄소와 물, 질소, 인을 비롯한 소량의 원소가 결합해 곡물, 콩과 작물, 덩이줄기 작물, 기름을 얻는 작물, 단맛을 얻는 작물에 필요한 새로운 식물량을 만들어내는 다단계 화학반응이다. 이런 과정을 거쳐 수확한 작물의 일부는 가축에게 먹이고, 가축은 식용육과 젖 그리고 알을 생산한다. 그 밖의 동물성 식품은 초지에서 풀을 뜯는 포유동물과 궁극적으로는 식물성플랑크톤에 의존하는 수생동물에게서 얻는다. 식물성플랑크톤은 수중 광합성에 의해 만들어지는 지배적인 식물량이다.[6]

약 1만 년 전, 인류가 정착해 농업을 시작한 때부터 식량을 생산하는 기본적인 방법은 똑같았다. 그러나 두 세기 전, 비非태양광 형태의 에너지가 더해지며 작물 생산에, 나중에는 해양 생물의 포획에도 영향을 미치기 시작했다. 처음에 이 영향은 미미했고, 20세기 들어 수십 년이 지난 뒤에야 주목을 받았다.

이 획기적인 사건의 진화 과정을 추적하기 위해, 우리는 지난 두 세기 동안 미국의 밀 생산이 어떻게 변했는지 살펴보려 한다. 물론 영국과 프랑스의 밀 수확량, 중국이나 일본의 쌀 수확량을 분석 대상으로 선택할 수도 있었다. 그러나 농업이 북아메리카·서유럽·동아시아의 농경지에서 여러 시기에 발달했지만, 시기별 비교가 미국의 자료만큼 흥미진진한 경우는 없었다.

세 계곡, 두 세기의 간격

1801년 뉴욕 서쪽, 제네시 계곡Genesee Valley에서 시작해보자. 새로운 공화국 미국이 독립하고 26번째 되는 해였지만, 여전히 미국 농부는 조상들이 영국에서 영국령 북아메리카로 이주했던 수 세대 전과 똑같은 방식으로 밀을 재배하고 있었다. 게다가 그 방법은 2,000년 전 고대 이집트에서 밀을 재배한 방법과도 크게 다르지 않았다.

농사일은 나무 쟁기를 채운 두 마리의 황소와 함께 시작되었다. 나무 쟁기 끝부분에는 철판을 씌웠다. 지난해에 수확한 작물에서 수거한 씨앗은 순전히 손으로 뿌렸고, 잡목 가지로 만든 써레로 씨를 덮었다. 수확하기 전까지, 씨를 뿌린 경작지 1헥타르당 약 27시간의 인력을 투입해야 했다.[7] 하지만 가장 힘든 일이 아직 남아 있었다. 작물은 낫으로 일일이 베어 수확했다. 그렇게 수확한 줄기는 순전히 인력을 이용해 다발로 묶고, 차곡차곡 가리로 쌓고, 그 상태로 햇빛에 말렸다. 건조되면 다발째 헛간으로 옮기고, 딱딱한 바닥에 내리쳐 타작했다. 탈곡하고 남은 짚은 차곡차곡 쌓고, 낟알은 키질해 쭉정이와 분리했다. 거둔 낟알은 선별해서 부대에 넣었다. 이렇게 곡물을 거두려면, 헥타르당 최소 120시간의 인력을 투입해야 했다.

결국 총 생산 과정에는 헥타르당 약 150시간의 인력과 70시간에 걸친 황소의 노동력이 필요했던 셈이다. 수확량은 헥타르당 1톤에 불과했고, 그중 적어도 10퍼센트는 이듬해 파종을 위한 씨앗으로 보관해야 했다. 종합적으로 계산하면, 1킬로그램의 밀을 생산하는 데 약 10분의 인력을 투입하고, 여기에 통곡물가루를 더해 1.6킬로그램(두 덩어리)의 빵을 만들었다. 힘들고 느려서 생산성이 낮은 농사법이었다. 그러나 철저히 태양에 의존해 태양의 복사에너지 이외에 다른 에너지를 투입할 필요는 없었다. 나무가 조리와 가열을 위한 땔감을 제공했다. 땔감은 철광석을 녹여 쟁기, 크고 작은 낫, 칼과 수레바퀴 테두리 등 작은 금속 농기구를 제작하기 위한 야금용 숯을 만드는 데도 쓰였다. 요즘 어법으로 말하면, 이런 농사법에는 비非재생에너지, 즉 화석연료의 지원이 필요하지 않았다. 밀을 빻는 데 사용한 철제와 돌절구 등 비재생 물체를 최소한으로 사용했을 뿐이다. 따라서 인간과 가축의 근육 활동을 통해 사용하는 재생에너지에만 의존해 곡물과 농기구를 생산했다고 말할 수 있다.

한 세기가 지난 1901년, 미국 밀은 대부분 그레이트플레인스에서 생산되었다. 따라서 이번에는 노스다코타주 동부에 있는 레드리버 계곡Red River Valley으로 눈을 돌려보자. 그레이트플레인스에는 두 세대 전부터 정착민이 자리 잡기 시작했고, 산업화도 그 기간에 큰 진전을 이루었다. 밀 농사는 여전히 역축에 의존했다. 하지만 다코타의 드넓은 농지에서 밀 재배는 꽤나 기계화한 터였다. 네 마리의 튼튼한 말이 짝을 이루어 여러 개의 보습이 달린 강철 쟁기와 써레를 끌었고, 씨를 뿌리는 데는 기계식 파종기를 사용했다. 또 수확용 기계가 밀 줄기를 베고 다발로 묶었다. 오직 노적가리만 인력으로 쌓았다. 낟가리는 증기기관으로 작동하는 탈곡기에 들어가고, 탈곡된 낟알은 곡물 저장고로 옮겨졌다. 이러한 전 과정에 헥타르당 22시간이 걸렸다.

1801년에 비교하면 약 7분의 1에 불과하다.[8] 이런 조방 농법extensive cultivation에서는 넓은 면적으로 낮은 생산성을 보완한다. 요컨대 1901년에도 수확량은 헥타르당 1톤으로 낮은 편이었다. 그러나 인력 투입 시간은 낟알 1킬로그램당 약 1.5분에 불과했다. 1801년 10분이었던 것에 비하면 엄청난 발전이다. 한편 역축은 헥타르당 약 37시간의 말 노동력, 즉 낟알 1킬로그램당 2분 정도를 사용했다.

이는 새로운 혼합 농법이었다. 필수적인 태양에너지에 비재생에너지, 즉 인간이 만든 에너지가 더해졌고, 그 인위적인 에너지의 주된 출처는 석탄이었다. 이 새로운 농법에는 인력보다 축력畜力이 더 많이 필요했다. 따라서 말(남부에서는 노새)에게 신선한 건초와 풀, 귀리를 먹여야 했기 때문에 미국에서는 역축도 작물 생산에 상당한 압력으로 작용했다. 미국 농지 중 약 4분의 1이 역축에게 먹일 풀을 재배하는 데 할애되었다.[9]

화석 에너지의 투입이 늘어난 덕분에 수확에서 생산성 향상이 가능해졌다. 석탄은 용광로에 투입되는 야금용 코크스를 만드는 데 쓰였고, 주철이 평로平爐, open hearth furnace에서 강철로 바뀌었다(3장 참조). 강철은 농기계뿐 아니라 증기기관과 철로, 화물 차량, 기관차, 선박을 만들 때도 필요했다. 석탄은 증기기관에도 동력을 공급했다. 그리고 쟁기와 파종기, 콤바인을 비롯한 수확용 기계와 화차 및 저장고를 제작하고, 곡물을 최종 소비자에게 전달하는 철로와 선박을 운영하는 데 필요한 열과 전기를 생산했다. 칠레에서 질산염을 수입하고, 플로리다에서 인산염이 채굴되면서 무기질 비료도 사용하기 시작했다.

캔자스는 2021년, 미국에서 밀 생산을 주도한 주였다. 그러니 이번에는 아칸소강 계곡으로 눈을 돌려보자. 미국의 주요 밀 생산지인 이곳에서, 밭의 면적은 한 세기 전보다 대략 3~4배 넓어졌다.[10] 하지만 대부분의 밭일은 한두 사람이 대형 기계를 이용해 해낸다. 미국 농무부는 1961년부터 역축 수 세기를 중단했다. 12개 넘는 보습을 장착한 강철 쟁기, 파종기, 비료 살포기 등 다양한 농기구를 끄는 강력한 트랙터가 밭일을 도맡았기 때문이다. 대부분의 트랙터는 400마력 이상이고, 8개의 거대한 바퀴가 달렸다.[11]

이제 씨앗은 공인된 종자 회사에서 제공받는다. 어린 식물에는 최적량의 무기질 비료, 특히 (암모니아와 요소를 추가해) 질소를 충분히 함유한 무기질 비료를 투여한다. 벌레와 균류 및 잡초로부터 작물을 보호하기 위한 조치도 취한다. 수확과 타작은 대형 콤바인이 맡는다. 콤바인은 타작까지 끝낸 낟알을 곧바로 트럭으로 옮긴다. 트럭이 저장고로 운반한 낟알은 미국 전역에 판매되거나, 선박에 실려 아시아와 아프리카로 수출된다. 이제 밀 생산에 투입되는 인력은 헥타르당 2시간 미만이다. 150시간이던 1801년과 비교하면 놀랍기만 하다. 한편 생산량은 헥타르당 약 3.5톤이다. 1킬로그램의 낟알을 생산하는 데 2초가 걸리지 않는다는 뜻이다.[12]

오늘날 많은 사람이 현대 컴퓨터('엄청나게 많은 자료')와 텔레커뮤니케이션('엄청나게 값싼')의 효율성을 칭찬하는 데는 인색하지 않다. 그러나 농작물의 수확량은 어떤가? 두 세기 만에 1킬로그램의 밀을 생산하는 데 걸리는 시간이 10분에서 2초 이내로 줄어들었다. 현대 세계가 실제로 어떻게 운영되는지 여실히 보여주는 현상이다. 앞에서도 언급했듯이 나는 중국이나 인도의 쌀 생산에서 줄어든 노동시간, 산출량 증가, 앙등한 생산성을 비슷하게 재구성할 수도 있었다. 비교된 시간 틀은 달랐겠지만 상대적인 성과는 크게 다르지 않았을 것이다.

인구의 80퍼센트가 시골 지역에 머물며 하루하루 빵을 만들거나(1800년 미국 인구에서 농민의 비율은 83퍼센트였다) 쌀밥을 지어야 했다면(1800년 일본 인구의 90퍼센트가 촌락에서 살았다), 산업 활동, 운송과 통신, 일상의 모습을 혁명적으로 바꿔놓은 대부분의 기술혁신은 불가능했을 것이다. 현대 세계로 가는 길은 값싼 강철 쟁기와 무기질 비료로부터 시작되었다. 우리는 충분한 영양을 공급받는 지금의 문명을 당연하게 생각한다. 그 필연적 과정을 설명하려면 더 자세한 분석이 필요하다.

무엇이 투입되었는가?

인력과 축력, 나무나 철제로 만든 단순한 농기구로 이뤄진 산업화 이전의 농사에서는 태양이 유일한 에너지원이었다. 물론 오늘날에도 태양에 의한 광합성이 없다면 어떤 수확도 가능하지 않다. 그러나 화석 에너지의 직간접적 투입이 없었다면 최소한의 노동량을 통해 전례 없이 낮은 비용으로 높은 수확을 거두지 못했을 것이다. 인간이 인위적으로 투입한 에너지의 일부는 전기에서 얻은 것이고, 그 전기는 석탄이나 천연가스 혹은 재생에너지로 발전한 것이다. 그러나 대부분의 인위적 에너지는 기계의 연료와 원자재로 공급된 액체와 기체 상태의 탄화수소이다.

기계는 디젤유나 휘발유 같은 화석 에너지를 직접 소비한다. 예컨대 저수지에서 관개용수를 끌어올릴 때, 작물을 가공하고 건조할 때, 수확한 작물을 트럭과 기차와 너벅선을 이용해 전국으로 운송할 때, 또 커다란 벌크선으로 해외에 수출할 때 화석 에너지가 직접적으로 소비된다. 한편 그런 기계를 만들 때의 간접적인 에너지 사용처는 훨씬 더 복잡하다. 화석연료와 전기는 강철과 고무, 플라스틱과 유리, 전자장치를 제작할 때만 투입되는 게 아니다. 트랙터와 콤바인, 곡물 건조기와 저장고, 다양한 농기구를 제작하는 데 쓰이는 에너지들을 결합할 때도 투입된다.[13]

그러나 농약을 만드는 데 필요한 에너지에 비교하면, 농기계를 제작하고 농기계에 동력을 제공하는 데 필요한 에너지는 아무것도 아니다. 현대 농법에는 작물 손실을 최소화하기 위해 살진균제와 살충제가 필요하고, 잡초가 영양분과 물을 빼앗아가는 걸 방지하기 위해 제초제가 필요하다. 이 모든 것이 에너지 집약적인 약품이지만 상대적으로 적은 양이 사용된다. 따라서 헥타르당 소량이면 충분하다.[14] 반면 식물에 필요한 3대 기본 영양소 — 질소, 인, 칼륨 — 를 공급하는 비료의 경우에는 최종 상품의 단위당 에너지는 덜 필요하지만, 높은 산출량을 얻기 위해 다량으로 투여해야 한다.[15]

칼륨은 생산 비용이 가장 적게 든다. 지표면이나 지하 광산에서 채굴하는 염화칼륨에서 곧바로 얻을 수 있기 때문이다. 인산비료는 인산염의 채굴에 이어 합성 과인산염 화합물을 만드는 과정이 뒤따른다. 암모니아는 모든 합성 질소비료를 만들기 위한 출발 화합물starting compound이다. 밀과 쌀뿐만 아니라 채소류도 다량 수확하려면 헥타르당 100킬로그램(때로는 200킬로그램) 이상의 질소가 필요하다. 이 때문에 현대 농법에서는 질소비료

의 합성에 가장 많은 간접 에너지가 투입된다.[16]

질소가 이처럼 다량으로 필요한 이유는 무엇일까? 모든 살아 있는 세포에 질소가 존재하기 때문이다. 자극을 받아 광합성에 동력을 공급하는 엽록소에도 질소가 존재한다. 모든 유전자 정보를 저장하고 처리하는 핵산 DNA와 RNA에도 질소가 존재한다. 물론 우리 조직의 성장과 유지에 필요한 모든 단백질을 구성하는 아미노산에도 질소가 존재한다. 질소는 대기의 80퍼센트를 차지한다. 모든 유기체가 질소에 잠긴 채로 살아간다고 말할 수 있을 정도이다. 따라서 질소는 매우 풍부하면서 작물의 생산성뿐 아니라 인간의 성장에도 관여하는 중대한 제한 인자limiting factor이다. 이런 현상은 생물권에서 상당히 모순되는 현실 중 하나인데, 그 이유는 간단히 설명할 수 있다. 질소는 대기에서 비非반응성 분자(N_2)로 존재하고, 소수의 자연 과정을 통해서만 두 질소 원자 간의 결합이 쪼개지는데, 이때에야 반응성 화합물을 형성할 수 있기 때문이다.[17]

번개도 질소와 밀접한 관계가 있다. 번개는 질소산화물을 만들어내고, 그 질소산화물은 빗물에 용해되어 질산염을 형성한다. 결국 숲과 밭 그리고 초지가 하늘에서 비료를 얻는 셈이다. 그러나 이렇게 자연에서 유입되는 질소량은 너무 적어 80억 세계 인구를 먹일 수 있을 만큼의 작물을 수확할 수 없다. 대신 번개가 엄청난 온도와 압력으로 해내는 일을 '니트로게나제nitrogenase'라는 효소가 정상적인 조건에서 해낼 수 있다. 니트로게나제는 콩과 식물의 뿌리와 관련 있는 박테리아나, 토양 또는 몇몇 식물에서 자유롭게 살아가는 박테리아에 의해 만들어진다. 콩과 식물의 뿌리에 들러붙은 박테리아는 자연 상태에서 대부분의 질소고정을 책임진다. 달리 말하면, 그 박테리아 때문에 비반응성 분자(N_2)가 쪼개지고, 쪼개진 질소가 암모니아(NH_3)로 결합한다. 암모니아는 가용성 질산염으로 쉽게 전환되는데, 이는 어떤 식물이 합성한 유기산에 대한 대가로 그 식물에 필요한 만큼 질소를 공급할 수 있는 고高반응성 화합물이다.

따라서 대두, 강낭콩, 완두콩, 렌즈콩, 땅콩 같은 콩과 식용작물은 자체의 질소를 고정할 수 있다. 자주개자리, 클로버, 살갈퀴 같은 콩과 간작間作 작물도 마찬가지이다. 그러나 주된 작물, 즉 기름을 얻기 위해 재배하는 작물(대두와 땅콩은 제외), 덩이줄기 작물은 그렇지 못하다. 그런 작물이 콩과 식물의 질소산화물 능력으로부터 이득을 얻는 유일한 방법은 자주개자리, 클로버, 살갈퀴와 교대로 심어, 그 간작 작물의 질소산화물 균이 수개월 동안 자라게 한 뒤 깊이 쟁기질하는 것이다. 그러면 토양이 반응성 질소로 채워지고, 거기에 심은 밀이나 쌀 혹은 감자가 그 질소를 흡수한다.[18]

전통 농법에서 토양의 질소 함유량을 높이는 또 다른 방법은 인분과 가축 배설물을 밭에 뿌리는 것이었다. 그러나 이 방법은 원천적으로 힘들기도 했지만, 질소라는 영양소를 공급하는 데도 비효율적이었다. 배설물은 질소 함유량이 무척 낮고, 증발로 인한 손실도 크기 때문이다(액체에서 기체로 전환되면서 두엄의 암모니아 냄새는 무척 강해진다).

산업화 이전의 농사법에서, 배설물은 크고 작은 마을과 도시에서 수거된 뒤 더미로 쌓이거나 웅덩이에서 발효되었다. 질소 함유량이 낮았기 때문에 밭에 대량으로 뿌렸다. 헥타르당 10톤이 기본이었고, 필요한 질소를 공급하기 위해 때로는 30톤까지 뿌리기도 했다(30톤이면 유럽 소형차 25~30대에 해당하는 질량이다). 당연한 말이겠지만, 전통적인 농법에서 가장 많은 시간이 걸리는 일이고, 농사일에 투입하는 (인간과 역축) 노동량의 5분의 1, 심지어 3분의 1까지 차지하는 작업이었다. 여하튼 유기성 폐기물의 재활용은 유명한 소설가들이 관심을 가질 만한 주제가 아니었다. 그러나 철저한 사실주의자이던 에밀 졸라Émile Zola(1840~1902)는 두엄의 중요성을 파악하고, 소설 속 파리의 젊은 화가 클로드를 '두엄을 상당히 좋아하는' 사람으로 묘사했다. "클로드는 자진해서 웅덩이에 시장의 오물, 커다란 식탁에서 떨어진 쓰레기를 던졌다. 쓰레기는 여전히 생명으로 충만했고, 채소들이 전에 싹텄던 곳으로 되돌아갔다. (…) 쓰레기는 비옥한 땅에서 다시 작물이 되었고, 또 한 번 시장 광장에 내던져졌다. 파리에서는 모든 게 썩었고, 모든 게 땅으로 되돌아갔다. 땅은 죽음의 황폐함에 조금도 싫증을 내지 않았다."[19]

그러나 인간은 견디기 힘든 고역을 치러야 했다! 수확량의 제고를 가로막던 질소라는 거대한 장벽은 19세기가 되어서야 조금씩 밀려났다. 최초의 무기질 질소비료라고 할 수 있는 칠레 질산염이 채굴 및 수출되기 시작한 때였다. 1909년 프리츠 하버Fritz Haber(1868~1934)가 암모니아합성법을 개발하고, 이것이 신속히 상업화되며 그 장벽은 완전히 무너졌다(암모니아는 1913년에 처음으로 수출되었다). 그러나 그 이후의 생산은 느릿하게 이뤄져 질소비료는 제2차 세계대전 이후에야 광범위하게 사용되었다.[20] 다수확이 가능한 밀과 쌀의 새로운 품종이 1960년대에 속속 개발되었지만, 합성 질소비료가 없었다면 그 잠재력을 완전히 발휘하지 못했을 것이다. 결국 더 나은 품종과 더 나은 질소비료가 결합하지 않았다면, '녹색혁명Green Revolution'으로 알려진 생산성 향상도 불가능했을 것이다.[21]

1970년대 이후로, 질소비료의 합성은 농업에 투입한 보조 에너지 중에서 '으뜸'이었다. 그러나 여러 일반적인 식품을 생산하는 데 필요한 에너지량을 정확히 분석해볼 때에야 질소비료에 대한 의존도가 명확히 드러난다. 그래서 나는 분석 대상으로 세 식품, 즉 빵과 닭고기와 토마토를 선택했다. 그 이유는 세 식품이 영양 공급에서 탁월하기 때문이다. 빵은 유럽 문명에서 수천 년 동안 주식이었다. 돼지고기와 소고기는 종교적으로 섭취를 금지하는 지역이 있지만, 닭고기는 유일하게 보편적으로 선호하는 살코기이다. 토마토는 식물학적으로 열매에 해당하지만, 여하튼 토마토보다 연간 생산량이 많은 채소는 없다. 토마토는 밭에서 농작물로 재배할 뿐만 아니라 비닐하우스나 유리온실에서 재배하는 경우도 증가하는 추세이다.

이 식품들은 영양학적으로 각각 다른 역할을 한다. 빵은 탄수화물, 닭고기는 완벽한 단백질, 토마토는 비타민 C를 얻기 위해 먹는다. 그러나 화석연료의 상당한 에너지 보조가 없다면 그 어떤 식품도 적정한 가격으로 풍부하고 확실하게 생산하지 못할 것이다. 궁극적으로는 우리의 식량 생산 방법이 달라져야겠지만, 지금은 물론이고 가까운 미래에도 화석연료에 의존하지 않으면 우리는 많은 세계 인구를 먹여 살리지 못할 것이다.

빵과 닭고기와 토마토의
에너지 비용

빵은 종류가 엄청나게 다양하다는 사실을 고려해, 나는 서구 식단에서 예부터 일반적이었고 이제는 서아프리카부터 일본까지 많은 지역에서 구할 수 있는 몇몇 종류의 효모 빵으로 분석 대상을 좁히려 한다. 여하튼 오늘날 서아프리카에는 프랑스 바게트 빵이 어디에나 있고, 일본의 주요 백화점에는 어김없이 프랑스나 독일 빵집이 있을 정도이다. 일단 밀부터 시작해보자. 다행히, 밀 생산에 투입한 연료와 전기를 계량화해 그 결과를 경작 면적과 생산량 측면에서 다른 종류의 곡물과 비교하는 연구가 부족하지는 않다.[22] 작물 재배는 에너지 보조 사다리에서 바닥에 있어, 우리가 선택한 다른 식품들과 굳이 비교할 필요가 없다. 하지만 그래도 우리가 알고 있는 대로 놀라울 정도로 많은 양의 에너지가 작물 재배에 필요하다.

천수天水에 의존하는 그레이트플레인스의 드넓은 밭에서 밀을 효율적으로 생산하려면, 1킬로그램의 낟알당 약 4메가줄만이 필요할 뿐이다. 이 에너지 중 많은 몫이 원유를 정제한 디젤유의 형태로 주어지기 때문에, 에너지의 기준 단위(줄)보다 동일한 가치를 띠는 연료로 비교하는 게 더 쉽게 와닿을 것이다.[23] 또 식품 단위당 용량(1킬로그램, 한 덩어리의 빵, 또는 한 끼 식사)에 대해 디젤유가 얼마나 필요한지를 구체적으로 말하면, 그런 에너지 보조를 더 쉽게 상상할 수 있다.

디젤유에는 리터당 36.9메가줄이 함유되어 있으므로, 그레이트플레인스에서 밀을 생산하는 데 필요한 일반적인 에너지 비용은 킬로그램당 정확히 100밀리리터(1데시리터 또는 0.1리터)이다. 미국 계량컵(237밀리리터)의 절반에 약간 못 미치는 양이다.[24] 나는 구체적인 용량의 디젤유를 제시하며, 개별 식품마다 관련된 에너지에 대한 정보를 제공하려 한다.

기본적인 사워 반죽 빵sourdough bread은 가장 단순한 유형의 효모 빵으로, 유럽 문명의 주식이다. 이 빵을 만드는 데는 제빵용 밀가루, 물과 소금만 필요하다. 물론 효모는 밀가루와 물로 만든다. 1킬로그램의 사워 반죽 빵은 대체로 약 580그램의 밀가루, 410그램의 물, 10그램의 소금으로 이루어진다.[25] 도정milling, 즉 낟알의 겉껍질을 제거하는 과정을 거치면, 도정된 낟알의 질량이 약 25퍼센트만큼 줄어든다. 실제로 밀가루 추출률은 72~76퍼센트이다.[26] 달리 말하면, 580그램의 제빵용 밀가루를 얻으려면 약 800그램의 통밀에서 시작해야 한다는 뜻이다. 800그램의 통밀을 생산하는 데는 80밀리리터의 디젤유가 필요하다.

낟알을 빻아 흰 밀가루를 만드는 데는 킬로그램당 50밀리리터의 디젤유가 필요하고, 천연가스와 전기를 연료로 사용하며 효율성을 추구하는 현대 기업들이 공개한 자료에 따르면, 대규모로 빵을 굽는 데는 킬로그램당 100~200밀리리터가 필요하다.[27] 따라서 곡물을 재배한 뒤 낟알을 빻고, 1킬로그램의 사워 반죽 빵 한 덩어리를 굽는 데는 적어도 250밀리리터, 즉 미국 계량컵보다 약간 많은 양의 디젤유에 해당하는 에너지를 투입해야 한다. 일반적인 바게트 빵(250그램)에 포함된 에너지량은 약 2테이블스푼 디젤유이다. 커다란 독일 빵 바우에른브로트Bauernbrot(2킬로그램)의 경우에는 약 2컵 디젤유이고, 통밀빵 한 덩어리에는 그보다 약간 더 적은 에너지가 포함된다.

실제 화석 에너지 비용은 훨씬 더 높다. 요즘 빵을 파는 곳에서 직접 굽는 빵은 일부에 불과하기 때문이다. 프랑스에서도 동네 빵집이 사라지고 있어, 바게트는 대형 베이커리를 통해 유통된다. 그러나 산업적 규모의 효율성 덕분에 절약한 에너지는 운송 비용의 증가로 무효화된다. 밀을 재배해 빻는 단계부터 대형 베이커리에서 구워 멀리 떨어진 소비자에게 유통하는 단계까지 소요되는 총비용은 킬로그램당 600밀리리터의 에너지 소비에 해당한다.

그러나 빵 질량과 투입된 에너지 질량의 일반적인 비율은 대략 5:1이다. 즉, 1킬로그램의 빵에 약 210그램의 디젤유가 투입된다. 이 비율이 거북할 정도로 높게 여겨진다면, 내가 앞에서 언급했듯, 가공해서 우리가 좋아하는 식품으로 전환된 뒤의 작물까지도 식량 에너지 보조 사다리의 바닥에 있다고 했던 말을 기억하기 바란다. 그렇다면 '구석기 다이어트Paleolithic diet'라는 기만적인 이름을 전면에 내세우며 추천하는 의심스러운 식사법에 따라, 모든 곡물을 피하고 식용육과 물고기 그리고 채소와 열매로만 구성된 식단으로 전환하면 그 결과가 어떻게 될까?

소고기는 이미 다른 연구에서도 많은 비난을 받은 까닭에, 나는 소고기의 에너지 비용을 추적하는 대신 가장 효율적으로 생산되는 식용육의 에너지 부담량을 계량화해보고자 한다. 특히 '밀집형 가축 사육concentrated animal feeding operation, CAFO'으로 알려진 양계장에서 기르는 육용계肉用鷄의 에너지 부담을 계산해보겠다. 밀집형 가축 사육을 닭에 적용하면, 수만 마리의 어린 닭을 기다란 직사각형 구조물에 가둬놓고 사육한다는 뜻이다. 혼잡하고 겨우 달빛만큼 희미하게 밝은 공간에서 7주가량 사육한 뒤 도살장으로 보낸다.[28] 미국 농무부가 가축 사료 효율에 대해 매년 발표하는 통계자료를 보면, 지난 50년 동안 그 효율(도살 전의 생체중live weight 단위당 옥수수 낟알 수로 표현한 사료 단위)이 소고기와 돼지고기의 경우에는 별다른 변화가 없었지만, 닭고기의 경우에는 눈에 띄게 좋아졌다.[29]

1950년에는 식용육 생체중 단위당 필요한 사료 단위 수가 3이었지만 지금은 1.82에 불과하다. 비교해서 말하면, 돼지고기의 3분의 1, 소고기의 7분의 1이다.[30] 물론 깃털과 뼈를 포함해 닭 전체를 먹지는 않는다. 먹을 수 있는 부분의 무게, 즉 식용 무게(생체의 약 60퍼센트)로 계산하면, 사료와 식용육의 비율은 최소한으로 잡아도 3:1 수준이다. 따라서 미국에서 닭 한 마리(평균 식용 무게 는 거의 정확히 1킬로그램)를 생산하는 데 3킬로그램의 옥수수 낟 알이 필요하다는 뜻이다.[31] 빗물을 이용해 옥수수를 효율적으로 재배하면 산출량이 많고 에너지 비용도 상대적으로 낮은 편이 어서, 1킬로그램의 낟알당 약 50밀리리터의 디젤유에 해당하는 에너지가 필요하다. 그러나 관개시설을 갖춘 농지에서 생산하 는 옥수수의 에너지 비용은 천수에 의존하는 경우보다 2배가량 높다. 옥수수 산출량과 사료 효율에서 세계 평균은 미국보다 낮 다. 따라서 사료 비용만을 계산할 때 식용 무게 킬로그램당 낮으 면 150밀리리터의 디젤유, 높으면 750밀리리터의 디젤유에 해 당하는 에너지가 필요하다.

대륙을 넘나들며 대규모로 이뤄지는 국제무역에서도 에너지 비용이 추가로 발생한다. 국제 거래는 미국산 옥수수와 대두, 브라질산 대두가 많은 부분을 차지한다. 브라질 대두 재배에는 1킬로그램의 낟알당 100밀리리터의 디젤유에 해당하는 에너지 가 필요하다. 그러나 대두를 생산지에서 항구로, 다시 배에 선적 해 유럽까지 운반하는 과정에서 에너지 비용이 2배가 된다.[32]

육용계를 도살할 정도의 무게로 키우려면 난방과 냉방을 제 공하고, 양계장을 유지하며 물과 톱밥을 공급하는 에너지를 투 입해야 한다. 물론 배설물을 거두어 퇴비로 만드는 데 필요한 에 너지도 계산해야 한다. 이런 조건은 특히 여름철의 냉방과 겨울 철의 난방 때문에 지역마다 크게 다르다. 따라서 사료에 투입하는 에너지 비용을 여기에 더하면, 그 폭이 1킬로그램의 식용 무게당 50밀리리터에서 300밀리리터까지 무척 커진다.[33]

따라서 육용계의 사육과 사료에 투입하는 총에너지는 가장 보수적으로 계산하더라도 1킬로그램의 식용육당 약 200밀리리터의 디젤유에 해당할 것이다. 그러나 그 수치가 1리터까지 높아질 수도 있다. 도살과 가공(닭고기는 시장에서 주로 전체보다 부위별로 판매한다), 소매와 저장, 가정에서의 냉장 보관, 더 나아가 조리에 투입하는 에너지를 더하면, 1킬로그램의 구운 닭고기를 식탁에 올리는 데 필요한 총에너지량은 적어도 300~350밀리리터의 원유에 해당한다. 거의 포도주 반병과 동일한 부피이고, 효율성이 낮은 생산자의 경우에는 1리터가 넘는다.

빵의 킬로그램당 210~250밀리리터에 비교하면, 킬로그램당 300~350밀리리터라는 최소 수치는 무척 양호한 편이다. 이런 성과는 비교적 저렴한 닭고기 가격에도 반영된다. 미국 여러 도시에서, 흰 빵 1킬로그램의 평균 가격은 통닭 1킬로그램의 평균 가격보다 약 5퍼센트 낮을 뿐이다(더구나 통밀빵은 35퍼센트 더 비싸다!). 반면 프랑스에서는 통닭 1킬로그램의 평균 가격이 빵 평균 가격보다 약 25퍼센트 더 높을 뿐이다.[34] 이는 서유럽의 모든 국가에서 닭고기가 주된 식용육으로 올라선 이유를 설명해준다(세계적으로는 중국의 엄청난 수요 덕분에 여전히 돼지고기가 선두에 있다).

채식주의자들이 채식을 극찬하고 언론이 식용육의 높은 환경 비용에 대해 폭넓게 보도하는 현실을 고려하면, 닭고기의 에너지 비용에서 얻는 이득이 채소를 재배 및 판매하는 데 투입하는 에너지 비용의 이득보다 더 낮다고 생각할 수 있다. 그러나 이런 생각은 잘못이다. 오히려 그 반대이다. 토마토보다 채소의 놀라울 정도로 높은 에너지 부담을 여실히 보여주는 사례는 없다. 토마토는 매력적인 색깔, 다양한 모양, 매끄러운 껍질과 풍부한 과즙 등 모든 걸 갖추었다. 식물학적으로 토마토는 '리코페르시쿰 에스쿨렌툼Lycopersicum esculentum'이란 학명의 열매이다. 중앙아메리카와 남아메리카가 원산지인 작은 식물로, 유럽인이 대서양을 처음 건넜을 때에야 다른 세계에 소개되었지만 세계인의 사랑을 받는 데는 고작 수 세대밖에 걸리지 않았다.[35] 손에 쥔 채 우적우적 씹어 먹고, 굽거나 삶아 먹고, 잘게 썰어 샐러드에 넣거나 퓌레로 만들어 소스로도 사용하는 토마토는 이제 원산지인 멕시코와 페루부터 스페인과 이탈리아, 인도와 중국(현재 최대 생산국)까지 세계 어디서나 사랑받는 식품이 되었다.

영양학개론에서는 토마토의 높은 비타민 함량을 극찬한다. 실제로 커다란 토마토(200그램) 하나는 성인 하루 권장량의 3분의 2를 제공할 수 있다.[36] 그러나 과즙이 많은 모든 신선한 과일이 그렇듯 토마토도 에너지 함량 때문에 먹는 건 아니다. 토마토는 매력적 모습을 띠지만, 수분이 압도적으로 많아 전체 질량의 95퍼센트를 차지한다. 나머지는 거의 탄수화물이고, 약간의 단백질과 눈곱만큼의 지방이 있다.

토마토는 최소 90일 정도의 따뜻한 날씨를 지닌 곳이면 어디에서나 재배할 수 있다. 예컨대 스톡홀름 근처 해변가 오두막의 테라스나 캐나다의 대초원에서도 재배할 수 있다. 하지만 상업적 재배는 다른 문제이다. 현대사회에서 소비하는 과일과 채소의 대부분이 그렇듯 토마토 재배도 무척 전문적인 영역이다. 북아메리카와 유럽 슈퍼마켓에 진열된 대부분의 품종은 일부 지역에서 생산한 것이다. 미국에서는 캘리포니아, 유럽에서는 스페인과 이탈리아가 주요 생산지이다. 수확량을 늘리고 품질을 개선하며 에너지 투입량을 줄이기 위해 캐나다와 네덜란드뿐 아니라 멕시코와 중국, 스페인과 이탈리아에서도 1~2겹짜리 비닐하우스나 온실에서 재배하는 경우가 증가하는 추세이다.

이런 현상은 자연스레 화석연료와 전기에 의존하게끔 만든다. 비닐하우스는 유리온실을 짓는 데 비해 비용이 덜 드는 대안이다. 토마토를 재배하는 비닐하우스에도 플라스틱 클립, 쐐기, 배수를 위한 홈통이 필요하다. 노지露地에서 재배하는 경우에도 수분 증발을 억제하고 잡초를 방지하기 위해 비닐을 사용한다. 비닐 화합물의 합성은 탄화수소(원유와 천연가스)에 의존한다. 천연 휘발유에서 추출한 에탄과 다른 부산물, 원유를 정제하는 동안 얻는 나프타가 비닐 화합물의 주된 원료이다. 이런 주된 원료를 생산하는 데도 에너지가 필요하다. 천연가스도 비닐 생산에 연료로 사용된다. 앞에서 이미 말했듯 천연가스는 암모니아합성에 가장 중요한 원자재, 즉 수소의 공급원이다. 다른 탄화수소는 식물을 보호하기 위한 화합물, 즉 살충제와 살진균제를 생산하는 원자재로 쓰인다. 유리온실이나 비닐하우스 안의 식물도 해충이나 감염병에서 안전하지는 않기 때문이다.

토마토 재배에 소요되는 연간 운영비는 묘목, 비료와 농약, 물과 난방, 노동량을 합산하면 쉽게 구할 수 있다. 또 구조물과 그 안의 기구(금속 지지대, 비닐 덮개, 유리와 파이프, 홈통과 난방기)는 한 해 이상 사용하기 때문에 분할해 반영해야 할 것이다. 그러나 포괄적인 에너지 비용을 합산하는 게 간단하지는 않다. 직접적으로 투입하는 에너지량은 전기료, 휘발유나 디젤유 구입비 등을 근거로 계량화하기 쉽다. 그러나 재료의 생산에 간접적으로 투입되는 에너지를 계산하려면 특별한 회계가 필요하고, 그 대부분은 추정에 그칠 수밖에 없다.

자세한 연구들에서, 이런 투입량을 계량화해 얻은 값에 일반적인 에너지 비용을 곱했다. 예컨대 1킬로그램의 질소비료를 합성하고 제조해서 포장하는 데는 약 1.3리터의 디젤유에 해당하는 에너지가 필요하다. 당연한 말이겠지만, 이 연구들에서 제시한 합계는 무척 다양했다. 그러나 한 연구 — 스페인 알메리아Almería에서 난방한 온실과 그렇지 않은 온실에서 이루어진 토마토 재배의 결과에 대해 가장 꼼꼼하게 분석한 연구 — 의 결론에 따르면, 순생산에 필요한 누적 에너지 수요가 난방한 온실의 경우에는 킬로그램당 500밀리리터 이상의 디젤유(2계량컵 이상), 난방하지 않은 온실의 경우에는 150밀리리터에 불과했다.[37]

우리는 대부분 이런 높은 에너지 비용을 받아들인다. 온실 토마토는 세계에서 비료를 가장 많이 사용하는 작물에 속하기 때문이다. 단위면적당 온실 토마토에는 미국의 주된 농작물인 옥수수를 재배하는 데 드는 양보다 10배나 많은 질소와 인을 투입한다.[38] 해충과 균류를 예방하기 위해 농약을 쓰듯이 황과 마그네슘을 비롯한 여러 다량 영양소도 사용한다. 난방은 온실 재배에서 가장 큰 몫을 차지하는 직접적인 에너지 사용처이다. 난방이 토마토 재배 기간을 늘려주고 품질 향상에도 기여하긴 하지만, 상대적으로 추운 기후권에서는 단일 항목으로 가장 큰 에너지 사용처이다.

스페인 알메리아 남단 지역에 있는 비닐하우스는 세계에서 가장 넓은 비닐하우스 생산 단지이다. 면적이 약 4만 헥타르(20킬로미터×20킬로미터의 면적을 상상해보라)로 위성사진에서도 쉽게 식별할 수 있다. 직접 구글 어스Google Earth로 찾아보라. 구글 스트리트 뷰Google Street View에 올라타면, 저지대에 비닐로 뒤덮인 거대한 구조물을 색다르게 경험할 수 있다. 이 비닐하우스 안에서 스페인 농장주와 주민 그리고 아프리카 이민 노동자들은 섭씨 40도가 넘는 더위와 싸우며, 연간 300만 톤의 채소(토마토와 후추, 그린빈green bean, 애호박, 가지, 멜론)와 과일을 제철보다 일찍 혹은 늦게 생산하고, 그중 80퍼센트를 유럽연합 국가들에 수출한다.[39] 13톤의 토마토를 알메리아에서 스톡홀름까지 운송하는 트럭은 3,745킬로미터를 달리며 1,120리터의 디젤유를 소비한다.[40] 이 수치는 토마토 1킬로그램당 약 90밀리리터에 해당하는 에너지이다. 해당 지역 유통센터에서 저장과 포장 그리고 소매점까지의 운송을 고려하면, 킬로그램당 130밀리리터가 더 추가된다.

달리 말하면, 알메리아의 난방 비닐하우스에서 재배해 스칸디나비아의 슈퍼마켓에서 판매하는 토마토에는 생산과 운송에 놀라울 정도로 많은 에너지 비용이 든다는 뜻이다. 그 비용의 총계는 킬로그램당 약 650밀리리터에 달한다. 따라서 중간 크기의 토마토(125그램)에는 5테이블스푼(각 테이블스푼의 용량은 14.8밀리리터) 이상의 디젤유에 해당하는 에너지가 투입된 것으로 계산할 수 있다. 따라서 중간 크기의 토마토를 얇게 썰어 접시 위에 펼쳐놓고, 그 위에 5~6테이블스푼의 검은 원유 찌꺼기(참기름하고 비슷한 색깔이다)를 뿌리면, 보조 화석연료를 식탁 위에 아무런 낭비도 없이 완벽하게 재현해낸 셈이다. 토마토라는 단순한 식품에 지워진 화석연료 부담에 깊은 인상을 받았다면, 접시의 내용물을 우묵한 그릇에 옮기고, 두세 개의 토마토, 약간의 간장, 후추와 참깨를 더한 후 맛있는 토마토 샐러드를 즐겨보라. 이 샐러드를 좋아하는 채식주의자들이 그 안에 화석연료가 잔뜩 담겼다는 걸 얼마나 알고 있을까?

해산물 뒤에는 디젤유

현대는 농업 생산성이 높아 모든 풍요로운 사회에서는 계절별로 야생 포유동물과 조류를 사냥해 영양 공급원으로 삼는 일이 드물다. 야생 식용육은 대부분 불법으로 사냥한 것이지만, 사하라사막 남쪽의 아프리카에서는 아직도 흔하다. 물론 사하라 남쪽에서도 인구가 급속히 증가함에 따라, 야생 식용육이 주된 동물성 단백질원 자리를 내놓았다. 반면 바다에서의 사냥, 즉 어업이 요즘처럼 광범위하고 집약적으로 시행된 적은 없었다. 가공설비를 갖춘 어선부터 노후한 작은 배까지 방대한 선단이 야생어류와 갑각류를 쫓아 세계의 바다를 샅샅이 뒤지고 있다.[41]

나중에 살펴보겠지만, 이탈리아인이 시적詩的으로 '바다의 열매frutti di mare'라고 칭하는 해산물을 포획하는 작업은 식량 수급에서 가장 에너지 집약적인 과정이다. 물론 모든 해산물이 포획하기 어려운 건 아니다. 남태평양의 외딴 해역까지 멀리 원정하지 않아도 충분히 포획할 수 있는 종이 여전히 많다. 멸치, 정어리, 고등어처럼 수면 가까이에서 풍부하게 살아가는 표영성 어류pelagic species를 포획하는 데는 상대적으로 적은 에너지가 투입된다. 어선을 건조하고 커다란 그물을 만드는 데 간접적으로 에너지가 투입되고, 어선 엔진에 사용하는 디젤유에는 직접적인 에너지가 투입된다. 따라서 표영성 어류의 포획에 투입되는 에너지 비용은 낮으면 킬로그램당 100밀리리터, 즉 계량컵 절반보다 적은 디젤유에 해당한다.[42]

최소한의 화석 탄소 발자국을 지닌 야생 어류를 먹고 싶다면, 정어리를 선택하라. 모든 해산물을 고려한 평균값은 놀라울 정도로 높아 킬로그램당 700밀리리터(포도주병을 거의 가득 채운 만큼의 디젤유)에 달한다. 일부 야생 새우와 랍스터의 최댓값은 믿기지 않겠지만 킬로그램당 10리터가 넘는다(여기에는 많은 양의 먹을 수 없는 조개도 포함된다!).[43] 다시 말해 중간 크기의 야생 새우 두 마리(총무게 100그램)를 잡는 데만도 0.5~1리터의 디젤유(2~4계량컵만큼의 연료)가 필요할 수 있다는 뜻이다.

그러나 새우는 요즘 거의 양식을 한다고 반박할 사람도 있을 것이다. 그렇다면 육용계를 성공적으로 사육해 거둔 이점을 대규모 새우 양식에서도 누릴 수 있을까? 안타깝게도 그렇지 못하다. 새우와 육용계의 근본적인 대사 차이 때문이다. 육용계는 초식동물이다. 따라서 좁은 공간에 갇혀 있으면 활동에 따른 에너지 소비가 제한적이다. 적절한 식물성 사료 — 요즘에는 옥수수와 대두를 기반으로 혼합한 사료 — 를 먹이면 육용계는 빨리 자란다. 그러나 아쉽게도 사람들이 먹고 싶어 하는 해양 종, 예컨대 연어와 농어와 참치는 육식동물이다. 따라서 적절한 성장을 위해서라면 단백질이 풍부한 어류를 먹거나 멸치, 정어리, 빙어, 청어, 고등어 같은 야생 어류에서 짜낸 어유魚油를 먹어야 한다.

양식의 확대 덕분에, 이제는 민물과 바다에서 양식하는 총량이 세계 전역에서 포획하는 야생종의 총량과 거의 비슷하다. 2018년의 경우, 양식으로 생산한 총량은 8,200만 톤이었고, 야생에서 포획한 총량은 9,600만 톤이었다. 또한 양식의 증가로 소비자들이 선호하는 육식 어류에 대한 남획을 경계하는 압력은 완화되었지만, 동시에 양식 어종을 기르는 데 필요한 작은 초식 어류에 대한 수요는 크게 증가했다.[44] 그 결과 지중해에서 늘어나는 농어 양식장(그리스와 튀르키예가 주요 생산국)의 에너지 비용은 킬로그램당 2~2.5리터의 디젤유에 해당한다. 달리 말하면, 3병의 포도주와 같은 양이고, 비슷한 무게의 야생종을 포획하는 데 필요한 에너지 비용과 같은 수치이다.

누구나 예상하겠지만, 양식한 초식 어류의 에너지 비용은 낮아서 대체로 킬로그램당 300밀리리터를 넘지 않는다. 초식 어류는 식물에 기반한 사료를 먹어도 잘 크기 때문이다. 양식하는 초식 어류는 주로 중국계 잉어의 여러 종으로 대두어, 백련어, 검정잉어, 초어가 가장 흔하다. 그러나 오스트리아와 독일 그리고 체코공화국과 폴란드에서 차리는 크리스마스이브의 전통적인 저녁 식탁을 제외하면, 잉어는 유럽에서 그다지 인기가 없는 어류이고 북아메리카에서도 거의 먹지 않는다. 반면 참치는 현재 가장 큰 멸종 위험에 빠진 해양 육식 어종에 속하지만, 스시가 세계 전역에 급속히 퍼지며 수요가 급증하는 추세이다.

따라서 주곡主穀, 꼬꼬댁대는 닭, 좋아하는 채소, 양질의 영양을 지닌 해산물 등 우리의 주된 식량 공급원이 화석연료에 크게 의존하고 있다는 증거는 누구도 부인할 수 없다. 그런데도 우리 세계가 실제로 어떻게 움직이는지 이해하려고 하지 않는 사람들, 또 탈탄소화의 가능성을 장담하는 사람들은 이런 근본적인 현실을 무시한다. 우리의 현재 상황이 쉽게, 또 급격히 변할 수 없다는 걸 알면, 그 사람들은 큰 충격을 받을 것이다. 앞 장에서 살펴보았듯 화석연료에 대한 의존은 어디에서나 눈에 띄고, 그 규모도 모른 체하고 넘기기에는 지나치게 크다.

연료와 식량

식량 생산이 에너지, 특히 화석 에너지에 의존하는 정도가 심화한 과정 — 화석 에너지에 전혀 의존하지 않던 19세기 초부터 최근, 즉 헥타르당 0.25톤의 원유를 사용하는 곡물 재배와 그보다 10배의 에너지가 드는 난방 온실 재배까지 — 을 추적한 여러 연구가 있다.[45] 화석연료에 대한 의존이 어느 정도인지 파악하는 최선의 방법은 외부 보조 에너지가 늘어난 정도를 경작지 면적 및 세계 인구의 증가 폭과 비교하는 것일 수 있다. 1900~2000년 세계 인구는 4배가량, 정확히는 3.7배 증가한 반면, 경작지는 약 40퍼센트 늘어났다. 그러나 내 계산에 따르면, 인간이 농업에 인위적으로 더한 에너지 보조는 90배나 증가했다. 농약과, 농기계가 직접적으로 소비한 연료가 가장 큰 몫을 차지한다.[46]

나는 화석연료에 대한 의존의 상대적 부담도 계산해보았다. 현대 농법(운송 포함) 및 어업과 양식에 인위적으로 투입하는 에너지를 모두 합하면, 연간 세계 에너지 사용량의 약 4퍼센트에 불과하다. 놀랍도록 적은 비율이지만 앞으로도 태양이 식량의 생장에 가장 큰 역할을 할 것이고, 외부의 보조 에너지는 식량 생산 체계에서 자연의 제약을 줄이거나 제거함으로써 최대 수익을 거두는 게 목표라는 사실을 기억해야 한다. 비료 살포와 관개시설, 해충과 균류 그리고 잡초로부터 곡물을 보호하는 조치, 하루라도 빨리 수확하기 위한 노력 등 외부 에너지를 투입하는 목적은 기본적으로 똑같다. 외부 에너지의 상대적으로 낮은 비율은 복잡계에서 나타나는 의외의 결과가 아니라, 적은 양을 투입하고도 큰 효과를 거둘 수 있다는 또 하나의 확실한 증거로 해석할 수도 있다. 우리가 매일 밀리그램(비타민 B_6와 구리)이나 마이크로그램(비타민 D와 비타민 B_{12}) 정도만 복용해도 수십 킬로그램에 달하는 몸을 건강하게 유지하는 데 도움을 주는 비타민과 미네랄을 생각해보라.

　농업, 축산업, 어업 등 식량 생산에 필요한 에너지는 식량과 관련한 연료와 전기 수요의 일부에 불과하다. 따라서 식품 시스템 전체에 사용된 에너지량을 추정하면 총공급에서 훨씬 많은 몫을 차지한다. 가장 정확한 자료는 미국에서 구할 수 있다. 미국은 현대 기술이 널리 보급되어 있고 규모의 경제를 보편적으로 추구하는 까닭에, 식량 생산에 직접적으로 사용하는 에너지는 국내 총공급의 1퍼센트 남짓이다.[47] 그러나 식량 가공과 판매, 포장과 운송, 도매와 소매 서비스, 가정에서의 식품 저장과 조리 준비, 편의점이나 식당에서 간편하게 제공하는 음식에 드는 에너지를 모두 더하면, 미국에서 식품과 관련해 사용하는 에너지 총량은 2007년 국내 에너지 총공급의 16퍼센트에 이르렀고, 지금은 20퍼센트에 가깝다.[48] 이처럼 에너지 수요를 인상시킨 요인으로는 생산이 통합됨에 따라 운송 수요가 증가하고 수입 식품에 대한 의존도가 높아진 현상부터 잦은 외식, 심지어 집에서도 간편식과 즉석 식품을 더 자주 찾는 경향까지 무척 다양하다.[49]

오늘날 식량 생산 관례의 많은 부분을 그대로 지속해서는 안 되는 이유는 많다. 농업이 온실가스 발생에 큰 몫을 차지한다는 비판은 이제 농업이 달라져야 한다는 이유로 자주 언급된다. 현대 농사법과 축산 및 양식은 생물 다양성의 상실부터 연안 해역의 데드 존dead zone(물속에서 산소가 충분하지 않아 생물이 살 수 없는 지역 ― 옮긴이) 발생까지, 다른 방향에서도 환경에 바람직하지 않은 영향을 많이 미친다. 음식물 쓰레기로 버려진다는 걸 뻔히 알면서도 지나치게 과도한 생산을 지속할 이유는 없다. 따라서 많은 변화가 있어야 하는 건 분명하다. 그러나 그런 변화가 얼마나 빠르게 실질적으로 일어날 수 있을까? 또 지금의 방식을 얼마나 근본적으로 개혁할 수 있을까?

과거로 되돌아갈 수 있을까?

이런 추세를 부분적으로라도 뒤집을 수 있을까? 합성 비료 없이도, 또 농약을 사용하지 않고도 지금처럼 다양한 작물과 동물성 단백질의 생산량과 품질을 유지하면서 조만간 현실화할 80억 인구를 먹여 살릴 수 있을까? 재사용되는 유기성 폐기물과 자연적 병충해 방지에 의존하는 순전히 유기적인 농사법으로 돌아갈 수 있을까? 양수기와 농기구를 사용하지 않고 다시 역축에 의존하는 과거의 농사법으로 돌아갈 수 있을까? 그 시절로 되돌아갈 수는 있다. 그러나 순수한 유기 농법을 고집하려면, 우리 대부분이 도시를 떠나 시골로 돌아가야 한다. 밀집형 가축 사육을 해체하고, 모든 가축을 농장으로 돌려보내 농사일에 사용하고, 그들의 배설물로 퇴비를 만들어야 한다.

매일 가축에게 먹이와 물을 주고, 주기적으로 배설물을 걷어 발효시킨 다음 밭에 골고루 뿌려주고, 소 떼와 양 떼를 목초지로 데리고 나가야 할 것이다. 계절에 따라 노동 수요가 오르내리므로 남자는 말에 쟁기를 채우고, 여자와 아이는 채소밭에 씨를 뿌리고 잡초를 뽑아야 할 것이다. 또 수확할 때와 도살할 때는 모두가 달려들어야 한다. 타작을 끝낸 밀짚을 차곡차곡 쌓고, 감자를 캐고, 막 도살한 돼지와 거위를 먹을 수 있게 손질해야 할 것이다. 이런 농사법을 받아들이는 녹색 전문가들이 온라인에 곧 등장할 거라고는 생각하지 않는다. 그들이 기꺼이 도시를 떠나고 유기적인 지구를 포용한다면, 그렇게 생산한 식량으로는 현재 세계 인구의 절반도 제대로 먹이지 못할 것이다.

위에서 언급한 모든 행위를 계량적으로 확인해주는 수치를 정리하는 건 그다지 어렵지 않다. 앞에서 우리는 미국 밀 생산에 대해 개략적으로 설명하며, 그에 필요한 인력이 감소했다고 언급했다. 이런 인력 감소는 기계화와 농약이 미국 농업 노동 인구의 규모에 미친 전반적 영향을 여실히 보여주는 증거이다. 1800~2020년 1킬로그램의 낟알을 생산하는 데 필요한 에너지가 98퍼센트 넘게 감소했다. 농업에 참여하는 미국인의 비율도 같은 폭으로 크게 줄었다.[50] 이런 결과는 농업의 기계화가 후퇴하고 합성 농약 사용이 줄어들면 필연적으로 닥칠 심각한 경제적 변화를 예측하는 데 유용한 근거가 될 것이다.

화석연료에 기반한 서비스가 크게 줄어들수록, 과거 방식으로 식량을 생산하기 위해 도시를 떠나야 하는 노동인구는 더 많아져야 한다. 1920년 이전, 미국에서 말과 노새의 수가 정점에 이르렀을 때 경작지의 4분의 1을 2,500만 마리 넘는 일말과 노새에게 먹일 풀을 재배하는 데 할애했다. 당시 미국 농가가 책임지고 먹여야 할 인구는 1억 500만 명에 불과했다. 2,500만 마리의 말을 효율적으로 활용하더라도 현재의 3억 3,000만 명을 먹일 식량을 생산하기란 불가능하다. 합성 비료 없이 재활용 가능한 유기물에만 의존한다면, 식량과 목초 생산량이 현재 수확량의 극히 일부에 불과할 것이다. 미국의 최대 작물인 옥수수 생산량은 1920년 헥타르당 2톤에 못 미쳤지만, 2020년에는 헥타르당 11톤이었다.[51] 또 미국의 가용 농지 전부를 경작하면 수백만 마리의 역축이 추가로 필요할 것이다. 게다가 오늘날 합성 비료를 살포해 공급하는 영양소를 농지에 충분히 공급할 만큼 재활용 가능한 유기물(에밀 졸라의 소설 속 클로드처럼 두엄을 좋아해서 열심히 밭에 투척하는 사람!)을 찾아내는 것도 불가능하겠지만, 작물 대신 자주개자리와 클로버를 간작할 수 있을 만큼의 널찍한 농지를 확보하기도 불가능할 것이다.

이런 불가능성은 일련의 아주 간단한 비교로도 쉽게 설명할 수 있다. 유기물 재활용은 토양의 구조를 개선하고, 토양 내 유기물 함량을 늘려주며, 많은 토양미생물과 무척추동물에게 에너지를 공급하므로 언제나 바람직하다. 그러나 유기물에는 질소가 적기 때문에 작물의 생산량을 높이기 위해 이 기본 영양소를 충분히 제공하려면 다량의 밀짚이나 거름을 밭에 뿌려야 한다. 짚이 작물의 가장 많은 잔류물이지만, 곡물 짚의 질소 함량은 무척 낮아 대체로 0.3~0.6퍼센트에 불과하다. 가축의 잠자리

(주로 짚)와 혼합한 거름에 함유된 질소도 0.4~0.6퍼센트에 불과하다. 발효된 인분(중국의 이른바 '똥거름')도 1~3퍼센트를 넘지 않는다. 따라서 밭에 뿌린 거름이 4퍼센트 이상의 질소를 함유하는 경우는 극히 드물다.

반면 현재 세계 최대의 고체 질소비료인 요소에는 무려 46퍼센트의 질소가 함유되어 있다. 또 질산암모늄에는 33퍼센트, 가장 흔히 사용하는 액상 비료에는 28~32퍼센트가 함유되어 있는 등 적어도 재활용 가능한 폐기물보다는 질소 함유량이 한 자릿수는 더 많다.[52] 농부가 성장하는 작물에 동일한 양의 질소 영양분을 공급하려면, 10~40배나 많은 질량의 거름을 밭에 뿌려야 한다는 뜻이다. 현실적으로는 그보다 훨씬 많은 거름이 필요할 것이다. 질소화합물의 상당 부분이 증발로 소실되거나, 물에 녹아 작물의 뿌리 아래로 빠져나가기 때문이다. 결국 유기물에서 소실되는 질소의 누적량은 액체나 고체 상태의 합성 비료에서 소실되는 누적량보다 거의 언제나 더 많다.

게다가 과거의 농사법으로 돌아가면, 그에 상응해서 노동량도 더 많아진다. 거름을 수거하고 운반해서 살포하는 작업은 작은 알갱이 형태인 합성 비료를 다루는 것보다 훨씬 더 어렵다. 합성 비료는 기계로 쉽게 살포할 수 있을 뿐 아니라 아시아의 작은 논에서 요소를 뿌릴 때처럼 손으로도 얼마든지 취급할 수 있다. 또 유기물의 재활용에 투입되는 노동력과 상관없이, 재활용 가능한 물질의 총질량은 현재의 수확량에 필요한 질소를 공급하기에 턱없이 부족하다.

세계 전역의 반응성 질소 공급 현황을 보면, 여섯 가지 주요 통로를 통해 농경지에 전해진다. (1) 대기 침적atmospheric deposition, (2) 관개용수, (3) 밀짚 갈아엎기, (4) 가축 분뇨 살포, (5) 콩과 식물이 토양에 남긴 질소, (6) 합성 비료 살포.[53]

대기 침적(주로 용해된 질산염을 함유한 빗물과 눈)과 재활용 가능한 작물 잔류물(가축에게 먹이기 위해 밭에 남겨두거나 현장에서 태운 밀짚과 줄기)은 각각 연간 20메가톤의 질소를 만들어낸다. 주로 소와 돼지 그리고 닭에게서 얻어 밭에 뿌리는 가축 분뇨에 함유된 질소는 약 30메가톤이고, 거의 비슷한 양이 콩과 식물(대두와 잠두, 완두콩과 병아리콩뿐 아니라 풋거름에 쓰이는 피복 식물)에 의해서도 형성된다. 관개용수는 약 5메가톤을 공급한다. 그러면 자연에서 만들어지는 질소는 연간 약 105톤에 이른다. 마지막으로 합성 비료가 연간 110메가톤의 질소를 공급한다. 연간 사용하는 210~220메가톤의 절반보다 약간 많은 양이다. 달리 말하면, 현재 세계 작물의 절반 정도가 합성 질소화합물의 살포 덕분에 생산된다는 뜻이다. 결국 합성 질소화합물이 없으면, 거의 80억 명에 이르는 세계 인구의 절반이 먹을 식량을 생산하는 게 불가능하다는 뜻이기도 하다. 식용육을 덜 먹고 식량을 덜 낭비하면 합성 암모니아에 대한 의존을 줄일 수 있겠지만, 합성 화합물에 함유된 110메가톤의 질소를 유기물로 세계 식량 생산에서 대체한다는 것은 이론적으로만 가능한 상상일 수 있다.

울타리에 갇힌 가축이 만들어내는 분뇨의 재활용을 방해하는 제약도 많다.[54] 전통 영농에서는 상대적으로 소수인 가축, 즉 소와 돼지 그리고 가금류로부터 얻은 분뇨를 인근의 밭에 직접 재사용했다. 밀집형 가축 사육 방식으로 식용육과 알을 생산하면서 이 방법은 오히려 줄어들었다. 지나치게 많은 양의 분뇨가 발생하는 까닭에 그 전부를 밭에 뿌리면 토양의 영양 과다로 기대하는 이익을 거두기가 어렵기 때문이다. 게다가 중금속과 잔류약품(사료 첨가제)의 존재는 또 다른 문제이다.[55] 인간의 분뇨를 처리하는 공장에서 얻은 하수 폐기물, 즉 생물 고형물biosolid을 활용하는 데도 유사한 제약이 있다. 분뇨의 병원균은 발효와 고온 멸균으로 박멸해야 하지만, 그 과정이 항생물질 내성균을 죽이지는 못하고 중금속을 제거하지도 못한다.

방목 가축은 울타리 안에서 사육하는 포유동물이나 조류보다 3배나 많은 분뇨를 배출한다. FAO의 추정에 따르면 방목 가축의 분뇨는 매년 약 90메가톤의 질소를 남기지만, 이 자원의 활용은 이루어지지 않는다.[56] 접근성으로 인해 가축 분뇨 수거는 수억 헥타르에 달하는 목초지의 극히 일부에서만 가능하다. 그 넓은 목초지 어디에서나 소, 양, 염소가 배설물을 배출하기 때문이다. 따라서 분뇨 수거에도 엄두를 내기 힘들 정도로 많은 비용이 발생하지만, 수거한 분뇨를 처리장으로 가져오고, 그걸 퇴비로 만들어 다시 밭에 뿌리는 비용도 상상을 초월한다. 게다가 그 과정에서 질소가 소실되기 때문에 밭에 뿌려지기도 전에 그렇잖아도 낮은 질소 함량이 더욱더 낮아진다.[57]

다른 선택으로는 콩과 식물 재배를 확대해, 거기서 얻는 질소량을 매년 30메가톤에서 50~60메가톤으로 늘리는 방법이 있다.

그러나 상당한 기회비용을 감수해야 한다. 자주개자리와 클로버 같은 콩과 피복 식물을 더 많이 심으면 질소 공급을 북돋을수 있지만, 1년에 이모작할 수 있는 밭의 활용도를 낮추어야 한다. 따라서 이는 인구가 꾸준히 증가하는 저소득 국가에서는 생명 유지와 관련된 선택이다.[58] 콩과 식물(잠두, 렌즈콩, 땅콩)은 곡류보다 생산성이 크게 떨어지기 때문에, 콩과 식물을 더 많이 재배하면 전체적인 식량 에너지 산출량이 줄어들고, 단위 경작지당 부양할 수 있는 사람 수도 당연히 줄어든다.[59] 게다가 대두를 수확한 뒤 남는 질소량은 대체로 헥타르당 40~50킬로그램에 불과해 미국에서 흔히 살포하는 질소비료의 양보다 적다. 현재 밀의 경우에는 헥타르당 75킬로그램, 곡물용 옥수수의 경우에는 헥타르당 150킬로그램의 질소비료를 살포한다.

콩과 식물의 간작을 확대할 때 예상되는 또 다른 명백한 문제점은, 상대적으로 추운 기후권에서는 1년에 일모작을 할 수밖에 없기 때문에 자주개자리나 클로버를 심으면 식용작물의 재배가 원천적으로 배제된다는 것이다. 물론 상대적으로 따뜻해서 이모작이 가능한 지역에서도 콩과 식물을 재배하면 다른 식용작물을 수확할 가능성이 줄어든다.[60] 인구가 적고 농지가 많은 국가에서는 가능하겠지만, 유럽의 많은 지역 또는 중국 곡물의 거의 절반을 생산하는 북중국 평야 지역을 비롯해 이모작이 일반적인 지역에서도 식량 생산 역량은 줄어들기 마련이다.

이모작은 요즘 중국 경작지의 3분의 1 이상에서 이뤄지고, 3분의 1 이상의 쌀이 남중국의 이모작을 통해 생산된다.[61] 따라서 중국에서는 질소를 기록적인 수준으로 살포하며 집약적으로 경작하지 않고는 14억 넘는 인구를 먹여 살리는 게 불가능할 것이다. 전통적인 중국 농사법은 높은 유기물 재활용률과 복잡한 농작물 윤작으로 유명하지만, 경작을 집약적으로 행하던 지역에서도 헥타르당 120~150킬로그램의 질소를 제대로 공급할 수는 없었다. 게다가 엄청난 노동력을 투입하고, 분뇨를 수거 및 살포하는 데 많은 시간을 쏟아부어야만 질소 공급을 그 수준에 맞출 수 있었다.

그렇게 질소를 공급한 농지도 헥타르당 10~11명에게 주로 채소로만 이루어진 식단을 제공했다. 반면 중국에서 가장 생산적인 이모작 농지는 헥타르당 평균 400킬로그램 이상의 합성 질소비료를 살포하는 곳이다. 이곳에서는 헥타르당 40퍼센트의 동물성 단백질과 60퍼센트의 식물성 단백질로 구성된 식단을 20~22명에게 충분히 제공할 수 있다.[62]

유기성 폐기물을 힘들게 재활용하고 빈번한 윤작으로만 세계 농지를 경작하면, 주로 채소를 기반으로 한 식단을 30억 명에게 제공할 수 있지만, 80억 인구에게 적정한 혼합 식단을 제공하기란 불가능하다. 재활용 가능한 작물 잔류물과 분뇨보다 합성 비료가 2배나 많은 질소를 공급한다는 사실을 기억하라. 더구나 유기성 폐기물을 살포할 때 소실되는 부분까지 고려하면, 실질적인 수치는 3배에 더 가깝다!

덜 쓰고…
궁극적으로는 제로로!

▨▨▨▨▨▨▨▨▨▨▨

그렇다고 식량 생산에서 화석연료에 대한 의존에 중대한 변화를 주는 게 불가능하다는 뜻은 아니다. 우리가 식량을 덜 낭비하면 작물과 식용육 생산을 줄일 수 있고, 그에 수반되는 에너지 투입도 줄일 수 있다. 많은 저소득 국가에서는 작물 저장 방법이 낙후한 데다 냉장 시설이 없어 상당한 식품이 시장에 도달하기 전에 폐기된다. 제대로 저장하지 않은 곡물과 덩이줄기는 설치류와 해충 및 균류에 취약하고, 냉장하지 않은 유제품과 어류·식용육은 빨리 부패하기 때문이다. 한편 부유한 국가에서는 식량 유통 과정이 상대적으로 길어 매 단계에서 의도치 않은 식품 손실이 일어날 가능성이 있다.

  자료를 면밀히 분석해보면 세계 식품 손실률이 의외로 높다. 그 주된 이유로는 생산량과 실질적인 필요량 사이의 격차가 손꼽힌다. 대다수가 정착해 살아가는 부유한 국가에서 성인에게 필요한 하루 열량은 2,000~2,400킬로칼로리에 지나지 않아, 실제로 공급되는 3,200~4,000킬로칼로리보다 훨씬 낮다.[63] FAO에 따르면, 세계 전체로 볼 때 뿌리 작물과 열매 그리고 채소는 거의 절반, 어류는 약 3분의 1, 곡류는 30퍼센트, 씨앗에서 기름을 얻는 작물과 식용육·유제품은 5분의 1이 폐기된다.[64] 영국의 비영리 환경 단체 '폐기물 및 자원 행동 프로그램Waste and Resources Action Programme'이 확인한 바에 따르면, 각 가정이 먹을 수 없어 버리는 음식물 쓰레기(과일과 채소 껍질, 뼈 포함)는 폐기물 총량의 30퍼센트에 불과하다. 달리 말하면, 버려지는 음식물의 70퍼센트가 먹을 수 있음에도 잘못 조리하거나 너무 많이 준비한 까닭에 버려진다는 뜻이다.[65] 복잡한 생산 과정을 개혁하는 것보다 음식물 쓰레기를 줄이는 게 훨씬 더 쉬울 수 있다. 하지만 '낮게 달린 열매low-hanging fruit'는 쉽게 딸 수 있을 것처럼 보이지만, 이상하게도 수확하기가 어렵다.

생산-가공-유통-도매-소매-소비라는 길고도 복잡한 과정(밭과 헛간에서부터 식탁 접시에 올라올 때까지의 과정)에서 발생하는 폐기물을 줄이기는 정말 어렵다. 미국의 식품 수급표에 따르면, 개선을 요구하는 지속적인 호소에도 불구하고 전국적으로 버려지는 음식물의 비율은 지난 40년 동안 변화가 없었다.[66] 중국은 1980년대 초까지도 식량 공급이 불안정했지만 이제는 일인당 평균 공급량이 일본보다 높아지며 영양 공급도 개선되었다. 하지만 그에 따라 음식물 쓰레기 또한 많아졌다.[67]

식품비를 인상하면 쓰레기가 줄어들겠지만, 이는 저소득 국가에서 문제를 해결하는 데 적합한 방법이 아니다. 저소득 국가에는 아직도 식량을 적정하게 공급받지 못하는 빈곤 가정이 많고, 식품비가 전체 가계 지출에서 여전히 큰 몫을 차지하기 때문이다. 반면 부유한 국가에서는 식품비가 상대적으로 저렴해 인상할 여력이 상당히 있지만, 이러한 정책을 적극적으로 주장하는 사람은 없다.[68]

부유한 사회에서, 농업의 화석연료 의존성을 줄이는 더 나은 방책은 지나치게 기름지고 육고기 중심적인 식단과 결별해 건강하고 만족스러운 대안을 채택하자고 호소하는 것이다. 가장 손쉬운 대안으로는 육고기 소비를 중간 수준으로 줄이고, 가급적 환경에 부담을 적게 주며 사육한 육고기를 선택하는 것이다. 대대적인 채식주의 추구는 실패하기 마련이다. 육고기 섭취는 인간의 큰 뇌, 두 발 보행, 상징적 언어만큼이나 진화적 유산에서 중요한 위치를 차지한다(우리 뇌가 상대적으로 크게 진화한 데는 육고기 섭취도 부분적인 역할을 했다).[69] 우리 호미닌 조상들은 모두 잡식성이었다. 유전자 구성에서 우리에게 가장 가까운 호미닌, 즉 두 종의 침팬지(판 트로글로디테스*Pan troglodytes*와 판 파니스쿠스*Pan paniscus*)도 마찬가지이다. 이 두 침팬지는 작은 원숭이, 야생돼지, 거북을 사냥해 함께 공유하며 식물 위주의 식습관을 보충한다.[70]

어린 시절과 청소년 시절에 처음엔 우유, 나중엔 다른 유제품과 달걀, 식용육을 통해 동물성 단백질을 충분히 섭취하는 경우에만 성장 잠재력이 완전히 발현될 수 있다. 일본과 한국 그리고 중국에서 동물성 식품의 섭취가 늘어난 덕분에 1950년 이후로 신장이 크게 커졌다는 사실이 이런 추정의 명백한 증거이다.[71] 한편 베지테리언vegetarian(우유, 유제품 등은 먹는 채식주의자 — 옮긴이)과 비건vegan(모든 동물에게서 나온 식품을 일체 먹지 않는 채식주의자 — 옮긴이)은 도중에 포기하는 경우가 많다. 부유한 서구 도시뿐 아니라 세계 전역에서 수십억 명이 동물성 식품을 의도적으로 전혀 섭취하지 않을 거라는 생각이나, 정부가 조만간 그런 정책을 강제로 시행할 거라는 생각은 우스꽝스럽기만 하다.

그렇다고 부유한 국가들이 지난 두 세대 동안의 평균보다 훨씬 덜 섭취하지 않았다는 뜻은 아니다.[72] 도체 무게carcass weight로 환산해 표현하면, 많은 고소득 국가의 연간 식용육 공급량은 일인당 100킬로그램에 근접하거나 이를 초과한다. 그러나 최고의 영양학적 조언에 따르면, 적정한 양의 고품질 단백질을 얻기 위해서는 식용육을 연간 성인 몸무게보다 많이 섭취할 필요가 없다.[73]

소와 양과 염소를 비롯한 반추동물만이 밀짚과 줄기 같은 셀룰로오스계 식물 조직을 소화할 수 있으므로 엄격한 채식주의는 소중한 생물량의 낭비이다. 그 반면, 육식 위주의 식단이 영양학적으로 유리하다는 주장은 아직 검증되지 않았다. 육식은 기대수명을 늘리지 않는 것이 분명하고, 환경에 추가로 스트레스를 주는 원인이다. 세계 최고의 장수 국가 일본의 육류 소비는 최근까지도 일인당 연간 30킬로그램 미만이었다. 전통적으로 육류 소비율이 높았던 프랑스에서도 비슷하게 낮은 소비율이 상당히 일상화했다는 사실은 별다른 주목을 받지 못한다. 2013년 프랑스 성인의 거의 40퍼센트가 '작은 소비자petit consommateur'로 육류를 소량만 섭취했다. 요컨대 연간 39킬로그램에도 미치지 못했다. 한편 연간 평균 80킬로그램의 육류를 섭취하는 '무거운 소비자'는 프랑스 성인의 30퍼센트에 그친다.[74]

모든 고소득 국가가 일본이나 프랑스의 사례를 따른다면, 작물 수확량도 줄어들 것이다. 많은 양의 곡물이 식량을 위한 게 아니라, 가축 사료용이기 때문이다.[75] 그러나 이 방법은 보편적으로 적용할 수 있는 선택지가 아니다. 많은 부유한 국가에서 육류 섭취는 예전부터 줄어드는 추세여서 크게 감축할 수 있지만, 브라질과 인도네시아(각각 1980년 이후 2배 이상 증가), 중국(1980년 이후 4배 증가)처럼 현대화를 추구하는 국가들에서는 육류 소비가 급속히 늘어나고 있기 때문이다.[76] 게다가 아시아와 아프리카에서는 아직도 수십억 명이 육류를 최소한으로만 섭취하는 까닭에 육류가 식단에 더해지면 그들의 건강 수준도 더 나아질 것으로 추정된다.

생산 측면에서도 합성 질소비료에 대한 의존을 줄이는 방법을 생각해볼 수 있다. 예컨대 식물의 질소 흡수율을 높이는 것이다. 그러나 이 방법도 제한적이다. 1960~1980년 작물이 실제로 흡수한 질소의 비율은 68퍼센트에서 45퍼센트로 오히려 상당히 하락했고, 그 후에는 47퍼센트 안팎을 유지했다.[77] 세계 최대 질소비료 소비국인 중국의 경우에는 살포한 질소의 3분의 1만이 실제로 쌀에 흡수되고, 나머지는 대기와 땅에 스며들어 사라지거나 하천수로 빠져나간다.[78] 2050년까지 세계 인구가 최소 20억 명 이상 증가하고, 또 아시아와 아프리카의 저소득 국가들에서 식량 공급의 질과 양이 모두 2배 이상 나아진다면, 단기적으로 합성 질소비료에 대한 의존이 크게 낮아질 가능성은 없다.

화석연료를 사용하지 않고도 농기계를 작동할 가능성은 얼마든지 있다. 예컨대 연소 기관보다 태양광이나 풍력으로 발전한 전기에서 동력을 얻는 양수기를 이용한 관개, 즉 탈탄소화한 관개가 보편화될 수 있다. 에너지밀도를 향상시킨 배터리가 비용까지 낮아지면, 트랙터와 트럭을 전기 구동으로 전환하는 게 가능해진다.[79] 다음 장에서, 나는 천연가스에 기반한 지배적인 암모니아합성의 대안을 제시할 것이다. 그러나 이런 대안 중 어느 것도 추가적인 상당한 투자 없이는 신속하게 채택할 수 없다.

현재로선 이런 진전을 이루려면 아득하다. 실현 가능성은 재활용 에너지로 저렴하게 전기를 발전하고 대규모로 저장할 수 있느냐에 달려 있다. 그 둘을 결합해 상업화하는 단계도 거쳐야 한다(3장에서 더 자세히 살펴보겠지만 대형 양수 발전의 대안은 아직 발명되지 않았다). 콩과 식물과 공통된 역량을 지닌 곡물이나 기름을 짜는 작물, 즉 대기의 비반응성 질소를 질산염으로 전환할 수 있는 박테리아를 끌어 모으는 뿌리를 지닌 작물을 개발하면 거의 완벽한 해결책이 될 것이다. 식물과학자들은 수십 년 전부터 이런 품종의 개발을 꿈꾸고 있지만, 상업적 규모로 질소를 고정하는 품종의 밀이나 쌀이 가까운 시일 내에 개발될 가능성은 거의 없다.[80] 모든 풍요로운 국가와 현대화를 추구하는 부유한 경제권이 전형적인 식단을 그 양과 종류에서 자발적으로 크게 줄이는 방향을 채택할 가능성이나, 그런 후퇴를 통해 절약한 자원(연료와 비료와 기계류)을 아프리카에 전달해 그곳의 참혹한 영양 공급을 개선하는 데 쓰도록 지원할 가능성도 거의 없다.

반세기 전, 생태학자 하워드 토머스 오덤은 에너지와 환경에 대해 체계적으로 분석한 책에서 "복잡한 시스템에 투입되는 에너지는 네트워크의 모든 부분에 간접적으로 되돌아간다. 현대 사회는 여기에 관련된 에너지론과 다양한 수단을 파악하지 못했다. (…) 산업화한 사회에서 우리가 먹는 감자는 더 이상 태양 에너지만으로 만들어진 게 아니다. 이제 우리는 약간은 석유로 만들어진 감자를 먹는다"라고 말했다.[81]

그로부터 50년이 지난 지금까지도 이런 실존적 의존성은 제대로 평가받지 못한다. 그러나 이제 이 책의 독자는 우리 식량이 무엇으로 만들어지는지 정확히 알게 되었다. 요컨대 우리가 먹는 식량은 석유뿐 아니라 석탄으로도 만들어진다. 석탄은 농기계와 운송 도구 및 식품 가공 기계에 필요한 철을 제련하는 데 쓰이는 코크스의 생산에 사용된다. 질소비료를 합성하는 원료이자 연료로 사용하는 천연가스, 또 작물을 가공하고 가축을 돌보며 식량과 사료를 저장하고 준비하는 데 반드시 필요한 화석연료의 연소로 만들어지는 전기도 식량 생산에서 빼놓을 수 없다.

현대 농업은 광합성의 효율을 개선한 덕분에 오랫동안 요구되던 노동량의 일부만으로도 더 나은 품종에 적절한 영양소와 물을 공급하고, 동일한 영양소를 놓고 경쟁하는 잡초를 제거하고, 해충으로부터 작물을 보호해 생장에 더 나은 조건을 제공함으로써 산출량을 지속적으로 늘려왔다. 그와 동시에 야생 수생종水生種의 포획량도 어업의 범위와 집약도가 확대됨에 따라 꾸준히 늘어났다. 적절한 울타리와 고품질의 사료를 제공할 수 없었다면 양식업 또한 성공할 수 없었을 것이다.

이 모든 중간재에는 상당한 양의 화석연료를 — 갈수록 더 많이 — 투입해야 한다. 지금 우리가 현실적으로 생각할 수 있는 가장 빠른 속도로 세계 식량 체계를 바꾸려 노력하더라도, 앞으로 수십 년 동안은 빵 덩어리로든 물고기로든 변형된 화석연료를 먹어야 할 것이다.

3

물질세계에 대하여

현대 문명의 네 기둥

How
the
World
Really
Works

중요한 것들의 순위를 정하기는 불가능하고, 적어도 현명하지 못한 짓이다. 심장이 뇌보다 더 중요하지는 않고, 인간의 건강에서 비타민 C는 비타민 D에 못지않게 필수적이다. 앞의 두 장에서 살펴본 식량과 에너지는 모두 우리 생존에 반드시 필요한 것이다. 그러나 인간이 만든 많은 물질, 예컨대 금속과 합금, 비금속화합물과 합성 화합물을 대거 동원하지 않는다면 식량과 에너지 공급은 불가능할 것이다. 건물과 기반 시설도 마찬가지이다. 운송 및 커뮤니케이션과 관련한 모든 것도 다를 바가 없다. 물론 대중매체의 '뉴스'로부터, 또 중요한 개발과 관련해 다소 들뜬 경제적 분석이나 예측으로부터 받는 관심(혹은 외면)을 기준으로 이런 물질들의 중요성을 판단하려 한다면, 이를 제대로 파악하지 못할 것이다.

대중매체는 비물질적인 것, 즉 무형의 것을 주로 다룬다. GDP의 연간 성장률(서구 경제학자들은 중국의 두 자릿수 성장률에 얼마나 황홀해했던가!), 국채 증가율(통화 공급에 제한이 없는 것처럼 여겨지는 까닭에 현대 통화 이론에서는 국채가 중요하지 않은 듯하다), 게이밍 앱 같은 중대한 발명을 한 기업이 신규 상장되어 공모주에 쏟아지는 기록적인 돈, 5G 네트워크를 재림에 버금가는 것으로 고대하는 전례 없는 모바일 접속 기술의 장점, 우리 삶을 금방이라도 바꿔놓을 듯한 인공지능의 장밋빛 약속 등이 대표적인 예이다. 하지만 이번 코로나19 팬데믹은 이런 주장들의 공허함을 완벽하게 드러냈다.

중요한 것부터 먼저 따져보자. 반도체, 마이크로칩, 개인용 컴퓨터 등이 없던 때에도 우리는 충분한 식량과 물질적 위안을 주고 교육과 보건을 제공하는 세련되고 상당히 풍요로운 문명을 누릴 수 있었다. 그런데 1950년대 중반 트랜지스터(반도체)가 최초로 상용화되더니, 1970년대 초반에는 인텔이 마이크로프로세서를 처음 개발했으며, 1980년대 초에는 개인용 컴퓨터를 처음 대량으로 판매하기 시작했다.[1] 1990년대까지 우리는 각 경제권을 통합하며 필요한 투자를 끌어들이고, 필수적인 기반 시설을 갖추었으며, 대형 제트여객기로 세계를 그럭저럭 연결했지만, 스마트폰과 소셜 미디어와 유치한 수준의 애플리케이션까지는 없었다. 그러나 아주 작은 마이크로프로세서부터 거대한 데이터센터까지 전기를 소모하는 부품과 장치를 발명하고, 조립과 시스템을 구현하는 데 필요한 에너지와 물질이 확실히 뒷받침되지 않았다면, 전자 기술과 텔레커뮤니케이션에서 그런 진전을 이루어내지 못했을 것이다.

실리콘으로 이루어진 얇은 웨이퍼wafer(마이크로칩이 각인되는 기판)는 전자 시대를 대표하는 물질이지만, 그것 없이도 수십억 인구가 풍요롭게 살 수 있다. 따라서 실리콘 웨이퍼는 현대 문명의 존재를 제약하는 물질이 아니다. 99.999999999퍼센트 순도의 큰 실리콘 크리스털을 만들어 웨이퍼로 잘라내는 과정은 복잡한 여러 단계를 거쳐야 하고 에너지 집약적이다. 보크사이트에서 알루미늄을 추출하는 과정보다 두 자릿수나 많은 일차에너지가 필요하고, 철을 제련해 강철을 만드는 과정보다 세 자릿수나 많은 일차에너지가 필요하다.[2] 그러나 원자재는 넘쳐흐를 정도로 많다. 실리콘은 지구의 표층, 즉 지각에서 두 번째로 흔한 물질이다. 산소가 49퍼센트이고, 실리콘이 거의 28퍼센트이다. 전자급electronic-grade 실리콘의 연간 생산량은 다른 필수적인 물질에 비교하면 무척 적은 편이다. 웨이퍼의 최근 생산량은 1만 톤이었다.[3]

물론 어떤 물질의 연간 소비량이 그 물질의 필요성을 나타내는 최상의 지표는 아니다. 그러나 "1950년대 이후로 전자 산업이 이루어낸 발전이 유익하고 커다란 변화를 이끌었지만, 현대 문명에 반드시 필요한 물질적 기반을 놓지는 않았다"는 것은 분명하다. 중요성을 근거로 어떤 물질의 필요성에 대해 반박의 여지 없이 순서를 매길 수는 없지만, 나는 필수성과 편재성 및 수요량을 고려해 설명 가능한 순서를 제시해보려 한다. 이렇게 결정한 순서에서 네 가지 물질이 최상위를 차지했다. 그 물질은 내가 현대 문명의 네 기둥이라 칭하는 시멘트, 강철, 플라스틱, 암모니아이다.[4]

네 물질은 물리적으로나 화학적으로나 속성과 기능이 확연히 다르다. 그러나 이런 차이에도 불구하고, 네 물질은 현대사회의 기능에서 빼놓을 수 없다는 공통점을 갖는다. 지금도 다른 기본적인 물질보다 많은 양이 필요하고, 계속 증가하는 추세이다. 2019년 세계는 약 45억 톤의 시멘트, 18억 톤의 강철, 3억 7,000만 톤의 플라스틱, 1억 5,000만 톤의 암모니아를 소비했다. 게다가 이것들은 다른 물질로 쉽게 대체하지도 못한다. 가까운 미래에는 물론이고 세계적인 규모로 대체하기는 더더욱 불가능하다.[5]

2장에서 말했듯 방목 가축이 비워내는 배설물을 완전히 재활용하는 데 그치지 않고, 유기 질소를 만들어내는 다른 근원들까지 거의 완벽하게 재활용하는 경우에만, 매년 작물에 뿌리는 암모니아 비료에 내포된 질소량을 공급할 수 있을 것이다. 더구나 다양한 종류의 플라스틱에 필적할 만큼 가단성可鍛性과 내구성과 경량성을 지닌 물질은 없다. 또 건설 자재로 동일한 질량의 목재와 돌을 제공할 수는 있어도, 그 자재들이 철근콘크리트의 강도와 다목적성과 내구성에 필적할 수는 없다. 철근콘크리트가 없어도 피라미드와 대성당은 지을 수 있지만, 폭이 널찍한 아치형의 길고 우아한 다리, 웅장한 수력발전 댐, 다차선 도로, 긴 활주로를 건설할 수는 없다. 강철은 이제 어디에나 사용된다. 에너지를 추출하고 식량을 생산하고 비바람을 막아주는 우리 능력을 결정할 뿐만 아니라 기본적인 기반 시설의 범위와 질을 보장한다는 점에서, 어떤 금속도 강철을 대체할 수 없다.

우리가 화석연료를 사용하지 않는 미래를 고려할 때, 네 물질의 또 다른 결정적 공통점은 특히 주목할 만하다. 네 물질 모두의 대량생산은 화석연료의 연소에 크게 영향을 받는다. 몇몇 화석연료는 암모니아합성과 플라스틱 생산에 직접적인 원료가 된다.[6] 또 철광석을 용광로에서 제련하려면, 석탄이나 천연가스로 만든 코크스가 필요하고, 시멘트 생산에 사용하는 에너지는 주로 분탄, 석유 코크스, 중유에서 얻는다. 긴 연쇄나 가지로 결합되어 플라스틱을 만드는 대다수의 단순한 분자들은 원유와 천연가스에서 추출된다. 암모니아합성에서, 천연가스는 수소의 원료인 동시에 합성에 필요한 에너지원이다.

그 결과 필수적인 네 물질을 생산하기 위해 세계 전역에 공급되는 일차에너지의 약 17퍼센트가 쓰이고, 이것이 화석연료의 연소에서 비롯된 이산화탄소 총배출량의 25퍼센트를 차지하지만, 이런 기존 과정을 대신할 만한 대안, 그것도 상업적으로 적용하고 쉽게 활용할 수 있는 대안이 현재로서는 없다.[7] 화석 탄소에 의존하지 않고 이 물질들을 생산할 실험적 기술과 제안이 없는 건 아니다. 그러나 암모니아합성에 쓰이는 새로운 촉매부터 수소에 기반한 제강법까지, 어떤 대안도 아직까지 상업화되지 않았다. 탄소 연료를 사용하지 않는 방법을 공격적으로 추구하더라도 적정한 가격으로 매년 수억 톤에서 수십억 톤을 생산하는 기존 역량을 대신하는 데는 수십 년이 걸릴 것이다.[8]

네 물질의 중요성을 가감 없이 평가하기 위해, 나는 그 물질들의 기본적 속성과 기능을 설명하고, 그것들을 적정한 가격에 풍부하게 사용할 수 있게끔 해준 기술 발전과 획기적인 발명의 역사를 간략히 살펴본 뒤, 현대사회에서 그것들이 얼마나 광범위하게 쓰이는지도 알아보려 한다. 암모니아는 하루가 다르게 증가하는 세계 인구를 먹이는 데 반드시 필요한 물질이다. 따라서 암모니아로 시작해서, 세계적 생산량 순서에 맞추어 플라스틱, 강철, 시멘트를 차례로 살펴보기로 하자.

암모니아: 세계인을
먹여 살리는 기체

내가 순서 매기는 걸 싫어하지만, 암모니아는 네 가지 중에서 가장 중요한 물질로 최상위를 차지할 자격이 충분하다. 앞 장에서 설명했듯이 암모니아를 질소비료에 직접 사용하지 않는다면, 혹은 다른 질소화합물을 합성하기 위한 원료로 사용하지 않는다면, 오늘날 80억에 가까운 세계 인구의 40퍼센트 이상, 많게는 50퍼센트까지 먹여 살리는 게 불가능할 것이다. 요컨대 합성 암모니아가 없었다면 거의 40억 명이 2020년을 넘겨 살아남지 못했을 것이다. 이런 존재론적 제약이 플라스틱이나 강철, 또 콘크리트 구조물을 만드는 데 필요한 시멘트에는 없다. 앞에서 언급한 대로 실리콘도 우리 존재 자체를 위협하지는 않는다.

암모니아(NH_3)는 한 개의 질소와 세 개의 수소로 이뤄진 단순한 무기화합물이다. 달리 말하면, 질소가 암모니아 질량의 82퍼센트를 구성한다.[9] 대기압에서 암모니아는 보이지 않는 기체이며, 물을 내리지 않은 화장실이나 부패한 가축 분뇨처럼 자극적인 냄새를 풍긴다. 농도가 낮은 암모니아를 흡입하면 두통과 구역질과 구토를 유발한다. 농도가 조금 높은 암모니아는 눈과 코, 입과 목구멍, 폐를 자극한다. 농도가 무척 높은 암모니아를 흡입하면 즉사할 수도 있다. 반면 암모니아가 물에 녹아 형성되는 암모늄(NH_4^+, 암모늄이온)은 독성이 없고, 세포막을 쉽게 통과하지 못한다.

이 단순한 분자, 즉 암모니아의 합성은 과거에 무척 까다로웠다. 발명의 역사에는 우연히 발견한 것으로 유명한 사례들이 빠지지 않는다. 물질을 다루는 이번 장에서는 '테플론Teflon' 이야기가 가장 적절한 사례일 듯하다. 1938년 듀폰의 화학자 로이 플런킷Roy Plunkett(1910~1994)과 그의 조수 잭 리복Jack Rebok이 테트라플루오로에틸렌이라는 새로운 냉장 화합물을 만들어냈다. 그들은 그 물질을 냉장된 실린더에 저장했다. 그런데 그 물질이 예기치 않게 중합되어 폴리테트라플루오로에틸렌, 즉 밀랍처럼 하얗고 매끈거리는 가루로 변한 게 아닌가! 제2차 세계대전 이후, 테플론은 가장 널리 알려진 합성 물질 중 하나가 되었고, 정치적 용어가 된 유일무이한 합성 물질이기도 하다. 테플론 대통령Teflon president(강력한 카리스마를 지녀 어떤 비난도 피하는 마법 같은 능력을 지닌 듯한 대통령을 가리킨다. 로널드 레이건이 대표적인 예 ─ 옮긴이)은 있어도, 베이클라이트Bakelite(1906년 리오 베이클랜드Leo Baekeland가 페놀과 포름알데히드를 반응시켜 만든 최초의 합성수지

상품명. 플라스틱의 시초 — 옮긴이) 대통령이란 표현은 없다. 하지만 철의 여인Iron Lady은 있었다.[10]

한편 암모니아합성은 발견의 역사에서 정반대의 경우에 속한다. 다시 말해 몇몇 뛰어난 과학자가 명확한 목표를 추구한 결과, 한 끈질긴 연구자가 결실을 맺은 발견에 속한다. 암모니아합성이라는 돌파구가 필요한 이유는 자명했다. 1850~1900년 유럽과 북아메리카에서 산업화를 추진하던 국가들의 총인구가 3억에서 5억으로 크게 늘었고, 급속한 도시화로 보리를 비롯한 곡물 위주이던 식단이 동물성 식품과 설탕 등 에너지 함유량이 많은 식품을 섭취하는 식단으로 바뀌었다.[11] 작물 산출량은 정체되어 변하지 않았지만, 식습관의 변화는 전례 없는 경작지 확대로 그럭저럭 뒷받침되었다. 1850~1900년 남북아메리카, 러시아와 오스트레일리아에서 약 2억 헥타르의 초지가 경작지로 바뀌었다.[12]

작물학이 발달함에 따라, 20세기에 더 늘어날 인구에 적정량의 식량을 공급하려면 식물에 필요한 두 가지 핵심적인 다량 영양소, 즉 질소와 인의 공급을 확대해 산출량을 끌어올려야 한다는 게 명백해졌다. 처음에는 노스캐롤라이나에서, 나중에는 플로리다에서 채굴한 인산염을 산으로 처리함으로써 인산비료를 확실히 공급할 수 있는 방법이 열렸다.[13] 그러나 질소를 그만큼 확실하게 보장해주는 재료는 없었다. 건조한 열대 섬들에서 구아노(질소가 많이 함유된, 새 배설물이 쌓여 굳어진 덩어리)를 채굴했지만 금세 고갈되었고, 칠레 질산염의 수입량을 늘렸지만 향후의 세계 수요를 충족하기에는 부족했다(칠레의 척박한 북부 지역에 아질산나트륨층이 드넓게 분포되어 있다).[14]

따라서 급속히 증가하는 세계 인구가 삶을 영위하기에 충분한 질소를 확보하는 게 문제였다. 1898년 화학자이자 물리학자 윌리엄 크룩스William Crookes(1832~1919)가 영국과학진흥협회British Association for the Advancement of Science에 참석해 이른바 '밀 문제'를 다룬 연설에서, 충분한 질소의 필요성을 가장 명확하게 설명한 듯하다. 이 연설에서 크룩스는 "모든 문명국이 충분히 먹지 못하는 치명적인 위험에 직면할 것"이라 경고하며 과학에서 그 탈출구를 찾았다. 예컨대 과학이 구원자로 나서야 할 것을 역설하며, 대기에 거의 무한정 (비반응성 분자로) 존재하는 질소를 식물이 소화할 수 있는 화합물로 전환하는 방법을 모색해야 할 것이라고 주장했다. "(이 문제는) 대기에 존재하지만 아직 충분히 발전하지 않은 다른 화학적 물질의 발견과는 완전히 다르다. 질소산화물은 문명화한 인류의 진보를 위해 반드시 필요하다. 다른 발견들은 우리에게 지적인 만족감과 기쁨과 위안을 주고, 우리 삶을 더 편하게 해주고, 부를 더 빨리 축적하게 해주고, 시간을 절약하고, 건강을 지키고, 걱정을 덜어주는 역할을 하는 데 그친다. 그러나 질소산화물은 머지않은 장래의 문제이다." 이러한 크룩스의 결론은 정확했다.[15]

크룩스의 연설이 있고 10년 뒤에야 그의 비전은 빛을 보았다. 암모니아를 구성하는 원소, 즉 질소와 수소로 암모니아를 합성하기 위해 많은 뛰어난 화학자들이 연구에 뛰어들었다. 그들 중에는 1909년 노벨 화학상을 수상한 빌헬름 오스트발트Wilhelm Ostwald(1853~1932)도 있었다. 그러나 1908년 당시 카를스루에 공과대학교에서 물리화학과 전기화학을 가르치던 교수 프리츠 하버가 독일에서는 물론 세계에서도 손꼽히는 화학 기업 바스프BASF의 지원을 받아 영국인 조수 로버트 르 로시뇰Robert Le Rossignol(1884~1976)과 함께 연구에 매진해 암모니아합성을 처음으로 개발하는 데 성공했다.[16] 하버는 철 촉매를 사용하는 데서 해결책을 찾아냈다. 철 촉매가 원소들의 구성에 변화를 주지 않는 동시에 전례 없는 반응 압력을 가하며 화학반응률을 높였기 때문이다.

하버의 실험실 성공을 상업적 규모로 확대하는 것도 작은 문제는 아니었다. 1899년 바스프에 합류한 금속공학자이자 화학 전문가 카를 보슈Carl Bosch(1874~1940)의 지휘하에 4년 만에 성공의 결실을 맺었다. 세계 최초의 암모니아합성 공장은 1913년 9월 오파우Oppau에서 운영을 시작했고, '하버-보슈 공법Haber-Bosch process'은 그 이후로도 지속되었다.[17]

1년이 지나지 않아 오파우 공장의 암모니아는 독일군이 사용할 폭발물을 제조하는 데 필요한 질산염의 재료로 쓰였다. 훨씬 더 큰 암모니아 공장을 1917년 로이나Leuna에 다시 세웠지만, 독일의 패망을 막는 데는 별다른 도움이 되지 않았다. 전후戰後에는 1930년대의 경제 위기에도 불구하고 암모니아합성이 확대되었고, 이는 제2차 세계대전 동안에도 꾸준히 이어졌다. 그렇지만 1950년까지도 합성 암모니아는 가축 분뇨보다 훨씬 덜 사

용되었다.[18]

그러나 그 뒤로 20년 동안 암모니아합성은 8배나 증가하며, 1960년대에 시작된 녹색혁명을 가능하게 해준 합성 비료로 연간 3,000만 톤까지 생산되었다. 생산성이 뛰어난 신품종 밀과 쌀을 채택한 덕분이기도 하지만, 적당량의 질소를 공급한 덕분에 전례 없는 생산량을 기록할 수 있었다. 암모니아합성이 크게 증가한 데는 천연가스를 수소의 재료로 사용하고, 효율적인 원심압축기와 더 나은 촉매를 도입하는 혁신적 조치가 있었다.[19]

그 이후에는 현대 산업 개발의 많은 사례들이 그렇듯 마오쩌둥毛澤東(1893~1976) 이후의 중국이 앞장섰다. 마오는 중국 역사에서 대기근(1958~1961)의 원흉이었다. 1976년 마오가 죽었을 때, 1949년 공산주의 국가를 선포한 시기보다 일인당 식량 공급에서 나아진 게 없었다.[20] 1972년 닉슨의 베이징 방문 후, 중국이 가장 먼저 취한 주요 사업은 텍사스의 M. W. 켈로그사社에 13개의 최첨단 암모니아-요소 공장 건설을 주문한 것이었다.[21] 1984년 중국은 도시에서 식량 배급제를 폐지했고, 2000년에는 일인당 하루 평균 식품 공급량이 일본보다 높아졌다.[22] 이런 변화가 가능했던 유일한 이유는 질소 장벽을 무너뜨림으로써 연간 작물 수확량을 6억 5,000만 톤으로 늘린 덕분이다.

질소가 중국 농업에서 차지하는 위치를 설명하는 글을 보면, 중국 농작물에 투여되는 영양소의 60퍼센트가 합성 암모니아라는 것을 알 수 있다. 달리 말하면, 중국인 5명 중 3명이 먹거리를 암모니아합성에 의존한다는 뜻이다.[23] 세계 평균값은 약 50퍼센트이다. 이런 의존성은 암모니아를 합성하는 하버-보슈 공법이 기술의 역사에서 가장 기념비적 진전이라 불리는 게 타당함을 보여준다. 윌리엄 크룩스가 정확히 지적했듯 다른 발명들은 우리에게 지적인 만족감과 기쁨 그리고 부와 높은 생산성에 도움을 주고, 때 이른 죽음과 만성질환으로부터 우리를 구해주었지만, 암모니아합성이 없었다면 오늘과 내일의 인구 중 다수가 생존을 보장받지 못할 것이다.[24]

그렇다고 암모니아에 의존하는 50퍼센트의 인류가 불변의 근사치는 아니다. 현재의 지배적 식습관과 농사법을 고려하면, 합성 질소가 인류의 절반을 먹여 살리는 건 분명하다. 요컨대 다른 조건이 똑같을 때 합성 질소가 없다면 세계 인구의 절반이 유지될 수 없다는 뜻이다. 그러나 부유한 세계가 육고기를 거의 먹지 않는 인도식 식습관으로 전환하면 이 비율은 낮아질 것이다. 반대로 전 세계가 미국인의 식습관을 보편적으로 받아들이는 경우는 말할 것도 없고, 오늘날의 중국인처럼 넉넉히 먹는다면 그 비율이 훨씬 더 높아질 것이다.[25] 앞에서도 살펴보았듯 음식물 쓰레기를 줄이고 비료를 더 효과적으로 사용하면, 질소비료에 대한 의존도도 당연히 줄일 수 있다.

세계 전역에서 생산하는 암모니아의 약 80퍼센트가 작물에 살포하는 비료로 사용된다. 나머지는 질산과 폭발물, 로켓 추진제, 염료, 섬유, 유리와 바닥 세정제를 만드는 데 쓰인다.[26] 특별한 설비를 갖추고 적절히 조심하면 암모니아를 직접 밭에 살포할 수도 있다.[27] 그러나 암모니아는 고체와 액체 질소비료를 생산하는 필수적인 원료로 주로 활용된다. 질소 함유량(46퍼센트)이 가장 높은 고체 비료로는 요소비료가 지배적이다.[28] 최근 자료에 따르면, 세계 전역의 밭에 뿌리는 질소비료의 약 55퍼센트가 요소비료였다. 아시아, 특히 중국과 인도(인구가 가장 많은 두 국가)에서 쌀과 밀의 수확량을 증진하기 위해, 물론 인구가 1억 명이 넘는 아시아의 다른 다섯 국가에서도 풍작을 기대하며 요소비료를 널리 사용한다.[29]

상대적으로 덜 중요한 질소비료에는 질산암모늄, 황산암모늄, 질안 석회 및 다양한 용액이 재료로 쓰인다. 일단 질소비료는 밭에 뿌리면, 휘발(암모니아 화합물의 특성)과 침출(질산염은 물에 쉽게 녹는다) 그리고 탈질소화(박테리아에 의해 질산염이 대기의 질소 분자로 전환된다) 때문에 자연적으로 소실되는 걸 통제하기가 거의 불가능하다.[30]

밭에 뿌린 질소의 소실을 실질적으로 줄이는 직접 해법은 현재 두 가지밖에 없다. 하나는 값비싼 지효성 화합물을 살포하는 것이고, 다른 하나는 정밀 농업으로 전환해 토양을 분석해서 필요할 때만 비료를 살포하는 좀 더 실질적인 방법이다.[31] 이미 지적했듯 음식값을 인상하고 육류 소비를 줄이는 간접 대책도 효과적일 수 있지만 크게 환영받지는 못한다. 따라서 현실적으로 가능한 이런 해결책의 조합이 질소비료의 소비에 급진적 변화를 가져올 것 같지는 않다. 현재 약 150메가톤의 암모니아가 매년 합성되고, 그중 약 80퍼센트를 비료에 사용한다. 또한 그 비료 중 60퍼센트가 아시아에서, 약 4분의 1이 유럽과 북아메리카에서, 5퍼센트 미만이 아프리카에서 뿌려진다.[32] 부유한 국가들은 일인당 평균 식량 공급량이 이미 지나치게 높기 때문에 비료 사용률을 줄여야 마땅하고, 줄일 수도 있다. 또 세계에서 비료를 가장 많이 사용하는 두 국가, 즉 중국과 인도도 과도한 비료 사용을 줄일 가능성이 얼마든지 있다.

그러나 아프리카는 인구가 가장 빠르게 증가하는 대륙이지만 여전히 영양 공급이 부족하고, 상당량의 식량을 수입해야 하는 처지에 있다. 식량 자급률을 높이려면 질소비료의 사용량을 늘려야 한다. 최근의 조사에 따르면, 아프리카의 암모니아 사용량은 유럽 평균값의 3분의 1에도 미치지 못한다.[33] 질소 공급을 확대하는 최적의 해법은 비非콩과 식물에 질소산화물 능력을 부여하는 것이지만, 이는 유전공학이 아직 시행조차 하지 않은 방법이다. 한편 씨앗에 질소산화물 박테리아를 주입하는 덜 급진적인 방법도 있지만, 상업화할 가능성은 여전히 불확실하다.

플라스틱: 다양하고
유용하지만 골칫거리

플라스틱은 성형과 조형에 적합하다는 공통된 특성을 지닌 합성(혹은 반半합성) 유기물을 가리킨다. 플라스틱 합성은 단량체monomer(긴 사슬 혹은 긴 가지로 결합해 중합체를 형성하는 단위 분자)로 시작된다. 두 핵심 단량체, 즉 에틸렌과 프로필렌이 탄화수소의 증기 분해(섭씨 750~950도까지 가열)를 통해 생산되고, 탄화수소는 그 이후의 합성에도 동력을 공급한다.[34] 플라스틱에는 깨지지 않고 늘어나는 성질, 즉 가단성이 있어 액체로 틀에 넣거나 눌러서 여러 모양을 만들어낼 수 있다. 예컨대 얇은 필름부터 튼튼한 파이프까지, 또 깃털처럼 가벼운 병부터 묵직하고 커다란 쓰레기통까지 다양한 형태가 가능하다.

플라스틱의 전 세계 생산량은 지금까지 열가소성 플라스틱에 의해 결정되었다. 열가소성 플라스틱은 가열하면 곧바로 부드러워지고, 식으면 다시 단단해지는 중합체이다. 현재 저밀도와 고밀도 폴리에틸렌PE이 세계 플라스틱 중합체의 20퍼센트, 폴리프로필렌PP이 약 15퍼센트, 폴리염화비닐PVC이 10퍼센트 이상을 차지한다.[35] 반면 열경화성 플라스틱은 가열하더라도 부드러워지지 않는다. 폴리우레탄, 폴리이미드, 멜라민, 요소 포름알데히드가 여기에 속한다.

일부 열가소성 플라스틱은 비중이 낮은 것(경량성)과 경도硬度(내구성)가 높은 것을 결합한다. 내구성을 띤 알루미늄의 무게는 탄소강의 3분의 1에 불과하다. 그러나 강철과 비교할 때 PVC 밀도는 20퍼센트 이하이고, PP는 12퍼센트에 미치지 못한다. 구조용 강재의 극한인장강도ultimate tensile strength, UTS는 400메가파스칼MPa(콘크리트의 강도 단위 — 옮긴이)인 반면, 폴리스티렌PS의 극한인장강도는 100메가파스칼이다. 하지만 목재나 유리보다는 2배, 알루미늄보다는 10퍼센트 낮을 뿐이다.[36]

경량성과 내구성을 겸비한 성질 때문에 열가소성 플라스틱은 튼튼한 파이프와 플랜지flange, 미끄럼 방지 표면, 화학물질 저장고의 재료로 주로 쓰였다. 열가소성 플라스틱 중합체는 자동차 내장재와 외장재(PP 범퍼, PVC 계기판, 자동차 부품, 폴리카보네이트 헤드라이트)에 폭넓게 쓰인다. 고온이나 방염 경량 열가소성 플라스틱(폴리카보네이트, PVC/아크릴 혼합물)은 항공기의 내장재에 사용되고, 탄소섬유 강화 플라스틱(복합 재료)은 항공기 기체를 만드는 데 쓰인다.[37]

초기의 플라스틱은 주로 질산셀룰로스(나이트로셀룰로스의 다른 이름)와 장뇌樟腦, camphor(나중에는 영화 산업의 대들보. 1950년대에야 대체)로 만든 셀룰로이드였고, 19세기의 마지막 30년 동안 소량으로 생산되었다. 최초의 열경화성 물질(섭씨 150~160도에서 주조)은 뉴욕에서 일하던 벨기에 화학자 리오 베이클랜드에 의해 1907년 만들어졌다.[38] 그가 1910년에 세운 '제너럴 베이클라이트 컴퍼니'는 플라스틱을 처음으로 산업적 규모로 생산하며, 전기 절연체부터 검은 다이얼식 전화기까지 다양한 형체를 찍어냈다. 제2차 세계대전 동안에는 플라스틱이 가벼운 무기의 부품으로도 쓰였다. 한편 셀로판은 자크 브란덴베르거Jacques Brandenberger(1872~1954)가 1908년에 발명했다.

PVC는 양차 대전 사이에 처음 대량으로 합성되었다. PVC는 일찌감치 1838년에 발견되었지만 실험실 밖에서는 전혀 쓰이지 않았다. 미국에서는 듀폰, 영국에서는 임페리얼화학산업Imperial Chemical Industries, ICI, 독일에서는 IG파르벤IG Farben이 새로운 플라스틱 재료를 발견하기 위한 연구를 지원해 큰 성과를 거두었다.[39] 이런 지원은 제2차 세계대전 전에 셀룰로스아세테이트(지금은 흡수력을 띤 천과 물수건에 사용), 네오프렌(합성고무), 폴리에스터(직물과 덮개에 사용), 폴리메틸메타크릴레이트(플렉시글래스로도 알려짐. 요즘에는 코로나19로 인해 칸막이와 보호막이 다시 등장한 덕분에 더욱더 흔히 쓰이는 물질)를 상업적으로 생산하는 결실을 거두었다. 나일론은 1938년 이후에 생산되었다(칫솔의 모와 스타킹은 나일론으로 만든 최초의 상품이었다. 현재 나일론은 어망부터 낙하산까지 다양한 물건을 만드는 재료로 쓰인다). 앞에서 언급한 테플론도 1938년에

만들어져 달라붙는 걸 방지하는 코팅제로 어디에나 쓰였다. 스티렌도 1930년대에 적정한 가격으로 생산되기 시작했고, 지금은 폴리스티렌으로 포장재, 일회용 컵과 접시에 주로 사용된다.

IG파르벤은 1937년 폴리우레탄(침구 매트리스, 절연재)을 소개했다. ICI는 초고압을 사용해 폴리에틸렌(포장재와 절연재에 사용)을 합성하는 데 성공했고, 1933년에는 메틸메타크릴레이트(접착제, 코팅제, 도료에 사용)를 생산하기 시작했다. 폴리에틸렌테레프탈레이트PET는 1941년 특허를 받았고, 1950년대 초부터 대량생산되기 시작했다. 1970년대부터 버려진 음료수병의 형태로 지구에 재앙을 안겨주고 있는 지긋지긋한 페트병은 1973년에 특허를 받았다.[40] 제2차 세계대전 이후 널리 알려진 플라스틱 재료로는 폴리카보네이트(광학렌즈, 유리, 단단한 덮개), 폴리이미드(의료용 튜브), 고분자 액정(특히 전자장치)이 있고, 듀폰의 유명한 상표들, 즉 타이벡Tyvek(1955), 라이크라Lycra(1959), 케블라Kevlar(1971)도 제2차 세계대전 이후에 탄생했다.[41] 20세기가 끝날 무렵에는 50종류의 플라스틱이 세계 시장에 모습을 드러냈다. 이렇게 다양한 속성을 띤 새로운 플라스틱이 등장하며, 예전부터 흔히 사용되며 꾸준히 수요가 증가하던 화합물(PE, PP, PVC, PET)과 더불어 플라스틱의 기하급수적 성장을 이끌었다.

플라스틱의 세계 생산은 1925년에 약 2만 톤에 불과했지만, 1950년에는 200만 톤, 2000년에는 1억 5,000만 톤, 2019년에는 3억 7,000만 톤으로 치솟았다.[42] 우리 일상에 플라스틱 재료가 어디에나 있다는 걸 인식하는 최상의 방법은 우리가 하루에 플라스틱을 몇 번이나 손으로 접촉하고, 눈으로 보고, 몸으로 기대고, 발로 밟는지 계산해보는 것이다. 그 수치를 알고 나면 놀라지 않을 수 없을 것이다! 지금 내가 이 글을 쓰는 데 사용하는 델 노트북 키보드와 오른손 아래의 무선 마우스는 아크릴로니트릴 부타디엔 스티렌ABS라는 공중합체共重合體, copolymer로 만들어졌다. 내가 앉은 회전의자에는 폴리에스터 천이 씌워졌고, 나일론 바퀴 아래의 폴리카보네이트 보호 매트는 폴리에스터로 만든 카펫을 덮고 있다.

작은 산업용 부품(1916년형 롤스로이스의 변속레버 손잡이에 처음 적용되었다)과 자질구레한 생활용품에 원료를 공급하는 것으로 시작된 산업이 새로 생긴 두 곳의 틈새시장을 크게 키웠다. 하나는 매년 수십억 개의 새로운 플라스틱 부품을 추가하는 가전제품 시장이고, 다른 하나는 자동차 차체와 항공기 내장재부터 직경이 큰 파이프까지 다양한 상품을 대량으로 제작하는 시장이었다.

그러나 플라스틱은 일반적인 의료 관리, 특히 감염병의 병원 처치에서 본연의 필수적인 역할을 찾아냈다. 이제 현대인의 삶은 분만실에서 시작해 플라스틱 물품으로 둘러싸인 집중치료실에서 끝난다.[43] 현대 의료 관리에서 플라스틱의 역할을 제대로 이해하지 못하던 사람들도 코로나19 팬데믹 덕분에 큰 교훈을 얻었다. 이번 팬데믹은 극적인 방법으로 우리에게 플라스틱의 유용성을 가르쳐주었다. 북아메리카와 유럽에서 의사와 간호사의 개인용 보호 장구(일회용 장갑과 마스크, 안면 가리개, 모자와 가운,

목이 긴 신발)가 떨어지자, 각국 정부는 중국으로부터 한정된 공급을 받기 위해 서로 높은 가격을 제시하지 않았던가. 서구의 개인용 보호 장구 제작자들이 비용 절감에 집착해 대부분의 생산라인을 중국으로 이전하며, 위험하지만 충분히 피할 수 있는 공급 부족을 자초했기 때문이다.[44]

병원에서 사용하는 플라스틱 물품은 다양한 종류의 PVC로 만든다. 산소를 공급하고 혈압을 관찰하며 환자에게 유동식을 제공할 때 쓰이는 낭창낭창한 튜브, 카테터, 정맥주사용 주머니, 혈액 주머니, 무균 포장재, 보온 담요 및 무수한 실험 기구가 PVC로 만들어진다. 현재 PVC는 의료 관련 상품의 4분의 1 이상에 일차 재료로 쓰인다. 요즘에는 가정에도 벽체와 지붕, 창틀과 블라인드, 호스, 전선 피복, 전자 부품, 장난감 등 PVC를 재료로 사용한 물품이 많다. 사무용품에서도 PVC를 사용하는 빈도가 계속 증가하는 추세이다. 앞에서 언급한 모든 것을 구입하는 데 사용하는 신용카드도 PVC로 제작한다.[45]

최근에는 플라스틱이 육지에서 일으키는 공해에 대한 우려가 눈에 띄게 늘었다. 난바다와 연안 해역 그리고 해변에서 볼 수 있는 플라스틱 공해는 더더욱 심하다. 이 문제는 환경을 다루는 6장에서 자세히 살펴보겠지만, 플라스틱의 무분별한 폐기가 다양하게 쓰이고 때로는 필수적인 합성 물질인 플라스틱의 적절한 사용까지 반대해야 하는 이유가 되지는 못한다. 게다가 극세사와 관련해서는, 많은 사람이 주장하듯 난바다에서 발견되는 대부분의 극세사가 마모된 합성섬유에서 떨어져 나왔다고 추정하는 것은 잘못이다. 합성섬유 중합체는 현재 세계 섬유 생산의 3분의 2를 차지한다. 하지만 바다에서 건진 섬유 표본을 분석한 결과에 따르면, 주로(90퍼센트 이상) 자연적으로 발생한 것이었다.[46]

강철: 어디에나 있고,
재활용할 수 있는 물질

강철들(3,500가지 넘는 종류가 있어 복수로 표현하는 게 더 정확하다)은 철(Fe)이 주된 위치를 차지하는 합금이다.[47] 선철이나 주철, 즉 용광로에서 만드는 금속은 일반적으로 95~97퍼센트의 철, 1.8~4퍼센트의 탄소, 0.5~3퍼센트의 실리콘에 미량의 다른 원소들이 더해져 완성된다.[48] 강철은 탄소 함량이 많아 잘 부러진다. 연성(길게 늘어나는 성질)이 낮고, 인장강도(긴장 상태에서 부러지지 않으려고 저항하는 힘)는 청동이나 황동보다 못하다. 아시아와 유럽에서는 산업 시대 이전에도 다양한 기법으로 강철을 만들었다. 하지만 노동력과 비용이 많이 들어가는 까닭에 일반적으로 쓰이지는 못했다.[49]

현대의 강철은 주철로 만든다. 주철의 높은 탄소 함량을 중량으로 0.08~2.1퍼센트까지 낮추는 방법이다. 강철의 물리적 속성은 가장 단단한 돌뿐 아니라 가장 흔히 사용하는 두 금속의 속성까지 간단히 능가한다. 화강암은 강철과 비슷한 압축강도(물질을 짧게 하는 압력을 견디는 능력)를 지니지만, 인장강도는 한 자릿수가 더 낮다. 화강암 기둥은 강철만큼 자체 무게를 견디지만, 강철 빔은 15~30배나 많은 무게를 견딜 수 있다.[50] 강철의 일반적인 인장강도는 알루미늄보다 7배, 구리보다 4배 높다. 단단한 정도를 나타내는 경도는 알루미늄보다 4배, 구리보다는 8배 높다. 열에 견디는 내열성을 보면, 알루미늄은 섭씨 660도, 구리는 섭씨 1,085도, 강철은 섭씨 1,425도에서 녹는다.

강철은 크게 네 범주로 나뉜다.[51] 탄소강(시장에서 거래되는 강철의 90퍼센트가 0.3~0.95퍼센트의 탄소를 함유한 탄소강이다)은 교량부터 냉장고까지, 또 톱니바퀴에서 큰 가위까지 어디에나 있다. 합금강(혹은 특수강)은 강철의 물리적 속성(경도, 인장강도, 연성)을 강화하기 위해 하나 이상의 원소(대체로 망간, 니켈, 실리콘, 크롬을 사용하지만 알루미늄, 몰리브덴, 티타늄, 바나듐을 첨가하는 경우도 있다)를 다양한 비율로 더해 만든다. 스테인리스강(10~20퍼센트가 크롬)은 1912년 부엌용품 재료로 쓰기 위해 처음 만들었지만, 지금은 수술 도구, 엔진, 기계 부품, 건설 자재 등 폭넓게 쓰인다.[52] 공구강의 인장강도는 가장 뛰어난 건설용 철강보다 2~4배 높다. 따라서 강철을 비롯한 금속을 절단해 금형을 만들 때뿐 아니라, 손으로 절삭하고 두드리는 공구를 제작할 때도 공구강을 사용한다. 몇몇 종류의 스테인리스강을 제외하고, 모든 강철은 자성을 띠기 때문에 전기 기계를 제작하는 데도 적합하다.

강철은 현대 문명의 외관을 결정하고, 가장 기본적인 기능까지 가능하게 해준다. 가장 널리 쓰이는 금속인 강철은 오늘날의 세계에서 보이는 부분뿐 아니라 보이지 않는 부분에서도 중요한 역할을 맡고 있다. 게다가 우리가 사용하는 거의 모든 금속 및 비금속 제품이 강철로 만든 공구와 기계로 가공되어 형태를 갖추고 마무리 과정을 거쳐 유통된다. 강철이 없다면 오늘날의 어떤 교통수단도 제대로 기능할 수 없을 것이다. 강철의 흔적은 작은 물건(나이프, 포크와 숟가락, 주머니칼, 조리용 냄비와 프라이팬, 부엌용품, 원예 도구)과 큰 물건(가전제품, 잔디 깎는 기계, 자전거, 자동차)을 구별하지 않고 집 안팎 어디에나 있다.

요즘 대도시에서는 건물을 올리기 전에 파일을 박는 기계가 철강이나 철근콘크리트에 기초를 다지기 위해 거대한 강철을 밀어 넣는 모습이 어김없이 눈에 띈다. 그러고는 까마득히 높은 철제 건설용 크레인이 수개월 동안 그 현장을 지배하며 굽어본다. 1954년 착공한 뉴욕의 소코니-모빌 빌딩Socony-Mobil Building은 완전히 스테인리스강으로 뒤덮인 최초의 고층 건물이었다. 최근 두바이에 세운 828미터 높이의 부르즈 할리파Burj Khalifa는 질감을 살린 스테인리스 강판과 수직관 모양의 강철 핀을 사용했다.[53] 강철은 구조물에서 중요한 재료이자, 우아한 캔틸레버cantilever 현수교의 설계에서처럼 외형적 특징을 결정하는 요인이다.[54] 샌프란시스코의 금문교Golden Gate Bridge는 끊임없이 오렌지색으로 다시 칠해진다.[55] 일본 아카시明石해협대교의 경간(기둥과 기둥 사이의 거리 — 옮긴이)은 약 2킬로미터로 세계에서 가

장 길고, 두 철탑은 직경이 1.12미터에 달하는 강철 케이블을 지탱한다.[56]

도시의 도로 양쪽에 일정한 간격으로 늘어선 가로등 기둥은 용융식 아연도금을 하고, 부식을 방지하기 위해 특수 분말 도료로 코팅한 강철로 만들었다. 압연 강판으로는 길가의 신호등과 머리 위에 매달린 신호등을 떠받치는 구조물을 만든다. 파형 강판은 고속도로 중앙분리대를 만드는 데 쓰인다. 철탑은 스키를 즐기는 사람들을 수백 명씩 활강장까지 올려주고, 관광객을 케이블카에 태워 높은 산꼭대기까지 데려다주는 굵은 철선을 떠받친다. 라디오와 텔레비전의 지선식 철탑(안테나를 지지하기 위한 지선을 갖춘 철탑 — 옮긴이)은 지금까지 인간이 만든 구조물의 높이를 몇 번이고 깨뜨렸고, 요즘의 풍경에는 거의 끝없이 이어지는 듯한 고압 송전탑이 빠지지 않는다. 아찔할 정도로 높은 (모바일 전화 신호를 전달하기 위한) 지선식 철탑, 해안가와 근해에 세운 거대한 풍력발전용 탑도 유난히 자주 눈에 띈다. 바다 한복판에 있는 강철로 조립된 거대한 구조물은 석유와 천연가스를 채굴하는 플랫폼이다.[57]

무게로 보면, 강철은 운송 장비에서 거의 언제나 가장 많은 몫을 차지한다. 제트여객기는 대표적인 예외로 알루미늄합금과 복합섬유가 주재료이고, 강철은 엔진과 착륙 장치에 주로 쓰여 항공기 무게의 10퍼센트에 불과하다.[58] 일반적인 자동차에는 약 900킬로그램의 강철이 쓰인다.[59] 매년 평균적으로 1억 대의 자동차가 생산되므로 약 9,000만 톤의 강철이 자동차 제작에 쓰인다는 뜻이다. 그중 약 60퍼센트가 고강도 강철이어서 일반적인 강철로 제작하는 경우보다 자동차 무게가 26~40퍼센트 가벼워진다.[60] 초고속 열차(알루미늄 차체와 플라스틱 내장재)도 약 15퍼센트만이 강철(바퀴와 차축, 베어링과 발동기)이지만, 그걸 운영하는 데는 일반적인 강철 철로보다 더 무거운 전용 선로가 필요하다.[61]

유조선과 액화가스 운반선, 철광석과 곡물 그리고 시멘트를 운반하는 벌크선의 선체는 인장강도가 높은 강판을 원하는 형태로 구부리고 용접해서 만든다. 그러나 전후戰後 조선공학에서 가장 큰 혁명적 변화는 컨테이너선의 적재 방법이었다(자세한 내용은 4장 참조). 컨테이너선은 화물을 규격화한 크기의 강철 상자에 담아 운반한다.[62] 높이와 폭이 약 2.5미터, 길이는 다양한 강철 상자가 선체 안쪽과 갑판 위까지 차곡차곡 쌓인다. 지금 당신이 걸치고 있는 모든 것이 아시아의 한 공장에서 강철 상자에 담겨 출발한 뒤 최종 판매처까지 운반되었을 가능성이 크다.

그러면 이 모든 도구와 기계는 어떻게 만들어졌을까? 주조와 단조, 압연, 절삭가공(깎기, 으깨기, 도려내기, 구멍 내기), 구부리기, 용접, 연마, 절단을 하는 데 쓰이는 기계와 조립 공구로 만들고, 이 기계들의 주된 재료 역시 강철이다. 특히 절단 작업은 나이프가 부드러운 버터를 잘라내는 것만큼이나 쉽게 탄소강을 절단하는 놀라운 공구강 덕분에 가능하다. 기계를 만드는 기계는 대체로 전기를 동력원으로 사용한다. 그런데 강철이 없으면 전기 발전이 불가능하고, 따라서 전자장치, 컴퓨터 작업, 텔레커뮤니케이션으로 이루어진 세계도 불가능해진다. 강철관이 복잡하게 연결되고 가압수로 가득한 고로高爐, 두꺼운 벽체의 압력 용기 안에 밀폐된 핵원자로, 투박하고 육중한 단조강으로 만든 긴 수직 통로를 설치한 대형 증기 회전 터빈도 강철이 주된 재료이다.

지하에 있어 보이지 않는 강철도 있다. 깊은 갱에 사용되는 고정식 받침대와 이동식 받침대가 대표적인 예이다. 원유와 천연가스를 탐사하고 채굴하는 데 쓰이는 수백만 킬로미터의 탐사 파이프, 케이싱 파이프casing pipe, 생산 파이프도 철관鐵管이다. 석유와 가스 산업도 지면 가까이에 묻힌 강철에 의존한다. 석유와 가스를 수거한 뒤 정제해서 전달하고 분배하는 파이프가 1~2미터 깊이에 묻혀 있기 때문이다. 공급 간선은 직경 1미터 이상의 파이프를 사용하고, 각 가정으로 연결되는 가스관은 직경이 5센티미터에 불과하다.[63] 원유 정제 공장은 그야말로 강철 숲이다. 높은 증류탑, 접촉 분해기, 끝없이 연결된 파이프, 저장 용기는 모두 강철로 만든다. 끝으로, 강철은 원심분리기와 진단기, 스테인리스강 메스, 외과용 갈고리, 견인기 등 병원에서 사용되며 생명을 구하지만, 무기를 제작하는 데 쓰이기도 해 생명을 빼앗을 때도 있다는 걸 지적하고 싶다. 온갖 무기를 갖춘 군대와 함대는 파괴에 쓰이는 강철의 거대한 진열장과 다를 바 없다.[64]

우리는 강철의 필수적인 공급량을 계속 확보할 수 있을까? 강철의 세계 생산은 어떤 결과를 맞을까? 앞으로도 많은 세대가 강철을 계속 제련할 수 있을 만큼 철광석이 충분히 매장되어 있을까? 부유한 국가의 한 세기 전보다 일인당 철강 평균 소비량이 훨씬 낮은 저소득 국가에서 생활수준을 높이고, 현대에 필요한 기반 시설을 갖추기에 충분한 강철을 생산할 수 있을까? 강철 제작이 환경에 친화적일까, 아니면 예외적으로 파괴적일까? 화석연료를 전혀 사용하지 않고도 강철을 만들어낼 수 있을까?

세 번째 질문에는 자신 있게 '그렇다'라고 답할 수 있다. 철은 질량 면에서 지구의 주된 원소이다. 철이 무거운 데다(물보다 거의 8배 무겁다), 지구의 핵核을 형성하고 있기 때문이다.[65] 철은 지구의 지각에도 풍부하다. 산소와 실리콘과 알루미늄, 세 원소만이 철보다 더 많을 뿐이다. 거의 5퍼센트를 차지하는 철은 네 번째로 많은 원소이다.[66] 철광석의 연간 생산량은 현재 약 25억 톤으로, 오스트레일리아와 브라질 그리고 중국이 주요 생산국이다. 세계 자원은 8,000억 톤이 넘는다. 그중 2,500억 톤이 철광석이다. 따라서 자원/생산resource/productio, R/P 비율은 300년을 넘어 이른바 '계획 대상 기간planning horizon'을 훌쩍 상회한다. 참고로, 원유의 R/P 비율은 50년에 불과하다.[67]

게다가 강철은 쉽게 재활용할 수 있다. 전기 아크로electric arc furnace, EAF에 강철을 넣고 녹이면 그만이다. EAF는 무거운 강판으로 만든 원통형 내열 용광로(안쪽은 마그네슘 벽돌)인데, 물로 식히는 거대한 착탈식 타원형 덮개를 통해 3개의 탄소 전극봉을 삽입한다. 강철 조각이 용광로에 들어가면 전극을 아래쪽으로 내린다. 전극을 통과한 전류에 아크가 발생하고, 고온(섭씨 1,800도)의 아크는 강철 조각을 쉽게 녹인다.[68] 하지만 EAF에 필요한 전기량은 엄청나게 많다. 매우 효율적인 EAF에도 인구 15만 명의 미국 도시가 하루 동안 사용하는 전기가 필요하다.[69]

자동차는 재활용하기에 앞서 모든 유체를 비워내고 내장재를 뜯어내는 작업이 필요하다. 물론 배터리와 보조 전동기, 타이어와 라디오, 작동하는 엔진뿐 아니라 플라스틱, 고무와 유리, 알루미늄 부품도 제거해야 한다. 그런 다음 압착기가 차체를 납작하게 누른 뒤 작업장에 차곡차곡 쌓는다. 대형 외항선을 해체하는 작업은 훨씬 더 까다롭다. 외항선 해체는 주로 파키스탄(카라치 북서쪽에 위치한 가다니Gadani), 인도(구자라트주의 알랑Alang), 방글라데시(치타공Chittagong 근처)의 해변에서 이뤄진다. 무거운 강판으로 이루어진 선체는 가스 토치와 플라스마 토치로 절단하기 때문에 환경오염을 유발하고, 작업자들이 적절한 보호 장비 없이 일하는 경우가 많아 위험하기도 하다.[70]

요즘 부유한 경제권에서는 폐차하는 거의 모든 자동차가 고철로 재활용되고, 건축용 강철 빔과 강판을 재사용하는 비율도 90퍼센트 이상이다. 반면 가전제품을 재활용하는 비율은 약간 낮은 편이다. 미국에서는 콘크리트 속 철근을 65퍼센트 이상 재활용하며, 이 비율은 음료와 통조림에 쓰인 철제 깡통의 재활용률과 비슷하다.[71] 강철 조각, 즉 고철은 이제 세계에서 가장 값비싼 수출품 중 하나가 되었다. 오래전부터 강철을 생산한 까닭에 그동안 많은 고철을 축적한 국가들이 이제 강철을 증산하려는 국가에 그 고철을 수출하기 때문이다. 유럽연합이 최대 수출국이고, 일본과 러시아 그리고 캐나다가 그 뒤를 잇는다. 반면 중국과 인도 그리고 튀르키예는 최대 수입국이다.[72] 재활용하는 강철이 연간 총생산량의 거의 30퍼센트를 차지한다. 몇몇 소규모 강철 생산국의 경우에는 100퍼센트, 미국은 거의 70퍼센트, 유럽연합은 약 40퍼센트, 중국은 12퍼센트 이하로, 재활용하는 강철이 차지하는 몫은 국가마다 다르다.[73]

달리 말하면, 일차적인 강철 제작이 여전히 주도적이고, 매년 재활용하는 강철보다 2배만큼의 강철이 용광로에서 생산되고 있다. 2019년에만 거의 13억 톤의 강철이 새로 만들어졌다. 강철을 생산하는 공정은 용광로에서 시작된다. 용광로, 즉 철과 강철로 이루어지고 안쪽 벽을 내열재로 두른 고로에서 철광석과 코크스 그리고 석회석을 제련해 액체 상태의 주철이나 선철을 만든다.[74] 주철의 높은 탄소 함량을 줄여 강철을 만들기 위한 두 번째 단계는 순산소 전로Basic Oxygen Furnace, BOF — 순산소라는 수식어는 제련하고 남은 찌꺼기의 화학적 속성을 뜻한다 — 에서 진행된다. 이 공정은 1940년대에 고안되었고, 1950년대 중반 이후에 신속히 상업화되었다.[75] 요즘의 BOF는 커다란 조롱박 모양이다. 열린 윗부분을 통해 뜨거운 철을 300톤까지 투입할 수 있고, 투입된 뜨거운 철은 위아래 양쪽에서 유입되는 산소에 의해 폭발한다. 이 반응으로 주철의 탄소 함량이 약 30분 안에 0.04퍼센트까지 줄어든다. 결국, 강철 제작의 기본 원칙은 고로와 순산소 전로의 결합이다. 마지막 단계에는 뜨거운 강철을 주조기로 보내 궁극적으로 강철 제품을 만드는 데 쓰이는 두껍고 평평한 강판, 정사각형이나 직사각형 모양의 단면을 지닌 강재, 띠 모양으로 얇고 좁게 뽑은 철판을 제작하는 과정이 포함된다.

제철 산업은 무척 에너지 집약적이다. 용광로 운영에 필요한 에너지 총수요의 약 75퍼센트가 철을 만드는 데 쓰인다. 오늘날 최적화된 방식으로 운영하면 완제품 톤당 17~20기가줄만이 사용된다. 톤당 25~30기가줄도 효율적이지 않다고 평가받는다.[76] 물론 EAF에서 만드는 재활용 강철의 에너지 비용은 통합 생산하는 경우의 에너지 비용보다 훨씬 낮아, 오늘날 최고 성적은 톤당 2기가줄을 약간 웃돈다. 강철을 압연하는 에너지 비용(대체로 톤당 1.5~2기가줄)을 여기에 더하면, 총에너지의 세계 평균 비용은 통합 방식으로 새롭게 제작하는 강철의 경우에는 톤당 약 25기가줄, 재활용 강철의 경우에는 톤당 5기가줄이다.[77] 2019년 세계 강철 생산에 투입한 총에너지량은 약 34엑사줄exajoule(1엑사=10^{18}), 즉 세계 일차에너지 공급량의 약 6퍼센트였다.

제철 산업이 석탄과 천연가스로 만든 코크스에 의존한다는 사실을 고려할 때, 강철 제작은 온실효과를 유발하는 주범이기도 하다. 세계철강협회World Steel Association의 발표에 따르면, 탄소 배출의 세계 평균은 톤당 500킬로그램이다. 요즘의 일차적인 강철 제작에는 연간 900메가톤의 탄소가 배출된다. 즉, 화석 연료의 연소로 직접 배출되는 세계 탄소량의 7~9퍼센트에 해당하는 양이다.[78] 그러나 강철만이 이산화탄소 배출에서 상당한 몫을 차지하는 주된 물질은 아니다. 시멘트는 강철에 비해 에너지 집약적이지 않지만 세계 생산량이 강철의 3배에 달하기 때문에, 시멘트 생산도 이산화탄소 배출에서 거의 비슷한 비율(약 8퍼센트)을 차지한다.

콘크리트: 시멘트가 창조해낸 세계

시멘트는 콘크리트를 만들 때 반드시 필요한 재료이다. 시멘트는 커다란 가마에 분말 석회석(칼슘의 주원료)과 점토나 혈암 혹은 폐기물(실리콘, 알루미늄, 철의 원료)을 넣고 섭씨 1,450도 이상으로 가열해 생산한다. 이때 사용하는 가마는 100~220미터 길이의 기울어진 금속 원통형 시설이다.[79] 이렇게 고온으로 소결燒結, sintering하면 용해된 석회석과 알루미노규산염이 클링커clinker로 남고, 이것을 곱게 빻으면 가루분처럼 고운 시멘트가 만들어진다.

콘크리트는 65~85퍼센트의 골재와 15~20퍼센트의 물로 이루어진다.[80] 모래처럼 상대적으로 고운 골재가 더 강한 콘크리트를 만들지만, 상대적으로 굵고 다양한 크기의 자갈을 골재로 사용할 때보다 물이 더 많이 필요하다. 시멘트는 골재들을 뭉치게 하며, 최종적인 콘크리트 질량에서 대략 10~15퍼센트를 차지한다. 시멘트는 먼저 물과 반응하며 골재들을 혼합하고, 나중에는 그 혼합물을 단단하게 굳힌다.

그 결과가 지금 현대 문명에서 가장 대대적으로 쓰이는 물질로, 단단하고 무거우며 특히 강철로 보강하면 수십 년의 가혹한 사용을 견뎌낼 수 있다. 무근無筋콘크리트는 압축에는 그런대로 견디지만(요즘 잘 배합된 무근콘크리트는 두 세대 전의 것보다 5배나 강하다), 장력에는 약하다.[81] 구조용 강재는 인장강도가 최대 100배까지 높아 중간 단계로 다양한 유형의 보강재(철망, 철근, 유리섬유나 강섬유, 폴리프로필렌)를 사용한다.

2007년 이후로 대다수 인류가 살고 있는 도시는 콘크리트 덕분에 가능해졌다. 물론 도시를 수놓은 건물을 짓는 데는 다른 자재도 많이 쓰인다. 고층 건물은 철골 구조에 유리나 금속을 덮는다. 북아메리카 교외의 외떨어진 주택들은 목재(샛기둥, 합판, 파티클 보드)와 석고 벽체로 짓고, 벽은 벽돌이나 돌로 덧씌우는 경우가 많다. 요즘 층수가 많은 아파트를 짓는 데는 집성재集成材(두께 2.5~5센티미터의 판자를 일정한 방향으로 접착해 가열·압축한 목재 — 옮긴이)라 일컫는 공학 목재를 사용한다.[82] 그러나 고층 건물과 고층 아파트는 콘크리트 파일 위에 세우고, 기초와 바닥층뿐 아니라 벽체와 천장에도 콘크리트를 붓는다. 또 콘크리트는 도시의 기반 시설, 예컨대 지하에 묻힌 공학적 네트워크(굵은 대형 파이프, 케이블 채널, 하수관, 지하철 기초, 터널)부터 지상의 교통 기반 시설(인도와 도로, 다리와 부두, 공항 활주로)까지 어디에나 쓰인다. 초고층 아파트가 많은 홍콩과 상파울루부터 고속도로가 거미줄처럼 얽힌 로스앤젤레스와 베이징까지 현대 도시들은 그야말로 콘크리트 덩어리이다.

로마 시대의 시멘트는 석고와 생석회와 화산재를 혼합해서 만들었다. 큼직한 둥근 지붕을 비롯해 대형 구조물에 적합하고 내구성을 띤 건축 자재였다. 기원전 126년에 완공되어 거의 2,000년이 지난 지금도 멀쩡한 로마의 판테온은 무근콘크리트로 지은 어떤 구조물보다 경간 사이의 길이가 길다.[83] 현대의 시멘트 제조법은 1824년에야 영국 벽돌공이던 조지프 애스프딘Joseph Aspdin(1778~1855)이 개발해 특허를 얻었다. 그의 수경水硬 모르타르는 석회석과 점토를 고온에서 구워 만든 것이었다. 이 재료들에 함유된 석회와 이산화규소와 알루미나가 유리 같은 물질로 변했고, 그 물질을 곱게 빻은 것이 포틀랜드 시멘트이다.[84] '포틀랜드 시멘트'라는 이름은 지금도 널리 쓰이는데, 애스프딘이 애초에 그 이름을 선택한 이유가 무엇일까? 유리 같은 클링커가 일단 단단하게 굳고 물과 반응한 뒤에는 영국해협에 있는 포틀랜드섬의 석회석과 비슷한 색을 띠었기 때문이다.

앞에서 언급했듯 시멘트라는 새로운 건축 자재는 압축에 잘 견뎠다. 오늘날 제조되는 최상의 콘크리트는 100메가파스칼의 압력을 견뎌낼 수 있다. 이 정도의 압력은 아프리카 수코끼리 한 마리가 동전을 밟고 서 있는 무게와 같다.[85] 그러나 장력은 다른 문제이다. 2~5메가파스칼로 당기는 힘, 즉 사람의 피부를 찢기에도 부족한 힘에 콘크리트는 쪼개질 수 있다. 이런 이유에서,

철근으로 보강하는 등 높은 장력에도 구조물이 견딜 수 있도록 점진적으로 기술이 진전된 뒤에야 콘크리트는 건설 현장에서 대규모로 사용되기 시작했다.

1860년대와 1870년대 동안, 프랑스에서 처음으로 프랑수아 쿠아네François Coignet(1814~1888)와 조제프 모니에Joseph Monier (1823~1906)에 의해 보강 콘크리트에 대한 특허가 신청되었다. 정원사이던 모니에는 철망을 사용해 화분의 장력을 보강했다. 그러나 실질적 돌파구는 1884년 어니스트 랜섬Ernest Ransome (1844~1917)의 강화용 철근이 열었다.[86] 광물질이 섭씨 1,500도 에서 유리처럼 변하는 시멘트 회전 가마의 모태는 1890년대에 처음 등장했고, 그때부터 대형 프로젝트에서도 콘크리트를 적당한 가격에 사용할 수 있게 되었다. 1903년 신시내티에 들어선 6층짜리 인걸스 빌딩Ingalls Building은 세계 최초의 철근콘크리트 고층 건물이다.[87] 바로 3년 뒤, 토머스 에디슨은 콘크리트가 미국에서 단독주택을 짓는 데도 목재를 대체해야 한다고 확신하고, 뉴저지에 콘크리트 주택을 설계해 짓기 시작했지만 별다른 호응을 얻지 못했다. 1911년에는 침실과 그 안의 가구까지 콘크리트로 제작해 저렴한 가격에 제공하며 그 실패한 프로젝트를 되살리려 애썼고, 그가 무척 자랑스럽게 생각하던 발명품 중 하나인 축음기를 콘크리트로 만들기도 했다.[88]

같은 시기에, 실패를 거듭하던 에디슨과 달리, 스위스 공학자 로베르 마야르Robert Maillart(1872~1940)는 콘크리트 건설의 개척자로 나섰다. 1901년에 상대적으로 짧은 추오츠 다리Zuoz Bridge,

1906년에 타바나사 다리Tavanasa Bridge를 시작으로 철근콘크리트 다리를 연이어 건설했다. 그가 설계한 가장 유명한 건축물은 알프스 협곡 위를 가로지르는 대담한 아치교로 1930년에 완공한 살지나토벨 다리Salginatobel Bridge이며, 지금은 국제 역사 토목 구조물International Historic Civil Engineering Landmark의 하나로 지정되었다.[89] 초기에 프랑스에서는 오귀스트 페레Auguste Perret (1874~1954, 아름다운 아파트들과 샹제리제 극장을 설계했다), 미국에서는 프랭크 로이드 라이트Frank Lloyd Wright(1867~1959)가 콘크리트 구조물의 설계를 즐겼다. 라이트가 양차 세계대전 사이에 설계한 가장 유명한 콘크리트 구조물은 도쿄의 데이코쿠帝國 호텔(1923년 지진으로 도쿄가 초토화되기 직전에 완공해 상당한 피해를 입었다)과 1939년 완공한 펜실베이니아의 낙수장Falling Water이다. 1959년 완공한 뉴욕의 구겐하임미술관은 그의 마지막 콘크리트 작품이다.[90]

콘크리트를 붓기 직전(프리스트레싱pre-stressing 공법: 강철을 당기는 데 사용한 단부 고정 장치를 콘크리트가 철선이나 철근에 달라붙은 뒤에 풀어준다)이나 직후(포스트스트레싱post-stressing 공법: 철근이나 철선이 보호관 안에서 완전히 굳은 직후)에 철선이나 철근을 팽팽하게 당겨주면 강화 철강의 인장강도가 더욱 향상된다. 프리스트레싱 공법을 처음으로 사용한 주요 건축물은 외젠 프레시네Eugène Freyssinet(1879~1962)가 설계하고 1930년에 완공한 브레스트Brest 인근의 플루가스텔 다리pont de Plougastel이다.[91] 대담하게 돛을 활짝 펼친 모양의 하얀 시드니 오페라 하우스Sydney Opera

House(1959년부터 1973년까지 건설)는 덴마크 건축가 예른 웃손Jørn Utzon(1918~2008)의 작품으로, 세계에서 가장 유명한 프리스트레싱 콘크리트 구조물로 손꼽힌다.[92] 프리스트레싱 공법은 요즘 무척 흔하게 사용되며, 현재 가장 긴 철근콘크리트 다리는 강이나 협곡을 가로지르는 교량이 아니라, 고속 열차용 고가교이다. 현재 기록은 164.8킬로미터에 달하는, 단양시丹陽市와 쿤산시昆山市를 잇는 단쿤터丹昆特대교(2010년 완공)로, 베이징과 상하이를 연결하는 징후京滬고속철로의 일부이다.[93]

이제 철근콘크리트는 모든 대형 건물 안에 있다. 물론 방파제부터 (영국해협과 알프스 아래에서) 터널을 뚫는 기계가 설치한 세그먼트 링segment ring까지 교통 기반 시설에도 예외 없이 철근콘크리트가 쓰인다. 미국 주간고속도로Interstate Highway System의 기본 구조는 약 56센티미터 두께의 천연 골재(돌멩이, 자갈, 모래) 위에 28센티미터의 무근콘크리트를 바른 것이다. 주간고속도로 전체를 건설하는 데는 약 5,000만 톤의 시멘트와 15억 톤의 골재가 쓰였지만, 강철은 구조적 보강재와 암거관暗渠管으로 600만 톤밖에 사용되지 않았다.[94] 공항 활주로(평균 길이 3.5킬로미터)도 철근콘크리트로 기초를 보강했다. 특히 무게 380톤(에어버스 380)에 달하는 항공기가 매년 수십만 번씩 착륙하며 반복해 때리는 충격을 견디기 위해 접지 구역 기초의 깊이가 1.5미터에 이른다. 예컨대 캐나다에서 가장 긴 활주로(켈거리국제공항의 4.27킬로미터)를 짓는 데는 8만 5,000세제곱미터의 콘크리트와 1만 6,000톤의 보강 강재가 필요했다고 전해진다.[95]

철근콘크리트로 지은 압도적으로 거대한 구조물은 세계 최대의 댐들이다. 이런 '메가' 구조물의 시대는 1930년대에 시작되었다. 이때 콜로라도강에 후버 댐, 컬럼비아강에 그랜드쿨리 댐을 건설했다. 라스베이거스 남동쪽 협곡에 위치한 후버 댐을 짓는 데는 340만 세제곱미터의 콘크리트와 2만 톤의 철근, 4만 톤의 강판과 강관, 8,000톤의 구조용 강재가 필요했다.[96] 20세기 후반에는 이런 거대 구조물 수백 개가 건설되었다. 세계 최대 댐으로 2011년 이후 전기를 생산하고 있는 중국 양쯔강의 싼샤 댐에는 거의 2,800만 세제곱미터의 콘크리트와 26만 5,000톤의 철근이 쓰였다.[97]

미국의 연간 시멘트 사용량은 1900~1928년 10배 증가해 3,000만 톤에 달했다. 전후에는 주간고속도로가 건설되고 지역마다 공항이 들어서며 건설 호황을 맞았고, 20세기가 끝날 즈음에는 시멘트 소비량이 다시 3배가량 늘었다. 최고조에 달했던 2005년에는 1억 2,800만 톤이 사용되었고, 최근의 사용량도 연간 1억 톤을 오르내린다.[98] 이런 수치도 세계 최대 시멘트 소비국인 중국의 연간 사용량에 비하면 극히 일부에 불과하다. 1980년 현대화를 시작할 당시 중국의 시멘트 생산량은 8,000만 톤에 미치지 않았다. 그러나 1985년에는 미국을 추월해 세계 최대 생산국이 되었고, 2019년에는 22억 톤을 생산해 세계 총생산량의 거의 절반을 차지했다.[99]

놀랍게도 2018년과 2019년, 2년 동안 중국이 생산한 약 44억 톤의 시멘트는 미국이 20세기를 통틀어 생산한 양(45억 6,000만 톤)과 엇비슷하다. 따라서 중국은 현재 세계에서 가장 광범위한 고속도로와 고속철도 그리고 항공 시스템을 갖추었을 뿐만 아니라, 초대형 수력발전소와 인구 수백만 명 넘는 도시가 가장 많기도 하다. 하지만 또 하나 놀라운 통계자료는, 현재의 세계는 20세기 전반기 동안 사용한 양보다 더 많은 시멘트를 한 해에 사용한다는 것이다. 오늘날 이처럼 엄청나게 사용하는 콘크리트가 판테온의 둥근 지붕만큼 오랫동안 지속되지는 않으리란 사실이 다행이면서도 안타깝다.

일반적인 건설에 쓰이는 콘크리트는 크게 내구성이 좋은 자재는 아니며, 많은 환경적 요인에 영향을 받는다.[100] 노출된 표면은 습기와 추위, (특히 열대 지역에서) 박테리아와 조류藻類, 산성을 띤 비와 눈, 크고 작은 움직임의 공격을 받는다. 지하에 묻힌 콘크리트 구조물은 균열을 유발하는 압력을 견뎌야 하고, 지상에서 스며든 반응성 화합물이 가하는 손상에도 시달려야 한다. 콘크리트는 강한 알칼리성을 띤다(막 타설한 콘크리트의 pH는 약 12.5). 이런 특성이 철근의 부식을 효과적으로 막는 파수꾼 역할을 하지만, 균열과 박리로 철근이 노출되면 부식은 피할 수 없다. 염화물은 바닷물에 잠긴 콘크리트와 겨울철에 빙판을 녹이려고 소금을 뿌린 도로의 콘크리트를 공격한다.

1990~2020년 동안 거의 7,000억 톤에 달하는 단단하지만 서서히 바스러지는 물질이 현대 세계를 대대적으로 뒤덮었다. 그렇게 우리 세계는 콘크리트화했다. 콘크리트 구조물의 내구성은 그야말로 제각각이다. 평균 수명을 제시하는 게 불가능할 정

도이다. 많은 콘크리트 구조물이 20~30년을 넘기면 급격히 상태가 악화하는 반면, 60~100년을 너끈히 견디는 구조물도 있다. 달리 말하면, 21세기 동안 상태가 나빠진 콘크리트 구조물을 허물거나 교체하는 상황이 전례 없이 대규모로 우리에게 닥칠 것이란 뜻이다. 특히 중국에서 이 문제가 첨예하게 제기될 게 분명하다. 콘크리트 구조물을 서서히 철거하면서 철근을 따로 분리하면, 비용이 적게 들지는 않지만 두 물질을 거의 완벽하게 재활용할 수 있다. 분쇄하고 체질해서 수거한 골재는 새로운 콘크리트에 사용할 수 있고, 철근도 재활용 가능하다.[101] 지금도 재사용 콘크리트와 새 콘크리트는 어디에서나 필요하다.

인구 증가율이 낮은 부유한 국가에서는 하루가 다르게 낙후하는 기반 시설을 바로잡는 게 급선무이다. 미국의 기반 시설과 관련해 최근 공개된 평가서에 따르면, 콘크리트가 지배적인 모든 부문에서 거의 낙제점이다. 예컨대 댐과 도로와 항공 부문이 D를 받았고, 전체적인 평균도 D⁺에 불과했다.[102] 이런 평가를 통해 중국이 2050년쯤에 직면할 문제를 짐작할 수 있다. 반면 가난한 국가에서는 기본적인 기반 시설을 갖추는 게 화급한 과제이다. 예컨대 아프리카와 아시아의 많은 가정에서는 위생을 전반적으로 개선하고, 기생충병의 발생을 80퍼센트까지 줄이기 위해서라도 흙바닥을 콘크리트로 교체하는 기본적인 작업이 필요하다.[103]

인구 노령화, 도시 이주, 경제 세계화, 지방의 쇠락으로 세계 전역에서 콘크리트가 점점 더 많이 버려질 것이다. 디트로이트 자동차 공장의 콘크리트 잔해, 유럽 석유 산업단지의 폐쇄된 기업, 구소련 중앙 정부의 계획으로 러시아 평원과 시베리아에 건설했지만 이제는 버려진 공장과 기념물은 이런 추세의 첫 파도에 불과하다.[104] 콘크리트의 다른 중요한 유물로는 노르망디와 마지노선을 지키던 두꺼운 벽체의 벙커, 과거에는 핵미사일을 보관했지만 지금은 텅 빈 채 미국의 그레이트플레인스를 지키고 있는 거대한 콘크리트 사일로가 있다.

물질에 대한 전망:
현재와 미래

21세기 전반기 동안 세계 인구가 상대적으로 느리게 증가하고 많은 부유한 국가에서는 인구가 정체하거나 줄어들 것이기 때문에, 재활용 수준을 높이면 경제는 강철과 시멘트, 암모니아와 플라스틱에 대한 수요를 충족하는 데 별다른 어려움이 없을 것이다. 그러나 2050년까지 이와 관련한 모든 산업이 화석연료에 대한 의존에서 벗어나 이산화탄소 배출을 끝낼 가능성은 거의 없다. 특히 오늘날 현대화를 추구하는 저소득 국가들의 기반 시설 건설과 소비에 대한 욕구를 충족하려면 이런 기본 물질의 사용이 크게 증가할 수밖에 없다.

이런 국가들이 1990년 이후의 중국을 재현하려면, 강철 생산이 15배 증가해야 할 것이다. 또 시멘트 생산은 10배, 암모니아 합성은 2배, 플라스틱 합성은 30배 이상 증가해야 한다.[105] 물론,

저소득 국가들이 현대화를 추진하며 중국이 최근에 달성한 물질적 진전의 절반, 아니 4분의 1만을 이루어내더라도 현재 사용량보다 몇 배가 더 필요하다. 우리가 강철과 시멘트, 암모니아와 플라스틱으로부터 얻는 무수한 이익은 결국 화석 탄소에서 비롯되었고, 이러한 관계는 앞으로도 수십 년 동안 지속될 것이다. 따라서 우리가 재생 가능한 에너지원으로의 전환을 계속 확대한다면 과거의 물질도 더 많이 필요하겠지만, 전에는 적정한 양만 필요했던 물질까지 전례 없이 많이 필요할 것이다.[106]

물질에 대한 이런 의존성을 확연히 보여주는 두 가지 사례가 있다. 하나는 풍차이다. 거대한 풍력 터빈보다 '녹색' 전기 발전을 더 명확히 상징하는 구조물은 없다. 그러나 풍력 터빈은 강철과 시멘트와 플라스틱이 결합한 화석연료의 화신이기도 하다.[107] 그 기초는 철근콘크리트이고, 높은 탑과 기관실 그리고 회전자는 강철이며(모두 합하면 발전 용량에서 메가와트당 거의 200톤), 거대한 회전 날개는 에너지 집약적이고 재활용하기 어려운 플라스틱 수지이다(중간 크기의 터빈에 약 15톤의 회전 날개가 부착된다). 이 거대한 부품들을 설치 장소로 옮기려면 대형 트럭을 동원해야 하고, 이것들을 조립해 세우려면 커다란 강철 크레인이 필요하다. 또 터빈의 변속기에는 시시때때로 윤활유를 보충해야 한다. 화석연료로 발전하는 전기를 완전히 대신하는 데 이런 터빈이 수백만 대가 필요하다는 사실을 고려하면, 녹색 경제의 탈물질화가 가까운 장래에 가능하다는 주장이 얼마나 터무니없는지를 여실히 알 수 있다.

전기 자동차는 새로운 물질에 대한 의존성을 극명하게 보여주는 가장 좋은 예인 듯하다. 일반적인 리튬 자동차 배터리의 무게는 약 450킬로그램이다. 그중 11킬로그램이 리튬, 거의 14킬로그램이 코발트, 27킬로그램이 니켈, 40킬로그램이 구리, 50킬로그램이 흑연이다. 물론 181킬로그램의 강철과 알루미늄 그리고 플라스틱도 빼놓을 수 없다. 한 대의 자동차에 이런 물질을 공급하려면, 약 40톤의 광석을 가공하고 처리해야 한다. 하지만 광석에 포함된 원소의 함유량이 낮기 때문에 약 225톤의 원자재를 채굴하고 가공해야 할 것이다.[108] 따라서 전기 자동차에 필요한 새로운 물질의 총량을 파악하려면, 여기에 1억에 가까운 수를 곱해야 한다. 전기 자동차로 대체해야 할 내연기관 자동차의 현재 연간 세계 생산량이 거의 1억 대이기 때문이다.

전기 자동차가 미래에 소비자에게 얼마나 많이 선택받을 것인지는 여전히 불확실하다. 그러나 두 가지 시나리오(2050년쯤에는 세계 자동차의 25퍼센트 혹은 50퍼센트가 전기 자동차일 것이란 가정)에 근거해 필요한 물질량을 자세히 계산해보면 다음과 같다. 2020년부터 2050년까지 리튬의 수요는 18~20배, 코발트는 17~19배, 니켈은 28~31배, 대부분의 다른 물질은 15~20배 증가할 것으로 추정된다.[109] 이런 수요에 맞추려면 리튬과 코발트(현재는 손으로 깊이 판, 위험한 콩고의 갱로에서 만연한 아동노동으로 채굴한 것이 상당한 몫을 차지한다)와 니켈의 추출 및 가공이 급격히 늘어나야 할 뿐만 아니라 새로운 공급원도 광범위하게 찾아나서야 한다. 여하튼 화석연료와 전기의 추가적인 전환이 없다면 새로운 물질에 대한 수요의 증가도 없을 것이다. 미래에 전기 자동차 소유자가 자연스레 증가하리라고 예측하는 것과, 전기 자동차에 필요한 새로운 물질을 범세계적 규모로 공급하는 것은 별개의 문제이다.

현대 경제는 앞으로도 위 네 가지 물질의 공급과 밀접한 관계가 있을 것이다. 꾸준히 증가하는 세계 인구를 먹이려면 암모니아에 기반한 비료를 공급해야 한다. 또 새로운 기구와 기계를 만들고, 구조물과 기반 시설을 세우려면 플라스틱과 강철과 시멘트가 필요하다. 게다가 태양전지와 풍력 터빈, 전기 자동차와 이차전지를 만들기 위해서는 새로운 물질도 투입해야 한다. 이 물질들을 채굴하고 가공하는 데 쓰이는 모든 에너지를 재생에너지로 얻을 때까지, 현대 문명은 이 필수적인 물질을 생산하는 데 사용하는 화석연료에 기본적으로 의존할 수밖에 없을 것이다. 인공지능과 애플리케이션, 전자 문서로는 이런 변화를 이루어 내지 못한다.

4

세계화에 대하여

엔진과 마이크로칩,
그리고 그 너머

세계화는 무수히 많은 방법으로 구체화된다. 수많은 철제 컨테이너를 적재한 선박들이 전자제품과 주방용품, 양말과 속옷, 원예용품과 스포츠용품을 아시아에서부터 유럽과 북아메리카의 쇼핑센터까지, 또 아프리카와 라틴아메리카에서 값싼 옷과 부엌용품을 취급하는 행상들에게로 실어 나른다. 거대한 유조선은 원유를 사우디아라비아에서 인도와 일본의 정유 공장까지 운반하고, 액화 천연가스를 텍사스에서 프랑스와 한국의 저장고까지 운반한다. 대형 벌크선은 철광석을 싣고 브라질을 떠나 중국으로 항해한 후 유조선이 그렇듯이 배를 비우고 브라질 항구로 돌아간다. 미국에서 설계한 애플의 아이폰이 중국 광둥성의 선전深圳에 있는 대만 소유의 공장 훙하이鴻海정밀공업에서 조립된다(상표명은 폭스콘Foxconn). 12개국 넘는 곳에서 들여온 부

품들로 조립한 아이폰은 치밀하게 짜인 통합 엔지니어링과 마케팅의 결과물로 전 세계에 유통된다.[1]

국제 인구 이동에는 정기 항공편으로 펀자브나 레바논을 출발해 토론토와 시드니에 도착한 가족, 고무보트에 목숨을 맡기고 이탈리아령 람페두사Lampedusa섬이나 몰타에 들어가려는 밀입국자, 더 나은 교육을 받기 위해 런던이나 파리 혹은 캔자스와 아이오와의 작은 대학으로 유학하는 청소년이 포함된다.[2] 레저 여행은 최고조로 치달았다. 팬데믹 전에 흔히 일컫던 '과잉 관광overtourism'이란 용어는 주마간산으로 유럽을 둘러보며 셀카봉을 휘둘러대는 단체 관광객에게 점령당한 로마의 산피에트로San Pietro 성당이나, 일반 관광객의 출입을 금지해야 할 정도로 타락해버린 아시아 해변가의 상황을 점잖게 표현한 것에 불과했다.[3] 그러나 코로나19 팬데믹이 발발했고, 2020년 초봄에는 수백 명의 노인이 일본과 마다가스카르 앞바다의 크루즈선에 갇히면서 과잉 관광은 극심한 위기를 맞았다. 하지만 2020년이 끝나기 전, 팬데믹이 다시 세계 전역을 급속히 휩쓸고 있는데도 주요 여행사들은 새로 건조한 대형 크루즈선을 2021년에 띄울 거라고 광고하며 현대인의 조바심을 여실히 보여주었다!

돈의 움직임에 대한 통계자료는 실제 흐름을 제대로 나타내지 못한다. 엄청난 규모의 불법 자금을 거의 반영하지 않기 때문이다. 세계 상품 거래는 연간 20조 달러에 가깝고, 상업 서비스 거래의 연간 가치는 6조 달러에 근접한다.[4] 세계 해외 직접 투자는 2000~2019년 2배로 증가해, 지금은 연간 1.5조 달러에 이르고, 2020년 일일 세계 통화 거래는 거의 7조 달러에 달했다.[5] 또한 세계 정보 유통량을 나타내는 수치는 이런 통화 거래량보다 자릿수가 무척 높아, 테라(10^{12})바이트나 페타(10^{15})바이트뿐 아니라 엑사(10^{18})와 요타(10^{24})바이트로도 표현된다.[6]

내 생각에 세계화에 대한 가장 간결한 정의는 "상품과 서비스의 국제 거래, 테크놀로지와 투자 및 사람과 정보의 흐름에서 유발되는 경제와 문화와 인구의 상호 의존성"이다. 세계화에 따른 상호 의존성 증가에 수반되는 이런 다면적 과정의 진화와 범위 그리고 결과를 제대로 파악하지 못하면, 현대 세계가 실제로 어떻게 움직이는지 이해할 수 없는 것이 당연하다.[7] 일반적인 통설과 달리, 세계화 과정은 새로운 게 아니다. '노동의 차익 거래', 즉 임금이 낮은 국가로 공장을 옮기는 행위는 세계화의 여러 동인 중 하나일 뿐이다. 세계화가 미래에 반드시 확대 및 강화되어야 할 필연적 이유는 없다. 세계화에 대한 가장 큰 착각이라면, 세계화가 사회·경제적 진화에 의해 미리 예정된 역사의 필연이란 생각일지 모르겠다. 그렇지 않다. 미국 대통령 빌 클린턴이 말했듯 세계화는 "자연에서 바람이나 물과 같은 힘"이 아니다. 세계화는 인간이 만들어낸 또 하나의 생각일 뿐이다. 여러 면에서 세계화가 지나치게 확산해 재조정이 필요하다는 여론이 요즘 점점 힘을 얻고 있다.[8]

이번 장에서는 세계화가 상당한 역사를 지닌 과정임을 입증해 보이려 한다. 과거에는 상품과 투자 그리고 사람의 교류가 '세계화'라는 이름하에 진행되지 않았을 뿐이다. 세계화라는 현상이 새삼스레 크게 주목받은 이유는 참신함이 아니라 그 규모에 있었다. 구글의 엔그램 뷰어가 제공하는 도표는 어떤 주목할 만한 발전에 주어진 관심의 장기적 추세를 잘 보여준다. 세계화에 대한 도표는 1980년대 중반까지 거의 제로였지만, 그 이후로 20년 동안 관심도가 가파르게 상승한 뒤 2018년까지 33퍼센트 하락한다. 정확히 말하면, 1987년부터 관심도가 최고조에 이른 2006년까지 40배나 상승했다.

많은 사람이 잘못 생각하고 있는 것처럼 낮은 임금이 공장을 해외로 이전하는 유일한 이유라면, 당연히 사하라사막 남쪽 지역을 선택해야 할 것이고, 인도를 중국보다 거의 언제나 더 선호해야 할 것이다. 그러나 21세기 들어 20년 동안, 중국에 투입된 해외 직접 투자는 연간 평균 2,300억 달러에 달했다. 반면 인도에는 500억 달러를 넘지 않았고, 남아프리카공화국을 제외한 사하라사막 남쪽에는 약 400억 달러에 불과했다.[9] 나이지리아와 방글라데시, 심지어 인도보다 중국을 선택한 이유에는 중국이 제공한 다른 투자 요인 — 특히 정치적 안정을 보장할 수 있는 중앙집권화한 일당 정부와 그런대로 괜찮은 투자 조건, 상당히 동질적이고 문해력 있는 노동력, 거대한 국내 시장 — 이 있었다. 그 결과 세계 최대 공산주의 국가와 세계 유수 자본주의 기업들이 결탁할 수 있었던 것이다.[10]

누구나 인정하겠지만, 세계화는 이점과 혜택, 창조적 파괴 및 현대성과 밀접한 관계가 있다. 또 많은 국가의 발전에도 세계화가 큰 역할을 했다. 중국만큼 세계화로부터 큰 혜택을 누린 국가는 없다. 중국은 세계경제에 편입됨으로써 극단적 빈곤에 시달리는 국민의 수를 1980~2015년 94퍼센트만큼 줄이는 데 도움을 받았다.[11] 그러나 이런 이득과 칭찬은 다양한 수준의 반감과 공존한다. 심지어 세계화 과정을 노골적으로 거부하는 목소리도 있다. 해외 이전으로 양질의 일자리가 사라지는 현상(미국의 경우에는 여러 분야에서 특히 2000년 이후 해외 이전이 두드러졌다), 노동의 차익 거래로 인해 경쟁적으로 바닥을 향해 치닫는 임금, 또 불평등 심화와 새로운 유형의 빈곤화에서 비롯된 불만과 분노도 있다.[12]

이런 비판적 반응과 분석에 내가 동의하는 것도 많고 그렇지 않은 것도 많지만, 여기서 지난 두 세대 동안 경제 관련 출판물에서 귀가 따갑도록 언급해온 주장을 되풀이하고 싶지는 않다. 그렇다고 세계화 현상을 두둔하고 싶지도 않다. 내 목표는 기술적 요인, 특히 새로운 원동력(엔진과 터빈 그리고 전동기)과 새로운 정보·통신 수단(저장과 전달 그리고 검색)의 등장으로 세계화의 연이은 물결이 어떻게 가능해졌는지 설명하고, 그런 기술의 진전이 지배적인 정치·사회적 조건에 어떻게 영향을 받았는지 살펴보는 것이다. 적어도 내 결론에 따르면, 세계화 과정을 앞으로도 지속하고 강화해야 할 필연적 이유는 없다. 1913년 이후 수십 년 동안 지속돼온 세계화의 중대한 후퇴뿐 아니라, 기존 공급망의 안전에 대한 최근의 의심과 염려는 우리에게 이런 현실을 깨닫게 해줄 것이다.

세계화의 머나먼 기원

순전히 물리적으로 보면, 세계화는 원자재와 식량, 완제품과 사람, 즉 질량체의 이동에 불과하고 앞으로도 그럴 것이다. 적정한 비용에 신뢰할 수 있는 방법으로 대규모 이전을 가능하게 해준 기술 덕분에, 정보(경고와 지표, 뉴스와 자료 그리고 사상)의 전달 및 대륙 안팎에서의 투자도 가능해졌다. 이러한 이전에는 필연적으로 에너지 전환이 수반된다. 질량체의 이동과 정보의 전달은 인간과 역축의 근육을 사용하는 것으로도 가능하다. 말 등에 짐을 실어 나르고, 말을 타고 메시지를 전달하면 된다. 그러나 이런 생물 원동력의 힘과 인내 및 적용 범위는 무척 제한적이다. 물론 그 원동력을 이용해 드넓은 바다를 건널 수도 없다.

5,000년 전, 이집트까지 거슬러 올라가는 돛은 바다를 건너게 해준 최초의 무생물 에너지 전환이었다. 그러나 증기기관을 비

롯해 더 나은 항해 수단이 개발되자, 더 낮은 비용으로 더 안전하게 대규모로 바다를 건널 수 있게 되었다. 또 1900년 이후 내연기관이 육지와 바다 그리고 하늘 모두에서 확산하고, 1955년 이후에는 반도체를 이용한 전자장치를 채택하면서 세계화 과정이 전례 없는 수준으로 치솟았다. 그러나 이런 혁신은 세계화를 강화했을 뿐이지, 그 때문에 세계화가 시작되었다고는 할 수 없다. 1985년 이후 세계화 현상이 두드러진 것은 분명하지만, 세계화는 결코 새로운 현상이 아니다. 따라서 여기서 나는 과거의 세계화는 언제 어느 정도의 규모였는지, 또 그 한계는 어떠했는지 추적해보려 한다.

세계화 과정은 오래전에 시작되었지만, 그 첫걸음은 어쩔 수 없이 제한적이었다. 6,000년 전, 구세계의 몇몇 지역에서 선사시대의 무역로를 따라 흑요석을 거래한 흔적이 있다. 최근의 주장에 따르면, 그 거래는 세계화의 사례가 아니다.[13] 그러나 유럽이 아프리카를 '발견'하기 전에도 상대적으로 집중적인 관계가 많았고, 이는 그야말로 대륙 간 거래였다. 예컨대 로마의 지배를 받던 시대에 이집트 홍해의 항구 베레니케Berenice에서 인도까지 정기적으로 출항하는 배가 있었다. 또 로마 역사학자 카시우스 디오Cassius Dio가 쓴 글에서, 트라야누스Trajanus 황제가 메소포타미아를 잠시 점령했을 때 페르시아만의 바닷가에 서서 인도를 향해 출항하는 배를 바라보며, 그 먼 땅까지 군대를 끌고 갔던 알렉산드로스만큼 젊었기를 바랐다고 말했듯이, 바스라Basra에서 인도로 출항하는 정기선도 있었다.[14] 중국 비단은 파르티아

제국을 통해 로마로 전해졌다. 또 이집트에서 곡물과 어마어마하게 무거운 고대 오벨리스크를 실어 나르고, 마우레타니아 팅기타나Mauretania Tingitana(모로코 북부 지역)의 야생 동물을 가져오기 위한 정기적인 선박도 있었다.[15]

그러나 유럽과 아시아 그리고 아프리카에 흩뿌려진 점들을 연결하면 전혀 세계적이지 않다. 1492년 콜럼버스의 대항해로 '신세계'를 발견하고, 1519년 첫 세계일주 항해로 세계화의 정의가 그런대로 충족되기 시작했다. 그로부터 한 세기 만에 상업적 교역으로 유럽 국가들이 아시아 내륙, 인도와 극동 지역뿐 아니라 아프리카 해안, 남북아메리카와도 이어지며 오스트레일리아만이 남기에 이르렀다. 이런 초기의 연결 끈 중 일부는 변신을 거듭하며 오랫동안 지속되었다. 런던에 본부를 두고 1600년부터 1874년까지 운영된 영국 동인도회사는 섬유와 금속부터 향료와 아편까지 광범위한 품목을 인도아대륙과 교역했다. 네덜란드 동인도회사는 주로 동남아시아에서 향료와 직물, 보석과 커피를 수입했고, 일본과의 교역에서는 두 세기 동안(1641년부터 1858년까지) 독점권을 누렸다. 동인도제도에 대한 네덜란드의 지배권은 1945년에야 끝났다.[16]

그 시기의 기술 역량 때문에도 초기의 교역에는 빈도와 강도 면에서 제약이 있을 수밖에 없었다. 여기서 나는 교역에 필요한 핵심 기술 — 개인 운송 수단의 최대 출력과 속도 및 신속하고 확실하게 장거리 소통을 할 수 있는 능력 — 을 사용해 뚜렷이 구분되는 세계화 과정의 네 시기를 추적해보려 한다.

첫 단계의 세계화에서는 범선이 세계를 멀리 떨어진 지역과 연결했지만, 교역이 그다지 활발하지는 않았다. 증기기관의 등장으로 교역이 더욱 빈번해지고 더욱더 예측할 수 있게 되었지만, 거의 즉각적인 의사소통을 가능하게 하고 진정으로 세계적 통신 수단을 제공해준 것은 전신電信이었다. 여기에 디젤엔진과 비행 그리고 무선이 더해지며 세계화가 가속화했고 그 규모도 커졌다. 선박용 대형 디젤엔진, 항공기용 터빈, 운송 도구를 통합해 복합 수송을 가능하게 해준 컨테이너, 정보를 처리하는 규모와 속도로 전례 없는 통제를 가능하게 해준 마이크로칩의 등장으로 세계화는 최고조에 달했다.

바람을 동력으로 사용한 세계화

처음 세계화가 시작되었을 때는 인력과 축력에만 의존했기 때문에 그 한계를 쉽게 확인할 수 있다. 인간과 역축의 근육이 육지의 유일한 원동력이어서 짐꾼이나 역축이 운반할 수 있는 상품의 무게에 한계가 있었다(짐꾼은 최대 40~50킬로그램, 주로 말이나 낙타로 이뤄진 카라반에서는 필당 100~150킬로그램). 물론 하루에 이동할 수 있는 거리에도 한계가 있었다.[17] 카라반이 실크로드(흑해의 타나이스Tanais에서 시작해 킵차크한국의 사라이Sarai를 거쳐 베이징까지)를 횡단하는 데는 1년이 걸렸다. 달리 말하면, 하루에 평균 25킬로미터를 걸었다는 뜻이다. 원거리를 항해하는 목조 범선은 많지 않았다. 적재량도 적고 느릿하게 항해하는 데다 정교한 항해 수단도 없어 목적지에 도착하지 못하는 경우가 비일비재했다.

아시아까지 항해한 네덜란드 선박의 자세한 기록에서도 이런 한계를 확인할 수 있다.[18] 그 기록에 따르면, 바타비아Batavia(현재의 자카르타)까지 항해하는 데 걸린 평균 기간이 17세기에 238일(약 8개월)이었다. 그리고 바타비아에서 나가사키 항구에 건설한 네덜란드의 작은 전초 기지 데지마出島까지 또 한 달이 걸렸다. 18세기에는 평균 속도가 약간 더 느려서 같은 여정에 245일이 걸렸다. 암스테르담부터 바타비아까지의 거리가 1만 5,000해리(2만 7,780킬로미터)이기 때문에 평균 시속 4.7킬로미터로 항해했다는 뜻이다. 요컨대 느릿하게 걷는 속도와 다를 바 없었다! 바람이 배를 뒤에서 직접 밀어주는 순풍을 받고 달릴 때는 그럭저럭 괜찮은 속도로 항해했지만, 적도 무풍대에서는 배가 멈춰버리기도 하고 강한 우세풍prevailing wind(특정 방향으로 부는 빈도나 강도가 우세한 바람 — 옮긴이)이 오랫동안 계속되면 맞바람과 싸우며 힘들게 항해하거나 모든 걸 포기하고 바람의 방향이 바뀔 기다려야 했기 때문에 평균 속도가 그렇게 느렸던 것이다.

17세기와 18세기 동안, 네덜란드는 고작 700~1,000톤의 적재량을 지닌 1,450척의 선박만을 새로 건조해 아시아 무역에 투입했다. 매년 평균 7척을 건조한 셈이다. 향료와 차 그리고 도자기 같은 고가의 화물을 운반하면 이익을 남기기에 충분한 적재량이었지만, 부피가 큰 물건을 교역하기에는 비경제적이었다(일본의 값비싼 구리는 예외). 바타비아까지의 항해는 배의 가용성과 여정의 위험 때문에 제한된 반면, 일본까지의 항해는 도쿠가와 막부가 연간 2~7척을 넘지 않도록, 특히 1790년대에는 연간 1회로 제한한 까닭에 자유롭지 않았다.

네덜란드 동인도회사가 자세한 기록을 남긴 덕분에, 우리는 네덜란드에서 동인도제도로 향한 4,700척이 넘는 배에 승선한 사람의 수까지 알 수 있다. 거의 100만 명이 1595년부터 1795년까지 이 여정에 참여했지만, 연간으로 계산하면 5,000명에 불과하고, 그중 약 15퍼센트가 실론이나 바타비아에 도착하기 전에 죽었다.[19]

그렇지만 근대 초기(1500~1800) 후반기에, 여전히 얌전했지만 점점 파고가 높아지던 세계화의 선두에 섰던 사회들은 이런 원거리 교역에서 영향을 받았다.[20] 당연한 말이겠지만, 네덜란드공화국의 황금시대(1608~1672) 동안, 도시의 상류계급은 다른 대륙과 접촉하고, 그런 접촉을 통해 얻은 이익과 부를 바탕으로 누릴 수 있는 삶의 전형을 보여주었다. 그들의 한층 다양해진 재물과 경험은 교역으로부터, 즉 물질과 문화의 교환으로부터 얻을 수 있는 이득의 명백한 증거였고, 유명한 화가들이 막 꽃피우기 시작한 풍요로운 삶을 매력적으로 기록했다.

디르크 할스Dirck Hals(1591~1656), 헤라르트 테르보르흐Gerard ter Borch(1617~1681), 프란스 판미리스Frans van Mieris(1635~1681), 얀 페르메이르 판델프트Jan Vermeer van Delft(1632~1675)와 이들보다는 명성이 약간 낮은 대가들이 남긴 작품에서, 타일을 깐 바닥과 창유리, 잘 만든 가구, 두툼한 식탁보, 악기 등 교역에서 얻은 혜택들이 눈에 띈다.[21] 이런 유형의 그림은 실제로 존재하지 않는 환상의 세계를 그린 것이라며 일축해야 마땅하다고 주장하는 학자들이 없지는 않다.[22] 과장과 양식화가 분명히 있기는 했지만, 역사학자 얀 더프리스Jan de Vries가 분명히 밝혔듯 그가 '새로운 사치품New Luxury'이라 칭한 것은 실제로 존재했다. 그 화가들은 존재하지도 않는 장엄하고 초월적인 아름다움을 담아내려 애쓴 게 아니었다. 1660년대 네덜란드 가정을 장식한 약 300만 점의 그림을 비롯해 가구부터 태피스트리까지, 또 델프트 타일부터 은식기까지 장인들이 뛰어난 솜씨로 빚어낸 작품을 담담히 그림에 담았을 뿐이다.[23]

해외로 뻗어나갔다는 다른 직접적인 증거도 있었다. 암스테르담의 아프리카인, 지도에 대한 인기, 지도책을 편찬하고 출간해 이익을 도모한 사업, 설탕과 열대 과일의 소비, 향료의 수입, 차와 커피의 음용이 대표적인 예였다. 특히 네덜란드는 정향의 최대 생산지 테르나테Ternate를 인수하고, 그 직후에는 육두구를 재배하던 반다제도Banda Islands를 점령함으로써 동인도제도를 1607년부터 식민지로 만들기 시작했다.[24]

그러나 초기의 이런 교역은 새로운 모험으로부터 이익을 얻은 소수 집단의 영역을 넘어서지 않았기 때문에 경제적 영향이 제한적이었다. 시골 지역은 전통적인 삶의 방식을 그대로 유지했다. 초기의 세계화는 선택적이고 제한적이었던 까닭에 세계적 영향에 대해서는 말할 것도 없고 한 국가 전체에도 큰 영향을 미치지 못했다.

경제학자 앵거스 매디슨Angus Maddison(1926~2010)의 추정에 따르면, 예컨대 1698~1700년 동인도제도의 상품 수출은 네덜란드 국내순생산net domestic product, NDP의 1.8퍼센트에 불과했고, 인도네시아 수출 초과액은 네덜란드 국내총생산GDP의 1.1퍼센트에 불과했다. 거의 한 세기 뒤인 1778~1780년에도 두 몫은 여전히 1.7퍼센트에 불과했다.[25]

증기기관과 전신

세계화 과정에서 첫 양적인 도약은 더 신뢰할 수 있는 항해, 적재량이 더 크고 속도도 더 빠른 배를 가능케 해준 증기기관, 최초의 거의 즉각적 원거리 통신 수단인 전신이 결합한 뒤에야 이루어졌다. 존 해리슨John Harrison(1693~1776)이 네 번째로 제작한 무척 정밀한 시계, 즉 경도를 정확히 측정할 수 있는 크로노미터chronometer를 이용한 첫 항해가 1765년에 있었다. 그러나 속도와 적재량의 도약은 대륙 간 교역에서 증기기관이 돛을 대체할 때까지 기다려야 했다. 또 스크루에는 외차外車, paddlewheel(배 옆 또는 선미에 있는 바퀴 모양의 선박 추진 장치 — 옮긴이)가 쓸모없어졌고, 선체를 강판으로 만든 배가 우세해졌다.[26]

증기기관을 장착하고 대서양을 횡단하는 첫 항해는 1838년에 있었지만, 그 후로도 40년 동안 범선은 경쟁력을 유지했다. 바람이 원동력이었던 까닭에, 범선의 거리 단위당 운송비는 항해 거리에 따라 크게 달라지지 않았다. 그러나 증기선은 원거리를 항해할수록, 상대적으로 비효율적인 엔진의 연료인 석탄을 더 많이 실어야 했다. 따라서 선박의 재화 중량(배에 짐을 가득 실은 총무게에서 선박의 무게를 뺀 값 — 옮긴이)에서 화물 공간이 줄어들었다. 중간 기착지에서 연료를 보급받아 그런 약점을 줄였지만 이를 근본적으로 해소하지는 못했다.[27]

돛과 증기의 오랜 공존은 독일의 전환 과정을 분석한 글에서 잘 정리했는데, 1873년경 범선은 유럽 내 항로에서 경쟁력을 상실한 반면, 대륙 간 항로에서는 범선이 1880년까지 유리한 위치에 있었다. 하지만 한층 효율적인 증기기관을 채택한 이후로는 급속히 경쟁력을 잃었다.[28]

대서양을 횡단한 모든 선구적인 증기선은 외차를 추진 장치로 사용했지만, 스크루 추진 장치는 1840년대에 상업적으로 도입되었다. 1877년 로이드 선급Lloyd's Register of Shipping은 강철을 보험에 적합한 자재로 인정했다. 새로운 생산 방법의 개발로 강철이 풍부하고 적정한 재료가 되었기 때문이다(3장 참조). 강철 선체와 스크루 그리고 커다란 증기기관이 결합한 증기선은 시속 30킬로미터를 넘어 40킬로미터로 항해할 수 있었다. 1850년대에 가장 빨랐던 범선의 평균 속도가 시속 20킬로미터였던 것에 비하면 놀라울 정도의 속도이다. 따라서 살아 있는 가축을 멀리까지 수출하며 새로운 시장을 열었다. 또한 1870년대부터는 냉장 육류(주로 여객선으로 운송)와 버터를 미국, 오스트레일리아

와 뉴질랜드로부터 수입하기 시작했다.[29]

실질적인 전신은 1830년대 말과 1840년대 초에 개발되었다. 단명으로 끝났지만 대서양을 가로지르는 첫 케이블은 1858년에 놓였고, 19세기가 끝날 즈음에는 해저케이블이 모든 대륙을 연결했다.[30] 역사상 처음으로, 무역에서 다른 지역의 수요와 가격을 파악하는 게 가능해졌다. 전신이라는 새로운 원동력 덕분에 다른 지역의 정보를 활용해 국제 교역에서 수익성을 극대화할 수 있었다. 예컨대 아이오와주의 소고기가 질적으로 떨어지는 영국 소고기보다 값이 싸고 새로운 냉장 기술을 이용할 수 있게 되자, 냉동한 미국산 육류의 수출이 1870년대 말부터 1900년대 말까지 4배 이상 급속히 증가했다.

전화는 개인 간 원거리 직접 의사소통을 가능하게 해준다는 점에서 전신보다 훨씬 우월한 장치였지만, 증기에서 동력을 얻는 세계화가 진행되는 동안은 아직 제한적이었다.[31] 1876년 특허를 얻고 대중에게 첫선을 보인 전화는 수동 교환기를 통해 느릿하게 확산했다. 미국의 경우, 전화 소유자는 1880년 5만 명에 미치지 못했지만, 1900년에는 135만 명으로 급증했다. 미국인 56명당 한 명이 전화를 소유했다는 뜻이다. 통화 가능 거리가 점점 늘어났고(뉴욕과 시카고 사이의 통화는 1892년에야 가능했다), 몇 군데의 중계를 거쳤지만 샌프란시스코까지 대륙을 횡단하며 처음 통화한 때는 1915년이었다. 당시 3분 통화의 요금은 약 20달러, 2020년 가치로 환산하면 500달러를 넘었다. 미국에서 영국까지 대륙을 넘어선 첫 통화는 1927년에야 시도되었다.

미국에서 전화 통신을 독점적으로 제공해 전화 요금은 그 후로
도 두 세대 동안 상당히 비쌌다.[32]

1840년대 이후 유럽과 북아메리카, 인도를 비롯한 아시아 여
러 지역, 또 라틴아메리카에서 철도망이 급속히 확장된 데다 국
제 운송까지 발달하자, 진정한 의미에서 세계화의 첫 파도가 일
어났다. 국제무역의 총거래량이 1870~1913년 4배가 되었고, 세
계경제 생산에서 무역(수출과 수입)의 몫이 1850년에는 5퍼센트
였지만 1870년에는 9퍼센트, 1913년에는 14퍼센트까지 올라갔
다. 오스트레일리아, 캐나다, 프랑스, 일본, 멕시코, 영국을 포함
한 13개국의 무역량을 추정해 합산해보면, 1870년에는 30퍼센
트였지만 제1차 세계대전 직전에는 50퍼센트까지 치솟았다.[33]

대형 증기선은 승객도 전례 없던 규모로 실어 나를 수 있었
다. 범선 시대에 우편선郵便船은 3등 선실에 250~700명의 승객
을 태웠다. 그러나 20세기 들어 증기선은 2,000명 이상의 승객
을 태울 수 있었다.[34] 증기를 동력으로 사용하는 기차와 배의 등
장으로, 전에는 특권계급의 전유물이던 일시적인 이주, 즉 레
저 여행이 유행하며 다양한 모습을 띠었다. 영국 사업가 토머스
쿡Thomas Cook(1808~1892)을 필두로, 여러 여행사가 패키지여행
상품을 내놓았다. 온천과 해변에서 즐기는 휴가가 유행해 많은
사람이 온천지로 독일의 바덴바덴, 체코의 카를로비바리, 프랑
스의 비시를 찾았고, 해변으로는 대서양을 마주한 프랑스의 트
루빌이나 이탈리아의 카프리섬을 방문했다.

유럽 대륙을 횡단하는 여행을 즐기는 사람도 있었다. 부유한

러시아 가족은 기차를 타고 모스크바나 상트페테르부르크부터 프랑스 남동부 해안까지 내려갔다. 육체의 한계에 도전하는 여행자가 있었던 반면(알프스 등반이 유행했다), 그런대로 견딜 만한 종교적 순례에 나서는 여행자도 있었다.[35] 이런 이동성 증가는 정치적 차원에도 영향을 미쳤다. 망명자들이 기차와 배로 멀리 떠나 해외에서 피난처를 찾았다. 훗날 볼셰비키 지도자가 된 저명인사, 예컨대 블라디미르 레닌, 레온 트로츠키, 니콜라이 부하린, 그리고리 지노비예프는 많은 시간을 유럽과 미국에서 보냈다.[36]

내 생각에, 증기를 동력으로 삼은 세계화가 새로운 문학적 감성을 창조하는 데 도움을 주었다고 주장하더라도 그다지 틀린 말은 아닌 듯하다. 조지프 콘래드Joseph Conrad(1857~1924, 폴란드 출신 영국 작가. 본명은 유제프 코제니오프스키Józef Korzeniowski)가 대표적인 예이다. 그가 남긴 위대한 세 소설에서, 주인공들은 그 시대를 상징하는 무역과 여행 덕분에 고향에서 멀리 떨어진 곳에 있다. 《노스트로모: 해안 지대 이야기》에서 노스트로모는 남아메리카, 《로드 짐》에서 짐은 아시아, 《암흑의 핵심》에서 말로는 아프리카에 있다. 그들의 삶과 불운은 증기선과 관련이 있었다. 노스트로모는 자신의 이름과 똑같은 제목의 소설에서 항만 노동자 대표이고, 짐은 무슬림 순례자들이 아시아에서 메카로 이동하는 걸 돕는 사이 삶이 비극적으로 변해간다. 또 서구의 물건이 콩고 분지까지 깊숙이 들어오지 않았더라면 말로의 삶도 달랐을 것이다.

최초의 디젤엔진,
비행과 무선

장거리 운송의 역량을 향상시킨 원동력에서 다음 단계의 핵심적 진전은 증기기관이 디젤엔진으로 교체되며 이루어졌다. 디젤엔진은 효율성과 성능에서 증기기관을 능가했다.[37] 거의 동시에 등장해 세계화를 더욱더 가속화한 두 발명은 휘발유 왕복기관으로 구동하는 항공기와 무선통신이었다. 라이트 형제가 시도한 첫 짧은 비행은 1903년 말에 있었지만, 제1차 세계대전에서는 수백 대의 전투기가 하늘을 날아다녔다. 최초의 민간항공사 KLM네덜란드항공은 1921년에 설립되었다.[38] 대서양을 가로지른 최초의 무선 신호가 북아메리카에 도착한 때는 1901년 12월이었다. 프랑스군이 휴대용 송신기를 이용해 공중과 지상 간 무선통신에 성공한 때는 1916년이고, 최초의 민간 라디오방송국이 송출을 시작한 것은 1920년대 초였다.[39]

루돌프 디젤은 더 효율적인 원동기를 만들겠다는 구체적인 목표를 세우고 새로운 엔진을 설계하기 시작했다. 마침내 1897년 첫선을 보인 엔진이 30퍼센트의 효율을 보였지만, 무거워서 이동이 자유롭지 않았다. 그래도 성능이 가장 좋은 증기기관보다 2배에 달하는 효율이었다.[40] 그러나 첫 엔진은 1912년에야 덴마크 화물선 크리스티안 10세호에 설치되었다. 디젤엔진을 장착한 배는 석탄을 태우는 증기선보다 연료를 훨씬 적게 실었지만, 디젤엔진이 거의 2배나 효율적이었기 때문에 재급유를 받지 않고도 멀리까지 항해할 수 있었다. 한 미국인 공학자는 1912년 디젤엔진을 장착한 배로 뉴욕까지 첫 항해를 끝낸 뒤 "해양의 역사가 디젤엔진의 도래로 새로 쓰이고 있다"고 결론지었다.[41]

디젤엔진이 선박 시장을 정복한 1930년대쯤, 빠르게 성장하던 항공 산업 또한 장거리를 비행하면서도 이익을 남길 수 있는 항공기를 선보이기 시작했다. 1936년 더글러스 DC-3가 처음 등장했다. 현대 제트여객기의 착륙 속도보다 약간 빠른 속도로 32명의 승객을 실어 나를 수 있는 쌍발 비행기였다.[42] 3년 뒤에는 보잉 314 클리퍼가 시장에 나왔다. 무려 5,633킬로미터를 비행할 수 있는 장거리 비행기였다. 태평양을 횡단하기에는 부족했지만 샌프란시스코에서 호놀룰루까지 가기에는 충분했고, 그곳에서 다시 미드웨이섬, 웨이크섬, 괌섬, 아시아의 마닐라까지 가는 데도 문제가 없었다.

보잉 314 클리퍼는 74명의 승객에게 육체적 편안함을 제공하는 데도 부족하지 않았다. 특등실·식당·탈의실이 있고, 좌석은 침대로 변신했다. 그러나 왕복 엔진의 소음과 진동을 해소할 수 없었고, 가장 높은 순항고도(5.9킬로미터)도 가장 심한 난기류 층보다 낮았다. 뉴욕에서 로스앤젤레스까지 비행하려면 세 곳에 기착한 까닭에 15.5시간이 걸렸다. 런던에서 싱가포르까지의 항로는 1934년에 열렸다. 하지만 그리스 아테네, 이집트 카이로, 이라크의 바그다드와 바스라, 아랍에미리트의 샤르자, 인도의 조드푸르와 콜카타, 미얀마의 양곤을 포함해 22곳에 기착한 까닭에 비행하는 데 8일이 걸렸다.[43] 물론 영국 사우샘프턴에서 배를 타고 수에즈운하를 지나 싱가포르까지 항해하는 데 대략 30일이 걸렸기 때문에 8일은 대단한 진전이었다.

무선통신은 바다와 하늘을 더 안전하게 여행하는 데 무척 중요했다. 전신과 비교해 무선통신은 정보를 즉각적으로 여러 곳에 전달하기에 훨씬 나은 도구였다. 무선통신은 대서양을 횡단하는 정기 노선에 가장 먼저 활용되었다. 타이타닉호가 1912년 4월 15일 오전 0시 15분에 보낸 "여기는 타이타닉, 위급하니 빨리 오라, 북위 41.44, 서경 50.24"라는 조난 통보 덕분에, 구명정에 몸을 맡긴 700명의 승객이 카르파티아호의 구조를 받을 수 있었다.[44] 1930년대에 무선항로표지가 도입되면서 무선 항법이 큰 진전을 이루었다. 공항을 향해 정상 항로로 가는 항공기는 연속된 가청음을 들었고, 진로를 이탈한 항공기는 항로에서 왼쪽으로 치우치면 N에 해당하는 모스 부호(– •) 신호를, 오른쪽으로 치우치면 A에 해당하는 모스 부호(• –) 신호를 들었다.[45]

무선방송에는 비싼 해저케이블이 필요하지 않았다. 게다가 가

청 범위가 넓고 누구나 간단한 수신기만 있으면 들을 수 있어 보편적 접근권을 이루어낼 수 있었다. 당연한 말이겠지만, 무선 수신기는 무척 빠른 속도로 채택되었다. 처음 도입되고 10년이 지나지 않아, 미국 가정의 60퍼센트가 라디오를 사용했다. 이는 1920년대에 처음 등장한 흑백텔레비전이 제2차 세계대전 이후 팔린 속도와 엇비슷했고, 미국에서 1960년대 초에 출시된 컬러 텔레비전보다도 빠른 채택률이었다.[46]

선박용 디젤엔진과 항공기용 왕복 엔진은 양차 세계대전 사이 20년 동안 세계화를 떠받친 기술적 요인이었다. 두 엔진의 대량 배치는 제2차 세계대전의 결과에도 결정적인 영향을 미쳤다. 전쟁이 끝날 때까지 항공기를 독일은 약 11만 2,000대, 일본은 6만 8,000대, 미국은 거의 29만 6,000대 제작했다.[47] 1945년 미국은 세계를 지배하는 강대국으로 부상했고, 서유럽 경제는 빠른 속도로 회복했다. 미국의 투자(1948년의 마셜플랜)에 힘입어 서유럽의 모든 국가가 1949년에는 전쟁 전(1934~1938)의 생산 수준을 넘어섰다. 일본은 한국전쟁을 계기로 모든 산업의 회복이 가속화했다.[48]

따라서 이 단계는 전례 없는 성장과 통합의 시대, 또한 광범위한 사회문화적 교류의 시대를 준비하는 시기였다. 소련과 중국이 주도한 공산주의 경제는 주목할 만한 예외였다. 그들은 인상적인 경제성장률을 보고했지만 높은 수준으로 자급자족을 추구하며, 공산권 밖의 국가와는 거의 거래하지 않았다. 자국민의 해외여행 또한 금지했다.

대형 디젤엔진과 터빈,
컨테이너와 마이크로칩

1950년 이후의 세계화는 차별적이면서도 강렬했지만 여전히 보편적이지는 않았다. 이 시기는 OPEC의 두 번에 걸친 유가 인상으로 1973~1974년에 끝났고, 그 이후로 15년간의 상대적 침체기가 뒤따랐다. 여하튼 이때의 세계화는 네 가지 근본적인 기술 진전으로 가능할 수 있었다. (1) 강력하고 효율적인 디젤엔진의 개발과 신속한 채택, (2) 제트여객기의 추진에 쓰이는 새로운 원동력, 즉 가스터빈의 도입과 빠른 확산, (3) 대륙을 넘나들며 액체 화물과 고체 화물을 수송하는 대형 벌크선 제작, 그 밖의 화물에 대한 컨테이너 수송, (4) 컴퓨터 활용과 정보처리에서의 비약적 발전.

제2차 세계대전 동안과 그 이후에는 불확실하고 큼직한 진공관을 사용해 전자 컴퓨터를 제작하며 정보처리가 크게 발전했다. 특히, 지금도 여전히 반도체전자공학의 기반으로 여겨지는 장치, 즉 트랜지스터의 특허출원(1947~1949)과 상업화(1954년부터)는 혁명적 변화를 끌어냈다. 다음 단계(1950년대 말부터 1960년대 초)는 최대한 많은 수의 트랜지스터를 마이크로칩에 심어, 집적회로를 만들어내는 것이었다. 마침내 1971년 인텔이 세계 최초의 마이크로프로세서 '인텔 4004'를 출시했다. 2,300개의 트랜지스터를 심은 인텔 4004는 많은 프로그램에 응용할 수 있는 다목적 중앙처리장치였다.

21세기 들어 인공지능과 합성생물학synthetic biology이 진전을 이루며 과학의 가능성에 변화의 조짐이 보이고 있지만, 우리 세계는 여전히 1973년 이전의 중요한 성과에 신세를 지고 있다. 게다가 비슷한 규모로 똑같은 일에 즉각 활용할 수 있는 적절한 대안이 없기 때문에 앞으로도 수십 년 동안은 이러한 기술 — 대형 선박용 디젤엔진, 컨테이너선, 동체의 폭이 넓은 제트여객기, 마이크로칩 — 에 의존할 수밖에 없을 듯하다. 이런 이유에서도 네 가지 기술을 좀 더 자세히 살펴볼 필요가 있다.

1950~1973년의 세계경제 성장 규모는 현대 문명의 네 기둥(3장 참조)과 세계 에너지 수요(1장 참조)의 증가로 잘 설명할 수 있다.[49] 강철 생산은 연간 190메가톤에서 698메가톤으로 거의 4배 늘었고, 시멘트 생산은 133메가톤에서 770메가톤으로 거의 6배 증가했다. 또 암모니아합성은 5메가톤에서 37메가톤으로 거의 8배 상승했고, 플라스틱 생산은 2메가톤에서 45메가톤으로 26배 이상 증가했다. 한편 일차에너지 생산은 거의 3배가

되었다. 원유 소비는 거의 6배 증가하며, 중동 석유에 대한 의존도가 커졌다. 그 결과 세계경제에서 대량 운송을 가능하게 해준 차이를 어떤 기술이 만들어냈느냐에 대해서는 이론의 여지가 없다. 디젤엔진이 없었다면, 곡물부터 원유까지 대륙을 넘나드는 화물 거래가 지금의 몇분의 1에 불과했을 것이다.

제2차 세계대전 이후 서유럽과 일본의 급속한 경제성장에 맞춰 중동에서 거대한 유전이 새로이 발견되면서, 유조선은 적재량이 크게 증가한 최초의 선박이 되었다(세계 최대 유전인 사우디아라비아의 가와르 유전은 1948년에 발견되어 1951년부터 채굴되기 시작했다). 이 값싼 연료(1971년까지 배럴당 2달러 이하에 팔렸다)를 수출하는 데 필요한 배들은 점점 커졌다. 1950년 이전의 전형적인 유조선은 적재량이 1만 6,000중량톤에 불과했다(중량톤은 주로 화물의 무게이고, 여기에 연료와 밸러스트ballast, 식량과 승무원의 무게가 더해진다). 5만 중량톤을 넘긴 최초의 유조선은 1956년에 진수했고, 1960년대 중반 일본의 조선소들은 18만~32만 중량톤을 싣는 초대형 유조선very large crude carrier, VLCC을 진수하기 시작했다. 나중에는 초초대형 유조선ultra-large crude carrier, ULCC까지 건조했다. 1970년대에는 50만 중량톤이 넘는 유조선을 7척이나 진수했지만, 너무 커서 수심이 깊은 항구에만 정박 가능해 탄력적으로 활용할 수 없었다.[50] 이렇게 거대한 유조선을 나날이 진수함에 따라 중동 석유의 선적도 1950년 50메가톤에서 1972년에는 약 850메가톤으로 늘어났다.[51]

1950년대 말과 1960년대 초에 원유 수출은 앙등했지만, 석탄이나 정제유보다 청정하고, 산업용뿐 아니라 가정용으로도 사용하기에 적합하며, 전기를 발전하는 데도 효율적인 천연가스를 선적할 방법이 없었다. 섭씨 영하 162도의 밀폐된 화물창으로 운반하는 LNG 운반선이 도입된 뒤에야 천연가스의 선적이 가능해졌다. LNG 운반선은 1964년 알제리에서 영국으로, 1969년에는 알래스카에서 일본으로 천연가스를 실어 나르기 시작했다.[52] 그러나 수십 년 동안, LNG 운반선의 적재량은 적었고, LNG 시장도 소수의 구매자와 맺은 장기 계약에 한정되었다.

대륙 간 무역이 확대되자 새로운 종류의 특수선이 필요해졌다. 석탄·곡물·광석·시멘트·비료를 운반하기 위해 큰 화물창과 방수 해치를 갖춘 벌크선이 건조되었고, 벌크선은 신속히 화물을 싣고 부릴 수 있었다. 그러나 해상운송에서 가장 큰 혁신은 1957년에 일어났다. 노스캐롤라이나의 트럭 운전사 맬컴 매클레인Malcolm McLean(1913~2001)이 제2차 세계대전 전부터 생각하던 아이디어를 실현하며 상품화한 때였다. 일정한 크기의 강철 상자로 화물을 운반하면, 항구의 대형 크레인이 선박에 그 상자를 쉽게 싣고, 대기하던 트럭이나 기차에 직접 그 상자를 내려주거나 일시적으로 쌓아두었다가 나중에 배송하는 아이디어였다.

1957년 10월, 화물칸을 세포처럼 구획해 226개의 컨테이너를 적재할 수 있도록 짜맞춘 화물선 게이트웨이 시티Gateway City 호가 세계 최초의 진정한 컨테이너선이 되었다. 매클레인이 설립한 해운 회사 시랜드Sea-Land는 1966년 4월 유럽을 정기적으로 왕래하는 노선(뉴어크-로테르담)에 컨테이너선을 운항하기 시작했고, 1968년에는 일본을 왕래하는 정기 노선에 컨테이너선을 투입했다.[53] 자동차를 다른 대륙에 수출하기 위한 새로운 선박도 필요했다. 폴크스바겐의 '비틀'이 먼저 미국 시장을 열었고 (비틀은 이미 1949년부터 미국이 수입한 최초의 자동차였다), 다음에는 일본의 소형 자동차들(도요페트는 1958년, 혼다 N600은 1969년, 혼다 시빅은 1973년부터)이 뒤를 이었다. 그리하여 이런 수요를 충족하기 위해 필요한 새로운 선박, 즉 자동차가 들어갔다 나갔다 할 수 있도록 적재 선거積載船渠, loading ramp를 붙박이로 설치한 자동차 전용선을 건조했다. 폴크스바겐은 상당 기간 판매량이 저조했지만 1970년 57만 대를 판매하며 최고치를 기록했고, 일본 자동차들은 조금씩 미국 시장의 점유율을 확대해갔다.[54]

다행히, 새로운 종류의 선박에 설치할 엔진을 구하는 데 아무런 문제가 없었다. 제2차 세계대전 전에 가장 컸던 디젤엔진이 1950년대 말에는 출력이 2배로 높아지며 10메가와트를 넘어섰고, 효율도 50퍼센트에 근접했다.[55] 1960년대 말, 이 거대한 다기통 엔진의 최대 출력은 35메가와트까지 증가했고, 1973년에는 40메가와트를 넘어섰다. 현재 30메가와트를 넘어서는 디젤엔진이면, 초초대형 유조선에 동력을 공급할 수 있다. 따라서 유조선의 크기는 동력원의 이용 가능성에 의해 어떤 제약도 받지 않는다.

연료를 압축공기의 흐름 속에 분무하면 고속으로 기계 내에서 확산한 뒤 빠져나가며 고온 가스를 만들어내는 새로운 원동력, 즉 실질적인 가스터빈에 대한 연구는 1938년에 (전기 발전용)

고정형 터빈으로 첫 결실을 맺었다. 전쟁 전에 잉글랜드와 독일에서 거의 동시에 제트엔진의 실질적인 설계를 독자 개발하기도 했다.[56] 프랭크 휘틀Frank Whittle(1907~1996)과 한스 폰 오하인Hans von Ohain(1911~1998)은 군용 비행기에 효율적이고 확실하게 동력을 공급할 수 있는 터빈을 처음으로 시험한 공학자들이었다. 그들이 제작한 터빈을 장착한 소수의 제트기가 1944년 말 전투에 투입되었지만, 전쟁 진행 과정에 어떤 영향을 미치기에는 너무 늦은 때였다. 그러나 전쟁이 끝난 뒤, 영국 산업계는 그 이점을 최대한으로 활용했다. 그리하여 1949년에 탄생한 '코메트Comet'은 4개의 하빌랜드 고스트Havilland Ghost 터보제트엔진을 장착한 세계 최초의 상업용 제트여객기가 되었다.[57]

안타깝게도 1954년 (엔진과는 무관한) 사망 사고가 잇달으며, 코메트는 운항을 중단할 수밖에 없었다. 재설계한 코메트 5가 1958년 다시 항공업계에 복귀했지만, 지금도 계속 제작되는 제트여객기 시리즈의 모태, 즉 보잉 707에 의해 빛을 잃고 말았다.[58] 두 번째로 제작된 보잉 727은 3발 제트여객기였고, 1967년에는 이 시리즈에서 가장 작은 보잉 737이 선을 보였다. 1966년 당시 보잉사 회장이던 윌리엄 앨런William Allen은 회사의 가치보다 2배나 많은 돈을 투자해 동체 폭이 넓은 제트여객기를 개발하겠다는 대담한 결정을 내렸다. 한마디로, 그 프로젝트의 성공에 회사의 미래를 맡긴 것이었다.

초음속 제트기가 결국 대륙을 넘나드는 항로를 장악할 것이라는 생각에 1964년 영국과 프랑스는 공동으로 '콩코드'를 개발하기 시작했지만, 초음속 비행은 비싼 데다 소음이 심해 콩코드로 끝나고 말았다. 결국 항공기의 역사에서 가장 혁명적인 설계는 보잉 747이 차지했다.[59] 보잉 747은 원래 화물 수송기로 고안한 것이었다. 동체가 넓어 표준적인 컨테이너 2개가 나란히 놓였고, 조종석이 위쪽에 있어 동체의 앞부분을 올려 앞쪽에서 화물을 실을 수 있었다. 팬암Pan Am이 25대의 보잉 747을 주문하고 3년이 지나지 않아 시제품이 비행을 마쳤다. 첫 747은 1970년 1월 21일 뉴욕을 떠나 런던으로 향했다.

최대 이륙 중량이 333톤에 달하는 육중한 크기의 보잉 747은 프랫 앤 휘트니Pratt & Whitney가 개발한 터보팬 엔진 4대를 장착한 덕분에 기능할 수 있었다.[60] 모든 압축공기가 연소실을 통해 움직이는 터보제트엔진과 달리, 터보팬에서는 공기가 덜 압축되어 질량이 더 큰 공기는 연소실을 우회하기 때문에 이륙하는 동안 더 큰 추진력을 낼 수 있었고 소음도 적었다. 707시리즈의 엔진은 우회율이 1:1이었지만 747에서는 4.8:1이었다. 터빈을 우회하는 공기가 거의 5배 많은 셈이다.

747은 생산을 시작하고 반세기 만에 총 1,548대를 인도했다. 보잉사의 추정에 따르면, 그 50년 동안 747은 59억 명, 즉 세계 인구의 약 75퍼센트를 실어 날랐다.[61] 보잉 747의 혁명적 설계는 대륙을 넘나드는 여행까지 바꿔놓았다. 넓은 동체의 제트여객기가 수억 명의 승객을 더 저렴한 비용으로 더 안전하게 점점 더 많아지는 목적지로 수송할 수 있었기 때문이다.

세계경제의 통합은 동체가 넓은 제트여객기(보잉 747과 훗날 에어버스가 모방해 개발한 A340과 A380)와 밀접한 관계가 있었다. 대형 제트기의 취항은 아시아 수출업자들에게 특히 중요했다. 수요가 많거나 계절성 상품(최신형 휴대폰, 크리스마스 선물)을 북아메리카와 유럽 시장에 촉박하게 운송하려면 대형 제트기를 사용할 수밖에 없기 때문이다. 동체 넓은 비행기의 등장으로, 전에는 소수만이 방문하던 관광지에도 많은 관광객이 찾을 수 있게 되었다. 이제 발리와 테네리페, 나이로비와 타히티에는 747이 착륙하기에 충분한 긴 활주로가 있다.

물론, 세계화의 진전은 강력한 원동력의 적재량 증가와 성능 개선뿐 아니라 컴퓨터 활용, 정보처리, 통신에 필요한 부품의 끊임없는 소형화와도 밀접한 관계가 있었다. 라디오와 텔레비전, 초기 전자 컴퓨터의 개발은 20세기에 들어 10년 동안 2극 진공관과 3극 진공관을 필두로 한 여러 종류의 진공관에 의존했다. 그러나 40년이 지난 뒤, 뜨거운 유리관, 즉 진공관은 전자 컴퓨터의 발달을 제약하는 요인이 되었다.

최초의 다목적 전자 디지털컴퓨터 에니악 ENIAC에는 1만 7,648개의 진공관이 있었다. 진공관만 계산해도 약 80세제곱미터의 부피(배드민턴 코트 대략 2개의 면적)였고, 전원 공급 장치와 냉각장치를 합한 무게는 약 30톤이었다. 게다가 진공관이 걸핏하면 끊어져 컴퓨터 작동이 멈추었기 때문에 진공관을 끊임없이 관리하고 교체해야 했다.[62] 최초의 실질적인 트랜지스터(유리관에 씌운 진공관과 똑같은 기능을 하는 반도체 소자)를 상업적으로 사용하기 시작한 때는 1950년대 초였다. 1950년대가 끝나기 전, 로버트 노이스Robert Noyce(1927~1990), 잭 킬비Jack Kilby(1923~2005), 상 회르니Jean Hoerni(1924~1997), 커트 레호벡Kurt Lehovec(1918~2012), 모하메드 아탈라Mohamed Atalla (1924~2009)를 비롯한 미국 발명가들의 아이디어가 결실을 맺어 최초의 집적회로가 만들어졌다. 능동적인 부품(트랜지스터)과 수동적인 부품(축전기와 저항기)을 얇은 실리콘(반도체 물질)판에 서로 연결되도록 조립한 것이었다. 집적회로는 구체적인 컴퓨터 기능을 수행할 수 있어 실질적으로는 로켓과 우주 탐험에 처음 사용되었다.[63]

다음으로 중요한 단계는 1969년 인텔이 이루어냈다. 이때부터 인텔은 미리 규정한 일련의 기능을 완벽하게 수행하도록 2,000개 이상의 트랜지스터를 한 장의 실리콘 웨이퍼에 배치하며, 세계 최초의 마이크로프로세서를 설계하기 시작했다. 인텔이 처음 출시한 4004는 일본산 소형 전자계산기에 설치할 목적으로 개발한 것이었다.[64] 4004는 마이크로칩 설계에서 인텔이 수십 년 동안 놓치지 않은 주도권의 토대가 되었다. 마이크로칩은 최초의 개인용 컴퓨터(1970년대 말과 1980년대 초의 상대적으로 비싸고 무거운 데스크톱), 그리고 1980년대 말의 값비싼 이동전화부터 요즘의 노트북과 태블릿 그리고 스마트폰까지 휴대용 전자 기기로 이어졌다.

1950년부터 1973년까지는 실질적으로 세계 방방곡곡에서 급속한 경제성장이 일어났다. 1850~1913년의 세계화와 비교할 때, 경제성장의 세계 평균값과 일인당 평균치는 거의 2.5배 상승했다. 또 세계경제 생산에서 수출이 차지한 몫이 1945년에는 4퍼센트를 약간 웃돌았지만, 1950년에는 9.6퍼센트, 1974년에는 약 14퍼센트까지 올라갔다. 점유율은 1913년과 똑같았지만, 무역량 자체는 거의 10배가 많았다.[65] 경제성장은 거의 보편적 현상이었고, 중국의 대기근(1958~1961)은 그야말로 예외였다. 그러나 경제성장의 황금시대가 거둔 이익 — 전후戰後 복구, 높은 성장률로 인한 경제적 불평등의 감소 — 은 서구에 과도하게 집중되었다. 1973년 북아메리카와 서유럽 국가들이 세계 수출의 60퍼센트 이상을 차지했다.[66] 서유럽의 주요 경제국(독일, 영국, 프랑스)과 일본이 이 시대에 가장 역동적인 무역국이 되었고, 그로 말미암아 세계무역에서 미국이 차지하는 비율은 점진적으로 줄어들었다.

무역이 확대되어 서구 소비자들이 한층 다양해진 수입품을 즐긴 반면, 사업이나 휴가 등 어떤 목적으로든 국제 간 이동은 여전히 상대적으로 제한적이었다. 유학이나 일시적인 해외 노동을 위해 이주하는 사람의 수도 마찬가지였다. 독일인은 태국이나 하와이까지 날아가지 않고, 자동차를 운전해 이탈리아 해변으로 내려갔다. 미국 인구에서 이민자 비율은 제1차 세계대전 직전 거의 15퍼센트로 최고점에 이르렀지만, 1970년에는 5퍼센트 미만으로 최저치를 기록했다.[67] 따라서 이때만 해도, 마오쩌둥이 주도한 격변으로 세계에서 고립된 중국이 언젠가 미국 대학들에 대대적으로 유학생을 보낼 것이란 의견은 터무니없는 공상으로만 여겨졌을 것이다.

현대 문명이 원유에 의존하게 된 과정을 추적한 1장에서 설명한 것처럼 전후에 제한적이었지만 집약적으로 시도된 세계화는 끝난 듯했다. OPEC이 주도한 유가 인상으로 세계화가 주춤하고 약화하며 후퇴하기까지 했기 때문이다. 그러나 이때의 후퇴가 모든 경제 분야에 영향을 미치지는 않았다. 수년 만에 새로운 세계화의 토대를 놓는 조정이 이루어졌고, 새로운 정치적 제휴 덕분에 과거보다 훨씬 거센 세계화의 파도가 일었다.

중국과 러시아 그리고
인도의 등장

항상 그렇듯이 이번 세계화도 기술적 요인을 기반으로 이루어 졌다. 하지만 이번에는 세계화가 진짜 세계로 확산되었다. 현대 사에서 처음으로 그런 조건이 갖추어진 덕분이다. 1960년대 말, 기술적 역량은 미증유의 세계 통합을 이루기에 충분한 수준이 었다. 전쟁 직후의 세계화 과정에 참여하지 않은 국가들까지 끌 어들이는 데 필요한 만큼 에너지 공급은 넉넉했고, 투자금도 부 족하지 않았다. 마침내 근본적인 정치의 변혁이 일어나 기술적 이고 재정적인 수단이 증강 및 강화되었고, 중국과 러시아와 인 도가 세계무역, 금융과 여행, 인재의 흐름에 본격적으로 참여하 게 되었다.

1972년 리처드 닉슨의 베이징 방문을 계기로 중국은 문호를 조금씩 열기 시작했다. 마오쩌둥이 죽고 2년이 지난 1978년 말,

덩샤오핑이 복귀해 오랫동안 미뤘던 경제 개혁(농토의 실질적 사유화, 산업의 현대화, 사기업의 부분적 인성)을 시행하며 파격적인 방향 전환을 추진했다. 중국이 세계무역기구World Trade Organization, WTO에 가입한 2001년 이후는 경제 개혁을 더욱 가속화했다. 1972년까지 중국은 미국과 무역 거래가 없었다. 1984년은 미국이 중국과 상품을 거래하며 흑자를 본 마지막 해였다. 2009년 중국은 세계 최대의 상품 수출국이 되었다. 2018년 중국의 수출액은 세계 수출의 12퍼센트 이상을 차지했고, 특히 미국과의 무역에서 거둔 흑자는 거의 4,200억 달러였다. 하지만 2019년에는 두 경제 대국 간 긴장이 높아지며 흑자 규모가 약 18퍼센트 줄어들었다.[68] 그러나 장기적으로 무역량이 줄어들 것이라고, 아니면 경제적으로 더욱더 긴밀하게 통합될 것이라고 예측하기에는 시기상조인 듯하다.

수십 년 동안 지속되던 냉전이 끝난 뒤, 소비에트연방공화국은 1980년대 말에 무너지기 시작했다. 처음에는 위성국가들이 떨어져나갔고, 1989년 11월 9일에는 베를린 장벽이 무너졌다. 1991년 12월 26일, 소련도 공식적으로 해체되었다.[69] 이로써 역사상 처음으로 모든 주요 경제국이 해외 투자에 문을 열고, 국제무역을 강화했다. 또 과거에는 자유로운 해외여행을 금지당했던 사람들이 대규모 관광을 시작하고, 해외로 이주하거나 해외에서 일시적으로 일하고 공부할 수 있는 기회를 얻었다. 또한 WTO가 제공하는 세계적 합의의 틀 안에서 무역이 확대되었다.[70]

인도는 선거와 다민족이 복잡하게 얽힌 정치적 관계 때문에, 절대적인 일당이 지배하는 중국이 1990년 이후에 누린 성장을 재현할 수 없었다. 그러나 21세기 들어 20년 동안, 인도가 기록한 일인당 GDP 성장률은 지지부진하던 과거에서 완전히 탈피한 모습이다. 1970~1990년 인도의 일인당 GDP(인플레이션 조절 후의 가치)는 6년 동안은 실질적으로 하락했고, 4년 동안은 4퍼센트를 넘지 못했다. 반면 2000~2019년에는 18년 동안 연간 성장률이 4퍼센트를 넘었다.[71] 게다가 2008년 이후 인도의 연간 상품 수출 증가율은 5.3퍼센트로, 중국의 5.7퍼센트에 약간 못 미칠 뿐이다. 특히 인도의 소프트웨어 기술자들이 실리콘밸리에 미치는 영향은 중국의 기여를 훨씬 넘어선다. 단일 국가로는 인도가 실리콘밸리의 소프트웨어 산업에서 숙련된 이민자 중 가장 많은 비율을 차지한다.[72]

얄궂게도, 1947년 독립을 쟁취한 후 수십 년 동안 인도를 지배하던 국민회의가 소수당으로 전락한 때부터 인도는 경제적으로 부상하기 시작했다. 한편 러시아와 중국은 경제와 사회를 중앙에서 통제하는 지배 방식을 대체로 유지했다. 새로운 민족주의적 색채를 띠는 러시아와 달리, 중국에서는 공산당의 지배력이 여전히 확고하다. 그러나 중국과 러시아는 (노골적으로 억압하는 예외적인 경우가 있지만) 여행의 자유를 허용하는 까닭에 관광객이 크게 늘었다. 러시아인은 지중해 국가들을 선호하는 반면, 중국인은 태국과 일본 그리고 유럽을 주로 여행한다. 또한 중국과 인도 및 한국 학생들이 서구, 특히 미국으로 대거 유학하는 현상이 두드러지게 나타났다.

세계경제 생산에서 국제무역이 차지하는 몫은 1973년에 약 30퍼센트였지만 2008년에는 거의 61퍼센트까지 증가했다. 한 편 총무역량(불변 가격)은 거의 6배 상승했는데, 그 대부분이 1999년 이후에 거둔 성과였다.[73] 2008~2009년의 금융 위기로 총무역량이 10분의 1쯤 줄었고, 2009년에는 경제 생산에서 무역이 차지하는 비율이 15퍼센트가량 떨어졌다. 그러나 2018년에는 총무역량이 2008년보다 35퍼센트나 많았고, 경제 생산에서 무역이 차지하는 비중도 59퍼센트 이상으로 회복했다. 이러한 수치는 2019년에도 거의 변하지 않았다. (연간 순유출로 측정하는) 해외 직접 투자는 세계화 현상을 명확히 보여주는 또 하나의 증거이다. 1973년 해외 직접 투자 총액은 300억 달러(세계경제 생산의 약 0.7퍼센트)를 넘지 않았다. 20년 뒤에는 2,560억 달러로 증가했고, 2007년에는 3.12조 달러(세계경제 생산의 거의 5.5퍼센트)로 앙등했다. 14년 만에 12배나 증가한 셈인데, 투자의 주된 종착지는 아시아, 특히 중국이었다.[74]

한 러시아 연구팀이 모든 핵심적 요인을 결합해 2000년 이후의 세계화 과정을 분석한 적이 있다. 그들은 무역에서 상품과 서비스의 거래량 변화, 특히 중국에 중요했던 누적 해외 직접 투자액, 중국에는 없지만 미국 경제에서는 상당히 중요한 요인이었던 이민자도 분석했다.[75] 분석 결과에 따르면, 과거 고립되었던 러시아와 옛 공산권 유럽 국가 그리고 중국이 세계화로부터 가장 큰 이익을 얻었고, 인도와 일부 아프리카 국가들 그리고 브라질도 그에 버금가는 이득을 얻었다. 게다가 이런 변화의 결과, 2017년 중국의 '글로벌연결지수global connectedness index'는 일본만큼 높았고, 러시아는 스웨덴에 필적했다. 인도는 싱가포르와 비견되는 수준에 올랐다. 이런 비교가 조금이라도 의심스럽다면, 세계 최대 소비재 생산국이라는 중국의 지위, 러시아가 수출하는 엄청난 양의 에너지와 광물, 인도 소프트웨어 기술자들이 실리콘밸리에서 차지하는 위상을 생각해보라.

다양한 분야에서의 세계화

이런 미증유의 세계화를 가능하게 해준 기술 발전을 올바로 평
가하는 가장 좋은 방법은 기술의 진전을 용량과 등급, 효율성,
성과 등으로 표현하는 것이다. 앞에서 이미 말했듯 지금의 현기
증 나는 세계화를 위한 기술적 토대는 1973년 이전에 놓였다.
그러나 그 이후로 세계화를 강화하고 범위를 넓히기 위해서는
원동력(운송에서의 내연기관과 전동기)과 기본 기반 시설(항구와 공
항, 컨테이너로 규격화한 선적)에 대한 엄청난 투자가 필요했다. 그
결과 이제 우리에게는 더 많은 수단이 생겼을 뿐만 아니라, 그러
한 수단의 평균 용량(출력과 용적과 처리량)이 더 커지고, 효율성과
신뢰성 또한 더 높아졌다. 따라서 1970년대 초 이후 해상운송과
비행, 항해, 컴퓨터 활용과 통신에서 어떤 진전이 있었는지 자세
히 살펴보기로 하자.

1973년 이후의 세계화로 해상 무역량은 3배 이상 증가했는데, 그 구성에서도 중대한 변화가 있었다.[76] 1973년에는 주로 원유와 정제유를 실은 유조선이 해상 교통의 절반 이상을 차지했지만, 2018년에는 상품이 약 70퍼센트를 점했다. 아시아, 특히 중국이 세계 최대 소비재 생산국으로 떠올랐다는 사실뿐 아니라, 통합과 상호 의존성이 전반적으로 높아졌다는 걸 반영하는 변화였다. 예컨대 독일 자동차 제조 회사가 미국 앨라배마에서 자동차를 조립하고, 텍사스에서 만든 화학약품이 유럽의 여러 산업체에서 천연가스를 활용하는 원료로 쓰이고, 칠레에서 생산한 과일이 네 대륙으로 수출되고, 소말리아에서 사육한 낙타를 사우디아라비아로 보낸다.

1973~2019년 해상 무역량이 3배로 증가한 데는 (중량톤으로 계산할 때) 4배 가까이 늘어난 세계 상선대商船隊의 적재량이 큰 몫을 했다. 유조선의 중량톤은 3배 조금 넘게 증가했고, 컨테이너선의 중량톤은 약 4.5배가 되었다. 한편 세계의 바다를 누비는 컨테이너선은 45년 동안 10배가 늘어, 2019년에 5,152척이 되었다. 이런 자릿수 증가에는 중국에 입·출항하는 컨테이너선이 큰 비중을 차지했다. 1975년까지 중국에는 컨테이너선의 왕래가 없었고, 미국과 일본 항구들이 컨테이너선의 세계 입·출항에서 거의 절반을 차지했다. 그러나 2018년에는 중국(홍콩 포함)이 32퍼센트를 차지했고, 미국과 일본의 항구들이 함께 처리한 비율은 10퍼센트를 넘지 않았다.

최대 컨테이너선의 크기 또한 확연하게 달라졌다. 1972년과

1973년에 맬컴 매클레인은 당시 최대 컨테이너선을 차례로 진수했다. 둘 모두 1,968개의 표준 철제 컨테이너를 적재할 수 있었다. 그가 1957년 처음 개조한 컨테이너선보다 적재량이 거의 9배나 늘어난 수준이었다. 1996년에 진수한 레지나 메르스크Regina Maersk호는 6,000개의 표준 컨테이너를 적재할 수 있었고, 2008년에는 1만 3,800개의 컨테이너를 적재할 수 있는 컨테이너선을 건조했다. 2019년에는 '지중해해운회사Mediterranean Shipping Company, MSC'가 각각 2만 3,756개의 표준 컨테이너를 적재할 수 있는 초대형 컨테이너선 6척을 취항했다. 1973~2019년 최대 적재량이 무려 12배나 증가한 셈이다.[77] 컨테이너 운송으로 전환됨에 따라, 화물열차와 트럭 운송에서도 필연적으로 변화가 뒤따랐다. 이제는 이런 복합 운송 체계가 완비되어 중국 내륙의 한 도시에 생산한 상품이 미주리의 한 월마트 하역장까지 매끄럽게 이동한다.

값비싼 식품이나 꽃 혹은 고가의 전자 장비를 선적할 때, 예컨대 갓 잡은 참치를 애틀랜틱 캐나다Atlantic Canada(대서양에 면한 캐나다의 여러 주를 가리키는 말 — 옮긴이)에서 도쿄로 보낼 때, 강낭콩을 케냐에서 런던으로 보낼 때, 혹은 장미를 에콰도르에서 뉴욕으로 보낼 때는 속도가 생명이기 때문에 항공편을 이용한다. 모든 여객기의 객실 아래에는 화물칸이 있다. 요즘 화물기 또한 점점 수가 늘어나기는 마찬가지이다. 1973~2018년 세계 항공 화물량(단위는 톤-킬로미터)은 약 12배 증가했고, 정기 여객기 운항은 약 0.5조 여객-킬로미터passenger-kilometer에서 8.3조 여객-킬로미터로, 거의 17배 증가했다.[78] 최근 여객기 총운항 거리의 약 3분의 2, 즉 5.3조 여객-킬로미터는 국제선이었다. 비유해서 말하면, 연간 거의 5억 명이 뉴욕과 런던을 왕래하는 비행 거리에 해당하는 수치이다.

항공기 이용에서는 해외여행자가 차지하는 몫이 증가하는 추세이다. 1970년대 초, 주로 미국인과 서유럽인이던 연간 해외여행자 수는 2억 명을 넘지 않았다. 하지만 2018년에는 14억 명으로 신기록을 세웠다.[79] 여전히 유럽이 주요 관광지로 총도착지의 절반을 차지하며, 그중 프랑스와 스페인과 이탈리아가 가장 많다. 여러 세대 동안 미국이 세계에서 관광 지출이 가장 많은 국가였지만 2012년에는 중국에 추월당했다. 그리고 5년 뒤에는 중국의 관광 지출이 미국보다 2배나 많았다. 이처럼 급작스레 증가한 관광객이 일부 도시(파리, 베네치아, 바르셀로나)에 집중되자 거주민들이 불만을 제기했고, 이에 하루 또는 연간 방문객 수를 제한하려는 움직임이 이어졌다.[80]

무어의 법칙

항해와 배송, 컴퓨터 활용과 통신이 발달함에 따라, 재료와 제품과 인구의 이동이 늘어났고, 재고를 쌓아두지 않고 일하는 신산업을 위해 적시에 재료와 부품을 인도할 수 있게 되었다. 이런 역량의 제고는 국경을 넘어 홍수처럼 밀려드는 데이터의 흐름을 수용하기 위해서도 필요했다. 이 모든 진전이 기본적인 토대가 되어 하나의 기술, 즉 집적회로에 더 많은 부품을 배치하는 능력을 향상시켰다. 1965년 당시 페어차일드반도체Fairchild Semiconductor의 연구 책임자이던 고든 무어Gordon Moore가 예측한 대로, 집적회로의 진전은 그때까지 대략 2년마다 2배씩 증가했다.[81]

1969년 무어는 인텔의 공동 창업자가 되었고, 앞에서 언급했듯 1971년 인텔은 2,300개의 부품으로 이루어진 최초의 마이크로프로세서(마이크로칩)를 출시했다. 마이크로프로세서 제작 능력은 고밀도 집적LSI(10만 개까지)에서 초고밀도 집적VLSI(1,000만 개까지)으로, 다시 초초고밀도 집적ULSI(10억 개까지)으로 향상했다.[82] 1982년에 10만(10^5) 개의 트랜지스터를 집적하는 수준에 도달했고, 1996년에는 최초의 전자 컴퓨터인 에니악 탄생 50주년을 기념하는 행사로 펜실베이니아대학교 학생들이 7.4밀리미터×5.3밀리미터의 실리콘 마이크로칩에 17만 4,569개의 트랜지스터를 배치하며 에니악을 재창조해냈다. 원조 에니악은 무려 500만 배나 더 무거웠고, 약 4만 배의 전기를 더 소모했다. 그러나 재창조한 칩은 500배나 더 빨랐다.[83]

발전은 꾸준히 계속되었다. 10^8이란 한계는 2003년, 10^9은 2010년에 넘어섰다. 2019년 말, 미국 반도체 제조 회사 어드밴스트 마이크로 디바이시스Advanced Micro Devices, AMD는 395억 개의 트랜지스터를 집적한 중앙처리장치 에픽Epyc을 출시했다.[84] 달리 말하면, 1971~2019년 마이크로프로세서 용량이 일곱 자릿수, 정확히 말하면 1,717만 배나 증가했다는 뜻이다. 이런 진전은 대규모 데이터 전송(지구 관측 위성, 정찰위성, 통신위성이 보내는 자료), 전자메일과 음성 호출, 고도로 정교한 항해에 대한 새로운 수요를 수용하기에 충분하고도 남았다.

특히 정교한 항해 기술을 확보하는 데는 레이더 탐지 기술의 향상이 큰 역할을 했다. 물론 그 이후에 채택된 위성 항법 시스템Global Positioning System, GPS이 확대 및 개선된 덕분이기도 하다. GPS는 미국이 최초로 개발해 1993년부터 운영을 시작했고, 러시아의 글로나스GLONASS, 유럽연합의 갈릴레오Galileo, 중국의 베이더우北斗가 그 뒤를 이었다.[85] 그 결과 컴퓨터나 휴대폰을 지닌 사람이면 누구나 선박과 항공기의 운항 상황을 실시간으로 확인할 수 있다. 예컨대 '마린트래픽MarineTraffic' 웹사이트를 방문하면, 화물선(녹색)이 상하이와 홍콩에 모여들고, 발리섬과 롬복Lombok섬 사이를 줄지어 지나가고, 영국해협을 따라 항해하는 걸 볼 수 있다. 또 유조선(붉은색)이 페르시아만을 빠져나오고, 예인선과 특수선(청록색)이 북해에서 원유와 천연가스의 굴착을 지원하고, 어선(덤갈색)이 태평양 한복판에서 어슬렁대는 것도 확인할 수 있다. 그리고 여기저기에서 불법 어로 작업을 하는 동안 트랜스폰더transponder를 꺼놓기 때문에 화면에는 나타나지 않는 훨씬 많은 배가 있다.[86]

마우스를 클릭해서 모든 민간 항공기의 운항 상황을 추적해보는 것도 그에 못지않게 재밌다.[87] 유럽에서는 이른 아침에 북아메리카와 남아메리카를 출발해 밤 동안 대서양을 건넌 비행기들이 긴 호弧를 그리며 유럽 대륙으로 접근하는 걸 볼 수 있다. 한편 북아메리카에서는 저녁 시간에 제트여객기가 유럽을 향해 최적의 항로를 줄지어 비행하는 게 보인다. 태평양을 횡단해 일본까지 날아가는 비행기는 도쿄 시간으로 늦은 오후와 이른 저녁에 나리타공항과 하네다공항으로 모여든다. 게다가 이런 기능 덕분에, 제트기류의 빈번한 위치 변화를 고려해 비행경로를 바꾸는 것까지 추적할 수 있다.[88] 태풍이 발달하거나 화산 폭발로 인한 화산재 때문에 비행경로가 바뀌는 경우는 그다지 잦지 않다.[89]

필연, 후퇴와 과욕

세계화의 역사를 보면, 더 큰 국제 경제 통합을 향한 부인할 수 없는 장기적 추세가 드러난다. 통합은 에너지, 물질, 사람, 아이디어 그리고 정보의 교류로 더욱 강화되고, 기술적 역량의 향상으로 더욱 실현 가능해진다. 세계화 과정은 새로운 게 아니지만, 1850년 이후의 많은 혁신 덕분에 그 범위와 강도가 최근의 수준에 이를 수 있었다. 그러나 과거에 가끔 경험한 후퇴에서 보듯 기술 발전이 반드시 지속적인 진보로 이어지지는 않는다. 특히 20세기 전반기에 경제 세계화가 크게 후퇴했고, 그 여파로 사람들의 국제 이동도 크게 줄었다. 이런 후퇴의 이유는 자명하다. 수십 년 동안 미증유의 대규모 비극이 연속되며, 여러 국가의 운명이 뒤바뀌었기 때문이다.

핵심적 사건만 나열해보면, 먼저 중국의 마지막 왕조 청나라의 멸망(1912)과 제1차 세계대전(1914~1918)을 들 수 있다. 또 볼셰비키가 정권을 잡고 몇 년의 내전을 거치며 제정러시아가 멸망하고 소비에트연방공화국이 수립되었다(1917~1921). 그리고 오스만제국의 해체 시작(최종적인 붕괴는 1923년), 제1차 세계대전 이후 1920년대 유럽의 정치적 불안정, 1929년 10월 말에 닥친 주식시장 붕괴, 그 여파로 1930년대에 걸쳐 지속된 세계 경제 위기, 일본의 만주 침략(1931), 독일 정권을 장악한 나치당 (1933), 스페인 내전(1936~1939), 제2차 세계대전(1939~1945), 중국의 제2차 국공 내전(1945~1949), 냉전의 시작(1947), 마오의 중화인민공화국 선포(1949)가 있었다. 경제 세계화는 상당히 후퇴했다. 세계 GDP에서 무역이 차지하는 몫이 1913년 14퍼센트에서 1939년에는 약 6퍼센트로 추락했고, 1945년에는 4퍼센트에 불과했다.[90]

1990년 이후 가속화한 세계화는 향상된 기술에만 의존하지 않았다. 정치·사회적 변혁을 동반하지 않았다면 그런 세계화는 불가능했을 것이다. 특히 1980년 이후 중국이 국제 상거래에 복귀하고, 1989~1991년 소비에트연방이 붕괴하지 않았다면 지금의 세계화는 없었을 것이다. 달리 말하면, 21세기 들어 20년 동안 이루어낸 높은 수준의 세계화는 필연적이지 않았고, 미래가 어떻게 전개되느냐에 따라 약해질 수 있다는 뜻이다. 그 범위와 속도를 예측하기란 불가능하다. 예컨대 강대국들의 경쟁으로 빨라질 수도 있고, 세대 간 문제로 느릿하게 진행될 수도 있다.

이제는 많은 것이 정형화된 듯하다. 세계화의 많은 부분, 특히 지난 두 세대 동안 일어난 많은 변화가 우리 삶의 일부가 되었다. 많은 국가가 식량 수입에 의존하고, 면적이 넓은 국가도 모든 원자재를 자급자족하기는 불가능하다. 어떤 국가도 경제를 지탱하는 데 필요한 모든 광물을 충분히 보유하지는 못하기 때문이다. 영국과 일본은 생산량 이상의 식량을 수입하고, 중국은 용광로를 운영하는 데 필요한 철광석을 보유하고 있지 못하다. 미국은 란타늄부터 이트륨까지 많은 희토류 금속을 수입하고, 인도는 만성적으로 원유가 부족하다.[91] 대량 제조의 원천적 이점 때문에 기업들은 휴대폰을 판매할 도시에서 따로따로 휴대폰을 조립하지 않는다. 또 많은 사람이 죽기 전에 멀리 떨어진 명소를 보려 한다.[92] 게다가 즉각적인 전환은 현실적이지 않고, 높은 비용이 부가될 경우 혼란을 초래할 것이다. 예컨대 중국의 선전이 휴대용 기기를 생산하는 세계 중심지로서의 기능을 갑자기 중단하면, 소비자 가전제품의 세계 공급이 크게 악화할 것이다.

그러나 역사에 비추어보면, 최근의 형국이 앞으로도 수 세대 동안 지속될 것 같지는 않다. 영국과 미국의 산업계는 1970년대 초까지 세계를 끌어가던 리더였다. 그러나 버밍엄의 금속가공 공장, 볼티모어의 용광로는 지금 어디에 있는가? 맨체스터와 사우스캐롤라이나의 방직공장은 지금 어디에 있는가? 1965년까지도 디트로이트의 '빅 스리'가 미국 자동차 시장의 90퍼센트를 점유했다. 그러나 지금 그들의 점유율은 45퍼센트에도 미치지 못한다. 중국에서 첫 경제특구로 지정된 1980년 전까지 선전은 조그만 어촌 마을에 불과했지만, 이제는 1,200만 인구를 지닌 메가시티이다. 2050년쯤 선전은 어떤 역할을 하고 있을까? 현 상태에서 급속히 크게 후퇴할 가능성은 거의 없지만, 얼마 전부터 친親세계화 정서가 약화하고 있는 것은 사실이다.

가속화하고 있는 북아메리카·유럽·일본의 탈산업화와 아시아, 특히 중국으로 이동한 제조업이 이런 재평가의 주된 이유이다.[93] 제조업 중심의 전환은 희극부터 비극까지 아우르는 다양한 변화를 가져왔다. 희극이라함은 일인당 삼림 자원이 어떤 부유한 국가보다 많은 캐나다가 중국으로부터 이쑤시개와 화장지를 수입하는 기괴한 현상이다.[94] 캐나다가 조상으로부터 물려받은 북쪽 수림대에 비교하면, 중국의 목재량은 극히 일부에 불과하기 때문이다. 그러나 산업의 전환은 비극을 낳기도 했다. 예컨대 대학 교육을 받지 않은 미국 백인 중에서 중년의 사망률이 증가했다. 2000년 이후, 미국 제조업에서 약 700만 개의 (보수 좋은) 일자리가 사라진 것은 주지의 사실이다. 사라진 일자리 대부분은 세계화에 원인이 있었다. 요컨대 그 일자리가 중국으로 옮겨갔기 때문이다. 결국 실직이 그들에게 절망을 안겨주었고, 그로 인한 자살과 약물 과용, 알코올성 간질환으로 사망률이 증가한 것이다.[95]

세계화가 2000년대 중반에 전환점을 맞았다는 건 계량적으로도 분명히 확인할 수 있다. 2008년의 대침체Great Recession로 세계화가 주춤했다. 이런 현상은 매킨지McKinsey가 1995년부터 2017년까지 43개국 23개 산업의 '가치 사슬value chain'(기업 활동에서 부가가치가 생성되는 과정 — 옮긴이)을 분석한 결과에서도 드러난다. 그 보고서에 따르면, 상품을 생산하는 가치 사슬은 절대 기준에서 느릿하게 성장했지만 무역에서는 그 양상이 달라, 2007년 총생산의 28.1퍼센트이던 수출이 2017년에는 22.5퍼센트로 줄어들었다.[96] 내가 이 보고서에서 두 번째로 중요하게 눈여겨본 것은, 일반적인 인식과 달리, 세계 상품 무역의 18퍼센트만이 노동의 차익 거래를 노린 저임금노동의 산물이었고, 많은 가치 사슬에서 이런 상품의 몫이 2010년대 내내 줄곧 줄어들었으며, 가치 사슬이 세계적으로 점점 지식 집약적으로 변해가면서 고도로 숙련된 노동에 의존하는 추세를 띤다는 결론이었다.

경제협력개발기구Organization for Economic Co-operation and Development, OECD의 연구 결과도 비슷했다. 가치 사슬의 세계적 확장은 2011년에 멈추었고, 그 이후로는 완만하게 줄어들고 있다는 것이다. 중간재와 서비스의 거래도 실질적으로 감소했다.[97]

여기에 세계화가 국가 주권과 문화 그리고 언어에 미치는 영향에 대한 (합리적이고 분석적인, 혹은 과장되고 선동적인) 두려움도 고려해야 한다. 예컨대 어디에나 있는 미국식 패스트푸드 체인점부터 어디에서도 견제받지 않는 소셜 미디어까지 보편성이란 용매에 각 문화권의 소중한 특성이 희석될 것이란 두려움이 있다. 또 약속된 이익과 달리, 세계화가 경제·사회적 불평등을 심화할 것이란 우려도 있다. 이처럼 현실적으로 세계화의 부정적 측면을 직시한 절제된 평가들이 미래에도 세계화를 강화해야 하는지에 의문을 품게 한다. 게다가 2020년에 발발한 코로나19 팬데믹으로 이런 부정적 감정은 더 깊어졌다.

국가의 회복 탄력성을 높이고 예기치 못한 혼란을 줄이기 위해서라도 많은 분야의 제조 공장을 본국에 다시 불러들여야 한다는 '리쇼어링reshoring'은 새로운 것이 아니다. 세계화의 확산과 다국적기업의 행태에 대해서는 1990년대부터 의문과 비판이 제기되었다. 최근에는 이런 부정적 감정이 일부 국가, 특히 영국과 미국에서 선거에도 영향을 미쳤다.[98] 코로나19 팬데믹이 발병하자 유수한 기관들이 세계 가치 사슬을 분석한 결과를 발표하며 세계화를 재조직할 필요성을 역설하기 시작했다. OECD는 회복 탄력성을 강화하는 방향으로 생산 네트워크를 구축하는 정책을 권고했다. 먼 곳에서 수입하는 상품에 의존하는 정도를 줄이고, 세계무역이 중단되는 사태에 더 잘 견딜 수 있는 정책을 모색하라는 뜻이었다. 유엔무역개발회의United Nations Conference on Trade and Development, UNCTAD는 제조업을 아시아에서 북아메리카와 유럽으로 되돌림으로써 가치 사슬을 분화하지 말고 더 짧게 바꿔가는 변화를 고려했다. 달리 말하면, 설계부터 제작과 판매를 단일 국가, 혹은 단일 경제단위에서 해결하면 부가가치가 더 집중될 것이란 제안이었다. 재보험회사 스위스 리Swiss Re도 회복 탄력성을 강화하는 방향으로 세계 공급 사슬supply chain을 재조정해 위험을 줄여야 한다는 보고서를 제출했다. 또 브루킹스연구소Brookings Institution는 첨단 제조업의 리쇼어링이 좋은 일자리를 만드는 최선의 방법이라고 보았다.[99]

세계화에 대한 의혹과 비판은 편협한 이념적 논쟁을 넘어섰다. 코로나19 팬데믹이 국민의 생명을 보호해야 한다는 국가의 기본 역할에 대한 반박할 수 없는 염려를 근거로 강력한 논거를 추가로 더해주었다. 세계 고무장갑의 70퍼센트를 한 공장에서 만들고, 개인 보호 장구뿐 아니라 주요 약재와 일반 의약품(항생제, 고혈압 약)까지 그 비슷한 비율을 중국과 인도의 몇몇 공장에서 만든다면 국가는 국민의 생명을 보호하는 역할을 해내기 어렵다.[100] 이렇게 의존하면 가장 낮은 단위 비용으로 대량생산을 한다는 경제학자의 꿈을 실현할 수 있을지는 모르겠다. 그러나 의사와 간호사가 적절한 개인 보호 장구도 없이 팬데믹과 싸워야 하고, 해외 생산에 의존하는 국가들이 제한된 물품을 두고 필사적으로 경쟁을 벌여야 한다면, 또 아시아의 공장들이 태업을 하거나 폐쇄되어 세계 전역에서 환자들이 처방약을 제때에 받지 못한다면, 이런 의존은 범죄까지는 아니어도 무책임하기 짝이 없는 관리 방식이라 해야 할 것이다.

세계화의 과잉에서 비롯한 보안 문제는 의료 분야에 국한되지 않는다. 중국제 대형 변압기의 수입이 증가하면, 예비 부품을 언제라도 구할 수 있는지, 향후 전력망이 불안정해질 가능성은 없는지에 대한 걱정이 자연스레 제기된다. 몇몇 서구 국가의 5G 네트워크 구축에 중국 화웨이의 참여를 금지시킨 사건에 대해서는 여기에서 굳이 언급할 필요가 없을 것이다.[101] 당연한 말이겠지만, 제조업의 리쇼어링은 앞으로 북아메리카와 유럽에 닥칠 파도가 될 가능성이 높다. 2020년 조사에 따르면, 미국 제조 회사의 64퍼센트가 팬데믹 이후 리쇼어링이 뒤따를 가능성이

있다고 대답했다.[102]

이런 정서가 앞으로도 계속될까? 내가 입버릇처럼 말했듯이 나는 감히 예측하지 않는다. 따라서 전반적으로 세계화가 후퇴할 가능성이나 코로나19 팬데믹 이전 수준을 회복할 가능성에 대해, 특히 제조업의 리쇼어링 가능성에 대해 어떤 구체적인 수치를 제시하지도 않을 것이다. 그저 가장 그럴듯한 여러 결과를 평가해보려 할 뿐이다. 얼마 전부터 세계화가 거의 모든 면에서 새로운 최고치를 기록할 것처럼 보이지 않는 경우가 많아졌지만, 2020년에는 이런 현상이 너무도 당연하게 여겨졌다. 어쩌면 우리는 이미 세계화의 정점에 올라섰을 수 있다. 내리막이 수년에 그치지 않고, 수십 년 동안 계속될 수도 있다.

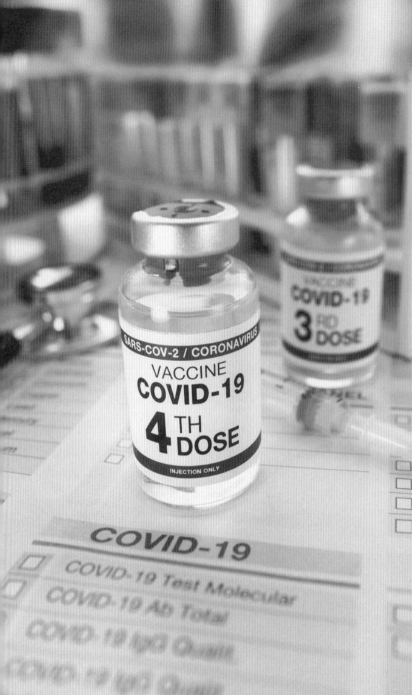

위험에 대하여

바이러스부터 식습관과
태양면 폭발까지

How
the
World
Really
Works

현대 문명의 진전을 포괄적이고 단순하게 표현하는 한 가지 방법은, 온갖 위험으로 가득한 세계임에도 역경을 딛고 어떻게든 살아남고자 하는 복잡하고 취약한 유기체인 우리가 이러한 숙명에서 비롯된 위험을 줄이기 위해 끝없이 탐색하는 과정이라 규정하는 것이다. 우리는 이런 탐색에서 지금까지 상당한 성공을 거두었고, 나는 앞에서 그 증거를 수치로 입증했다. 작물을 더 많이 수확한 결과 식량 공급이 개선되었고, 생산 비용 또한 낮아졌다. 또 영양실조와 발육 부진 및 영양 결핍에서 비롯된 소아 질환의 위험도 줄었다. 특히 식량 생산 증대, 광범위한 식량 거래, 긴급 식량 지원 등이 결합해 오랫동안 필연처럼 반복되던 기근을 근절하는 성과를 거두었다.[1]

주거 환경(더 너른 공간, 수돗물과 온수, 중앙난방), 위생 상태(더 많은 비누와 더 잦은 손 씻기보다 중요한 것은 없다)와 공중 보건(대규모 백신 접종부터 식품 안전 감독까지)이 더 나아지며 가정이 한층 안락해졌고, 오염된 물로 인해 확산되는 전염병의 위험이 줄어들었으며, 식품 매개 질병의 빈도가 꺾였고, 나무 연료를 사용하는 난로에서 발생한 일산화탄소에 중독될 위험도 크게 사라졌다.[2] 공학의 발전과 치안의 향상으로 산업재해와 교통사고도 줄었다. 자동차 사고로 현재 연간 120만 명이 사망하지만, 충돌 위험과 심각한 부상을 줄이는 방향으로 자동차 설계와 안전장치(측면 충돌에 대비한 보호 장치, 안전벨트와 에어백, 운전자 눈높이 브레이크 등brake lights, 자동 브레이크, 차선 이탈 경고)를 개선하지 않았다면 사망자가 훨씬 더 많을 것이다.[3]

국제조약에 명기된 투명한 원칙이 오염 상품 수입 위험을 줄이며 신뢰도와 안전도를 높이고, 개탄스러운 사건에 법적 소송을 제기하도록 함으로써, 예컨대 자식을 다른 나라로 억지로 데려간 부모를 추적할 수 있게 되었다.[4] 또 언론 보도는 여전히 충격적이지만, 세계 전역에서 자행되는 폭력 충돌의 빈도와 그로 인한 사상자 수가 수십 년 전부터 꾸준히 줄어드는 추세이다.[5] 그러나 복잡하기 그지없는 인간의 몸, 엄청난 규모이지만 예측할 수 없는 자연 과정, 복잡한 기계를 설계하고 그걸 작동할 때 인간이 범하는 실수를 근절할 수 없다는 현실을 고려하면, 현대 세계에서도 위험이 여기저기에 많다는 것은 조금도 놀라운 일이 아니다.

정보를 얻으려고 특별히 노력하지 않는 사람도 인재人災와 자연재해, 식습관과 질병과 일상 활동의 위험에 대한 언론 보도를 매일 마주한다. 섬뜩한 테러, 다양한 형태로 나타나는 화학물질에 대한 공포(음식에 살충제 잔여물이 남아 있지 않을까? 장난감이나 카펫에 발암물질이 있지 않을까?), 벽체와 베이비파우더에 숨은 석면 등은 사람에 의해 일어나는 재난, 즉 인재로 여겨진다. 온난화 때문에 망가져가는 지구도 인재라고 언론에서는 말한다.[6] 언론 보도는 허리케인과 토네이도, 홍수와 가뭄, 메뚜기 떼 같은 자연재앙에 대한 뉴스도 놓치지 않는다. 언론이 이런 위험을 끊임없이 보도하는 배경에는 불치성 암과 예측할 수 없는 바이러스에 대한 지속적인 불안이 자리하고 있는 듯하다. SARS-CoV-1(중증급성호흡기증후군 코로나바이러스 1)과 에볼라에 대한 우려는 근래에 터진 코로나19(SARS-CoV-2) 팬데믹에서 비롯된 번민의 작은 예고편에 불과했던 듯하다.[7]

우리를 걱정에 빠뜨리는 위험은 얼마든지 나열할 수 있다. 광우병, 살모넬라 혹은 대장균속屬, 병원 내 세균 감염, 휴대폰의 비전이성 방사선, 사이버 보안과 데이터 절도, 통제를 벗어난 인공지능 설계와 유전자 변형 유기체, 핵미사일의 우발적 발사, 관측되지 않는 떠돌이 소행성의 지구 충돌 가능성 등에 대한 걱정도 끊이지 않는다. 이런 것을 나열하다 보면 우리가 어느 때보다 많은 위험에 노출되어 있다고 섣불리 결론지을 수 있다. 하지만 거꾸로 그런 사건이나 가능성에 대한 끊임없는 (과장된) 보도 때문에 우리가 위험의 존재를 더 의식하게 되고, 그렇게 위험을 적절히 인식함으로써 균형 잡힌 관점을 갖게 된다고 결론지을 수도 있다. 내가 이번 장에서 강조하려는 게 정확히 그것이다. 그렇다. 우리 세세는 끊임없이 반복되는 위험이나 일회성으로 끝나는 위험으로 가득하다. 그러나 위험에 대한 잘못된 인식과 비이성적 평가도 넘쳐흐른다. 이렇게 왜곡된 인식과 계산에는 많은 이유가 있다. 위험을 분석하는 학자들이 그 기원과 확산 및 지속에 대해 흥미로운 여러 결과를 내놓았다.[8]

그러나 분석하고, 계량화하고, 인재와 천재지변을 비교하기 전에 기본적인 것부터 시작해보자. 하루라도 더 살려면 무엇을 먹어야 할까? 요즘 지뢰처럼 내던져지는 올바른 식생활에 대한 주장과 반론을 고려하면, 이 질문에 대답하는 건 불가능할 듯하다(적어도 무척 어려울 것 같다). 어떻게 해야 철저한 육식부터 순수하고 엄격한 채식까지 다양한 식단의 장점과 단점을 비교해 평가할 수 있을까? 이른바 구석기 다이어트가 권장하는 철저한 육식은 식량 에너지의 3분의 1 이상을 동물성 단백질에서 얻는다. 한편 엄격한 채식주의는 동물성 단백질을 1마이크로그램도 섭취하는 않는 정도를 넘어, 가죽 구두도 신지 않고 모직 스웨터나 실크 블라우스도 입지 않는다. 철저한 육식은 진화적으로 머나먼 조상을 모방하려 한다. 한편 엄격한 채식주의는 오랜 고통에 처한 생물권을 보존하는 가장 확실한 길을 제시한다고 주장하며 겸손한 식물은 파괴적인 가축과 달리 환경에 최소한의 영향만 미치기 때문이라고 설명한다.[9]

나는 여기에서 가장 위험이 덜한 식습관(기대 수명 80세 이상과 관련한 식습관)을 찾아보려 한다. 따라서 언론이 권장하는 의심적은 다이어트법은 물론이고, 놀랍게도 학술지에 버젓이 게재된 수십 편의 논문까지도 무시할 것이다. 특히, 짧은 기간 또는 상당히 오랫동안 다양한 체구군과 연령군을 추적했지만 과거에 섭취한 음식을 실험 참가자들의 기억에만 의존해 식습관과 질병과 수명의 관련성을 조사한 논문은 철저히 배제할 것이다. 또한 그런 프로젝트의 연구에 대한 연구, 즉 메타 연구도 무시할 것이다. 관상동맥 심장 질환과 포화지방과 콜레스테롤에 대한 연구부터 육류를 섭취하고 우유를 마시는 위험까지 1950년대 이후에 발표된 출판물만 나열해도 작은 책 한 권은 될 것이다. 이런 연구에서 무척 빈번히 다루는 부분은 인간 기억의 오류성(지난주에 무엇을 먹었는가? 대부분이 기억하지 못할 것이다. 여하튼 정확히는 기억하지 못할 것이다)에 대한 폭로, 또는 워낙 이 분야가 실효성 없는 결론에 대한 신랄한 비판이 그치지 않기 때문인지 다른 방법론과 분석에 내재된 결함을 지적하는 것이다.[10]

대부분의 사람이 '무엇을 먹어야 하는가?'라는 문제를 어렵게 생각하는 건 당연하다. 이에 대한 연구, 또 그 연구에 대한 연구는 지금까지 일관되고 명확한 결과를 내놓지 못했다. 더구나 새로운 연구가 과거의 결과를 뒤집는 경우도 비일비재하다.[11] 이렇게 몇 세대에 걸쳐 오랫동안 연구해왔지만 여전히 해결책을 찾지 못하는 식습관이라는 난제에서 벗어날 더 나은 방법이 있을까? 어쩌면 그 해답을 찾는 건 무척 간단할 수 있다. 어떤 나라 국민이 가장 장수하고, 그들이 무엇을 어떻게 먹는지 살펴보면 된다.

교토에서, 혹은 바르셀로나에서 먹듯이 먹어라

200개 넘는 국가와 자치령으로 이뤄진 세계에서 일본은 1980년 대 초 이후로 최장수국이다. 당시 일본은 남녀 평균 기대 수명이 77세를 넘어섰다.[12] 그 후로도 기대 수명은 계속 높아져 2020년에 는 약 84.6세였다. 모든 사회에서 여성이 더 장수한다. 2020년 일 본 여성의 기대 수명은 약 87.7세로, 2위인 스페인 여성의 86.2세 를 앞섰다. 평균수명은 유전자, 생활 방식, 영양 요인이 복잡하게 상호작용한 결과이다. 식습관이 장수에 어느 정도 영향을 미치는 지 알아내기는 불가능하다. 그러나 어떤 국가의 식습관에 고유한 특징이 있다면, 그걸 면밀히 분석할 필요는 있을 것이다.

　일본의 음식 소비가 기록적인 장수에 기여한다고 가정할 만 큼 그들의 식생활에 정말 특별한 면이 있을까? 일본인이 상당히 많이 소비하는 전통 음식을 보면, 아시아 인근 국가들에서 넉넉히 먹고 마시는 것과 미묘하게만 다를 뿐이다. 중국인과 일본인은 서로 다른 품종의 쌀을 먹지만 동일한 아종(오리자 사티바 자포니카*oryza sativa japonica*)이고 영양학적으로도 동일하다. 전통적으로 중국인은 두부를 황산칼슘으로 응고시켰지만, 일본 두부에는 염화마그네슘이 쓰인다. 그러나 콩을 갈아 만든 두부에는 똑같이 단백질이 풍부하다. 또 발효되지 않은 일본 녹차와 달리, 중국 녹차는 부분적으로 발효된다. 그러나 영양에서는 아무런 질적인 차이가 없다. 그저 겉모습과 색과 맛의 문제일 뿐이다.

일본식 식습관에도 지난 150년 동안 엄청난 변화가 있었다. 1900년 이전에 대부분의 일본 국민이 섭취한 전통 식단은 인구 성장률을 지탱하기에 충분하지 않아 남녀 모두의 신장이 작았다. 제2차 세계대전 전에는 느릿하던 개선 과정이 1945년의 패전에 따른 식량 부족을 극복한 뒤로는 가속화했다.[13] 영양실조를 예방하기 위해 학교 급식에 우유를 제공하면서 우유 소비량이 증가하기 시작했다. 흰쌀도 충분해졌다. 일본이 세계 최대 어선단과 포경선단을 구축한 뒤로는 해산물 공급도 급속히 증가했다. 육류도 식단에 자주 오르는 재료의 하나가 되었고, 구운 요리도 전통적으로 굽지 않던 문화에서 즐겨 먹는 음식이 되었다. 높아진 소득과 입맛의 탄수화물화로 혈중 콜레스테롤 수치, 혈압, 체중 등이 평균적으로 높아졌지만 심장 질환은 눈에 띌 만큼 많아지지 않았고 수명은 늘어났다.[14]

가장 최근의 조사에 따르면, 일본과 미국은 하루에 소비하는 식량 에너지 총량이 놀랍도록 엇비슷하다. 2015~2016년 미국 남성은 2017년의 일본 남성보다 겨우 11퍼센트 더 섭취했고, 미국 여성이 일본 여성보다 많이 섭취한 에너지량은 4퍼센트를 넘지 않았다. 일본과 미국은 탄수화물(일본이 10퍼센트가량 앞섰다)과 단백질(미국이 14퍼센트가량 앞섰다) 섭취량에서 적당한 차이가 있었다. 물론 두 국가 모두 필수적인 최소 단백질 섭취량은 넘었다. 그러나 평균 지방 섭취량에서 큰 차이를 보였다. 미국 남성은 일본 남성보다 약 45퍼센트, 미국 여성은 일본 여성보다 30퍼센트를 더 섭취했다. 가장 큰 차이는 설탕 섭취량이었다. 연간 평균값으로 다시 계산하면, 미국인은 일본인보다 약 8킬로그램의 지방, 16킬로그램의 설탕을 매년 더 먹은 셈이다.[15]

요즘에는 재료를 어디에서나 구하고, 조리법도 인터넷에서 쉽게 찾아볼 수 있다. 달리 말하면, 때 이른 사망 위험을 줄이기 위해 일본식으로 먹기 시작할 수 있다는 뜻이다. 전통적인 일본 요리, 즉 와쇼쿠和食이든, 외국 요리를 변형한 것, 예컨대 비너슈니첼Wienerschnitzel을 변형한 '돈까스'이든, 커리와 쌀밥을 결합한 부드럽고 걸쭉한 '카레라이스'이든 상관없다.[16] 그러나 미소시루(일본 된장국)로 아침 식사, 간편하지만 차가운 오니기리(김으로 감싼 주먹밥)로 점심 식사, 스키야키(육류와 채소 스튜)로 저녁 식사를 대신하기 전에 '장수에 가장 좋은 유럽식 식습관에는 무엇이 있을까?'라는 대안도 생각해볼 필요가 있다.

스페인 여성은 세계 기대 수명에서 차점자이다. 스페인은 이른바 '지중해식 식습관Mediterranean diet'을 전통적으로 따라왔다. 채소, 과일, 통곡물을 많이 섭취하고 콩, 견과, 씨앗, 올리브유로 보충하는 식습관이다. 그러나 스페인 역시 평균 소득이 증가하자 식생활이 놀라울 정도로 달라졌다.[17] 1950년대 말까지 가난했던 프랑코 정권 치하의 스페인은 검소하게 먹었다. 식단에는 전분(곡물과 감자의 연간 소비량이 일인당 250킬로그램 안팎)과 채소가 많았다. 육류 공급(도체 무게)은 연간 일인당 20킬로그램에 미치지 못했고 실제 소비량은 12킬로그램을 넘지 않았다. 그중 3분의 1이 양고기와 염소고기였다. 올리브유가 가장 중요한 식물성 기름(연간 약 10리터)이었고, 설탕 섭취만이 다른 식품에 비해 상대적으로 높았다(1960년에 약 16킬로그램).

1986년 유럽연합에 가입한 뒤 스페인의 식습관은 급속히 변화했고, 2000년쯤에는 유럽에서 손꼽히는 육류 소비국이 되었다. 일인당 평균 공급량은 연간 110킬로그램으로 4배 넘게 증가했는데, 그 뒤로는 완만하게 줄어 2020년에는 일인당 약 100킬로그램이 되었다. 하지만 여전히 일본 평균값의 2배에 달한다! 신선한 육류뿐만 아니라 유제품과 치즈를 섭취하고, 다양한 종류의 '하몬jamón'(염장과 장기간 건조로 보존 처리한 햄)을 엄청나게 소비하기 때문에 스페인의 동물성 지방 섭취량은 일본의 4배이다.[18] 현재 스페인인이 섭취하는 식물성 지방은 일본인의 4배에 달하지만, 올리브유 섭취는 1960년에 비해 약 25퍼센트 줄었다.

소득이 올라가자 당류를 좋아하던 전통적인 성향도 덩달아 짙어졌다. 청량음료가 불티나게 팔렸다. 1960년대 이후 일인당 설탕 소비가 2배로 늘어, 이제는 일본보다 약 40퍼센트 높다. 같은 시기에 스페인의 포도주 소비량은 꾸준히 감소해, 1960년대 일인당 45리터에서 2020년에는 11리터로 급감했다. 반면 맥주가 압도적으로 가장 많이 소비되는 알코올성 음료로 올라섰다. 요즘 스페인 사람들의 식습관은 일본인과 상당히 다르다. 물론, 이제 유럽 대륙에서 육류를 가장 많이 소비하는 스페인의 식단은 채소 위주로 섭취하던 검약한 식단, 또 장수를 자랑하던 유명한 지중해식 식단과는 거리가 멀다.

그러나 육류와 지방과 당류는 더 많이 섭취하고 심장병을 예방한다는 포도주의 음주량은 급격히 감소했음에도 불구하고, 스페인의 심혈관성 사망률은 계속 감소하는 추세이고, 기대 수명은 꾸준히 늘어났다. 1960년 이후 스페인의 심혈관 질환 사망률은 부유한 경제국들의 평균보다 훨씬 빠른 속도로 떨어졌다. 그 결과 2011년에는 그 국가들의 평균치보다 사망률이 약 3분의 1이나 낮았다. 또 1960년 이후 스페인은 남녀 평균 기대 수명도 13년 넘게 늘어 70세에서 2020년에는 83세 이상이 되었다.[19] 일본보다 1년 정도 낮을 뿐인데, 육체적으로나 정신적으로 쇠락한 상태에서 1년의 수명을 늘리려고 육류의 절반을 두부로 교체할 필요가 있을까?

이쯤에서 당신이 장수를 위해 무엇을 포기할 수 있는지 생각해보라. 종잇장처럼 얇은 이베리코 햄iberico ham, 마드리드의 마요르Mayor 광장에서 남쪽으로 조금 걸어가면 있는 세계에서 가장 오래된 식당 소브리노 데 보틴Sobrino de Botín의 잘 구운 돼지고기(거의 300년 동안 이어온 것만큼 유명하지는 않더라도 여하튼), 잘 조리한 폴포 가예고polpo gallego(감자와 올리브유, 파프리카를 넣고 뭉근히 끓인

문어)를 포기할 수 있겠는가? 존재론적 결정을 내려야 하지만, 결론은 상당히 명확하다. 지배적인 식단에 의해서만 장수와 건강하고 능동적인 삶의 여부가 결정된다면, 일본식 식습관이 우위에 있지만, 발렌시아 지역 사람들처럼 먹더라도 약간 부족한 수준일 뿐이다. 여하튼 식습관이 중요하긴 해도, 우리가 물려받은 유전자와 주변 환경을 포함한 큰 그림의 일부에 불과하다.

　수명을 기준으로 한 지금까지의 비교는 대단히 중요하지만 상대적으로 단순한 위험 평가이다. 설득력 있는 자료에 근거해 어느 하나를 선택하면, 향후 수십 년 동안은 충분하다. 그러나 다른 분야의 위험 평가들은 대체로 더 까다롭다. 기준이 수명만큼 단순하지 않기 때문이다. 특정한 활동의 위험도는 시간이 지남에 따라 변한다. 예컨대 지금 미국에서 운전하는 건 대개 반세기 전보다 훨씬 더 안전하다. 그러나 50년 뒤에는 당신의 운전 능력이 크게 떨어질 테니, 그때 운전대를 잡으면 당신 자신과 다른 사람에게 큰 위험을 야기할 것이다. 또 빈번하게 이용하는 장거리 비행이 오랫동안 겨울마다 즐긴 활강 스키보다 더 위험한지 알고 싶다면, 이 둘의 위험도를 상당히 정확하게 비교할 수 있는 척도가 필요할 것이다. 그러면 여러 나라에서 경험하는 위험들을 어떻게 비교할 수 있을까? 예컨대 미국에서 운전하다가 다칠 가능성과 알프스에서 하이킹하는 동안 벼락에 맞을 가능성, 일본에서 지진으로 죽을 가능성은 어떻게 다를까? 곧 살펴보겠지만, 우리는 이런 모든 위험을 상당히 정확하게 비교·평가할 수 있다.

위험의 용인과 지각

1969년 위험을 분석한 선구적인 논문에서, 당시 캘리포니아대학교 로스앤젤레스 캠퍼스의 공학 및 응용과학부 학장이던 촌시 스타Chauncey Starr(1912~2007)는 자발적 행위와 비자발적 행위는 위험 용인risk tolerance에서 큰 차이가 있다고 역설했다.[20] 사람들은 통제권을 갖고 있다고 생각할 때, 예컨대 틀릴 수도 있지만 과거의 경험에 근거한 까닭에 가능성이 큰 결과를 찾아낼 수 있다는 믿음이 있을 때, 서구의 대도시에서 테러 공격에 비자발적으로 노출되는 경우보다 심각한 부상을 당하거나 사망할 가능성이 1,000배나 높은 활동(밧줄도 없이 수직 절벽을 오르는 암벽 등반, 스카이다이빙, 투우)에 참여한다. 또한 많은 사람이 일시적으로 상당히 위험한 활동에 일상적으로 반복해서 참여하지만 그걸 위험하다고 인식하지 않는다. 예컨대 수억 명이 매일 운전하고, 훨씬 많은 수의 흡연자가 훨씬 더 큰 위험을 무릅쓰고 담배를 피운다.[21] 부유한 국가에서는 수십 년간의 교육과 홍보로 흡연자가 크게 줄었지만, 전 세계에는 아직도 10억 명 넘는 흡연자가 있다.

자발적 위험을 용인하는 태도와 비자발적 노출에 대한 위험을 잘못 인식하고 피하려는 태도 사이의 이런 차이가 정말 이상하게 나타나는 경우도 적지 않다. 예컨대 어떤 사람들은 자식을 보호하라는 정부의 요구(비자발적인 부과)를 용납할 수 없을 정도로 위험하다고 생각하기 때문에 자식들에게 예방주사를 맞히지 않음으로써, 예방할 수 있는 질병에 걸릴 복합적 위험에 아이들을 자발적으로 노출시킨다. 하지만 반복되는 반박 '증거'(백신 접종이 자폐증을 일으킬 수 있다는 주장)나, 백신 접종을 핑계로 우리 몸에 마이크로칩을 심는다는 터무니없는 소문에 근거해 그렇게 행동할 뿐이다.[22] 코로나19 팬데믹으로, 이런 비이성적 두려움은 더욱더 커졌다. 팬데믹을 끝내는 최선의 방법은 대대적인 백신 접종이지만, 첫 백신을 승인하고 배포하기 훨씬 전부터 다수가 여론조사원에게 백신을 접종하지 않을 거라고 대답했다.[23]

원자력발전에 대한 만연한 두려움은 잘못된 위험 지각risk perception의 전형적인 예다. 많은 사람이 과도하게 흡연하고, 운전하고, 먹으면서도 원자력발전소 옆에 사는 걸 꺼린다. 원자력발전이 대기오염과 관련한 사망을 크게 예방했다는 사실에도 불구하고, 여론조사에서 확인되듯이 핵을 이용한 전기 발전에 대한 불신은 좀처럼 줄어들지 않는다. 대기오염에 의한 사망은 화석연료의 연소와 밀접한 관계가 있지만, 2020년에도 세계 전기의 5분의 3을 화석연료로 발전했고, 핵분열에 의한 발전은 10퍼센트에 불과했다. 1985년 체르노빌과 2011년 후쿠시마에서 일어난 두 사고로 인한 잠재적 사망자의 예상치를 포함하더라도 핵과 화석연료를 통한 발전에서 비롯되는 종합적 위험을 비교한 결과는 뒤집어지지 않는다.[24]

핵과 관련한 위험 지각의 차이는 프랑스와 독일을 비교할 때 가장 뚜렷이 드러나는 듯하다. 프랑스는 1980년대 이후로 전기의 70퍼센트 이상을 핵분열에서 얻는다. 프랑스 곳곳에 건설한 거의 60개의 원자로가 센강, 라인강, 가론강, 루아르강을 비롯한 많은 강에서 끌어온 물로 냉각된다.[25] 하지만 프랑스는 유럽연합에서 스페인 다음으로 장수 국가이다. 프랑스 국민의 장수는 원자력발전소가 좋지 못한 건강이나 때 이른 사망의 원인이 아니라는 명백한 증거이다. 그러나 라인강 건너편에는 원자력발전을 가급적 빨리 없애버려야 할 잔인무도한 발명이라고 믿는 녹색당원과, 그보다 훨씬 더 많은 독일 국민이 있다.[26]

이렇듯 우리의 위험 지각이 본래 주관적인 데다 특정 위험에 대한 개인적 이해(친숙한 위험인가, 새로운 위험인가)와 문화적 환경에 영향을 받기 때문에 '객관적 위험'은 없다고 주장하는 학자가 많다.[27] 그들의 심리 측정 연구에 따르면, 위험은 개별적으로 고유한 상관관계를 띤다. 다시 말하면, 비자발적 위험은 새롭고 통제할 수 없으며 알려지지 않은 위험에 대한 두려움과 관련이 있고, 자발적 위험은 과학적으로 해석하고 통제할 수 있는 것으로 인식하는 경향이 있다. 예컨대 핵분열을 통한 전기 발전은 안전하지 않은 것으로 폭넓게 인식하는 반면, 엑스선은 용인되는 위험으로 인식한다.

두려움은 위험 지각에서 무척 큰 역할을 한다. 테러 공격이 이런 차별적 용인을 가장 명확하게 보여주는 예인 듯하다. 테러 공격에 대한 두려움이 우리 마음을 짓누르면, 이론의 여지 없는 증거를 기초로 한 합리적 평가는 방해받는다. 시간과 장소 그리고 규모를 예측할 수 없다는 특징 때문에 테러 공격은 두려움의 심리 측정 등급에서 상위를 차지한다. 24시간 뉴스를 전달하는 매체를 통해 끊임없이 이뤄지는 과장되고 왜곡된 분석이 이런 두려움을 집중적으로 악용한다. 지난 20년 동안, 그런 뉴스 매체는 손가방 크기의 핵폭탄이 맨해튼 중심부에서 폭발할 가능성부터 대도시에 식수를 공급하는 데 사용하는 정수장에 독극물을 풀거나 인위적으로 조작한 치명적 바이러스를 살포할 가능성까지 온갖 가짜 뉴스를 퍼뜨렸다.

이런 두려운 공격과 비교할 때, 운전은 자발적이고 끊임없이 반복되는 무척 친숙한 위험이다. 게다가 교통사고는 치명적으로 충돌하더라도 90퍼센트 이상의 사고에서 한 명밖에 죽지 않는다. 그 결과 인간 세계는 연간 120만 명 넘는 교통사고 사망자를 용인한다. 산업 공장에서 일어나는 반복적인 사고, 당신이 거주하는 곳이나 인근 대도시에서 일어나는 다리와 건물의 붕괴는 용납하지 못한다. 설령 그런 재앙으로 인한 연간 사망자가 수십만 명에 '불과'할지라도 말이다.[28]

위험의 용인은 개인 간에도 큰 차이가 있다. 다른 사람이라면 너무 위험할 뿐만 아니라 죽음을 자초하는 짓이나 다를 바 없다고 생각할 법한 행위에 자발적이고 반복적으로 참여하는 사람이 많은 현상을 보라. 건물이나 다리 등 높은 곳에서 낙하산을 타고 내려오는 '베이스 점핑base jumping'이 이런 활동의 대표적인 예이다. 낙하산이 조금이라도 늦게 펴지면 자유낙하하는 몸 뚱이가 순식간에 치사 속도에 도달해 그야말로 죽음을 맞이한다.[29] 한편 운명론적 믿음으로 합리화하는 위험 용인도 있다. 질병이나 사고는 운명 지어진 것이어서 피할 수 없으므로, 건강을 증진하려고 애쓰거나 적절히 조심해서 사고를 예방하려 노력해도 소용이 없다는 믿음으로 위험을 용인하는 경우이다.[30]

운명론적인 사람은 위기를 과소평가하기도 한다. 그 이유는 위기를 분석해 실효성 있는 결론을 끌어내는 데 필요한 노력을 피하고 싶고, 위기에 효과적으로 대응할 수 없다고 절감하기 때문이다.[31] 교통 운명론은 비교적 잘 연구된 분야이다. 운명론적인 운전자는 위험한 운전 상황을 과소평가하고, 방어 운전(집중을 방해하는 요소를 멀리하고 안전거리를 유지하며 과속하지 않는 운전)을 등한시하는 경향을 띤다. 또 아이들에게 안전벨트를 매라고 강요하지도 않고, 도로 사고에 관여하지 않으려는 경향도 있다. 일부 국가의 연구에서 확인할 수 있듯이 교통 운명론이 택시 기사들에게 팽배하고 미니버스 운전자들에게 만연한 것은 무척 우려스럽다.[32]

베이스 점핑을 즐기는 사람을 위험 혐오자의 귀감으로 바꾸거나 사고는 운명론적으로 결정되는 게 아니라고 택시 기사를 설득하기 위해 우리가 할 수 있는 일은 거의 없다. 그러나 일상 생활에서 흔히 보고 겪는 위험뿐 아니라 극단적으로 드물지만 치명적인 위험까지, 모든 위험을 가급적 정확히 파악해서 각각의 결과를 계량화하면 그 영향을 비교할 수 있을 것이다. 이 작업은 무수히 다양한 사건과 과정을 다루어야 하기 때문에 결코 쉽지 않다. 게다가 위험을 측정하는 완전한 기준도 없고, 수십억 인구가 일상에서 흔히 직면하는 위험을 극히 드문 사건, 특히 100년이나 1,000년, 아니 1만 년에 한 번 일어나더라도 파국적인 결과를 초래하는 재앙적 사건과 비교하기 위한 보편적인 잣대도 없다. 그래도 나는 이 어려운 작업을 해보려 한다.

일상생활에서 만나는 위험의 계량화

.

░░░░░░░░░░░░░░░░░

노인들에게 위험은 잠자리에서 눈을 뜨기 전에 시작된다. 빛이 들 즈음 심장마비(급성 심근경색)가 더 흔하고 더 심각하게 발생하기 때문이다.[33] 또 노인들이 잠자리에서 일어날 때 다치는 가장 큰 이유는 낙상落傷이다. 미국에서만 매년 수백만 건의 낙상 사고가 일어나 타박상과 골절을 남기고, 이로 인해 3만 6,000명 이상이 사망한다. 그중 70세를 넘긴 노인이 압도적 다수를 차지한다. 물론 잠자리에서 일어날 때나 계단을 내려올 때가 아니라, 단순히 균형을 잃거나 카펫 끝자락에 발이 걸려 넘어지는 경우도 많다.[34] 또 부엌에 들어가면, 부적절하게 조리한 달걀 속 살모넬라균부터 차茶에 남은 살충제까지 음식과 관련한 위험을 만난다(차에 잔류한 농약은 미량이긴 하지만 비非유기농법으로 재배한 차를 마시는 사람은 매일 살충제에 노출되는 셈이다).[35]

아침에는 빙판길을 운전할 수도 있고, 약물에 절은 운전자가 붉은 신호등을 무시하고 달릴 가능성도 있다. 사무실 벽체 안에 석면 절연재가 숨어 있거나, 불완전한 에어컨이 레지오넬라 균을 퍼뜨릴지도 모른다. 함께 일하는 동료가 계절성 독감이나 (2020~2021년, 2009년, 1968년, 1957년에 그랬던 것처럼) 새로운 팬데믹 바이러스를 전염시킬 수 있고, 초콜릿바에 우연히 섞여 들어간 견과류 하나 때문에 심한 알레르기 반응을 일으킬 위험도 있다. 토네이도가 빈번한 계절에 텍사스나 오클라호마에 산다면, 일을 끝내고 집에 돌아갔을 때 잿더미로 변한 집을 맞닥뜨릴 확률도 없지 않다. 한편 볼티모어에 사는 사람은 조직 폭력단으로 유명한 로스앤젤레스보다도 한 자릿수가 높은 살인율에 무심할 수 없을 것이다.[36] 복제약품은 대체로 중국과 인도에서 제조하고 국내에서는 거의 생산하지 않는 데다 일부가 오염되면 통째로 유통 과정에서 배제되기 때문에 당신이 처방받은 약이 약국에 없을 가능성도 있다.[37]

연령과 성별 사망률에 대한 자세한 자료를 보면, 나이에 따라 걸리는 중병(따라서 그에 대한 걱정)이 다르다는 걸 확인할 수 있다. 최근의 통계자료에 따르면, 잉글랜드와 웨일스에서 남성의 경우에는 50대 초부터 70대 말까지 심장 질환이 지배적이고, 여성의 경우에는 30대 중반부터 유방암이 가장 두려운 병으로 꼽힌다. 이런 추세가 60대 중반까지 계속되지만, 그 이후에는 폐암이 가장 큰 사망 원인이다. 최근에는 80세를 넘긴 남녀 모두에게 치매와 알츠하이머병이 허혈성 심장 질환을 밀어내고 주된

사망 원인으로 올라섰다.[38]

흔하고 공통된 위험을 계량화하는 것은 두려움을 부채질하는 작업일 수 있다. 평소와 달리 급속히 확산되는 지독한 독감으로 사망할 위험과, 주말에 가끔 카약을 타거나 설상차를 운전하다가 치명적인 부상을 당할 위험을 어떻게 해야 비교할 수 있을까? 또 빈번하게 비행기로 태평양을 횡단하는 위험과, 캘리포니아산 상추를 습관적으로 먹을 때 대장균에 감염될 가능성을 비교하는 방법은 무엇일까? 치명적 위험은 어떻게 표현해야 할까? 1,000명이든 100만 명이든 피해 입은 사람을 기준으로 삼아야 할까? 기준 단위를 위험한 물질, 노출 시간, 주변의 집중도 등무엇에 두어야 할까?

사망과 부상, 경제적 손실(여러 사회를 비교하면 총액의 자릿수가 다를 수 있다)과 만성 통증(계량화할 수 없기로 지금도 악명 높다)까지 포함하는 획일적인 측정 기준을 마련하는 것은 불가능한 목표이다. 그러나 죽음이라는 종착역은 위험 평가를 비교할 때 사용할 수 있는 보편적이고 궁극적이며 이론의 여지 없이 계량화할 수 있는 분자分子가 된다. 무엇인가를 비교하는 가장 단순하면서도 명확한 방법은 기준 분모를 사용해서, 10만 명당 사망 원인의 연간 빈도를 비교하는 것이다. 미국 통계자료(가장 최근에 발표한 자료는 2017년)를 여기에 적용하면 뜻밖의 결과를 적잖게 마주하게 된다.[39]

살인은 백혈병만큼이나 많은 생명을 앗아간다(6:7.2). 이 비교는 백혈병 치료법의 진전과 미국 사회의 예외적 폭력성을 드러내는 이중의 증거이다. 우연한 낙상으로 사망하는 사람이 (확진을 받은 뒤 오래 생존하지 못하는) 무시무시한 췌장암으로 사망하는 사람만큼이나 많다(11.2:13.5). 자동차 사고로 사망하는 사람은 당뇨로 사망하는 사람보다 2배나 많고(52.2:25.7), 나이도 훨씬 더 젊다. 우연한 중독과 유해한 물질에 의한 사망자가 유방암 사망자보다 훨씬 많다(19.9:13.1). 그러나 이런 비교는 동일한 분모(10만 명)를 사용하긴 하지만 죽음의 원인에 노출된 시간은 고려하지 않은 것이다. 살인은 공적인 장소나 사적인 곳, 백주 대낮이나 한밤중에도 일어날 수 있고, 실제로도 그렇다. 따라서 살인 위험에는 하루 24시간, 1년 365일 노출된다. 반면 자동차 사고(보행자 사망 사고 포함)는 누군가가 운전할 때에만 일어날 수 있다. 대부분의 미국인은 하루에 1시간 정도만 운전대 앞에서 시간을 보낸다.

따라서 사람들이 특정 위험에 노출되는 시간을 공통분모로 사용하고 '일인당 노출 시간당per person per hour of exposure' 치명률을 비교하는 게, 달리 말하면 개인이 자발적이든 비자발적이든 특정 위험에 노출되는 시간을 비교하는 게 더 통찰력 있는 측정 방법인 듯하다. 이 접근법은 1969년 촌시 스타가 과학기술의 위험과 사회적 편익을 평가할 때 도입한 것이고, 내 생각에는 이 방법이 다른 일반적인 측정 기준, 즉 '마이크로모트micromort'보다 나은 듯하다.[40] 마이크로모트는 극히 적은 확률, 즉 특정한 노출에 100만 명당 한 명이 죽을 확률을 뜻하고, 1년이나 하루, 한 번의 수술이나 비행, 혹은 비행거리를 기준으로 표현된다. 따라서 분모가 동일하지 않아 일률적인 비교가 쉽지 않다.

일반적인 모집단에서나 특정한 연령대에서나 전반적으로는 1,000명당 사망률을 추적 및 조사한다.[41] 전체 사망률은 모집단의 평균 연령에 크게 영향을 받는다. 2019년 세계 평균값은 7.6/1,000이었지만 케냐의 사망률은 낮은 수준의 영양 섭취와 보건 위생에도 불구하고 독일 사망률의 절반이었다(5.4:11.3). 케냐의 중위 연령이 20세에 불과해, 독일의 중위 연령인 47세의 절반에도 못 미치기 때문이다. 특정 질병에 의한 사망 자료도 쉽게 구할 수 있다. 미국의 경우에는 심혈관 질환이 전체의 4분의 1(2.5/1,000)을 차지하고, 암이 5분의 1을 차지한다(2/1,000). 부상과 자연재해에 따른 사망률도 어렵지 않게 구할 수 있다. 낙상은 약 1.4, 교통사고는 1.1, 동물과의 우연한 만남이 0.7, 독극물 중독 사고는 0.03이다.[42]

한 해 전체(윤년을 고려해 보정하면 8,766시간)가 전반적인 사망, 만성질환, 언제라도 닥칠 수 있는 지진이나 화산 폭발 같은 자연재해에 대한 분모가 된다. 그러나 운전이나 비행처럼 지극히 흔한 활동의 위험을 계산하려면, 그런 활동에 참여하는 특정 모집단의 총인원을 먼저 알아내고, 연간 노출되는 평균 시간을 추정해야 한다. 동일한 과정이 허리케인이나 토네이도로 사망할 위험을 계량화할 때도 적용된다. 이런 폭풍도 1년 내내 활동하는 게 아니고, 국토 면적이 넓은 나라의 경우에는 국가 전체에 영향을 미치지 않기 때문이다.

기준치, 즉 총인구의 전체 사망률이나 성별과 특정 연령대의 전체 사망률을 계산하기는 쉽다. 2019년 부유한 선진국들의 전체 사망률, 즉 조사망률粗死亡率은 10/1,000 부근에 모여 있었다. 정확히 말하면, 북아메리카는 8.7, 일본은 10.7, 유럽은 11.1이었다. 10/1,000이라는 연간 사망률은 8,766×1,000시간 동안 죽음에 노출된 1,000명당 10명이란 뜻이므로, '일인당 노출 시간당'으로 다시 계산하면 10^{-6}, 즉 0.000001이 된다. 심혈관 질환은 부유한 국가에서 주된 사망 원인이며, 총사망 원인의 4분의 1을 차지한다($3×10^{-7}$). 계절성 독감의 위험은 이보다 한 자릿수 낮아, 대체로 $2×10^{-8}$부터 $3×10^{-8}$까지이다. 폭력과 관련한 소식이 끊이지 않는 미국에서도 살인 위험은 노출 시간당 $7×10^{-9}$에 불과해서, 낙상으로 사망할 위험($1.4×10^{-8}$)의 절반이다. 그러나 앞에서 이미 지적했듯 낙상처럼 우연한 사고에 의한 사망 빈도는 크게 왜곡된 것이다. 85세 이상의 노인이 낙상으로 사망할 위험은 $3×10^{-7}$인 반면, 25~34세의 경우에는 $9×10^{-10}$에 불과하기 때문이다.[43]

전체 사망률에서 예상되는 결론과 달리, 부유한 국가에서 자연사에 의한 전체 사망률은 매시간 사망하는 100만 명 중 한 명 꼴이다. 매시간 약 300만 명 중 한 명이 심장 질환으로 사망하고, 대략 7,000만 명 중 한 명이 낙상으로 사망한다. 이런 확률은 너무 낮아 어떤 부유한 국가에서도 일반 시민의 마음에 깊은 인상을 심어주지 못한다. 성별과 연령별 수치는 당연히 다르다. 캐나다의 전체 사망률은 남녀 모두에서 7.7/1,000이다. 반면 젊은 (20~24세) 남성은 0.8/1,000에 불과하고, 내 연령대(75~79세)의 남성은 35/1,000이다. 따라서 내 연령대의 위험은 살아 있는 시간 동안 '일인당 매시간당per person per every hour' 4×10^{-6}으로, 국민 평균의 4배에 달한다.[44]

자발적 활동의 위험을 계량화하기 전에 병원에서 머무르는 시간과 관련한 위험을 명확히 해두고 싶다. 여러 조건 때문에 병원은 피할 수 없는 공간이 되었다. 특히 많은 국가에서 긴급하지도 않은 성형수술이 증가하는 추세이기도 하다. 한정된 시간 내에 처리해야 할 환자 수가 증가하면, 의료 과실이 일어날 위험도 높아지기 마련이다. 1999년에 발표된 (예방 가능한) 의료 과실에 대한 첫 연구에 따르면, 미국에서는 매년 4만 4,000건부터 9만 8,000건이 발생했다.[45] 거북할 정도로 높은 수치이다. 그런데 2016년 발표된 새로운 연구에서는 2013년에만 25만 1,454건의 의료 과실이 발생한 것으로 나타났다(사망 가능성은 40만 명). 그해 미국 사망 원인에서 심장 질환(61만 1,000명)과 암(58만 5,000명)에는 못 미치지만 만성 호흡기 질환(14만 9,000명)보다는 많아 3위를 차지하는 수치였다.[46] 이런 결과는 언론에도 대대적으로 보도되었듯 매년 미국 병원에서 맞는 죽음의 35~58퍼센트가 의료 과실 때문인 것으로 해석할 수 있다.

이런 주장이 타당하지 않은 건 분명하다. 부주의한 과실이 분명 존재하고 유감스러운 태만이 있는 것은 사실이지만, 병원 내 의료 과실로 인한 죽음이 전체 사망자의 3분의 1을 넘어 거의 5분의 3에 이른다는 주장은 현대 의학계를 악랄한 범죄자까지는 아니어도 지독히 무력한 집단으로 단정하는 것과 다를 바 없다.

게다가 다행히 이런 높은 사망률의 원인이 부주의가 아니라, 자료 처리의 오류였다는 게 밝혀졌다.[47] 의료 행위의 역효과adverse effect of medical treatment, AEMT와 관련된 사망에 대한 최신 연구가 그 오류를 바로잡았다. 이 연구에 따르면, 1990~2016년 12만 3,063건의 의료 과실이 있었고, 그 대부분이 수술 과정과 수술 전후의 입원 기간에 일어난 일이었다. 따라서 AEMT에 의한 사망자 수치가 10만 명당 1.15명으로 21.4퍼센트나 떨어진다.[48]

남녀 사이에는 거의 차이가 없지만, 주州 사이에는 상당한 차이가 있었다. 캘리포니아에서 AEMT에 의한 사망자는 10만 명당 0.84로 상당히 낮았다. 절대적 수치로 환산하면, 이 평균값은 연간 약 4,750명의 사망자를 뜻하며, 2016년 발표된 가장 낮은 추정치의 2퍼센트 미만이었다.[49] 다시 비교를 위해 위험 측정 기준으로 환산하면, 사망자가 노출 시간당 약 1.2×10^{-6}명이었다는 뜻이다. 달리 말하면, 이 책을 읽는 초로의 남성(전체 사망률이 3×10^{-6}에서 5×10^{-6} 사이인 연령층)은 미국 병원에 입원한 평균 기간 동안 약 20~30퍼센트만큼 사망할 위험이 높아진다는 뜻이다. 나로서는 위험과 관련한 매우 고무적인 발견이 아닐 수 없다!

자발적 위험과 비자발적 위험

다소 위험한 활동에 참여하는 자발적 노출은 이런 기준 위험, 즉 응급 수술이나 건강 진단을 위해 단기적으로 병원에 입원할 때처럼 피할 수 없는 사건과 관련한 위험을 얼마나 많이 증가시킬까? 또 지진부터 홍수까지 자연 재앙에서 비롯되는 피할 수 없는 비자발적인 위험에 대해 우리는 어느 정도까지 걱정해야 하는 걸까?

앞에서 이미 말했듯 자발적 위험과 비자발적 위험은 위험 평가에 유용한 범주 구분이다. 그러나 자발적 노출과 비자발적 노출이 항상 명확히 구분되는 것은 아니다. 흡연이나 위험성이 동반되는 익스트림 스포츠extreme sports는 명백히 자발적이고 위험한 활동이다. 그러나 개인적 차원에서나 집단적 차원, 심지어 전 지구적 차원에서 피할 수 없는 비자발적 위험도 있다. 확률은 무척 낮지만 하늘에서 떨어지는 운석에 맞을 위험, 지구가 소행성과 충돌할 가능성이 대표적인 예이다.

그러나 자발적 위험과 비자발적 위험이 명확히 구분되지 않기 때문에 많은 위험 노출을 쉽게 규정할 수는 없다. 예컨대 준교외 지역에 꿈꾸던 집을 지은 가족에게는 자동차를 타고 출근하는 게 선택의 문제일 수 있지만, 대중교통 체계가 열악한 북아메리카에서 수백만 명의 노동자에게 자동차 운전은 피할 수 없는 일이다. 또 뉴펀들랜드에 살고 싶어 하는 젊은이에게는 어부가 되거나 석유 시추 플랫폼에서 일하는 노동자가 되는 것 외에 다른 선택지가 많지 않다. 둘 모두 북대서양으로 돌출한 암반 지대에서 아득히 멀리 떨어진 토론토로 이주해 유리 칸막이가 있는 사무실에 앉아 코딩을 배우고 애플리케이션을 만지작대는 것보다 훨씬 더 위험한 직업이다.

나는 이런 복잡한 문제를 염두에 두고 운전과 비행, 즉 세계 전역에서 수백만 명의 자동차 운전자와 동승자, 또 최근에는 매일 1,000만 명 넘는 정기 여객기의 승객과 관련 있는 활동을 설명해보려 한다. 운전과 비행, 두 경우 모두에서 먼저 사망자 수를 정확히 파악한 뒤 피해 입은 사람을 정의하고, 그들이 특정 위험에 노출된 총시간을 계산하기 위해 필요한 가정을 세워야 할 것이다.

운전의 경우는 운전대 앞에서 혹은 동승자로서 보낸 시간을 계산해야 한다. 미국에서는 매년 자동차로 이동하는 총거리를 발표한다. 최근에 발표한 통계에 따르면 연간 약 5.2조 킬로미터였다. 교통사고 사망자는 오랫동안 줄어들었지만 근래에 연간 4만 명으로 약간 상승했다.[50] 운전하며 보내는 시간을 추산하기 위해서는 운전 거리를 평균 속도로 나누면 된다. 물론 이렇게 구한 수치는 근사치에 불과할 뿐 정확하지는 않다. 도시 간 주행 속도는 큰 차이가 없지만, 시내 주행 속도는 반복되는 러시아워 동안에 많게는 40퍼센트까지 떨어진다. 이런 복합적인 경우를 고려해 평균 속도를 시속 65킬로미터로 가정하면, 미국에서 운전하는 시간은 연간 약 800억 시간이다. 따라서 연간 4만 명의 사망자는 노출 시간당으로 따지면 정확히 5×10^{-7}(0.0000005)명이라는 계산이 나온다. 교통사고 사망자에 자동차 사고를 당한 보행자가 포함된다는 사실이나, 다른 타당한 평균 속도(시속 50~70킬로미터)를 고려하더라도 자릿수는 변하지 않을 것이다. 운전은 비행보다 한 자릿수가 더 위험하다. 결국 우리가 운전하는 동안 죽을 가능성은 집에 머물거나 정원을 가꾸는 시간(높은 사다리 위로 올라가거나 커다란 사슬 톱으로 작업하지 않는 한)과 비교할 때 평균 50퍼센트가량 올라간다.

내 또래 연령대의 남성에게 운전 위험은 전체 사망 위험보다 12퍼센트 더 높을 뿐이다. 미국에서 운전 위험은 성별과 인구 집단에 따라 큰 차이를 보인다. 자동차 사고로 사망할 평생 위험이 아시아계 미국 여성의 경우에는 0.34퍼센트(291명 중 한 명)에 불과하지만, 백인 남성의 경우에는 1.75퍼센트(57명 중 한 명)이다. 반면 전체 인구의 경우에는 그 위험이 0.92퍼센트(109명 중 한 명)이다.[51] 물론 미국과 캐나다보다 훨씬 적게 운전하지만 사고율이 훨씬 더 높은 국가들에서는 위험이 한 자릿수 더 높다.

실제로 사고율은 브라질이 2배, 사하라사막 남쪽의 아프리카 국가들이 3배나 높다.[52]

정기적으로 운영하는 민간 항공기의 위험도는 지난 세기 말에 이미 무척 낮아졌고, 21세기 들어 20년 동안 더욱 안전해졌다. 아직 해결되지 않았고 앞으로도 해결 가능성이 거의 없는 사건, 즉 2014년 3월 인도양 위 어딘가에서 사라진 말레이시아항공 370편, 또 2014년 7월 우크라이나 동부 상공에서 격추된 말레이시아항공 17편, 자바해에 추락한 라이언항공 610편(2018년 10월 29일)과 아디스아바바 근처에 추락한 에티오피아항공 302편 (2019년 3월 10일) 등 두 번이나 추락한 신형 보잉 737 맥스를 비롯한 최근의 불미스러운 사고에도 불구하고, 이런 결과는 달라지지 않는다.[53]

항공 산업의 사망자를 비교하는 가장 설득력 있는 방법은 100조 여객-킬로미터를 기준으로 삼는 것이다. 이 비행거리를 기준으로 삼으면, 사망자가 2010년에는 14.3이었고 2017년에는 0.65로 떨어졌지만, 2019년에는 2.75로 올라갔다. 따라서 2019년의 비행은 2010년보다 5배 이상 안전했고, 제트여객기 시대가 열린 1950년대 말보다는 200배 이상 안전해졌다.[54] 이 수치를 노출 시간당 위험으로 표현하는 건 그다지 어렵지 않다. 2015~2016년에 항공 사고로 인한 총사망자는 292명이었다. 68조 여객-킬로미터와 42억 명의 승객이라는 평균값은 보통 승객이 평균적으로 약 1,900킬로미터를 비행하고, 2.5시간을 비행기에서 보냈다는 뜻이다. 총 105조 여객-시간을 하늘에서 보낼 때 292명이 사망했다는 것은 일인당 비행 시간당 사망할 확률이 2.8×10^{-8}(0.000000028)이란 뜻이다. 공중에 떠 있는 동안 사망할 위험을 나타내는 이 수치는 일반적 위험의 3퍼센트에 불과하고, 70대 남성의 경우에도 그 위험이 고작 1퍼센트 더 상승할 뿐이다. 따라서 비행기를 빈번히 이용하는 합리적인 승객이라면, 더욱이 노인 승객이라면, 예측하지 못한 지연에 맞닥뜨리거나, 보여주기 식 보안 검색대를 통과하고, 장거리 비행의 지루함을 견뎌야 하며, 끔찍한 시차에 대처하는 일을 더 걱정해야 할 것이다.

자발적 위험이라는 스펙트럼의 정반대편 끝에는 믿음이 지속되는 동안 높은 사망 확률을 수반하는 활동이 있다. 절벽과 탑, 다리와 건물 등의 꼭대기에서 뛰어내리는 베이스 점핑보다 더 위험한 자발적 위험은 없다. 이 '자업자득' 광기에 대한 가장 신뢰할 만한 연구는 노르웨이 셰라그볼텐Kjeragbolten에서 베이스 점핑하는 사람들을 11년 동안 지켜본 결과를 분석한 것이다. 지금까지 총 9명, 점프 2,317회당 한 명이 사망했다.[55] 죽음의 위험 노출 평균이 4×10^{-2}(0.04)인 셈이다. 비교해서 말하면, 과거 스카이다이빙의 사망 사고는 대략 점프 10만 회당 한 번꼴로 일어났다. 그러나 최근 발표한 미국 자료를 보면, 25만 회당 한 명으로 크게 줄었다. 일반적으로 5분 동안 지속되는 낙하에서 노출 위험은 약 5×10^{-5}에 불과하지만, 5분 동안 책상에 우두커니 앉아 있는 것보다는 50배나 높다. 그러나 베이스 점핑의 위험과 비교하면 약 1,000분의 1에 불과하다.[56] 거듭 말하지만 이런 구체적 수치에 담긴 뜻을 실질적으로 이해하는 사람은 극소수에 불과하다. 그러나 위험을 용인하는 소수를 제외하고, 거의 모두가 그 수치를 내면화한 것처럼 행동한다.

2020년 미국에서 운전면허증을 소지한 사람은 약 2억 3,000만 명이었으며, 운전대를 잡고 있을 때의 노출 위험은 일인당 시간당 5×10^{-7}이었다. 스키 활강을 즐기는 사람은 약 1,200만 명이었고, 활강하는 동안의 노출 위험은 2×10^{-7}이었다. 미국낙하산협회 회원은 약 3만 5,000명이고, 공중에 떠 있는 동안의 노출 위험은 5×10^{-5}이다. 미국행글라이딩·패러글라이딩협회 회원은 약 3,000명이고, 20분에서 수 시간까지 비행하는 거리에 따라 다르지만 그들의 활동에 내재한 사망 위험은 10^{-4}에서 10^{-3}까지이다. 베이스 점핑의 인기가 특히 노르웨이와 뉴질랜드에서 꾸준히 높아지고 있지만, 미국에서는 여전히 운명에 도전하는 수백 명의 남성에게 국한된 스포츠로, 사망 위험은 그 짧은 낙하 시간에 4×10^{-2}에 이른다.[57] 어떤 활동의 위험도와 참여도가 반비례하는 것은 당연하다. 그래서 멋진 차림으로 스키를 타고 산을 내려오는 동안 어깨가 탈골되고 발목이 접질리는 위험을 기꺼이 감수할 사람은 많아도, 아득한 절벽에서 허공을 향해 몸을 던지는 사람은 극소수에 불과한 것이다.

끝으로, 현대사회에서 가장 무서운 비자발적 노출, 즉 테러 공격에 대한 핵심적인 수치를 따져보자. 1995년부터 2017년까지 3,516명이 미국 땅에서 테러 공격을 받아 사망했다. 여기에는 2001년 9월 11일의 사망자 2,996명도 포함되며, 그 수치는 총사망자의 85퍼센트에 해당한다.[58] 따라서 미국 전역에서 개개인이 테러 공격에 노출될 위험은 22년 동안 평균 6×10^{-11}이었다. 맨해튼의 경우에는 그 위험이 두 자릿수 더 높았고, 그냥 숨을 쉬며 살아갈 때의 위험이 테러에 의한 위험 때문에 1퍼센트의 10분의 1 상승했지만, 유의미하게 내재화하기에는 너무도 작은 수치였다. 미국보다 운이 좋지 않은 국가들에서 테러 공격에 의한 희생자 수는 훨씬 더 많았다. 이라크에서는 2017년 테러 사망자가 4,300명을 넘어 위험이 1.3×10^{-8}까지 올라갔다. 아프가니스탄에서는 2018년 사망자가 7,379명이었고, 위험은 2.3×10^{-8}이었다. 그러나 이런 위험 비율도 그냥 숨만 쉬고 살아갈 때의 기본적 위험과 비교하면 몇 퍼센트 정도만 상승했다. 게다가 2.3×10^{-8}이란 수치는 사람들이 운전하며, 특히 차선도 없고 교통 규칙도 없는 곳에서 운전하며 자발적으로 떠안는 위험보다는 여전히 낮은 수치이다.[59]

그러나 이런 비교가 옳고 정확하더라도 감정이 없는 계량화의 본질적 한계가 있기는 하다. 자동차로 출퇴근하는 사람들은 대체로 특정한 시간대에만 운전하고, 길에서 보내는 시간이 하루에 1시간 혹은 1시간 30분을 넘는 경우가 극히 드물다. 또 익숙한 길을 이용하고, 악천후나 예기치 못한 교통 체증이 있는 경우를 제외하면 평정심을 유지하며 운전한다. 반면 카불이나 바그다드에서 테러 공격이 한창이던 때 폭격과 총격은 모스크부터 시장까지 많은 공공장소에서 돌발적으로 일어났다. 우리가 어떤 도시에 살든 테러 공격을 완전히 피할 확실한 방법은 없다.

테러 위협에 노출될 위험이 낮으면 테러에 수반되는 두려움이 계량화하기 힘들 정도로 적지만, 그래도 이는 아침 출근길에 미끄러운 길을 만날지도 모른다는 걱정과는 질적으로 다르다.

자연재해: 텔레비전에서 보는 것보다는 덜 위험하다

반복되는 무시무시한 자연재해를 그저 숨만 쉬고 살아갈 때의 위험이나 익스트림 스포츠의 위험과 비교할 방법이 있을까? 일부 국가는 한두 종류의 재앙적 자연재해 — 영국의 경우에는 홍수와 강한 바람 — 를 아주 빈번하게는 아니어도 반복적으로 겪는 반면, 미국은 매년 많은 토네이도 및 광범위한 홍수와 싸워야 한다. 게다가 허리케인(2000년 이후로는 매년 두 건의 허리케인이 육지에 상륙했다)과 폭설도 번질나게 덮친다. 태평양 연안의 주州들은 큰 지진과 쓰나미의 가능성까지 항상 염두에 두어야 한다.[60]

토네이도는 매년 사람을 죽이고 가옥을 파괴한다. 과거의 상세한 통계자료를 분석하면 정확한 노출 위험을 계산해낼 수 있다. 1984년부터 2017년까지, 파괴적인 토네이도의 빈도가 상대적으로 높은 21개 주에서 1,994명이 사망했다. 노스다코타, 텍사스, 조지아, 미시간 지역으로, 주민 수는 대략 1억 2,000만 명이다. 또 사망자의 약 80퍼센트가 3월부터 8월까지 6개월 사이에 발생했다.[61]

달리 표현하면, 노출 시간당 사망자가 약 3×10^{-9} (0.000000003)이란 뜻이다. 그저 숨만 쉬고 살아갈 때의 위험보다 세 자릿수나 낮은 위험이다. 미국에서 토네이도가 휩쓸고 지나가는 주에서 이런 수치를 알고 있는 사람은 극소수에 불과하다. 하지만 반복적인 자연 재앙을 겪는 다른 지역 사람들이 그렇듯 그 지역 주민들도 토네이도로 사망할 확률이 무척 낮다는 걸 알기 때문에 그곳에서 계속 살아가는 위험을 받아들인다. 강력한 토네이도가 남긴 파괴 현장을 중계하는 뉴스를 보고, 대기가 덜 불안정한 지역에 사는 시청자는 그곳 사람들이 똑같은 곳에 다시 집을 짓고 사는 이유를 궁금해한다. 하지만 그런 결정은 비이성적이지도 않고 무모하게 위험을 무릅쓰는 짓도 아니다. 그런 결정 때문에 수백만 명의 주민이 텍사스부터 사우스다코타까지 이어지는 '토네이도 길Tornado Alley'에서 계속 살아가는 것이다.

세계 전역에서 흔히 닥치는 다른 자연재해에 노출될 위험을 계산해보면, 놀랍게도 동일한 자릿수(10^{-9})에 수렴하거나 훨씬 더 낮은 결과를 보여준다. 이처럼 낮은 사망 노출 위험을 통해 많은 국가가 지진이라는 항시적 위험을 떠안고 살아가는 이유를 설명할 수 있다. 1945년부터 2020년까지 일본에서는 전국 방방곡곡에 영향을 미친 지진으로 약 3만 3,000명이 사망했다. 그중 절반 이상이 2011년 3월 11일 도호쿠東北를 덮친 지진과 쓰나미의 희생자였다(1만 5,899명 사망, 2,529명 실종).[62] 그러나 1945년 7,100만 명이던 인구가 2020년에는 거의 1억 2,700만 명으로 증가한 점을 고려하면 노출 시간당 사망률은 약 5×10^{-10} (0.0000000005)으로, 일본 전체 사망률보다 네 자릿수나 낮다. 물론 1에 0.0001을 더한다고 생명의 위험에 대한 전반적 평가를 뒤바꾸는 결정적인 변수가 되지는 못한다.

세계 대부분 지역에서 홍수와 지진의 노출 위험은 1×10^{-10}과 5×10^{-10} 사이에 있다. 미국에서 허리케인은 텍사스부터 메인까지 해안 지역에 거주하는 5,000만 주민에게 잠재적 영향을 미치며 평균적으로 연간 약 50명의 목숨을 앗아간다. 1960년 이후, 허리케인의 노출 위험은 약 8×10^{-11}이다.[63] 무척 낮은 확률이다. 대부분의 사람이 예외적으로 낮다고 생각하는 자연의 위험, 즉 벼락에 맞아 죽을 확률과 비슷하거나 그보다 더 낮다. 최근 미국에서 벼락에 맞아 죽은 사람은 30명보다 적었다. 이런 위험이 야외에 있을 때만(하루 평균 4시간), 그것도 4월부터 9월까지 6개월 동안(번개의 90퍼센트가 이때 발생한다)에만 적용된다고 가정하면 이 위험은 1×10^{-10}과 같지만, 노출 기간을 10개월로 연장하면 위험이 7×10^{-11}(0.0000000007)으로 떨어진다.[64]

오늘날 미국에서 허리케인으로 죽을 위험이 벼락보다 크지 않은 것은 위성과 한층 발달한 방송을 통한 경고 및 대피 덕분이다. 하지만 세계 전역에서 자연 재앙의 빈도와 그로 인한 경제적 비용이 증가하는 추세이기 때문에 허리케인 등을 걱정할 이유는 여전히 존재한다. 이렇게 확신하는 데는 분명한 근거가 있다. 지진과 허리케인, 홍수와 화재 등을 예측하기 힘든 사건에 손익이 크게 영향을 받는 세계 최대 재보험회사들이 수십 년 전부터 신중하게 추적하고 관찰한 결과이기 때문이다.

보험은 다양한 위험에 대해 다른 정도의 보상을 제공하는 오랜 관습이다. 생명보험은 높을 것으로 예측되는 생존율에 기반하는 반면, 예측할 수 없는 자연 재앙에 대비한 상품을 팔려면 보험회사들은 그런 재앙과 관련한 위험을 분담함으로써 자신의 안전을 확보해야 한다. 따라서 세계 최대 재보험회사들, 예컨대 스위스 리, 독일의 뮌헨 리Munich Re와 하노버 뤼크Hannover Rueck, 프랑스의 SCOR, 미국의 버크셔 해서웨이Berkshire Hathaway, 영국의 로이즈Lloyd's는 그 존재 자체가 적절한 결정을 내리는 데 있다. 이들은 자연 재앙을 가장 근면하고 성실하게 연구하는 집단이다. 보험 손실이 높아지는 걸 피하려면, 미래 위험을 과소평가한 낡은 수치에 기반해 보험료를 책정해서는 안 되기 때문이다.

뮌헨 리가 기록한 모든 자연 재앙을 수치로 보면 연간 변동이 있긴 하지만 발생 빈도가 상향하는 추세인 것은 분명하다. 1950~1980년까지는 완만하게 증가한 반면, 1980~2005년에는 연간 빈도가 2배로 늘었고, 2005~2019년에는 약 60퍼센트 상승했다.[65] 대규모 재난에서 비롯된 부담을 반영하는 전체적인 경제 손실에서는 연간 변동 폭이 훨씬 크고 손실액이 가파르게 상승하는 추세를 보인다. 2019년의 화폐 가치로 측정할 때, 1990년 이전에는 약 1,000억 달러였지만 2011년에는 3,500억 달러를 넘어 역대 최고액을 기록했고, 2017년의 총액도 엇비슷했다. 보험

손실이 총손실의 30~50퍼센트에 달했으며, 2017년에는 거의 1,500억 달러에 근접했다.

1980년대까지 재난 희생자 수가 늘어난 이유는 대체로 (인구 증가와 경제 활동으로 인한) 노출 시간이 증가했기 때문이다. 재난이 잦은 지역에 사는 사람들이 보험에 가입하며 이런 추세가 지금도 계속되고 있지만, 수십 년 전부터는 자연재해 자체에도 변화가 있었다. 예컨대 상대적으로 따뜻한 대기가 수증기를 더 많이 품어 극단적으로 많은 비를 쏟아붓는 경우가 많아졌다. 일부 지역에는 가뭄이 길어지며 강한 화재가 반복되고, 그마저도 예외적으로 길게 이어졌다. 많은 기상 모델이 앞으로 이런 추세가 더욱 강해질 것이라 예측하지만, 개발 금지 구역을 설정하고 습지를 복원하는 대책부터 적절한 건축 법규를 제정하는 방법까지 많은 효과적 수단을 취하면 자연재해의 파괴적 영향을 최소화할 수 있다는 것도 우리는 알고 있다.

천재지변이나 인재로 인한 노출 위험을 더욱더 낮추기 위해서는 지구에 떨어지는 운석이나, 점점 늘어나는 궤도 위성의 잔해로 인해 인간이 사망하는 지극히 예외적인 사건을 추적해야 한다. 미국의 전국연구평의회National Research Council가 발간한 보고서는, 지구에 떨어지는 우주 쓰레기의 양을 고려할 때 연간 91명이 사망할 것이라고 추정했다. 세계 인구 77억 5,000만 명에 대해 노출 시간당 사망률이 7×10^{-12}이란 뜻이다. 1900년 이후 우주 쓰레기로 인해 사망했다는 기록은 없다. 하늘에서 떨어진 운석에 맞아 한 남자가 사망했고, 또 다른 한 남자는 전신불

수가 되었다는 최초의 문서 기록이 오스만제국의 국가문서관리국에 소장된 필사본에서 최근에야 밝혀졌다. 그 사건은 1888년 8월 22일, 지금의 이라크 술라이마니야Sulaymaniyah에서 일어났다.[66] 그러나 매년 한 사람이 죽었더라도 그 확률은 10^{-14}에 불과하고, 그냥 숨만 쉬며 살아갈 때의 위험보다 여덟 자릿수나 더 적어 굳이 걱정할 이유가 없다.[67] 궤도 위성 쓰레기의 경우에는 2019년 10센티미터를 넘는 조각이 약 3만 4,000개였고, 그 이하의 조각은 무려 25배나 많았다. 이 모든 조각은 대기권에 재진입할 때 부서질 것이다. 물론 지극히 작은 조각이 점점 붐비는 궤도에서 충돌할 위험은 항시 존재한다.[68]

우리 문명은
종말을 맞이할 것인가?

전 세계에 영향을 미치는 드물지만 어마어마한 위험에 대해 생각할 때, 더 나아가 현대 문명에 심각한 피해를 주는 수준을 넘어 종말을 앞당길 수 있는 재앙적 사건에 대해 고민할 때 우리는 정신적으로 완전히 다른 차원에 있게 된다. 그런 재앙이 실제로 닥칠 확률은 낮지만, 여타 위험과는 크게 다른 지각 범주perception category에 속한다. 아득히 먼 미래에나 일어날 법한 모든 사건에 그렇게 하듯이 우리는 그런 사건의 영향을 도외시하는 경향이 짙다. 또 2020년의 팬데믹으로 다시 입증되었다시피 우리는 수 세기나 수천 년이 아니라 수십 년을 주기로 반복되는 위험에도 대처할 준비가 전혀 되어 있지 않다.

전 세계에 영향을 미치는 위험은 크게 두 범주로 나뉜다. 하나는 상대적으로 빈번하게 발생하며 수개월 혹은 수년 동안 상당한 사망자를 낳을 수 있는 바이러스 팬데믹이다. 다른 하나는 극단적으로 드물지만 치명적인 자연 재앙이다. 재앙 자체는 며칠이나 몇 시간 심지어 몇 초 만에 끝나지만, 그 파국적 영향은 수세기 동안 지속되는 데 그치지 않고, 문명의 지평선을 넘어 수백년 동안 지속될 수도 있다. 가까운 초신성이 폭발해 지구에 치명적인 방사선을 쏟아낸다면, 대다수 세계 인구를 방사선으로부터 보호할 피신처를 만들 만큼의 시간(빛과 방사선이 도착할 때까지의 시간)이 있을까?[69] 그러나 이런 위험까지 굳이 걱정해야 하는 것일까?

폭발이 지구 오존층에 피해를 주려면 50광년 이내에 떨어진 곳에서 일어나야 한다. 그러나 우리 '근처'에 있고, 폭발 가능성이 있는 별은 모두 이보다 훨씬 멀리 떨어져 있다. 감마선이 1만 광년 떨어진 곳에서 1,500만 년을 주기로 한 번씩 폭발해 지구에 영향을 줄 수 있을지 모르지만, 지금까지의 기록으로 가장 가까운 곳에서 일어난 폭발은 13억 광년 떨어진 곳에서 일어났다.[70] 이런 위험은 이론의 범주에 속한다. 따라서 이런 폭발이 언제쯤 일어날까 추측하려 애쓰지 말고, 이런 사건의 빈도를 고려해 "15만 년, 혹은 50만 년 후에도 지구 문명이 존재할까?"라고 묻는 게 더 나을 듯하다. 문명의 종말은 충분히 있을 법한 사건이지만, 지구가 소행성과 필연적으로 충돌할 위험을 계산하는 일은 작은 것이 큰 차이를 빚어낼 수 있다는 가정과 불확실성에 기반한 작업이 될 수밖에 없다. 소행성이나 큰 혜성과의 조우는 과거에도 있었듯이 미래에도 있을 것이다. 그러나 문명의 운명을 좌우하는 중대한 충돌은 10만 년, 혹은 200만 년에 한 번 발생한다고 가정해야 하지 않을까?[71]

이는 지질 연대로는 상대적으로 짧은 기간이지만, 연간 위험 가능성을 설득력 있게 계산하는 데 사용하거나 노출 시간당 무언가를 알아내기에는 너무도 긴 시간이다. 게다가 소행성이 서유럽이나 중국에 떨어지느냐, 아니면 남극대륙 근처 태평양에 떨어지느냐에 따라 세계에 미치는 영향도 크게 달라질 것이다. 후자의 경우에는 거대한 쓰나미로 인한 피해가 엄청날 것이다. 그러나 역시 소행성의 크기에 따라 다르겠지만, 대기권에 유입되는 먼지는 거의 없을 것이다. 전자의 경우에는 대도시에 집중된 인구가 증발하고, 산업 활동도 즉각 멈출 것이다. 게다가 엄청난 질량의 돌가루가 대기권으로 올라가 지구 전체를 얼어붙게 만들 것이다.

미국인이 초신성이나 소행성에 대해 걱정할 필요는 없겠지만 필연적인 자연 재앙을 굳이 사서 걱정하고 싶다면, 특히 그들이 좋아하는 명소 중 한 곳에 재앙이 닥치지 않을까 걱정하고 싶다면, 옐로스톤에서 초화산 폭발이 다시 일어나지 않을까 염려하면 된다.[72] 지질학적 증거에 따르면 지난 1,500만 년 동안 아홉 번의 폭발이 있었고, 지금까지 알려진 마지막 세 번의 폭발은 210만 년 전, 130만 년 전, 64만 년 전에 있었다. 물론 그 세 번이 폭발의 주기성을 예측할 만한 근거가 되지는 않는다. 그러나 "폭발 주기를 평균 73만 년으로 생각하면 아직 9만 년이 남았다. 그러나 첫 번째 간격은 80만 년, 두 번째 간격은 66만 년이었다.

만약 간격이 비슷하게 짧아진다면 다음 간격은 약 52만 년이다. 그렇다면 새로운 폭발은 이미 10만 년 전에 일어났어야 한다!" 라고 생각할 수도 있지 않을까.

간격이 어떻게 되든 그 결과는 폭발의 규모와 기간 및 우세한 바람의 방향에 따라 달라질 것이다. 마지막 폭발은 약 1,000세제곱킬로미터의 화산재를 분출했다. 이번에도 이런 규모로 화산이 폭발하고, 북서풍이 우세하게 분다면 먼지 기둥이 와이오밍(수 미터까지 화산재가 쌓일 것이다), 유타, 콜로라도를 지나 그레이트플레인스까지 옮겨가며 사우스다코타에서 텍사스까지 여러 주에 영향을 줄 것이고, 미국에서 가장 비옥한 농지의 일부가 10~50센티미터까지 화산재로 뒤덮일 것이다. 지진 감시 시스템의 조기 경보가 작동하고 약한 규모로 오랫동안 폭발하면 대규모 대피가 가능하겠지만, 짧게 끝나는 재난 그 자체보다는 주택과 기반 시설 및 농지의 손실에서 피해가 훨씬 더 클 것이다. 화산재가 얇게 덮인 곳은 흙과 섞여 토양이 더 비옥해질 것이다. 그러나 화산재가 두껍게 덮인 곳은 관리를 할 수 없어 빗물과 눈 녹은 물이 이동하기 시작하면 다른 위험을 추가로 야기하고, 결국에는 퇴적과 침수 등 향후 수십 년 동안 여러 문제를 일으킬 것이다.

우리를 직접적으로 죽이지는 않지만 지구 전체를 혼란에 빠뜨리며 간접적으로 많은 사상자를 낳는 자연재해의 대표적 예를 들면, 코로나 질량 분출coronal mass ejection에서 비롯된 지자기 폭풍geomagnetic storm일 것이다.[73] 코로나는 태양 대기의 가장 바

깉층을 가리키며(개기일식 동안에는 특별한 도구 없이도 육안으로 보인다), 역설적이게도 태양의 표면보다 수백 배나 뜨겁다. 이는 폭발적으로 가속화한 물질이 엄청나게 분출(수십억 톤)되는 현상으로, 이때 태양풍과 행성 간 자기장의 세기를 크게 능가하는 자기장이 동반된다. 코로나 분출은 가장 바깥층의 안쪽 부분에서 자기장이 뒤틀리고 재구성되는 것에서 시작된다. 코로나 질량 분출은 태양 표면의 폭발, 즉 태양 플레어solar flare를 만들어내고, 느리게는 초속 250킬로미터(지구에 도달하는 데 거의 7일이 걸린다), 빠르게는 초속 3,000킬로미터(지구에 도달하는 데 14시간밖에 걸리지 않는다)의 속도로 이동한다.

지금까지 가장 많이 알려진 코로나 질량 분출은 1859년 9월 1일 아침에 시작되었다. 당시 영국 천문학자 리처드 캐링턴Richard Carrington(1826~1875)은 커다란 태양흑점을 관측하며 그림을 그리고 있었다. 콩팥 모양으로, 상당한 크기의 하얀 플레어를 발산하는 흑점이었다.[74] 당시는 전화를 발명(1877)하기 거의 20년 전이었고, 전기를 상업용으로 발전(1882)하려면 20년 이상을 기다려야 하던 때였다. 따라서 눈에 띄는 영향은 오로라가 한층 강렬해졌다는 것과, 1840년대에 가설하기 시작한 전신망이 혼란에 빠진 게 전부였다. 전신줄이 불꽃을 일으켰고, 전신 전달이 끊기거나 이상하게 잘려나간 형태로 이어졌다. 심지어 전신 교환원이 전기 충격을 받고, 화재가 발생하기도 했다.

그 이후에 특히 주목할 만한 사건은 1903년 10월 31일~11월 1일, 1921년 5월 13~15일에 일어났다. 물론 당시는 유선 전화망과 전력망이 유럽과 북아메리카에서도 상당히 제한적이고, 다른 지역은 무척 드문 때였다. 1989년 3월에는 상당한 코로나 질량 분출이 오늘날 일어난다면 벌어질 사태를 미리 간략하게 경험했다. 캐링턴이 관측한 코로나 질량 분출보다 훨씬 작은 사건이었지만 600만 명에게 전기를 공급하던 퀘벡의 전력망이 9시간 동안 마비되는 사태가 벌어졌다.[75] 그로부터 30년이 지난 지금, 우리는 더욱더 취약해졌다. 휴대폰부터 전자메일과 국제은행 업무까지 전자화한 모든 것을 생각해보라. 또 선박과 항공기는 물론이고 수천만 대의 자동차에 장착한 GPS 기반 내비게이션을 생각해보라.

태양 활동을 치밀하게 감시하면 어떤 형태의 질량 분출이든 즉각 감지해서, 그 분출이 지구에 도달하기 12~15시간 전에 경고할 수 있을 것이다. 그러나 지구에서 약 150만 킬로미터 밖에 있는 '태양 및 태양권 관측 위성Solar and Heliospheric Observatory, SOHO'에 분출이 도착한 때에야 우리는 그 강도를 측정할 수 있다. 따라서 그때부터 준비한다면, 대응할 시간이 1시간 이내, 심지어 15분으로 줄어든다.[76] 피해가 적더라도 통신과 전력망이 몇 시간 혹은 며칠 동안 혼란에 빠질 것이다. 다시 말해 지자기 폭풍이 닥치면 이런 연결망이 세계 전역에서 끊어지고, 우리는 전기도 없고 통신도 없고 교통도 없는 세계에서 한동안 지내야 한다. 물론 신용카드도 사용할 수 없고 은행에서 돈을 인출할 수도 없다.

이렇게 심각한 손상을 입은 중요한 기반 시설을 완전히 복구하는 데 수년, 아니 10년이 걸린다면 우리는 어떻게 해야 할까? 범지구적 피해는 2조 달러에서 20조 달러에 달할 것이다.[77] 게다가 이런 추정치는 물질적 비용만을 계산한 것이지 통신과 빛, 냉방과 난방, 의료 장비와 냉장, 산업 생산, 농산물 재배에 필요한 비료와 농약 없이 지내야 하는 기간 동안 잃어버릴 삶의 가치는 전혀 계산하지 않은 것이다.

그래도 좋은 소식이 있다. 2012년의 한 연구에 따르면, 캐링턴급의 분출이 향후 10년 내에 일어날 확률은 12퍼센트, 즉 8분의 1 확률이다. 또 이 연구에서는 이런 극단적 사건은 무척 드물기 때문에 발생 비율을 추산하기 어렵다며 "미래에 일어날 특정한 사건을 예측하는 것은 실질적으로 불가능"하다고 강조했다.[78] 이런 불확실성을 고려하면, 2019년 바르셀로나에 모인 과학자들이 2020년대에 그런 위험이 일어날 가능성이 0.46~1.88퍼센트를 넘지 않으리라고 추산한 것이 조금도 놀랍지 않다. 달리 말하면, 최고치로 추산해도 53분의 1의 확률, 즉 상당히 마음에 위로를 주는 확률이다.[79] 2020년에는 카네기멜런대학교 연구팀이 훨씬 낮은 추정치를 내놓았다. 요컨대 향후 10년 동안 2012년급의 분출이 일어날 가능성은 1~9퍼센트, 1859년의 캐링턴급 분출이 일어날 가능성은 0.02~1.6퍼센트라고 추정한 것이다.[80] 많은 전문가들이 이런 확률뿐 아니라 그 잠재적 결과가 엄청나다는 사실을 잘 알지만, 캐링턴급 분출은 팬데믹처럼 우리가 적절히 대비할 수 없는 위험 중 하나이다. 따라서 우리는 다음에 있을 코로나 질량 분출이 캐링턴급이거나 그 이상이지 않기를 기도할 수밖에 없다.

　이번에는 세상 사람들이 듣고 싶지 않을 말을 해보자. 바이러스성 팬데믹이 앞으로 상당히 높은 빈도로 다시 나타날 것이라는 추정은 안타깝게도 진실에 가깝다. 각종 팬데믹은 필연적인 공통점을 지니지만 그 영향은 제각각이다. 2020년 초 세계 인구 중 62세 이상은 약 10억 명이었다. 그들은 평생 동안 세 번의 바이러스성 팬데믹 — 1957~1959년의 H2N2, 1968~1970년의 H3N2, 2009년의 H1N1 — 을 겪었다.[81] 1957~1959년 팬데믹으로 인한 총사망률을 재계산하면 38/100,000(110만 명 사망, 세계 인구는 28.7억 명)이었고, 1968~1970년 팬데믹으로 인한 사망률은 28/100,000(100만 명 사망, 세계 인구는 35.5억 명)이었다. 한편 2009년 팬데믹은 병독성이 낮아 사망률이 3/100,000(약 20만 명 사망, 세계 인구는 68.7억 명)을 넘지 않았다.[82]

　다음 팬데믹의 도래는 시간문제였다. 그러나 앞에서 이미 지적했듯 팬데믹의 위협 빈도는 상대적으로 낮기 때문에 우리는 이 위협에 전혀 대비하지 않았다. 세계경제포럼World Economic Forum은 2007년부터 2015년까지 매년 세계를 위협하는 위험의 순위를 발표했다. 상위 세 가지 위험에는 2008년의 위기를 반영한 듯 자산 가격 붕괴와 금융 위기를 비롯한 금융 체계의 실패가 여덟 번, 수자원 위기가 한 번 선정되었지만, 팬데믹 위협은 한 번도 뽑힌 적이 없었다.[83] 세계적 의사 결정자들의 집단 예지력이 이런 수준이다! SARS-CoV-2를 매개로 코로나19가 발발했을 때 세계보건기구는 2020년 3월 11일이 되어서야 세계적

팬데믹을 선언했다. 게다가 많은 나라의 정부가 그들의 초기 조
언을 받아들여 국제선 운항을 중지하고 마스크 착용을 의무화
하는 조치를 늦게 시작했다.[84]

물론 코로나19 팬데믹이 완전히 종식된 후에야 그 팬데믹으
로 인한 총사망자 수를 계량화할 수 있다. 팬데믹의 피해를 평
가하는 최선의 방법은 계절성 독감과 관련한 호흡기 질환 사망
자 수와 비교하는 것이다. 2002~2011년을 매우 상세히 조사한
평가 보고서에 따르면, 2009년의 팬데믹을 제외할 때 사망자
평균값이 38만 9,000명이고, 전체적으로는 29만 4,000~52만
8,000명이었다.[85] 달리 말하면, 계절성 독감이 연간 모든 호흡
기 질환 사망자의 약 2퍼센트를 차지한다는 뜻이다. 이 사망
률은 평균 6/100,000으로, 20세기에 있었던 두 번의 팬데믹
(1957~1959, 1968~1970)이 기록한 사망률의 15~20퍼센트이다.
뒤집어 말하면, 사망자 수가 첫 번째 팬데믹 때는 계절성 독감보
다 6배 더 많았고, 두 번째 팬데믹 때는 거의 5배가 더 많았다.

게다가 연령층에 따른 사망률에도 중대한 차이가 있다. 계절
성 독감 사망자는 거의 예외없이 노령층에 편향되어 65세 이
상이 전체 사망자의 67퍼센트를 차지한다. 반면 1918년 팬데
믹은 악명 높은 두 번째 유행 때 30대에게 큰 피해를 안겼다.
1957~1959년 팬데믹은 U자형 사망 곡선을 보이며, 0~4세 및
60세 이상에게 큰 타격을 주었다. 반면 코로나19 사망자는 계절
성 독감과 무척 유사하게 65세 이상의 연령층, 특히 중대한 기
저 질환이 있는 집단에 크게 집중되었고, 어린아이들에게는 거

의 아무런 영향을 미치지 않았다.[86]

모두가 알고 있듯 노령층의 과잉 사망은 예방할 수 있는 게 아니다. 기대 수명을 늘리려는 노력이 성공한 탓에 우리가 치러야 하는 대가이기도 하다. 많은 부유한 국가에서는 기대 수명이 1950년 이후로 15년 이상 증가했다.[87] 사망 진단서에는 코로나19 혹은 바이러스성 폐렴으로 적히겠지만, 그 진단은 근사치에 불과하다. 진짜 원인은 기대 수명의 한계가 계속 늘어나는 과정에서 우리 대부분이 잠재적 건강 문제를 갖게 되었다는 데 있다. 미국 질병통제예방센터Centers for Disease Control and Prevention, CDC가 잠정적으로 발표한 코로나19 자료에서 명확히 밝혀진 대로, 미국에서 코로나19 사망자가 최고조에 달했던 주(2020년 4월 18일에 끝남)에도 총사망자의 81퍼센트가 65세 이상이었고, 35세 이하는 0.1퍼센트에 불과했다.[88] 이런 상황은 무려 5,000만 명이 사망한 1918~1920년 팬데믹과 사뭇 다르다. 지금은 누구나 알고 있듯 당시 대부분의 사망 원인은 박테리아성 폐렴이었다. 보존된 폐 조직 표본으로부터 채취한 배양균의 약 80퍼센트에서 2차 폐 감염을 유발한 박테리아가 발견되었다. 당시는 항생제를 상용화하기 거의 사반세기 전이어서 그런 감염증을 치료할 방법이 없었다.[89]

게다가 결핵 환자는 다른 사람보다 독감으로 사망할 가능성이 더 높았다. 이런 관련성은 1918~1920년 팬데믹의 사망자가 이상하게도 중년층, 그것도 남성이 많았던 이유를 설명하는 데 도움을 준다(결핵의 차등 발생).[90] 결핵은 부유한 국가에서 기본적으로 근절되었기 때문에, 또 폐렴은 항생제로 치료 가능하기 때문에 이제는 높은 사망률이 반복되는 사태를 피할 수 있다. 그러나 우리가 매년 독감 백신 접종 운동을 벌이더라도 상당한 정도의 계절성 사망은 피할 수 없고, 세계적 팬데믹이 있을 때마다 고연령층의 생존은 큰 과제가 될 것이다. 이런 현상은 우리가 자초한 위험, 즉 더 길어진 기대 수명을 향유하게 된 성공의 이면이다. 결국 가장 취약한 계층을 격리하고, 더 나은 백신을 개발함으로써 죽음을 최소화할 수 있겠지만, 완전히 근절하는 것은 불가능하다.

지속되는 사고방식

위험과 관련해서는 뻔한 말이 끊임없이 오르내리는 듯하다. 개인으로서 우리는 어느 정도 통제력을 행사할 수 있다. 많은 사람이 금연을 하거나 알코올과 약물을 끊는 걸 어렵게 생각하지 않는다. 또 코로나 바이러스나 노로 바이러스가 창궐하는데도 집에 머물지 않고 5,000명의 승객, 3,000명의 승무원과 함께 크루즈 여행을 다니는 걸 더 좋아하는 사람도 많다. 앞에서 언급한 모든 걸 꿈꾸는 사람도 있다. 여하튼 많은 사람이 쉽게, 그것도 비용을 크게 들이지 않고도 줄일 수 있는 위험을 없애려 노력하지 않는 게 놀랍기만 하다. 항상 안전벨트를 매고 과속하지 않으며 방어 운전에 힘쓰면, 또 거주지 곳곳에 연기와 일산화탄소 및 천연가스 감지기를 설치하면, 매우 적은 비용으로 운전의 위험이나 화석연료를 연소시켜 난방하는 구조물에 사는 위험을 줄일 수 있다.

게다가 대부분의 사람과 정부가 확률은 낮지만 파괴력(손실)이 큰 사건을 적절히 다루는 게 쉽지 않다고 생각한다. 기본적인 주택 보험에 가입하는 것(의무적인 경우도 많다)과 한 세기에 한 번쯤 있을 법한 사건의 충격을 최소화하기 위해 내진 설계 건축물에 투자하는 것은 별개의 문제이다. 캘리포니아는 1980년 이전에 지은 주택의 내진 보강에 보조금을 지원하는 정책(2016년의 건축 법규에 맞춘 기초와 볼트 보강 혹은 브레이싱 보강)을 시행하고 있지만, 비슷한 정도의 지진 위험을 지닌 대부분의 자치단체는 그런 정책을 시행하지 않는다.[91]

그러나 위험에 노출되는 걸 피하기는 불가능하지는 않더라도 무척 어렵다. 앞에서 이미 언급했듯 자발적 위험과 비자발적 위험이 명확히 구분되지 않는 경우가 적지 않기 때문이다. 대부분의 위험은 우리 통제를 벗어난다. 우리는 부모를 선택할 수 없으므로 다수의 공통된 질병이나 희귀 질병, 예컨대 암과 당뇨, 심혈관 문제, 천식 및 몇몇 염색체 열성 질환(낭포성섬유증, 겸상적혈구빈혈증, 테이-삭스병)에 걸리기 쉬운 유전적 소인을 피할 수 없다.[92] 모든 국지적 자연재해의 위험을 크게 줄이려면, 우리 지구에서 많은 지역, 특히 초대형 지진과 화산 폭발이 반복되는 지역('불의 고리'라 일컫는 환태평양 조산대), 파괴적인 태풍과 광범위한 홍수가 빈발하는 지역을 인간 거주지 목록에서 지워버려야 할 것이다.[93]

인구가 점점 증가하는 까닭에 그런 지역을 거주지 목록에서 지워버리기란 거의 불가능하다. 따라서 이런 환경에서 생존 확률을 높이는 유일한 방법은 예방 조치를 취하는 것이다. 내진 설계를 한 철근콘크리트 건물에 거주하는 사람은 주변 건물이 붕괴하더라도 매몰되지 않을 것이다. 토네이도 대피소를 갖추면 가족들은 살아남아 쑥대밭으로 변한 가정을 다시 일으켜 세울 수 있다. 또 조기 경보 시스템과 대피 계획을 효과적으로 시행하면 태풍과 홍수 그리고 화산 폭발로 인한 인명 피해를 줄일 수 있다. 이런 대책으로 수백 명을 넘어 수십만 명까지 구할 수 있겠지만, 대지진에 따른 쓰나미부터 초대형 화산 폭발까지, 또 국지적으로 끝없이 지속되는 가뭄부터 소행성이나 혜성의 충돌까지 많은 대재앙에 우리는 무력하고, 그런 재앙을 막는 방법도 제한적이다.

또 다른 종류의 뻔한 소리는 위험 평가에도 적용된다. 우리는 자발적이고 익숙한 위험은 습관적으로 과소평가하는 반면, 비자발적이고 낯선 위험은 과장하는 경향이 있다. 또 최근의 충격적 경험에서 기인하는 위험은 과대평가하고, 집단 기억과 제도적 기억에서 사라진 사건의 위험은 과소평가한다.[94] 앞에서 이미 언급했듯 세계적으로 약 10억 명이 생전에 세 번의 팬데믹을 겪었다. 그러나 코로나19 팬데믹이 덮쳤을 때 1918년의 사례를 압도적으로 자주 언급했다. 또 1950년대의 소아마비와 1980년대의 에이즈가 남긴 두려움은 광범위하게 기억하는 반면, 덜 치명적이었지만 시기적으로 가까웠던 세 번의 팬데믹은 거의 언급하지 않거나 피상적인 인상만을 남겼다.[95]

이런 기억상실의 이유는 충분히 설명할 수 있다. 2009년 팬데믹은 계절성 독감과 대체로 구분되지 않았다. 1957~1959년과 1968~1970년에는 국가적 차원에서나 대륙적 차원에서 철저한 봉쇄가 없었다. 미국과 세계의 경제에 대한 통계자료(인플레이션을 고려해 조절한 자료)에서도 20세기 후반기에 덮친 두 번의 팬데믹으로 장기적인 성장률이 크게 떨어진 흔적은 보이지 않는다.[96] 게다가 1968~1970년은 해외 항공 여행이 크게 확대되던 시기였다. 동체가 넓은 최초의 제트여객기 보잉 747이 처음 비행한 때가 1969년이었다.[97] 더 중요한 것은 당시에는 하루도 쉬지 않고 24시간 내내 뉴스를 내보내며 사망자 수를 실시간으로 전하는, 병적인 집착을 보이는 케이블 방송이 없었다는 점이다. 코로나19의 원인과 치료법에 대한 터무니없는 주장, 온갖 음모론이 난무하는 인터넷도 없었다. 따라서 역사를 초월해 뉴스를 발작적으로 퍼뜨리는 수단도 없었다.

좋은 소식을 기대하지 않는 사람들조차 놀랄 정도의 규모로 확산된 코로나19 팬데믹이 다시 증명했듯, 10년에 한 번 혹은 한 세대나 한 세기에 한 번 발발하는 바이러스성 팬데믹처럼 파급력이 크지만 상대적으로 빈도가 낮은 위험에 대해 우리는 제대로 대비되어 있지 않았다. 이럴진대 캐링턴급 분출이 다시 발생하면 보도와 분석은 말할 것도 없고, 어떻게 대처할 수 있겠는가? 또 소행성이 아조레스제도Azores Islands 근처 바다에 떨어져 2011년 도호쿠 지진 때와 같은 규모의 쓰나미가 대서양 주변을 휩쓴다면, 다시 말해 바닷물이 40미터 높이로 내륙 10킬로미터

안쪽까지 밀려든다면 어떻게 대처할 수 있겠는가?[98]

우리가 대규모 참사의 여파에서 얻는 교훈은 결코 이성적이지 않다. 그런 참사가 다시 일어날 확률을 과장하고, 그 참사를 떠올리게 하는 모든 것을 원망한다. 따라서 그 참사에서 받은 심리적 충격은 제쳐두고, 인간과 경제에 미친 실질적 영향을 누적 사망자로는 크게 걱정할 필요 없는 많은 위험들의 결과와 비교한다. 이런 이유에서, 또 다른 테러 공격이 있을지도 모른다는 두려움에 미국은 그 공격을 예방하기 위한 특별 조치를 취했다. 예컨대 미국은 아프가니스탄과 이라크에서 수조 달러를 투입한 전쟁을 벌였는데, 이는 그들의 힘을 장기간에 걸쳐 약화시키고자 비대칭적 갈등을 유발하겠다는 오사마 빈 라덴의 바람을 채워준 셈이었다.[99]

위험에 대한 공공의 반응은 실제 결과에 대한 비교 평가보다, 낯설고 제대로 모르는 미지의 것에 대한 두려움에 더 큰 영향을 받는다. 이런 감정적 반응이 크게 개입하면, 사람들은 어떤 결과가 일어난 확률을 기억하려 하지 않고, 무서운 결과, 예컨대 테러 공격이나 바이러스성 팬데믹으로 사망할 가능성에 지나치게 집착한다.[100] 테러리스트는 이런 심리를 항상 이용하기 때문에, 정부는 향후의 테러 공격을 방지하려고 값비싼 조치를 취할 수밖에 없다. 훨씬 낮은 비용으로 더 많은 인명을 구할 수 있는 대책을 거듭 도외시하면서 말이다.

낮은 비용으로 생명을 구할 수 있는 대책의 중요성을 총기 폭력에 대한 미국인의 사고방식보다 더 잘 설명해주는 경우는 없는 듯하다. 널리 알려진 대량 살상 사건이 충격적일 정도로 반복되는데도 법은 바뀌지 않는다. 그런 사건이 언급될 때마다 나는 2012년 코네티컷의 뉴타운에서 6~7세 어린이 20명을 포함해 26명이 사망한 총기 난사 사건이 가장 먼저 떠오른다. 21세기에 들어 20년 동안에만 약 12만 5,000명의 미국인이 총기 사건으로 사망했다. 자살은 제외하고 살인만을 계산한 수치이다. 이는 캔자스의 토피카Topeka, 조지아의 애선스Athens, 캘리포니아의 실리콘밸리, 혹은 독일의 괴팅겐에서 살아가는 주민 수에 해당한다.[101] 반면 21세기가 시작되고 20년간 미국에서 벌어진 모든 테러 공격으로 사망한 미국인은 170명으로, 거의 세 자릿수나 차이가 난다.[102] 총기 사고를 자동차 사고에 비교하면 사망자 수가 계층에 따라 들쑥날쑥하다. 앞에서 살펴보았듯 아시아계 미국 여성과 비교할 때 미국 백인 남성은 자동차 사고로 사망할 가능성이 5배가량 높지만, 아프리카계 미국 남성은 총기 사고로 사망할 가능성이 30배나 높다.[103]

이 장을 끝내기 전에, 내가 유익하고 통찰력 있는 조언을 해 주길 바라는가? 우리가 이런 근본적인 현실을 인정한다면 위험이 없는 삶을 요구하는 것은 불가능을 요구하는 것과 같다. 결국 위험을 최소화하려는 마음가짐이 예나 지금이나 인간의 진보를 끌어가는 주된 동기이다.

6

환경에 대하여

우리가 가진 유일한 생물권

이번 장의 부제목을 방어적으로 정한 데는 의도가 있다. 여기서 나는 가까운 시일 내에 지구를 버리고 다른 행성에서 새로운 문명을 시작할 가능성에 대해서는 언급하지 않으려 한다. 우주에서 조만간 새로운 거주지를 찾아내거나, 화성을 지구처럼 만드는 프로젝트는 태양의 궤도를 회전하는 세 번째 행성(지구)의 문제를 결정적으로 풀 수 있는 해결책으로 오래전부터 제시되었기 때문이다.[1] 이런 가능성은 공상과학 장르에서 즐겨 다루는 주제이지만, 이야기의 틀은 제한적인 편이다. 예컨대 우리가 큰 비용을 들이지 않고 다른 행성으로 옮겨 가는 수단을 마련하고 어떻게든 화성에 기지를 건설하더라도 적절한 대기를 만들어내기는 불가능하다. 화성의 극관(화성의 두 극 부근에 얼음과 눈으로 덮여 있는 흰 부분 — 옮긴이)과 광물 그리고 토양을 어떤 식으로든 처리한다 해도 화성을 따뜻한 장기적인 거주지로 만드는 데 필요한 이산화탄소 총량의 7퍼센트밖에 산출할 수 없다.[2]

물론 다른 행성의 정복 가능성을 진짜로 믿는 사람들은 화성을 식민지로 만들 만한 다른 공상과학적 묘책을 생각해낼 수 있을 것이다. 예컨대 우리가 유전자를 철저히 재조작한 인간, 즉 육지에서는 느릿하게 움직이고 풀밭과 축축한 도랑에서 살아가는 8개의 작은 발이 달린 무척추동물이라는 새로운 초유기체로 변신하는 것이다. 그런 유기체라면, 희박한 대기(기압이 지구의 1퍼센트도 되지 않는 환경)뿐 아니라 보호막이 거의 없는 붉은 행성(화성)에 고스란히 쏟아지는 고방사선까지도 견뎌낼 수 있을 것이다.[3]

다시 현실 세계로 돌아가보자. 우리 인간 종이 앞으로 적어도 고도의 문명이 존재해온 기간, 즉 5,000년 남짓한 기간 동안 번영은 고사하고 생존이라도 하려면, 인간의 지속적인 간섭으로 지구의 장기적 거주 환경을 더는 위태롭게 만들지 말아야 할 것이다. 요즘 어법으로 말하면, '지구 위험 한계선planetary boundaries'을 넘지 말아야 한다.[4]

이 중요한 생물권의 한계선은 9개의 범주로 이루어져 있다. (1) 정확히 똑같지는 않지만 요즘은 지구온난화와 거의 동의어로 쓰이는 기후변화, (2) 탄산칼슘으로 형성된 골격을 지닌 해양 유기체에 중대한 피해를 입히는 해양 산성화, (3) 과도한 자외선 방사로부터 지구를 보호하지만 프레온가스의 방출로 위협받는 성층권 오존층, (4) 눈에 잘 보이지 않으며 폐 질환을 유발할 수 있는 오염 물질인 미세먼지(대기 에어로졸 입자), (5) 질소와 인이 담수와 연안 해역에 유입되어 생기는 두 영양소의 순환 방해, (6) 담수 사용(지하수와 강물 그리고 호숫물의 과도한 사용), (7) 벌채와 경작 및 도시와 산업 단지의 확장으로 인한 토지 사용의 변화, (8) 생물 다양성 손실, (9) 다양한 형태의 화학적 오염.

이 모든 범주를 체계적으로 살펴보며 역사적 관점과 환경적 관점에서 적절히 정리하는 작업은 묵직한 책 한 권은 되어야 한다. 피상적인 요약이 아니라면 한 챕터로 끝낼 수 있는 작업이 아니라는 뜻이다.

그래서 나는 이 장에서 최대한 실용주의적 입장을 취해, 무엇과도 대체할 수 없는 세 가지 조건 — 호흡하기와 마시기 그리고 먹기 — 의 환경적 상황을 비롯해 우리 실존과 관련한 몇몇 핵심적인 개념만을 다루려 한다. 이 세 가지 전제를 우리 삶에서 확보하느냐는 자연이 제공하는 '상품과 서비스'에 달려 있다. 구체적으로 말하면, 산소를 공급하는 대기의 끊임없는 순환, 수자원의 전반적인 순환, 토양과 식물 양분의 흐름, 광합성과 생물 다양성에 달려 있다. 결국 이것들이 어떻게 이루어지느냐에 따라 자연의 상품과 서비스가 결정된다.

뒤에서 살펴보겠지만, 화석연료의 연소 때문에 대기에서 산소 농도가 위험한 수준에 처하지는 않았다. 하지만 오래된 깊은 대수층에서 물을 지나치게 뽑아내고, 식량 생산 및 도시화와 산업화로 수질이 심각하게 오염된 것은 사실이다. 척박한 지역에 가축을 과도하게 방목함으로써 사막화를 초래하고, 열대우림과 초원이 경작지로 바뀌어가는 것도 사실이다. 결국 인간이 환경에 미치는 영향은 사소한 수준부터 명백히 부정적인 수준과 파괴적인 수준까지 무척 폭넓다.

산소는 위험한 수준에
있지 않다

호흡은 산소가 정상적으로 전달되는 과정의 시작이다. 우리 몸에서 산소는 헤모글로빈을 통해 폐에서부터 모든 세포에 전달되며 신진대사에 에너지를 공급한다. 우리 생존에 산소만큼 중요한 자연 자원은 없다. 호흡을 중단하는 자발적 무호흡을 견딜수 있는 시간은 사람마다 다르다. 그러나 호흡하지 않고 견디는 시간을 연장하려고 훈련해본 적이 없는 사람은 기껏해야 30초, 여하튼 1분 이상을 견디기 힘들다. 프리다이빙freediving에 대한 글을 읽어본 독자가 있을지 모르겠다. 숨을 참고 인공적 호흡보조 장치 없이 견딜 수 있을 정도까지 깊이 다이빙하며 목숨을 무릅쓰는 모든 활동을 가리킨다. 이때 물갈퀴의 유무는 중요하지 않다. 또 참가자들이 수영장에 들어가 엎드린 채 움직이지 않고 숨을 얼마나 오래 참는지 경쟁하는 수면 무호흡static apnea

대회에 대해 들어본 사람도 있을 것이다. 남성의 최고 기록은 거의 12분이고, 여성은 9분이다. 한편, 무호흡을 시도하기 전에 순산소를 30분 정도 과흡입하면 숨을 참고 견디는 시간을 남성은 24분 이상, 여성은 18.5분까지 2배로 늘릴 수 있다.[5]

뇌에 산소가 제대로 공급되지 않으면 5분 내에 뇌세포가 죽기 시작하고, 그 시간이 약간만 더 길어져도 심각한 손상이나 죽음에 이를 수 있건만 수면 무호흡은 21세기에 스포츠로 여겨진다. 여하튼 산소는 인간 생존에 가장 중요한 자원이다. 다른 모든 화학합성 유기 영양생물(자신에게 필요한 영양소를 체내에서 만들어내지 못하는 유기물)이 그렇듯 인간 종에게도 끊임없는 산소 공급이 필요하다. 편안한 상태에서 호흡하면 인간은 1분에 12~20회의 흡입을 한다. 성인이 하루에 흡입하는 산소량은 평균적으로 거의 1킬로그램이다.[6] 세계 인구로 계산하면 연간 산소 흡입량이 약 27억 톤에 달하지만, 대기에 1,200조 톤의 산소가 존재한다는 걸 고려하면 극히 적은 양(0.00023퍼센트)에 불과하다. 우리가 배출하는 이산화탄소는 광합성을 하는 식물이 즉각 사용한다.

대기에 산소가 공급된 것은 약 25억 년 전에 일어난 '산소 대폭발 사건Great Oxygenation Event, GOE'으로까지 거슬러 올라간다.[7] 그 기간 해양 남세균이 분비한 산소가 대기에 축적되기 시작했다. 그러나 기체들이 현재와 같은 농도에 이르는 데는 오랜 시간이 걸렸다. 지난 5억 년 동안 대기의 산소 비율은 크게 변동했다. 낮을 때는 약 15퍼센트, 높을 때는 35퍼센트까지 올라간 뒤에야 지금의 21퍼센트로 줄어들었다.[8] 사람과 동물이 호흡을 통해 이 농도를 눈에 띄게 낮출 위험은 절대 없을뿐더러 지상의 식물을 엄청나게 태운다고 해도 급속한 산화oxidation로 인해 막대한 산소가 사용될 위험은 없다.

지구의 지상 식물량plant mass에는 약 5,000억 톤의 탄소가 함유되어 있다. 따라서 식물량 전체(모든 숲과 초원 그리고 작물)를 단번에 태우더라도 그 어마어마한 불길이 사용하는 산소량은 대기 중 산소의 0.1퍼센트에 불과할 것이다.[9] 하지만 2019년 여름 아마존 열대우림에서 드넓은 지역이 화염에 휩싸인 동안, 언론과 정치인들은 세계가 금방이라도 질식할 것처럼 과학적으로 무지한 대중에게 겁을 주었다. 그 많은 정치인 중 한 명인 프랑스 대통령 에마뉘엘 마크롱은 2019년 8월 22일 트위터에 이런 글을 올렸다.[10]

우리의 집이 불타고 있습니다. 문자 그대로. 아마존 열대우림 — 지구에 필요한 산소의 20퍼센트를 만들어내는 허파 — 이 화염에 휩싸였습니다. 국제적 위기입니다. G7 회원국의 정상 여러분, 이 화급한 문제를 이틀 내에 최우선 순위로 논의합시다!

이틀 뒤 긴급 G7 정상회담은 열리지 않았다. G7 정상회담이 어떤 문제든 해결할 수 있을 것처럼 떠벌렸지만 두 달 뒤에도 없었다! 그런데도 세계는 여전히 정상적으로 호흡을 계속하고 있다. 어느 위치에서 판단하느냐에 따라 다르겠지만, 아마존 열대우림을 일부러 태우는 행위는 무척 유감스럽고 철저히 잘못된 정책일 수 있다. 생물권에 저지르는 용서받지 못할 범죄일 수도 있다. 그러나 그 행위가 지구로부터 산소를 빼앗아가는 짓은 아니라는 걸 알아야 한다.

이렇게 잘못된 정보가 야기하는 문제는 결코 단순하지 않아서 근본적인 문제로 이어진다. 왜 우리는 확실히 검증된 과학적 사실에 근거하지 않고, 온갖 그럴듯한 트윗으로 여론을 형성하려는 것일까? 에너지와 식량 생산에 대한 평가보다 환경에 대한 평가가 부적절한 일반화, 편향된 해석, 명백히 잘못된 정보에 현혹당하기 쉬운 것은 사실인 듯하다. 이런 경향은 반드시 규탄받고 척결해야 한다. 신화와 잘못된 정보에 근거한 행동은 결코 성공할 수 없기 때문이다. 물론 환경문제와 관련한 기본 과학은 무척 복잡하고, 많은 의견이 여전히 불확실하며, 단호한 판단은 도무지 권할 수 없지만, '대기 중 산소량이 위험하다'라는 특정한 문제의 경우에는 그렇지 않다.

분명한 것은 우리 폐가 산소를 만들어내지는 않는다는 점이다. 산소를 처리할 뿐이다. 폐의 기능은 기체 교환을 가능하게 해주는 것이다. 그래서 대기 중 산소가 혈류에 들어가고, 대사에서 가장 많이 만들어지는 기체인 이산화탄소가 혈류를 빠져나온다. 그 과정에서 (다른 모든 기관이 그렇듯) 폐는 산소를 소비하는데, 얼마나 필요한지 측정하기는 쉽지 않다. 다시 말하면, 폐에서 소비하는 산소량을 전체 흡입량으로부터 분리해내기가 쉽지 않다. 가장 좋은 방법은 심폐 우회술을 시행하는 동안, 폐순환이 전신 혈류와 일시적으로 분리되는 때를 알아내는 것이다. 이렇게 알아낸 결과에 따르면, 폐는 우리가 흡입한 총산소의 약 5퍼센트를 소비한다.[11] 아마존의 나무들도 다른 육상식물과 마찬가지로 낮에 광합성을 하는 동안 산소를 만들어낸다. 또한 광합성을 하는 모든 유기체가 그렇듯 아마존의 나무들도 밤에 호흡하는 동안 이 산소를 실질적으로 모두 소비한다. 광합성으로 만들어낸 산소를 사용해 식물의 생장에 필요한 에너지와 화합물을 만들어내는 셈이다.[12]

매년 적어도 3,000억 톤의 산소가 지상과 해양 광합성에 의해 흡수되고, 비슷한 양이 배출된다.[13] 이런 순환뿐 아니라 매장된 시신이나 다른 유기물의 산화에서 비롯된 훨씬 작은 순환 또한, 하루나 계절을 기준으로는 결코 완벽하게 균형이 맞추어지지 않더라도, 장기적으로는 균형점에서 지나치게 멀어지지 않는다. 그렇지 않으면 산소가 크게 남거나 부족할 것이다. 하지만 대기 중 산소는 예나 지금이나 상당히 안정적이다. 아마존의 열대우림, 오스트레일리아의 관목 지대, 캘리포니아의 산비탈, 시베리아의 침엽수림이 화염에 휩싸이는 영상은, 우리가 1분에 적어도 열두 번씩 호흡하는 데 필요한 산소를 대기가 빼앗아가는 불길한 조짐이 아니다.[14] 거대한 들불은 파괴적이고 많은 점에서 해롭지만, 산소 부족으로 우리를 질식시키는 않을 것이다.

앞으로도 물과 식량이
충분할까?

반면, 두 번째로 중요한 자연 자원의 공급은 환경에 대한 우리의 걱정 중에 최상단에 있어야 마땅하다. 이 중요한 자원이 절대적으로 부족해서가 아니라, 공평하게 분포하지 않은 데다 우리가 제대로 관리하지 못하고 있기 때문이다. 이것도 절제된 표현이다. 노골적으로 말하면, 우리는 물을 펑펑 낭비하고 있다. 지금까지 우리는 바람직하지 않은 습관과 추세를 뒤집을 만한 효과적인 변화를 채택하는 데 태만한 편이었다. 뒤에서 다시 살펴보겠지만, 물은 보편적으로 잘못 관리되고 있고, 어디서나 동일한 방법으로 접근할 수 없기에 관리하기가 더욱더 복잡한 자연 자원의 전형이다.[15]

그래도 호흡하는 것만큼 자주 물을 마실 필요는 없다. 분당 12번은커녕 하루에 12번씩 마시지 않아도 된다. 그러나 적절한 양의 식수 공급은 기본적인 생존의 문제이다(적정량의 식수는 성별과 연령, 체격, 주변 기온에 따라 다르지만 극단적 활동을 배제하면 대체로 하루 1.5~3리터이다).[16] 하루 동안 물을 마시지 않고 지내기도 무척 힘들다. 이틀 동안 물을 공급받지 않으면 굉장히 위험하고, 사흘 동안 수분 공급이 멈추면 목숨을 잃을 수도 있다. 생존을 위해서는 최소한 연간 약 750킬로그램(0.75세제곱미터)의 물이 필요하다. 하지만 생존을 넘어 다른 이유에서도 물은 필수적이다. 그것도 훨씬 더 많이. 예컨대 개인위생, 요리와 세탁(실내 화장실이 없는 경우에도 이런 일에 최소 하루 15~20리터, 연간 7세제곱미터의 물이 필요하다), 생산 활동, 특히 작물 재배를 위해서도 물이 필요하다.[17]

물은 농업과 화력발전, 중공업과 경공업, 서비스업체와 가정 등 여러 분야에서 쓰이는 데다 그 종류도 다양해서 국내적으로나 국제적으로 비교하기가 쉽지 않다. 청색 물blue water에는 강과 지표수 그리고 지하 대수층으로 흘러들어 어떤 상품의 제작에 쓰이거나 증발하는 빗물이 포함된다. 녹색 물green water은 빗물 중 땅속에 저장되었다가 증발이나 증산蒸散 또는 식물에 흡수된 물을 가리킨다. 회색 물gray water에는 특정한 수질 기준을 충족하기 위해 오염 물질을 희석시키는 데 사용하는 모든 물이 포함된다.

이런 이유에서, 국가별 일인당 물 소비량이 물 발자국water footprint(상품의 생산 과정에서 직간접적으로 사용하는 물의 총량 — 옮긴이)을 평가하는 최선이자 가장 철저한 방법이다. 청색과 녹색과

회색 물 발자국뿐 아니라 가상수virtual water(우리 눈에는 보이지 않지만 어떤 제품을 생산하는 전 과정에서 쓰이는 물) 전체를 더하면 된다.[18] 국가별 청색 물 사용량(단위는 연간 일인당 세제곱미터)은 캐나다 29, 미국 23에서부터 프랑스 11, 독일 7, 중국과 인도 5까지 폭이 크다. 아프리카의 많은 국가는 1보다 낮다.[19]

국가별 총 물 발자국을 분석하면, 농업과 산업 생산에 쓰인 물의 비율이 구체적으로 드러난다. 당연한 일이지만, 광범위한 관개시설을 사용하는 국가들에서 농업 부문의 물 발자국이 상대적으로 높다. 또 캐나다, 이탈리아, 이스라엘, 헝가리는 기후대와 분야별 소비가 무척 다른 경제국이지만 총 물 소비량은 비슷하다(연간 일인당 2,300~2,400세제곱미터). 식품에는 상당한 양의 녹색 물이 포함되므로, 수입 식품 의존도가 가장 높은 두 국가, 즉 일본과 한국은 가상수를 가장 많이 사용하는 나라이기도 하다.

전반적으로는 국가 경제에서, 특히 식량 생산에서 물의 역할은 무척 중요하다. 따라서 가용성과 취약성, 충분도와 부족도 등 다양하고 포괄적인 측면에서 물에 대한 평가를 내려야 함은 당연하다. 21세기 초입에 물 부족에 시달린 인구는 적게는 12억 명, 많게는 43억 명이었다. 달리 말하면, 세계 인구의 20~70퍼센트였다.[20] 한편 21세기가 시작되고 20년 동안 물 부족을 두 번 측정했는데, 물 부족의 영향을 받는 사람이 16억~24억 명으로 조사되었다.[21] 이런 평가에서 나타나는 큰 차이를 고려하면, 미래를 낙관하는 결론을 내리기는 거의 불가능하다.

미래의 식량 공급 또한 불확실성이 크다. 식량 생산만큼 지구

생태계를 크게 바꿔놓은 인간 활동은 여태껏 없었다. 빙하로 덮이지 않은 땅의 거의 3분의 1이 이미 식량 생산에 쓰이고, 그 면적의 확대 또한 불가피하다.[22] 현재 식량 생산에 할애된 총면적은 한 세기 전부터 2배 이상 넓어졌지만, 모든 부유한 국가에서는 경작지가 그대로이거나 약간 줄어들었다. 전체적으로는 새로운 경작지가 늘었지만, 세계 증가율은 상당히 둔화했다.[23] 아프리카 대륙의 여전히 높은 출산율을 고려할 때 경작지의 확장은 불가피하다. 하지만 아시아 대부분의 지역에서는 경작지 확장이 제한적일 수밖에 없다. 한편 유럽과 북아메리카와 오스트레일리아에서는 식량 생산이 이미 과도한 데다 인구가 고령화하고 있어 경작지 면적을 크게 줄여야 마땅하다.

농사법이 발달하고, 음식물 쓰레기가 감소하고, 적정한 육류 소비문화가 확산하면 식량 생산에 사용하는 토지 면적을 줄일 수 있을 것이다. 2장에서 이미 언급했듯 인구가 거의 80억 명에 이르는 세계에서 산업화 시대 이전의 농사법으로 회귀하는 건 상상조차 할 수 없다. 기존 에너지 투입량을 유지하면서도 생산량을 증대하는 게 오래전부터 굳어진 추세이긴 하다. 또 많은 낭비적 관례를 탈피하면, 비료와 살충제의 사용량을 줄여도 생산량을 높일 수 있을 것이다. 중국 농토의 약 3분의 1을 경작하는 2,100만여 명의 농부가 10년(2005~2015) 동안 대규모로 이런 변화의 가능성을 설득력 있게 증명해 보였다. 그들은 헥타르당 질소 살포량을 15~18퍼센트 줄이면서도 주곡 생산량을 11퍼센트가량 증산해냈다.[24]

땅이 제한적 자원이 아니라면, 또 우리가 물 공급을 관리하는 방법을 알고 있다면, 질소와 인의 살포가 환경에 미치는 영향을 최소화하며 주요 작물에 필요한 다량 영양소를 제공할 수 있을까? 앞에서 이미 설명했듯 암모니아를 합성하는 하버-보슈 공법 덕분에, 주된 다량 영양소인 질소와 반응하는 화합물을 적절한 양으로 공급할 수 있게 되었다.[25] 이제는 두 광물성 다량 영양소, 즉 칼륨과 인을 적정량으로 공급할 수도 있다. 미국지질조사국US Geological Survey의 조사에 따르면, 칼륨 자원은 약 70억 톤의 산화칼륨에 상응하고, 매장량은 거의 그 절반에 이른다. 따라서 현재의 속도로 생산하면 거의 90년 동안 사용할 수 있다.[26]

지난 50년 동안, 인이 곧 부족해지리란 의견이 주기적으로 반복되며 수십 년 내에 기아 문제가 반드시 대두할 것이라 주장하는 학자도 있었다.[27] 유한한 자원을 낭비하지 말아야 한다는 격정은 항상 귀담아들어야 하지만, 인의 위기가 임박한 적은 없다. 국제비료개발센터International Fertilizer Development Center에 따르면, 세계 인광석 확인 매장량은 향후 300~400년 동안의 비료 수요를 충족하기에 충분하다.[28] 미국지질조사국은 세계 인광석 자원을 3,000억 톤 이상으로 추정하는데, 현재 속도로 채굴하면 1,000년 넘게 사용할 수 있다.[29] 국제비료산업협회International Fertilizer Industry Association는 "인의 공급이 긴급한 쟁점이라거나 인광석 고갈이 임박했다는 주장을 믿지 않는다"고 언급했다.[30]

식물 영양소에 대해 정말로 걱정해야 할 것은 그 영양소들이 환경, 주로 물에 달갑지 않게 존재함으로써 야기되는 환경적이고 경제적인 영향이다. 비료에 함유된 인은 토양침식과 유거수流去水(지표면을 따라 흐르는 물 — 옮긴이)를 통해 물에 유입된다. 인은 가축과 사람의 배설물에도 존재한다.[31] 민물이든 바닷물이든 물에는 인의 농도가 무척 낮다. 그런데 이렇게 인이 유입되면 부영양화富營養化가 일어난다. 달리 말하면, 물에 전에는 부족하던 영양소가 많아지며 조류藻類가 과도하게 증식한다.[32] 비료를 살포한 밭에서, 또 가축과 인간의 배설물에서 질소가 흘러들어도 부영양화는 일어날 수 있다. 그러나 수생 광합성은 인의 첨가에 더 민감하게 반응한다. 일차적인 하수 처리 방식(퇴적으로 5~10퍼센트의 인을 제거)이나 이차적인 제거 작업(여과로 10~20퍼센트의 인을 제거)으로는 부영양화를 막을 수 없다. 그러나 응고제나 미생물 처리법을 사용하면 인을 제거할 수 있다. 이때 인은 결정체로 변하고 비료로도 재사용할 수 있다.[33]

앞에서 설명했듯 작물이 질소를 흡수하는 전 세계적 효율성은 50퍼센트 이하로 떨어졌고, 중국과 프랑스에서는 40퍼센트에도 미치지 못한다. 인과 더불어, 물에 녹는 질소화합물은 수질을 오염시키고 조류의 과도한 증식을 부추긴다. 조류는 분해될 때 바닷물에 녹은 산소를 소비하며, 주변 바다를 산소 부족 상태로 만든다. 따라서 그곳에서는 어류와 갑각류가 생존할 수 없다. 이렇게 산소가 고갈된 지역은 미국의 동부와 남부 해안, 또 유럽과 중국, 일본의 해안에 집중되어 있다.[34] 비용을 들이지 않고, 이런 환경문제를 신속하게 해결할 손쉬운 방법은 없다. 농작물을 윤작하고 비료를 재배 시기에 맞춰 나누어 살포함으로써 유입을 최소화하는 방법 등의 더 나은 경작법이 이제는 필수적이다. 물론 육류 소비를 줄이는 것만큼 사료 작물을 생산하는 데 필요한 면적을 효과적으로 줄이는 방법은 없다. 그러나 사하라 사막 남쪽의 아프리카가 만성적으로 수입 식품에 의존하는 현실에서 벗어나려면, 앞으로 더 많은 질소와 인이 필요할 것이다.

생존에 반드시 필요한 세 가지 요소 — 대기 중 산소, 사용 가능한 물, 식량 생산 — 를 장기적 관점에서 평가하려면, 기후변화가 세 요소의 공급에 어떤 영향을 미치는지도 고려해야 한다. 기후변화는 생물권에 무수한 방법으로 흔적을 남길 테고, 그 영향은 언론에서 자주 언급하는 두 변화, 즉 평균기온의 상승과 해수면 상승에 그치지 않을 것이다. 그렇다고 폭염에 시달리는 도시부터 해수면 상승까지, 또 말라붙는 작물부터 빙하의 해빙까지 예상되는 영향을 또다시 길게 나열하고 싶지는 않다. 그러한 나열은 절제된 태도로뿐 아니라 신경질적으로도 지금까지 수도 없이 제시되었다.

대신, 나는 정통적이지는 않지만 실용주의적인 관점으로 접근해보려 한다. 먼저, 온실효과가 우리 삶을 가능하게 해주는 필수 조건이라는 점을 설명할 것이다. 온실효과가 없으면 지구 표면이 영구적으로 얼어붙을 것이기 때문이다. 우리는 여러 가지 복합적인 행동을 통해 무심결에 온실효과를 부추겨왔다. 특히 화석연료의 연소는 지구온난화의 가장 주된 요인이다. 다음 단계에서는 공통된 인식과 달리, 현대 과학이 벌써 한 세기 전에 기후변화를 확인했으며, 우리가 명백히 공인된 잠재적 위험을 수 세대 동안 무시해왔고, 지구온난화의 방향을 바꾸는 데 유효한 행동들에 지금까지 마지못해 동참해왔다는 것을, 요컨대 변화가 무척 어렵다는 사실을 설명해보려 한다.

왜 지구는 영구적으로
얼어붙지 않는가?

1장에서 살펴보았듯 풍부한 화석연료는 현대의 경제성장을 이끈 주된 견인차였다. 화석연료가 차츰 더 효과적인 에너지원으로 전환된 것은 경제성장에서 큰 역할을 했고, 덕분에 우리는 장수와 풍요로운 삶이라는 혜택을 얻었다. 그러나 이산화탄소 배출이 지구의 기후에 장기적으로 미치는 영향(흔히 지구온난화라고 일컫는 현상)에 대한 걱정도 커졌다. 단순한 물리학으로 설명하면, 지구온난화가 환경에 미치는 영향에 대한 우리 걱정은 불필요하다. 우리가 걱정하는 것, 즉 온실효과가 없으면 우리는 살아 있을 수 없기 때문이다. 우리가 지구에서 살아가려면 소수의 미량 가스trace gas, 특히 이산화탄소와 메탄이 지구 온도를 조절해주어야 한다. 대기의 대부분을 차지하는 두 기체(78퍼센트의 질소, 21퍼센트의 산소)에 비교하면, 그 가스들의 존재는 1퍼센트의 몇분의 1로 무시해도 괜찮을 정도이다. 하지만 생명체가 없는 얼어붙은 행성과 푸르른 녹음에 싸인 지구의 차이를 만들어내는 것은 그 가스들이다.[35]

지구 대기는 단파 태양방사solar radiation를 흡수하고, 장파를 우주로 내보낸다. 대기가 없으면 지구 온도는 섭씨 영하 18도로 내려갈 테고, 따라서 지구 표면은 영구히 얼음으로 뒤덮일 것이다. 미량 가스는 우주로 나가려는 적외선의 일부를 흡수해 지구의 방사 균형radiation balance에 변화를 주고, 지구의 표면 온도를 올린다. 그 때문에 물이 존재할 수 있고, 물이 증발해 수증기가 대기 중으로 들어간다. 수증기 또한 우주로 나가려는, 보이지 않는 적외선파를 흡수한다. 이 모든 것이 결합해, 미량 가스와 수증기가 없는 경우보다 지구 표면이 섭씨 33도 올라간다. 그리하여 세계 평균온도가 섭씨 15도로 유지되며, 많은 형태의 생명체가 살아갈 수 있는 것이다.

이런 자연현상을 '온실효과'라고 명명하는 것은 잘못된 비유이다. 온실 내부가 더운 이유는 유리벽이 일부 자외선의 방출을 차단할 뿐만 아니라 공기 순환까지 방해하기 때문이다. 그러나 자연에서의 온실효과는 전적으로 미량 가스들이 우주로 나가려는 자외선의 일부를 차단한 결과일 뿐이다. 그사이에 대기는 간혹 격렬하게 요동치지만 대체로 안정적이고 일관되게 순환한다. 수증기는 우주로 나가려는 방사를 흡수하는 데 미량 가스들보다 더 큰 역할을 한다. 따라서 수증기는 과거에 대기의 기온 상승을 대부분 책임졌듯이 앞으로도 그 역할을 계속할 것이다.

수증기는 자연에서 온실가스 효과를 만들어내는 주역이지만 대기 온도를 통제하지 않기 때문에 대기 온난화의 원인은 아니다. 실제로는 정반대이다. 물이 기체 상태로 얼마나 많이 존재할 수 있고, 기체가 어느 정도까지 액체로 응결할 수 있는지를 결정하는 것은 주변 온도이다. 온도가 상승하면 공기의 습도가 올라가고, 온도가 떨어지면 응결이 증가한다.

지구의 자연적 온난화는 미량 가스들에 영향을 받지만, 미량 가스들의 농도는 주변 온도에 영향을 받지 않는다. 달리 말하면, 온도가 떨어지더라도 미량 가스들은 응결되지 않는다. 그러나 미량 가스들로 인해 온난화가 진행되면 그 규모가 상대적으로 작더라도 물 증발은 늘어나 대기의 수분 함유량이 올라간다. 이런 과정이 반복되면 추가적인 온난화가 발생한다. 자연에서 미량 가스 효과를 주도하는 기체는 예부터 언제나 이산화탄소였고, 메탄과 아산화질소 그리고 오존도 일부 역할을 한다. 오존은 오존층이라는 이름으로 많이 알려진 기체이다. 수천 년 전 인간이 정착해 사회를 형성하고 농업을 채택한 때부터, 가정에서 땔나무와 (나무로 만든) 숯을 사용하기 시작한 때부터, 더 나아가 금속을 제련하고 벽돌과 타일을 만들기 시작한 때부터 인간 활동은 여러 미량 가스의 농도에 영향을 주기 시작했고, 그 결과로 온실효과가 추가로 더해졌다. 숲이 농지로 바뀌면서 이산화탄소가 추가로 배출되었고, 물을 댄 논에서 쌀을 재배하기 시작하면서 메탄이 추가로 배출되었다.[36]

그러나 이렇게 인간 활동에 의해 배출된 미량 가스의 영향은 산업화 속도가 빨라진 뒤에야 두드러지게 나타났다. 이산화탄소 배출량이 늘어나자 온실가스 효과가 가속화했다. 이산화탄소 배출이 늘어난 주된 원인은 화석연료의 연소와 시멘트 생산이었다. 쓰레기 매립지, 논과 가축, 천연가스 생산에서 비롯된 메탄과, 질소비료의 살포 증대로 생겨난 아산화질소도 온실가스 효과를 부추긴 주된 원인이다. 이러한 기체들이 과거 대기에서 차지한 분포를 재구성해보면, 산업화로 인해 그 농도가 급작스레 증가했다는 걸 확인할 수 있다.

1800년 이전에는 오랫동안 이산화탄소 수치가 270ppm(parts per million, 백분율로는 0.027퍼센트)을 중심으로 좁은 범위 내에서 변했다. 1900년에는 290ppm으로 약간 상승했고, 다시 한 세기 뒤에는 거의 375ppm이었으며, 2020년 여름에는 420ppm까지 올라갔다. 18세기 말의 수치와 비교하면 50퍼센트 이상 증가한 셈이다.[37] 한편 산업화 시대 이전의 메탄 수치는 800ppb(parts-per-billion) 이하였지만, 2020년에는 그 2배를 넘어 거의 1,900ppb에 달했다. 반면 아산화질소 농도는 같은 기간 약 270ppb에서 300ppb 이상으로 상승했다.[38] 메탄과 아산화질소는 방출되는 방사선의 흡수 정도가 다르다. 세 기체가 100년 동안 미친 영향을 비교하면, 1단위의 메탄 배출과 28~36단위의 이산화탄소 배출의 영향이 같다. 아산화질소의 경우에는 그 배수가 265~298이다. 산업화 활동으로 인간이 새로이 만들어낸 소량의 기체들 — 특히 과거 냉장에 사용하던 염화플루오린화탄소chlorofluorocarbons, CFC와 전기 장치에 사용하는 뛰어난 절연재

육플루오린화황(SF_6) — 은 훨씬 강력한 영향을 미친다. 하지만 다행히 그 기체들은 미세한 농도로만 존재하고, 1987년 몬트리올의정서Montreal Protocol로 CFC의 생산은 점차 불법화되었다.[39]

삼림 벌채도 주원인이지만 대부분 화석연료의 연소에서 배출되는 이산화탄소가 인간에 의한 온난화 현상의 약 75퍼센트, 메탄이 약 15퍼센트를 차지한다. 나머지는 거의 아산화질소이다.[40] 온실가스 배출이 계속 증가하면, 결국 환경에 부정적 영향을 크게 미치고 상당한 사회·경제적 비용을 초래할 정도로 온도가 올라갈 것이다. 이는 슈퍼컴퓨터가 복잡한 기후 모델을 분석해 얻은 최근의 결론이 아니다. 지구 대기 순환 모델(모든 지구온난화 시뮬레이션의 원조)을 1960년대 말 처음 도입하기 훨씬 전부터, 또 전자 컴퓨터를 처음 조립하기 몇 세대 전부터 우리는 이런 결론을 알고 있었다.

누가 지구온난화를
발견했는가?

구글 엔그램 뷰어에서 '지구온난화'라는 개념어를 검색해보면,
1980년 이전에는 실질적으로 존재조차 않던 표현의 사용 빈도
가 가파르게 상승해 1990년을 2년 앞두고는 4배에 이르렀다는
걸 확인할 수 있다. 언론과 대중 그리고 정치인이 이산화탄소가
야기하는 지구온난화를 '발견'한 때는 1988년이다. 그해 미국의
여름이 유난히 더웠던 탓이기도 하고, 기후변화에 관한 정부간
협의체Intergovernmental Panel on Climate Change, IPCC와 유엔환경계
획United Nations Environment Programme, UNEP과 세계기상기구World
Meteorological Organization, WMO의 설립 덕분이기도 하다. 그 이후 과
학 논문과 과학 서적, 학회, 싱크탱크 연구 보고서, 각국 정부와
국제기구에서 제출한 보고서 등이 꾸준히 늘어났다. IPCC가 최
신 이론에 입각해 주기적으로 내놓는 보고서도 그중 하나이다.

2020년 구글에서 '지구온난화'와 '지구 기후변화'를 검색하면 10억 개의 항목이 나온다. 이는 최근에 유행하기 시작한 새로운 개념어, 즉 '세계화'나 '경제적 불평등' 혹은 '빈곤'과 '영양실조' 같은 존재론적 개념어보다 한 자릿수 높은 빈도이다. 게다가 지구온난화라는 복잡한 과정에 언론이 관심을 보이기 시작한 이후, 이 개념에 대한 보도는 잘못 전달된 사실, 의심스러운 해석, 불길한 예측으로 가득했다. 시간이 지나자 언론은 더욱 발작적이고, 심지어 노골적으로 종말론적 태도를 뚜렷이 드러냈다.

정확한 정보를 얻지 못한 독자들은 지구에 재앙이 닥칠 거라는 언론의 경고가 과학계의 최신 결론을 반영한다고 믿지 않을 수 없었다. 더구나 과학계가 과거에는 없던 위성 관측과, 컴퓨터 역량의 향상으로 가능해진 복잡한 세계 기후 모델을 사용해 예측한 결론이라고 하지 않는가. 그러나 최근의 관측과 모형화가 진전되었음은 분명 사실이지만, 온실효과에 대해 우리가 새롭게 이해해야 하는 것은 없다. 물론 온실가스 배출 증가가 미치는 영향을 이해하는 데도 달라진 것은 없다. 원칙적으로 우리는 150년 전부터 온실효과에 대해 알고 있었고, 한 세기 전부터는 더 이상 보탤 것이 없을 정도로 명확하게 알고 있었다!

프랑스 수학자 조제프 푸리에Joseph Fourier(1768~1830)는 대기가 지상에서 복사되는 방사선의 일부를 흡수한다는 걸 알아낸 최초의 과학자였다. 1856년에는 미국의 과학자이자 발명가 유니스 푸트Eunice Foote(1819~1888)가 이산화탄소와 지구온난화를 간략하지만 명확히 연결시켰다.[41] 5년 뒤에는 영국 물리학자 존

틴들John Tyndall(1820~1893)이 수증기가 우주로 방출되는 방사선을 흡수하는 가장 중요한 물체라고 설명했다. 틴들은 "수증기의 농도가 조금이라도 달라지면 기후가 변한다"며 "공기를 통해 확산되는 탄산의 경우에도 비슷하게 말할 수 있다"고 덧붙였다.[42] 간결하지만 명확한 지적이었다. 요즘 어법으로 말하면 이렇다. "이산화탄소 농도가 증가하면 반드시 대기 온도가 상승한다."

틴들이 이렇게 주장한 때가 1861년이었다. 그리고 그 세기가 끝나기 전, 스웨덴의 화학자로 일찍이 노벨상을 수상한 스반테 아레니우스Svante Arrhenius(1859~1927)는 대기의 이산화탄소 농도가 산업화 이전보다 2배 증가하면서 지구 표면 온도 또한 상승했다는 계산 결과를 처음으로 내놓았다.[43] 아레니우스는 그 논문에서, 지구온난화가 열대지방에서 가장 적게, 극지방에서 가장 크게 느껴질 테고, 밤과 낮 사이의 온도 차이도 줄어들 것이라고 덧붙였다. 이 두 가지 결론은 모두 사실인 것으로 밝혀졌다. 요즘은 북극이 과거보다 더 빨리 더워진다. 반사되는 방사선의 양이 급격히 줄어 눈과 얼음이 녹고, 그 결과 온난화가 더 빨리 진행되는 것이라는 지극히 간단한 설명은, 기후 시스템에서 구름과 수증기 그리고 에너지가 극지방으로 이동하는 방법까지 아우르는 복잡한 과정의 일부에 불과하다.[44] 밤 기온이 낮 기온의 평균보다 더 빨리 상승하는 주된 이유는, 경계층(지상 바로 위의 대기)이 낮 동안에는 수 킬로미터에 달하지만 밤에는 수백 미터로 무척 얇아지기 때문이다. 그로 인해 밤이 온난화에 더 민감하다.[45]

1908년 아레니우스는 기후 민감도climate sensitivity를 상당히 정확하게 추정한 결과를 내놓았다. 그러면서 "대기의 이산화탄소 비율이 2배 증가하면 지구 표면 온도는 섭씨 4도쯤 상승할 것"이라고 예측했다.[46] 1957년, 즉 지구온난화에 대한 관심이 폭발적으로 늘어나기 30년 전, 미국 해양학자 로저 리벨Roger Revelle(1909~1991)과 오스트리아계 미국 물리화학자 한스 쥐스Hans Suess(1909~1993)는 화석연료의 대규모 연소 과정을 진화론적 관점에서 정확히 평가했다. "인간이 지금 대대적으로 시행하고 있는 지구물리학적 실험은 과거였다면 이뤄지지 못했을 테고, 미래에도 재현할 수 없을 것이다. 수 세기 안에 우리는 수억 년 동안 퇴적암에 쌓여 농축된 유기 탄소를 대기와 바다로 되돌려줄 것이다."[47]

전례 없던 지금의 현실을 이처럼 집약적으로 잘 표현해낼 만한 능력이 나에게는 없다. 그로부터 딱 1년 후 이런 우려에 화답하며, 이산화탄소 농도에 대한 조사가 하와이의 마우나로아산山과 남극에서 이뤄졌다. 이 조사에 따르면 1958년 315ppm이던 이산화탄소 농도가 1985년에는 346ppm으로 상승했다. 그 결과 이산화탄소 농도가 매년 꾸준히 예측할 수 있을 만큼 증가하고 있다는 사실이 확인되었다.[48] 1979년에는 미국 국립연구협의회National Research Council가 기후 민감도(수증기 피드백 포함)를 이론적으로 계산한 결과, 섭씨 1.5~4.5도일 것이라고 추정했다. 아레니우스가 1908년에 제시한 추정치도 그 범위 내에 있었다.[49]

따라서 이산화탄소에서 비롯된 지구온난화라는 1980년대 말의 '발견'은, 푸트와 틴들이 그 둘을 명확히 연결하고 한 세기 이상이 지난 뒤, 아레니우스가 지구온난화의 영향을 계량적으로 추정하고 거의 네 세대가 지난 뒤, 또 리벨과 쥐스가 다시는 반복할 수 없는 미증유의 지구물리학적 실험에 대해 경고하고 한 세대가 꼬박 지난 뒤, 그리고 현존하는 기관이 기후 민감도를 확인하고 10년이 지난 뒤에나 이뤄졌다. 달리 말하면, 새로운 컴퓨터 모형이 개발될 때까지 기다릴 필요가 없었다는 뜻이다. 또 관료적인 국제기관을 설립해 이런 변화를 인식하고 우리의 반응을 고려할 때까지 기다릴 필요가 없었다는 뜻이기도 하다.

이런 새로운 노력이 근본적 차이를 만들어내지 못했다는 것은 지구온난화를 측정하는 핵심적인 기준, 즉 기후 민감도의 최근 추정치로 완벽하게 설명할 수 있다. IPCC의 5차 평가 보고서는 아레니우스가 섭씨 4도를 제안했던 논문보다 한 세기 뒤에 나왔지만, 기후 민감도가 섭씨 1도 이하이거나 섭씨 6도 이상일 가능성은 거의 없고, 대략 섭씨 1.5~4.5도일 것이라 결론지었다. 1979년에 발표된 미국 국립연구협의회의 보고서와 똑같다.[50] 2019년에는 지구의 기후 민감도에 대한 포괄적 평가가 나와 그 범위가 섭씨 2.6~3.9도로 좁혀졌다.[51] 달리 말해 대기 중 이산화탄소의 농도가 약 560ppm, 즉 산업화 이전 수준보다 2배 상승할 때까지는 상당한 정도로(섭씨 2도 이상) 온난화를 예방할 수 있을 만큼 기후 민감도가 낮을 가능성은 전혀 없다는 뜻이다.

지금까지 탈탄소화에서 효과적이고 상당한 결실을 거둔 것은 분명한 목표를 세우고 계획적으로 추진한 정책 덕분만은 아니다. 오히려 탈탄소화의 성과는 과학기술의 전반적 발전(한층 높아진 에너지 전환율, 더 늘어난 원자력발전과 수력발전, 줄어든 폐기물 처리와 상품 제조 과정), 생산과 관리 방식의 전환(석탄에서 천연가스로 전환, 에너지를 덜 사용하면서도 더 일반화한 재활용)에 따른 부산물이었다. 애초에 그런 전환의 시작과 추진은 온실가스 배출을 감축하려는 시도와 아무런 관계가 없었다.[52] 게다가 앞에서 지적했듯 태양광 전지판을 설치하고 풍력 터빈으로 전기를 생산하려는 근래의 탈탄소 움직임은 중국과 아시아의 다른 곳에서 온실가스 배출이 급격히 증가함으로써 완전히 무색해졌다.

더 더워진 세계에서
산소와 물과 식량

우리는 우리가 지금 어디쯤에 있는지 잘 알고 있다. 온실가스 농도가 증가했기 때문에, 지구는 태양으로부터 받은 에너지를 수세대 전부터 약간 덜 되돌려보내고 있다. 1850년을 기준으로 삼았을 때, 2020년 그 차이는 제곱미터당 약 2와트이다.[53] 바다는 대기열을 엄청나게 흡수할 수 있고 대기의 평균온도도 지면보다 더 낮으므로, 평균온도가 눈에 띌 만큼 상승하는 데 오랜 시간이 걸린다. 화석연료를 집중적으로 연소한 두 세기가 지난 뒤인 2010년대에 측정한 지면과 해수면의 평균온도는 20세기 평균값보다 거의 섭씨 1도가 높았다. 모든 대륙에서 확인한 현상이지만, 상승폭이 일정하지는 않았다. 아레니우스가 정확히 예측했듯 고위도 지역이 중위도나 열대 지역보다 평균 상승폭이 더 컸다.

세계 평균으로 보면, 지난 140년 동안 가장 더웠던 다섯 해는 모두 2015년 이후에 있었다. 대상을 10년으로 늘리면, 아홉 번을 2005년 이후에 경험했다.[54] 교토의 벚나무 개화가 빨라지고, 프랑스의 포도 수확이 앞당겨지는 현상부터 매년 새로운 기록을 세우는 여름 폭염과 고산지대 빙하의 해빙까지 지구온난화의 영향은 무척 다양하게 나타났다.[55] 오늘날 많은 컴퓨터 모형을 활용할 수 있다는 사실을 고려하면 당연한 말이겠지만, 요즘에는 미래를 예측하는 문헌이 봇물처럼 쏟아진다. 그럼 다시 생존을 위해 반드시 필요한 세 가지 조건으로 돌아가서 본질적인 질문을 제기해보자. 더 더워진 지구에서 산소와 물 그리고 식량의 공급은 어떻게 될까?

온실가스로 인해 기온이 약간 변한다고 산소의 대기 농도가 영향을 받지는 않는다. 그러나 지구온난화에 기여한 인간의 주된 행위, 즉 화석연료의 연소 때문에 산소 농도가 미세하게 떨어지고 있다. 화석연료의 연소로 약 270억 톤의 산소가 대기에서 사라졌다.[56] 들불과 가축의 호흡으로 소실되는 산소까지 고려할 때 대기에서 매년 줄어드는 산소는 21세기 초에 약 210억 톤이었다. 달리 말하면, 기존 농도의 0.002퍼센트에 미치지 못하는 양이다.[57] 대기 중 산소 농도를 직접 측정하면 이 미세한 손실분을 확인할 수 있다. 최근의 대기 중 산소 농도는 약 4ppm이었다. 여전히 공기 100만 분자에 산소 분자가 약 21만 개 있기 때문에 연간 0.002퍼센트의 감소가 어느 정도 수치인지 이해할 수 있다.[58]

이런 비율로 줄어들면 대기 중 산소 수치가 3퍼센트쯤 낮아지는 데 1,500년이 걸린다. 1,500년이면, 서로마제국이 붕괴한 이후부터 지금까지의 시간이다. 또 이를 산소의 실제 농도로 보면, 해수면에 있는 뉴욕시와 솔트레이크시티(해발 1,288미터)의 차이에 불과하다. 순전히 이론적이지만, 또 다른 극단적 계산에서는 지금까지 매장된 것으로 알려진 모든 화석연료(석탄, 원유, 천연가스)를 전부 태워도 대기 중 산소 농도는 0.25퍼센트밖에 줄어들지 않을 것이다. 게다가 한계 상태인 매장지에서 화석연료를 채굴하려면 엄두도 못 낼 만큼 비용이 많이 들어, 모든 화석연료를 연소하기는 불가능하다.[59]

안타깝게도 꽃가루 알레르기를 일으키는 항원부터 도시와 (조리로 인한) 실내 공기 오염까지 많은 이유로 수억 명이 호흡하는 데 어려움을 겪겠지만, 산불이나 화석연료의 연소로 대기 중 산소 농도가 크게 줄어들어 호흡을 방해받을 위험은 없다. 게다가 산소라는 중요한 자연 자원을 활용하는 능력이 모두에게 똑같지는 않다. 지역별로 공기 오염 물질의 정도가 다르더라도 동일한 고도에 사는 사람들은 세계 어디에서나 똑같은 농도의 산소를 자유롭게 마실 수 있다. 따라서 티베트와 안데스산맥처럼 고도가 높은 지역에 사는 사람들은 낮은 산소 농도에 너끈히 적응하는 모습(특히 높은 헤모글로빈 농도)을 보여준다.[60]

결론적으로 우리는 산소에 대해 걱정할 필요가 없다. 하지만 물 공급의 미래에 대해서는 걱정해야 한다. 여러 가지 분석 모델이 지역과 국가별로, 또 세계 전체에서 물 공급의 미래를 진단해 왔다. 그 모형들은 다양한 정도의 지구온난화를 가정해 최악의 경우에는 물 공급이 전반적으로 악화하는 전망을 내놓는다. 하지만 인구 성장 등 물 수요에 대한 가정에 따라 변하는 불확실한 요소들이 많다. 만약 지구 온도가 섭씨 2도까지 상승하면, 기후변화로 인한 물 기근에 노출되는 인구가 적게는 5억 명, 많게는 31억 명에 이를 것으로 추정한다.[61] 일인당 물 공급량은 세계 전역에서 줄어들겠지만, 라플라타강(아르헨티나와 우루과이 사이를 흐르는 강 — 옮긴이)과 미시시피강, 도나우강과 갠지스강을 비롯해 주요 하천 유역은 여전히 기근 수준은 아닐 것이다. 한편 이미 물 기근에 들어선 하천 유역(특히 튀르키예·이라크의 티그리스강과 유프라테스강, 중국의 황하)의 상황은 더욱 악화할 것이다.[62]

그러나 대부분의 연구에서 동의하듯 수요 폭발로 인한 담수 기근이 기후변화로 인한 부족보다 훨씬 영향이 클 것이다. 따라서 미래의 물 부족에 대처하는 최선의 방책은 수요를 관리하는 것이다. 이와 관련한 좋은 사례로는 미국에서 일인당 물 사용량의 감소 추세를 역사적으로 추적한 대규모 연구가 있다.[63] 2015년 미국의 물 총소비량은 1965년보다 4퍼센트가량 많았다. 그러나 지난 50년 동안 미국 인구는 68퍼센트 증가했고, GDP(불변 가격)는 4배를 넘어섰으며, 관개 농지는 약 40퍼센트 늘어났다. 달리 말하면, 일인당 평균 물 사용량이 거의 40퍼센트나 줄고, 미국 경제에서 물 집약도water intensity(불변 가격 GDP 단위당 물 단위량)가 76퍼센트나 감소했다는 뜻이다. 관개에 사용하는 물 총사용량은 2015년 실질적으로 약간, 정확히 말하면 농지 단위당 약 3분의 1이 줄었다. 물론 모든 부문에서 물 사용을 더 줄이는 데는 물리적 한계가 있다. 그러나 미국의 사례에서 확인할 수 있듯 물 사용량을 상당한 정도로 줄일 수는 있다.

식수 부족은 담수화를 통해 완화할 수 있다. 담수화는 태양열 증발부터 반투막半透膜 사용까지 다양한 기법으로 바닷물에서 염분을 제거하는 방법을 뜻한다. 물이 부족한 많은 국가에서 이제 담수화는 흔하지만(현재 세계 전역에 약 1만 8,000개의 담수화 공장이 있다), 그 비용은 저수지나 재활용을 통해 공급하는 담수보다 상당히 높다.[64] 작물을 재배하는 데 필요한 수량은 훨씬 더 많아서 대부분의 식량 생산이 앞으로도 강우에 의존할 것이다. 그럴진대 더 더워진 세계에서 물이 충분할까?

광합성은 내부의 물(잎 속)을 외부의 이산화탄소(대기)와 항상 일방적으로 교환하는 과정이다. 식물이 광합성에 필요한 탄소를 충분히 받아들이려고 잎 아래쪽에 있는 숨구멍을 열 때마다 상당한 양의 물이 쓰인다. 예컨대 밀 전체의 증산 효율transpiration efficiency은 킬로그램당 5.6~7.5그램이다. 이는 수확한 낟알을 기준으로 킬로그램당 약 240~330킬로그램의 물을 사용한다는 뜻이다.[65]

온도가 올라가면 증발량이 늘어나므로, 지구온난화는 필연적으로 물 순환을 앞당길 것이다. 그러면 전체적으로 강수량이 많아질 테고, 따라서 모아서 저장해두고 사용할 수 있는 물도 많아질 것이다.[66] 그러나 강수량이 증가한다고 모든 지역에서 증가하는 게 아니고, 필요할 때 비가 내리는 것도 아니다. 더 더워진 기후와 관련한 다른 많은 변화가 그렇듯 강수량이 모든 지역에

골고루 증가하지는 않는다. 어떤 지역에는 지금보다 적게 비가 내릴 것이다. 예컨대 중국에서는 가장 많은 인구가 모여 사는 양쯔강 유역을 비롯한 지역에 상당히 많은 비가 내릴 수 있다. 강수량이 늘어나면, 물 때문에 고민하는 환경에서 거주하는 사람의 수가 약간 줄어들 것으로 예상한다.[67] 그러나 강수량이 늘더라도, 많은 지역에서 강수 빈도는 줄고 눈이나 비가 평소보다 더 많이 재앙 수준으로 쏟아질 가능성도 있다.

대기가 더 더워지면 식물의 물 손실, 즉 증발과 증산이 더 증가한다. 그렇다고 작물과 숲이 수분을 상실해 시들 것이란 뜻은 아니다. 대기에서 이산화탄소 수치가 올라간다는 것은 생물권이 더 따뜻해지고 이산화탄소 농도가 높아졌다는 뜻이므로, 생산 단위당 필요한 물이 줄어든다. 이런 결과는 이미 일부 작물에서 확인할 수 있다. 밀과 쌀(가장 공통된 광합성 경로에 의존하는 주된 곡물)이 옥수수나 사탕수수(덜 공통적이지만 본원적으로 더 효율적인 광합성 경로에 의존하는 곡물)보다 물을 더 효율적으로 사용한다.[68] 달리 말하면, 일부 지역에서는 강수량이 10~20퍼센트 줄어들더라도 밀과 다른 곡물을 요즘 수준으로, 혹은 더 많이 생산할 수 있다는 뜻이다.

그러나 세계 식량 생산은 지구온난화를 부추기는 미량 가스의 주요 원천이기도 하다. 밭으로 전환된 숲과 초원에서 이산화탄소가 주로 배출되고(지금도 남아메리카와 아프리카에서는 이런 전환이 계속 진행되고 있다), 메탄은 되새김질하는 가축에게서 나온다.[69] 하지만 이런 현실은 개선과 조정의 기회를 제공하기도 한다. 예컨대 토양에 유기물을 늘리는 방법, 즉 쟁기질을 줄이거나 없앰으로써 토양의 탄소 저장량을 늘리는 방법으로 작물을 재배할 수 있을 것이다. 또 육류를 덜 섭취하면 가축에 의한 메탄 배출을 줄일 수 있다. 내 계산으로는, 소고기 소비량을 줄이는 대신 돼지고기와 닭고기 및 달걀과 유제품을 섭취하고, 사료를 더 효율적으로 분배하는 동시에 작물 잔해와 식품 가공 부산물을 더 적절히 사용하면, 미래에 우리는 현재 수준으로 육류를 생산하면서도 가축에 의한 메탄 배출을 줄임으로써 가축이 환경에 미치는 영향을 크게 제한할 수 있다.[70]

최근의 한 연구는 네 가지 '지구 위험 한계선'을 넘지 않고도, 다시 말해 생물권 온전성biosphere's integrity, 토지와 담수의 사용, 질소 순환의 한계를 넘어 지구와 세계 인구를 극단까지 밀어붙이지 않고도 2050년 직후의 인구 추정치 약 100억 명을 먹여 살릴 수 있을지 분석했다. 네 한계선 모두를 엄격히 지켜내면 세계 시스템은 34억 명에게 균형 잡힌 식단(일인당 약 2,400킬로칼로리)을 매일 제공할 수 있지만, 농경지의 재분배, 물과 영양소의 더 나은 관리, 음식물 쓰레기 감소, 식습관의 조정을 이뤄내면 102억 명까지 먹여 살릴 수 있다는 게 그 연구의 결론이었다.[71]

생존에 반드시 필요한 세 요소 — 호흡하기와 마시기와 먹기 — 를 면밀하게 분석한 연구들의 결론도 마찬가지이다. 2030년이나 2050년쯤에 피할 수 없는 종말이 닥칠 일은 없다는 것이다. 산소는 여전히 충분할 것이고, 물 공급에 대한 걱정은 많은 지역에서 늘어나겠지만 목숨을 위협하는 물 기근을 방지하는 데 필요한 방법은 이미 알려져 있다. 따라서 그러한 방법을 동원할 수 있어야 한다. 또한 저소득 국가에서는 일인당 평균 식량 공급을 유지하는 데 그치지 않고 개선해나가야 하는 반면, 부유한 국가에서는 과도한 식량 생산을 줄여야 한다. 하지만 세계 인구에 공급할 식량을 생산하려면 화석연료에 대한 직간접적 의존을 완전히 없앤다는 것은 어불성설이고, 그냥 줄일 수 있을 뿐이다(2장 참조). 1장에서 설명했듯 화석연료의 의존에서 하루아침에 벗어날 수는 없다. 달리 말하면, 앞으로도 수십 년 동안 화석연료의 연소는 기후 온난화의 주범으로 남을 것이란 뜻이다. 이런 현실이 지구온난화의 장기적 추세에 어떤 영향을 줄까?

불확실성과 약속,
그리고 현실

과학이 발전하고 기술적 역량도 향상한 덕분에, 이제 자연 요인과 인간 행위가 복잡하게 상호작용하는 과정에 대한 우리의 이해도 상당한 수준까지 깊어졌다. 따라서 그 복잡한 과정에 한층 유리하게 접근할 수 있다. 물론 우리가 단호히 대응하기를 더욱 더 어렵게 만드는 불확실성이 여전히 존재하고, 불편할 정도로 무지하다는 것 또한 고려해야 한다. 이런 근본적 현실을 다시 알려주려고 했던지, 코로나19 팬데믹의 결과가 전 세계인에게 정신을 번쩍 들게 하는 교훈을 주었다.

우리는 폭발이 거의 임박해서 100퍼센트 확실하게 예측할 수 있었던 사건에도 아무런 대비를 하지 못했다. 주요 문제를 예측했던 학자들까지도 그런 무준비에 놀랐을 정도이다. 2008년 나는 지구에 닥칠 재앙과 그 추세를 다룬 책에서 시기까지 명시하며 팬데믹의 도래 가능성을 명확히 지적했다.[72] 우리는 이번에 유행한 병원체의 유전자 구성을 거의 즉각적으로 완전히 알아 냈지만, 코로나19 바이러스의 확산에 대응한 국가들의 공공 정 책 양상은 거의 평상시와 다를 바 없는 생활(스웨덴)부터 가혹했 지만 뒤늦은 전국적 봉쇄(이탈리아와 스페인)에 이르기까지, 또 초 기의 묵살(2020년 2월의 미국)부터 나중엔 재앙으로 변한 초기의 성공(싱가포르)에 이르기까지 무척 다양했다.[73]

하지만 우리가 1950년대 말 이후 세계적 규모로 겪은 세 번의 팬데믹은 근본적으로 자기 제한적인 자연현상이다. 백신이 없 더라도 병원체가 상대적으로 많은 사람을 감염시키거나 전염력 이 떨어진 형태로 변이되면 모든 바이러스성 팬데믹은 수그러 들기 때문이다. 반면 전 지구적 기후변화는 궁극적인 결과가 자 연 과정과 인간 행위의 상호작용에 영향을 받는 무척 복잡한 현 상이지만, 우리는 그 상호작용에 대해 완벽하게 알지 못한다. 따 라서 기후변화의 장기적 추세와 가장 그럴듯한 결과를 정확히 판단하려면, 앞으로도 수십 년 동안 더 많이 관찰하고 더 많이 연구해서 더 나은 기후 모형을 고안해내야 할 것이다.

현재의 역동적이고 다원적인 현실에 대한 우리 이해가 완벽 한 수준에 도달했다고 믿는다면, 기후변화 과학을 기후변화 종 교로 착각하는 것과 같다. 그렇다고 실질적 조치를 취하기 위해 끝없이 새로운 모형이 필요한 것은 아니다. 건물과 운송, 공업과 농업에서 에너지 사용을 줄일 기회는 어마어마하게 많다. 지구 온난화에 대한 어떤 걱정과도 상관없이, 우리는 에너지를 절약하고 배출 가스를 줄이기 위한 대책을 수십 년 전부터 부분적으로라도 시작했어야 한다. 불필요한 에너지 사용을 피하거나 공기 오염과 수질오염을 줄이고 더 편안한 삶을 제공하기 위한 탐구는 영원한 지상 과제이지, 재앙을 막기 위해 급작스럽게 취해야 할 필사적인 행동이 되면 안 된다.

우리가 마땅한 조치를 취하는 데 게을렀던 것은 사실이다. 일찌감치 조치를 취했더라면 기후변화의 영향을 제한할 수 있었을 것이다. 그런 조치가 장기적으로 이득을 가져다주고 더 편안한 삶을 보장하므로 지구온난화에 대한 걱정이 없던 때라도 우리는 적절한 조치를 취했어야 한다. 이것만으로는 충분하지 않았는지 우리는 새로운 에너지 전환을 도입하고 촉진했다. 그러나 그 결과 화석 에너지의 소비가 증가하고, 덩달아 이산화탄소 배출도 늘었다. 이런 잘못된 관행을 여실히 보여주는 예가 추운 나라들에서 시행하는 변명의 여지 없이 부적절한 건축 법규와 SUV의 전 세계적 유행이다.

콘크리트 기초에 나무로 잘 지은 북아메리카의 주택은 100년 이상 버틸 수 있다. 또 벽에 단열재를 넣고 삼중 유리와 고효율 보일러로 난방하면 지속적으로 에너지를 절약하고, 더불어 탄소 배출까지 줄이는 효과를 거둘 수 있다.[74] 1973년 OPEC이 세계 유가를 4배로 올렸을 때 유럽과 북아메리카 그리고 북중국의 대부분 건물은 단판 유리를 사용했다. 캐나다에서 삼중 유리는 2030년에야 전국적으로 의무화될 것이다. 매니토바Manitoba주가 처음으로 2009년 고효율(90퍼센트 이상) 천연가스 보일러의 사용을 의무화했지만, 이는 천연가스 보일러가 상용화되고 수십 년이 지난 뒤였다.[75] 지구온난화 회의에 참석한 추운 나라들의 대표 중에서 몇 명이나 불활성 기체를 채운 삼중 유리, 초단열재를 사용한 벽, 97퍼센트 효율의 천연가스 보일러를 집에 갖추었는지 조사해보면 재밌지 않을까? 반대로 더운 나라에서는 잘못 설치한 데다 비효율적인 창문형 에어컨이 찬 공기를 낭비하지 않도록 방의 틈새를 얼마나 적절히 막았는지 조사해보는 것도 재밌을 것이다.

SUV 소유는 미국에서 1980년대 말에 급증하기 시작했고, 결국에는 전 세계로 퍼져 나갔다. 2020년에는 일반 SUV가 연간 배출하는 이산화탄소가 일반 승용차보다 약 25퍼센트 많았다.[76] 여기에 도로를 달리는 SUV 2억 5,000만 대를 곱하면, SUV가 세계적으로 유행한 전기차(2020년에 겨우 1,000만 대)의 탈탄소 효과를 단숨에 몇 배나 상쇄해버렸다는 걸 확인할 수 있다. 2010년대에 SUV는 전기 발전 다음으로 두 번째 이산화탄소 배출 원인이었다. 중공업, 트럭 운송, 항공보다 이산화탄소 배출량이 많았던 셈이다. SUV가 지금 추세로 계속 팔린다면, 2040년쯤에는 1억 대의 전기차가 도로를 달리며 절약한 탄소를 상쇄할 가능성이 크다.

2장에서 우리는 현대 식량 생산의 고에너지 비용을 자세히 다루었고, 음식물 쓰레기가 변명의 여지가 없을 만큼 많다는 것도 지적했다. 결국 쌀농사 및 되새김질하는 가축이 초래하는 이산화탄소와 메탄의 배출을 줄이고, 질소비료를 과도하게 사용하는 데서 비롯한 아산화질소의 배출을 줄일 기회도 많다는 뜻이다. 게다가 미심쩍은 식량 무역에서 발생하는 배출 가스도 줄일 여력이 있다. 예컨대 1월에 페루에서 캐나다까지 블루베리를, 케냐에서 런던까지 강낭콩을 항공으로 운송해야 할 필요가 있을까? 이런 식물에 함유된 비타민 C와 섬유질은 더 적은 탄소 발자국을 지닌 다른 식물에서도 많이 구할 수 있다. 또 우리의 엄청난 데이터 처리 능력을 활용하면, 30~40퍼센트에 이르는 음식물 쓰레기를 줄일 수 있을 만큼 음식물에 더 적정하게, 또 더 탄력적으로 가격을 매길 수 있지 않을까? 더 많은 모형이 개발되길 기다리지 않고 즉각 시행할 수 있으며 이익까지 기대할 수 있는 일을 왜 하지 않는 것일까?

우리가 할 수 있는 데도 하지 않는 일을 나열하자면 끝이 없다. 지구온난화가 현대 담론의 주요 주제로 부각된 이후, 환경 변화의 방향을 바꾸거나 뒤집기 위해 우리는 지난 30년 동안 무엇을 했는가? 많은 자료가 명확히 대답한다. 1989~2019년 인간에 의한 온실가스 배출은 약 65퍼센트나 증가했다. 이 세계 평균값을 분석해보면, 일인당 에너지 사용량이 30년 전에 무척 높았던 미국과 캐나다·일본·오스트레일리아 및 유럽의 부유한 국가들에서는 배출량이 고작 4퍼센트 줄어드는 데 불과했다. 반면 인도의 배출량은 4배, 중국의 배출량은 4.5배 증가했다.[77]

우리의 행동하지 않는 무대책과 지구온난화 과제가 내재한 까다로운 면은, 지난 30년 동안 열린 대규모 국제 기후 회의들이 이산화탄소 배출 과정에 아무런 영향도 미치지 못했다는 사실에서 여실히 드러난다. 기후변화에 관한 첫 유엔 회의는 1992년에 열렸다. 연례 기후변화 회의는 1995년 베를린에서 시작되었고, 교토(1997년의 교토의정서는 이제 실질적으로 무용지물이 되었다), 마라케시(2001), 발리(2007), 칸쿤(2010), 리마(2014), 파리(2015)에서도 떠들썩한 모임이 있었다.[78] 물론 각국 대표들은 경치 좋은 회의 장소로 여행하는 걸 즐기겠지만, 그들이 탄 제트여객기에서 발생하는 무서운 탄소 발자국에 대해서는 거의 생각하지 않는다.[79]

2015년에는 약 5만 명이 또 한 번의 당사국 회의에 참석하기 위해 비행기를 타고 파리에 모였다. 그들은 '야심 차고' '전례 없는' 역사적 합의를 이루어냈지만, 파리협정도 세계 최대 배출국들의 구체적 감축 목표를 성문화하지 않았다(그렇게 할 수도 없었을 것이다). 가능성이 전혀 없는 일이지만 구속력 없는 자발적 서약을 지키더라도 2050년에는 배출량이 50퍼센트 증가할 것이다.[80]

이런 식의 회의를 반복한다면, 중국의 늘어나는 석탄 채굴을 중단시키지 못할 테고(1995~2019년 석탄 채굴량이 3배 증가해 세계 모든 곳에서 채굴한 양과 비슷했다), 앞에서 언급한 대형 SUV의 세계적 인기도 억누를 수 없을 것이다. 또 계절풍의 영향을 받는 아시아 지역의 수백만 가구를 설득해, 늘어난 소득으로 후텁지근한 여름밤을 시원하게 보내겠다며 곧바로 에어컨을 새로 장만하는 걸 만류할 수도 없을 것이다. 게다가 그런 지역에서 낭장 태양광 전기로 에너지를 얻기는 어렵다.[81] 이런 복합적인 필요로 인해 1992~2019년 이산화탄소의 세계 배출량은 약 65퍼

센트, 메탄 배출량은 약 25퍼센트 증가했다.[82]

향후 수십 년 동안 우리가 할 수 있는 일은 무엇일까? 먼저 근본적인 현실을 인정하는 것부터 시작해야 한다. 과거 우리는 세계 평균기온의 섭씨 2도 상승을 상대적으로 용인할 만한 최대치로 생각했다. 그러나 2018년 IPCC는 허용 폭을 섭씨 1.5도로 낮추었다. 2020년에는 그 최대치의 3분의 2를 추가해 새로운 허용치를 만들었다. 게다가 바다의 탄소 흡수 역량, 지구의 에너지 불균형, 대기의 미세먼지 동향을 분석한 2017년의 평가 보고서에서도 지구온난화가 과거의 배출에 여전히 영향을 받는 데다 새로운 배출을 즉각 멈추더라도 현실이 되어버린 까닭에 이미 섭씨 1.3도가 상승했고, 15년 뒤에는 1.5도를 넘어설 것이라고 결론지었다.[83] 이런 영향을 종합해 최근 분석한 결과에 따르면, 우리 지구는 이미 섭씨 2.3도나 더 더워졌다.[84]

항상 그렇듯 이런 결론에는 오차 범위가 있지만, 섭씨 1.5도라는 허용 폭은 이미 넘어섰을 가능성이 무척 높다. 그런데도 많은 기관과 조직 및 정부는 무너진 울타리 안에 그 허용 폭을 가두어두는 가설을 여전히 고집하고 있다. IPCC는 허용 폭을 섭씨 1.5도로 낮춘 보고서에서, 화석연료에 대한 의존을 단박에 포기하고 그 상태를 꾸준히 유지하면 이산화탄소 세계 배출량이 2030년 절반으로 떨어지고 2050년에는 제로가 될 것이라는 시나리오를 내놓았다.[85] 요즘 다른 시나리오들도 화석 탄소 시대를 신속히 끝내는 방법을 제안하느라 바쁘다. 컴퓨터 덕분에 탄소 제로 시대를 신속히 맞이하는 시나리오를 짜는 게 쉬워진 것은 사실이다. 그러나 미래의 탄소 제로로 향하는 길을 나름대로 제시하려면, 기술적이고 경제적인 현실과 동떨어진 가정이나 내재된 특성과 규모 그리고 에너지와 물질 체계의 복잡성을 무시한 가정, 즉 임의적이고 있을 법하지 않은 가정이 아니라, 현실에 기반한 설명을 내놓을 수 있어야 한다. 최근의 세 가지 사례는 현실 세계를 무시한 채 상상의 나래를 마음껏 펼친 연구의 전형을 보여주었다.

희망 사항

첫 번째 시나리오는 주로 유럽연합 연구자들의 합작품이다. 그 시나리오에서는 2050년이면 일인당 세계 평균 에너지 수요가 2020년보다 52퍼센트 낮아질 것이라고 추정한다. 에너지 수요가 이렇게 줄어든다면 (1.5도라는 허용 폭이 가능하다고 여전히 믿어야겠지만) 세계 기온 상승을 섭씨 1.5도 이하로 유지하기가 쉬울 것이다.[86] 물론 마지막 장에서 다시 살펴보겠지만, 장기적인 시나리오를 구성할 때 미리 결정된 결과를 충족하기 위해 임의적인 가정을 설정할 수 있기는 하다. 그러나 가까운 과거에 비추어봤을 때, 이 시나리오의 가정이 현실적일까?

지난 30년 동안 일인당 에너지 수요가 20퍼센트 증가했다는 사실을 고려할 때, 일인당 에너지 수요를 30년 내에 크게 줄인다면 엄청나게 놀라운 성과일 것이다. 이 시나리오에서는 물건을 소유하는 습관에서 벗어나고, 일상생활을 디지털화하고, 에너지를 전환해서 저장하는 기술혁명이 신속하게 확산하면 에너지 수요가 크게 낮아질 것이라고 가정한다.

수요를 줄이는 방법으로 제안한 첫 번째 조건인 소유 습관에서 벗어나기는 객관적 증거가 거의 없는 학계의 바람에 불과하다. 연간 가계 비용 지출로 측정하는 개인 소비의 모든 주된 항목이 부유한 국가에서도 증가하는 추세이기 때문이다. 도로도 과밀한 데다 이미 시장이 포화 상태에 이르렀는데도 유럽연합의 1,000명당 자동차 소유는 2005~2017년 13퍼센트나 증가했다. 지난 25년 동안 독일에서는 약 25퍼센트, 프랑스에서는 20퍼센트가 늘었다.[87] 점진적 소유 감소는 물론 바람직하고 가능할 수 있지만, 절반의 감축은 임의적이고 거의 불가능한 목표이다.

더구나 이 비현실적인 시나리오를 제안한 학자들은 '글로벌 사우스Global South'(주로 아시아와 아프리카에 위치한 저소득 국가를 칭하지만 무척 부정확한 용어)에서 향후 30년 동안 모든 형태의 이동이 겨우 2배 증가하고, 소비재의 소유는 3배가 증가하는 것으로 가정한다. 그러나 중국이 지난 세대에 보여준 성장률은 완전히 다른 규모였다. 1999년 중국 도시에서 자동차 소유는 100가구당 0.34대에 불과했지만, 2019년에는 40대를 넘어섰다. 20년 만에 100배 넘는 상대적 증가를 보인 것이다.[88] 1990년에는 도시에서도 300가구당 한 가구에만 창문형 에어컨이 있었지만, 2018년에는 100가구당 142.2대로 급증했다. 30년도 안 되는 동안 무려 400배 이상 증가한 셈이다. 따라서 현재 생활수준이 1999년의 중국과 비슷한 국가들이 최근 중국 성장률의 10분의 1만 달성하더라도 자동차 소유는 10배, 에어컨 소유는 40배 증가할 것이다. 에너지 수요가 줄어들 것이라는 시나리오를 상상한 학자들이, 인도와 나이지리아가 물질의 소유에 있어 중국과의 간격을 좁히고 싶어 하지 않을 것이라고 생각한 이유는 대체 무엇일까?

최근에 발표된 세계 생산 격차 보고서(국가별 화석연료 생산 계획과 온난화를 섭씨 1.5도나 2도로 제한하는 데 필요한 세계 배출량 간 불일치를 명확히 보여주는 연례 출판물)에서 급격히 감소하는 추세가 전혀 나타나지 않는다고 놀랄 것은 없다. 오히려 정반대이다.[89] 2019년에도 화석 에너지의 주요 소비국들은 지구온난화를 섭씨 1.5도로 제한하는 데 주력하지 않고, 2030년까지 120퍼센트의 화석연료 생산을 목표로 내세웠을 정도이다. 코로나19의 궁극적인 결과가 무엇이든, 그 팬데믹으로 인한 소비 감소는 일시적일 테고, 또 감속 폭이 너무 작아 전반적 추세를 뒤집지는 못할 것이다.

2050년까지 완전한 탈탄소화라는 목표에 맞춘 두 번째 시나리오는 프린스턴대학교 에너지연구팀의 작품이다. 연구팀은 미국에 요구되는 변화 과정을 도표로 보여주고,[90] 화석연료 소비를 완전히 포기하기가 불가능함을 인정하면서 탄소 배출 제로를 달성하는 유일한 방법은 그들의 종합 전략 중 '네 번째 기둥'에 의지하는 것이라고 주장했다. 다시 말해, 배출된 이산화탄소를 대량 포집해서 저장해야 한다는 것이다. 이 방법으로 2050년에 완전한 탈탄소화를 달성하려면 매년 1~1.7기가톤의 이산화탄소를 포집해서 저장해야 한다. 동일한 양의 부피를 찾아 비교해보면, 현재 미국이 생산하는 원유보다 1.3~2.4배 많은 양을 매년 처리해야 하므로 완전히 새로운 포집-운송-저장 산업이 필요할 것이다. 또 그런 시설을 짓는 데는 160년이 더 걸리고, 수조 달러의 비용이 들 것이다.

포집된 탄소 대부분을 텍사스주 멕시코만 연안 지역을 따라 저장한다면, 약 11만 킬로미터에 달하는 이산화탄소 파이프라인을 새로 깔아야 한다. 게다가 소송과 님비, 즉 지역이기주의로 악명 높은 사회에서 그처럼 광범위한 파이프라인을 계획하고 허가를 얻어 건설하려면 미증유의 속도전이 필요하다.[91] 미국의 석유와 천연가스 산업이 매설한 기존 수송 기반 시설을 해체하는 데도 추가 비용이 발생할 것이다. 장기적인 비용 계산이 항상 가변적이었다는 역사적 경험을 고려하면, 향후 30년 동안 투입될 비용은 물론, 그 자릿수까지도 전혀 신뢰할 수가 없다.

2050년까지 완전히 탈탄소화하겠다는 목표도 세 번째 시나리오에 비하면 점잖은 편이다. 세 번째 시나리오는 미국의 그린 뉴딜Green New Deal(2019년 미국 의회에서 도입)을 143개국에 확대하는 목표를 세우고, 세계 에너지 공급의 80퍼센트 이상을 2030년까지 재생 가능한 바람과 물 그리고 태양wind, water, solar, WWS 에너지로 대체해 탈탄소화하는 방법을 대략적으로 제시했다. 이 시나리오에 따르면, WWS 에너지의 공급으로 전체 수요는 57퍼센트, 금융 비용은 61퍼센트, 건강과 기후 등 사회적 비용은 91퍼센트 줄어든다. "따라서 WWS 에너지가 100퍼센트를 차지하면, 현재보다 에너지가 덜 필요하고, 비용이 줄어들며, 일자리도 늘어날 것이다."[92] 〈롤링 스톤Rolling Stone〉부터 〈뉴욕 타임스〉까지 유명인사와 베스트셀러 저자 및 언론이 이 주장을 되풀이하고 지원하며 널리 퍼뜨리는 데 열심이다. 최근 에너지를 자신의 전문 분야로 보탠 노엄 촘스키Noam Chomsky와, 그런 간섭이 없다면 화석연료에 기반한 우리 문명이 2028년에 붕괴할 거라고 철석같이 믿는 제러미 리프킨Jeremy Rifkin도 이 대열에서 빠지지 않았다.[93]

그들의 주장과 극성스러운 지원이 옳더라도 근본적인 의문이 제기된다. 왜 우리는 지구온난화를 걱정해야 하는가? 왜 지구 종말론에 일찍 경각심을 갖고, '멸종 저항Extinction Rebellion'이란 환경 단체에 가입해야 한다는 부담감을 느끼는가? 누가 값싸고 즉각적인 효과를 기대할 수 있는 해결책, 또 양질의 일자리를 많이 만들어내고 미래 세대에 아무런 걱정이 없는 세계를 물려줄 수 있는 해결책을 반대하겠는가? 녹색 찬가를 다 함께 부르고 모든 재생 가능한 처방책을 따르면, 새로운 극락이 10년 만에, 조금 지체되더라도 2035년에는 도래할 텐데 말이다.[94]

안타깝게도 그들이 내놓은 마법의 처방책을 꼼꼼히 읽어보면, 현대 문명을 떠받치는 네 기둥(시멘트와 강철, 플라스틱과 암모니아)을 재생 가능한 에너지로만 어떻게 생산할 것인지에 대한 설명이 전혀 없다. 현대 경제의 세계화에서 큰 몫을 차지하는 항공·해상·육상 운송의 80퍼센트를 2030년까지 어떻게 탄소를 배출하지 않고 해내겠다는 것인지에 대한 설득력 있는 설명도 없다. 그저 그렇게 할 수 있을 거라고 주장할 뿐이다. 꼼꼼한 독자라면, 독일이 풍력과 태양광을 중심으로 대대적인 탈탄소화 정책을 추진한 결과 21세기가 시작되고 20년 동안 풍력과 태양광의 발전을 40퍼센트 이상 끌어올리는 데 성공했음에도, 일차에너지 사용에서 화석연료의 몫은 84퍼센트에서 78퍼센트로 감소하는 데 그쳤다는 걸 기억할 것이다(1장 참조).

아직도 일차에너지의 90퍼센트를 화석연료에 의존하는 아프리카 국가들이 10년 내에 의존도를 20퍼센트까지 낮추고 엄청난 비용까지 절약할 수 있는 기적의 방법으로는 무엇이 있을까? 또 어떻게 해야 (여전히 석탄 채굴을 늘리고 석탄으로 전기를 생산하는) 중국과 인도가 하루아침에 석탄에서 자유로워질 수 있을까? 공개적으로 발표된 주장을 여기서 조목조목 비판하는 것은 논점에서 벗어난 짓이고, 기본적으로 공상과학에 버금가는 학문적 주장을 시시콜콜 반박하는 것도 무의미하다. 그들은 임의적으로 설정한 목표(2030년이나 2050년까지 탄소 제로)로 시작하며, 그 목표를 달성하려면 어떻게 행동해야 한다고 가정하는 식이다. 실질적인 사회·경제적 요구와 기술적 역량에는 거의, 아니 전혀 관심이 없다.

따라서 현실은 양쪽 모두에서 압박을 받는다. 탄소에 의존하는 활동의 전체 규모와 비용 및 기술적 과정을 고려할 때 그 모든 것을 수십 년 내에 완전히 사용하지 않기란 불가능하다. 에너지를 다룬 장에서 자세히 설명한 것처럼 화석연료에 대한 의존성을 단숨에 잘라낼 수는 없다. 모든 현실적인 장기 예측에서 동의하듯 국제에너지기구의 가장 공격적인 시나리오에서도 2040년 세계 일차에너지 수요의 56퍼센트는 화석연료에 의존한다. 원자재와 에너지 수요의 규모와 비용이 엄청나다는 현실을 고려할 때, 직접적인 이산화탄소 포집을 신속한 탈탄소화의 결정적 수단으로 삼는다는 것은 어불성설이다.

그러나 비현실적이고 임의적인 목표를 과시하듯 내세우지 않고도 우리는 커다란 차이를 만들어낼 수 있다. 컴퓨터로 계산한 학문적 연구에서는 주된 업적이 0이나 5로 끝나는 해에 이루어지지만, 실제 역사는 그렇게 전개되지 않는다. 중단과 역전, 예측할 수 없는 일탈 등으로 가득하다. 석탄에 의존하던 전기 발전을 천연가스(메탄을 누출하지 않으면서 채굴하고 운송하면 석탄보다 탄소 배출을 크게 줄일 수 있다)나 풍력과 태양광을 통한 발전으로 대체하는 건 상당히 빠른 속도로 진척시킬 수 있다. 또 SUV를 멀리하고 전기 자동차의 채택률을 높일 수도 있다. 지금도 건축 현장과 가정, 기업의 에너지 사용에는 비효율적인 면이 많으므로 그런 부분을 찾아 줄이거나 없애면 상당한 이익을 기대할 수 있다. 그러나 100억 톤 이상의 화석연료를 사용하며 그 에너지를 17테라와트 이상으로 전환하는 복잡한 시스템을 하루아침에 바꿀 수는 없다. 누군가의 결정에 따라, 한 세기 동안 꾸준히 상승하던 세계 소비 곡선이 갑자기 방향을 틀어 급격히 떨어진다는 건 말이 되지 않기 때문이다.

모형, 의심과 현실

그런데 일부 과학자들이 신속한 탈탄소화로 해석할 수 있는, 급격히 추락하는 임의의 곡선을 계속 그리는 이유는 대체 무엇일까? 또 탁월한 기술적 해결책이 일찍 도래해서 모든 인류의 생활수준을 더욱 높여줄 것이라고 전망하는 학자가 적지 않은 이유는 무엇일까? 이런 희망 사항을 신뢰할 만한 예측이라 비판 없이 받아들이고 그런 주장의 전제에 조금도 의문을 제기하지 않은 채 무작정 믿어버리는 이유는 또 무엇일까? 이에 대해서는 마지막 장에서 더 깊이 설명하고, 여기에서는 세계적 환경 변화에 대한 현재의 주된 관심사와 걱정에 대해 간략히 살펴보려 한다.

"데 옴니부스 두비탄둠De Omnibus Dubitandum"(모든 것을 의심하라)은 데카르트학파를 인용한 글에 그치지 않는다. 이 경구는 지금도 여전히 과학적 방법론의 토대이다. 내가 이번 장을 시작하면서, 위반할 경우 생물권의 행복이 위험에 빠지는 아홉 가지 '지구 위험 한계선'을 나열했던 걸 기억하는가? 그렇게 나열한 한계선을 통해 생존과 관련한 가장 중요하고 지속적인 관심사를 확인할 수 있기 때문에 그 한계선들을 안전한 구역에 두어야 한다는 건 당연한 결론인 듯하다. 하지만 지구 위험 한계선의 목록을 40년 전에 작성했다면 크게 달랐을 것이다. 산성비, 더 정확히는 '산성화 강우acidifying precipitation'가 최상단을 차지했을 가능성이 크다. 1980년대 초에는 대체적으로 산성비가 가장 걱정스러운 환경문제로 손꼽혔기 때문이다.[95]

악명 높은 남극 오존층 구멍은 1985년에야 발견했기 때문에 성층권의 오존 감소도 목록에 없었을 것이다. 여하튼 그런 목록을 일찌감치 작성했다면, 인간에 의한 기후변화와 해양 산성화도 거의 바닥 수준이었을 것이다.[96] (주로 삼림 파괴에 따른) 토지 사용의 변화, 생물 다양성의 손실(상징적인 판다와 코알라부터 꿀벌과 상어에 이르기까지), 담수의 공급 같은 지속적인 걱정거리에 초점을 맞출 때에도 우리 관심사는 크게 변했다. 어떤 부분에는 무척 예민해져서, 이제 우리는 지하수를 지나치게 뽑아 쓰고, 과도한 영양소가 해안 지역을 '데드 존'으로 만드는 문제를 고민한다. 반대로 요즘은 부유한 국가에서는 물론이고 중국에서도 숲이 상당히 복원되어 예전보다 관심을 덜 끄는 경우도 적지 않다.[97]

미래를 내다보기 위해 환경과 기술과 사회의 복잡성을 탐구하는 모형을 분석할 때는 비판적 관점이 필요하다. 그런 모형을 만드는 데는 한계가 없다. 요즘 말로 다시 하면, 이야기를 꾸며내는 데는 한계가 없다. 최근의 많은 기후 모형이 그랬듯 학자들이 미래의 에너지 사용을 과도하게 가정해서 터무니없이 높은 온난화율을 내놓으면, 언론은 '지옥 같은 미래'라는 머리기사로 그 가설을 앞다투어 보도한다.[98] 한편 다른 학자들은 정반대로 접근하며, 2050년에는 100퍼센트 열 핵융합이나 상온 핵융합으로 전기를 값싸게 만들어낼 수 있을 것이라고 단언한다. 혹은 대기에서 이산화탄소를 무한정으로 없앨 수 있을 뿐만 아니라 합성 액체연료의 재료로 재활용 가능한 경이로운 기술의 도래를 전제한 모형을 제시하며, 화석연료를 무제한으로 연소할 수 있고 비용까지 꾸준히 떨어질 것이라 주장하기도 한다.

순진하게도 전자장치, 특히 휴대폰이 최근에 이루어낸 급격한 발전이 모든 기술 분야에서 가능할 것이라고 생각하는 새로운 '기술 군중tech crowd'과 그 학자들 역시 조금도 다르지 않다. 실제로 한 녹색 에너지 기업의 최고경영자가 2020년에 한 발언을 예로 들어보자. "전화 통화 방법이 유선전화에서 휴대전화로, 방송국에서 방영하는 것만 시청하던 환경에서 우리가 원하는 것을 시청하는 수준으로, 또 신문을 사서 읽던 환경에서 우리가 원하는 기사를 골라 읽는 단계로 어떻게 바뀌었는지 기억하십니까? 인간이 주도하고 과학기술이 지원하는 에너지 혁명도 똑같을 것입니다."[99] 전기의 발전(수많은 화력·수력·원자력발전소에서 생산)과 변압 그리고 송전(전국, 심지어 대륙 전체를 가로지르는 수십만 킬로미터의 전력망)을 전체적으로 구성하는 복잡하고 신뢰할 만한 시스템이 전제되어야 믿음직하게 사용할 수 있는 장치의 변화 (유선전화에서 휴대전화로)가 근원적인 시스템 전체의 변화와 어떻게 똑같을 수 있겠는가?

대체로 이런 터무니없는 생각은 두려움을 벗어나 경이로움의 세계로 들어가려는 의도에서 잉태된 것이다. 따라서 많은 사람이 그런 위협이나 비현실적 제안에 현혹되는 이유를 이해할 수 있다. 상당히 그럴듯한 가정부터 명백한 망상에 가까운 가정까지 무척 폭넓은 가정들은 상상의 세계에서만 가능하다. 결국 지금까지 언급한 시나리오들은 많은 희망 사항이 소수의 명확한 사실과 뒤섞인 새로운 종류의 공상과학이다. 이와 관련한 모든 모형은 귀납적 추론을 위한 연습이나, 선택 가능성과 접근법에 대해 생각하기 위한 토대로 여겨야지, 우리 미래를 통찰력 있게 내다본 관찰로 착각해서는 안 된다. 나는 이 경고가 명백한 만큼 사소하고 불필요한 것이기를 바랄 뿐이다!

지구환경에 가해진 위협을 어떻게 인식하느냐와 상관없이, 열대우림의 파괴와 생물 다양성의 상실, 토양침식과 지구온난화에 신속하면서도 보편적으로 폭넓게 적용할 수 있는 해결책은 없다. 이 중 지구온난화가 극도로 까다로운 문제인 정확한 이유는, 온난화가 진정으로 범지구적 현상인 동시에 우리 문명의 기초를 이루는 연료의 연소에서 비롯된 문제이기 때문이다. 따라서 비非탄소계 에너지가 10~30년이란 기간에 화석 탄소를 완전히 대체하려면, 모든 부유한 국가들은 생활수준을 크게 낮추고, 아시아와 아프리카에서 현대화를 추진하는 국가들은 중국이

1980년 이후에 거둔 성장의 몇분의 1까지도 발전하지 않는 걸 집단 운명으로 받아들이는 조건이 갖추어져야만 한다.

하지만 지속적인 효율성 개선, 더 나은 시스템 설계, 소비 절제 등이 결합하면 탄소 배출을 크게 감축할 수 있다. 이런 목표를 집요하게 추구하면 지구온난화의 궁극적인 속도가 늦추어질 것이다. 그러나 2050년까지 우리가 어느 정도 성공할지는 아무도 모른다. 2100년에 대해 예상하는 것은 우리 능력 밖이다. 지금도 극단적인 경우를 대략 짐작할 수는 있지만, 수십 년 후에는 가능한 결과의 범위가 더 넓어질 것이다. 여하튼 궁극적인 탈탄소화 성과는 우리가 계획한 개선책뿐 아니라 국가의 운명을 좌우할 만한 돌발적인 변화에도 영향을 받는다.

1980년에 향후 30년 동안 지구온난화를 가속화할 가장 중대한 변수, 즉 중국의 경제적 부흥을 예측한 기후 모형을 제시한 학자가 한 명이라도 있었을까? 당시 최상의 기후 모형들은 모두 1960년대 동안 이뤄진 지구 대기 순환 모형을 모태로 개발한 것으로, 국운의 돌발적 변화까지 반영하지는 못했다. 또 그 모형들은 대기와 생물권의 상호작용도 고려하지 않았다. 하지만 그렇다고 그 모형들이 무익하지만은 않았다. 지속적인 온실가스 배출량을 추정해서, 전반적으로는 지구온난화 속도를 상당히 정확하게 예측했다.[100]

그러나 전체적인 속도의 추정은 시작에 불과하다. 다시 코로나19와 비교하면, 2010년 시점에 세 차례의 지난 팬데믹에 근거하고 인구 증가분을 고려해 다음에 세계적 팬데믹이 발발하면 첫해에 약 200만 명이 사망할 것이라고 예측하는 것과 유사하다.[101] 이 예측이 실제 총사망자에 무척 근접하고, 많은 선례에 근거해 새로운 팬데믹이 중국에서 시작될 거라고 정확히 제시할 수도 있긴 하다. 하지만 세계 인구의 20퍼센트를 차지하는 중국에 사망자의 0.24퍼센트(절대적인 수치에서도 그리스나 오스트리아보다 적다)만을 할당하고, 세계 인구의 겨우 5퍼센트만을 차지하지만 훨씬 더 부유하고 경쟁력 있다고 평가받는 미국에 사망자의 약 20퍼센트를 할당할까? 또 믿기지 않겠지만 상대적으로 부유한 서구 경제권, 즉 국가가 제공하는 선진 의료를 자랑하는 나라들에 높은 사망률이 집중되리라는 것도 예측할까?

2021년 3월, 코로나19 팬데믹이 공식적으로 2년 차에 들어섰을 때(그 전염병이 중국에서는 적어도 2019년 12월에 확산하기 시작했지만 세계보건기구는 2020년 3월 11일에야 팬데믹을 선포했다) 누적 사망률이 높은 상위 10개국은 유럽연합에 속한 6개국과 영국을 포함해 모두 유럽에 있었다(100만 명당 1,500명 이상, 즉 1,000명당 1.5명이 코로나19로 사망). 미국의 사망률(100만 명당 1,500명 이상)이 100만 명당 3명에 불과한 중국의 사망률보다 두 자릿수나 높을 거라고 누가 예측이나 할 수 있었겠는가?[102] 만약 코로나19로 인한 총사망자를 잠정적으로 상당히 정확히 예측하더라도 각 국가에 적절한 대응법까지 구체적으로 제시해주지는 못할 것이다.

중국과 인도가 1980년 이후 성장하면서, 미량 가스의 배출에 대응하는 세계 상황도 달라졌다. 마오쩌둥이 죽고 4년이 지난 1980년, 중국의 일인당 경제 생산은 나이지리아 평균값의 4분의

1에도 못 미쳤다. 개인 소유의 승용차는 전혀 없고, 외부와 차단된 중난하이中南海(자금성 내의 옛 황실 정원. 지금은 공산당 중앙 본부)에 거주하는 공산당 최고 지도자들만이 에어컨의 시원한 바람을 누렸다. 당시 중국이 내뿜는 이산화탄소는 세계 배출량의 10퍼센트에 불과했다.[103]

2019년 중국은 구매력에서 세계 최대 경제국이었다. 일인당 GDP는 나이지리아 평균값의 5배가 되었다. 또 세계에서 자동차를 가장 많이 생산하고, 도시 가구의 절반이 두 대의 창문형 에어컨을 설치했다. 고속 철도망의 길이는 유럽 전체의 길이를 넘어섰고, 약 1억 5,000만 명의 중국인이 해외여행을 다녔다. 화석연료로 인해 발생하는 세계 이산화탄소의 30퍼센트를 배출하기도 했다. 반면 미국과 유럽연합에 속한 28개국이 배출한 총량은 1980년 세계 전체의 60퍼센트였지만, 2019년에는 23퍼센트로 떨어졌다. 게다가 경제성장이 느린 데다 인구가 고령화하고 심지어 감소하는 추세이다. 산업 생산 기지를 대규모로 아시아로 이전한 까닭에 그 지역의 이산화탄소 배출량이 다시 상승할 가능성은 거의 없다.

미래를 내다보면, 유의미한 변화를 실행할 힘은 아시아에서 현대화를 추진하는 국가들에 있을 것이다. 소득이 높고 인구가 약간만 증가하거나 아예 증가하지 않는 일본과 한국 그리고 대만을 제외해도, 아시아가 현재 배출하는 이산화탄소 양은 거의 절반이다. 사하라사막 남쪽의 아프리카는 무척 느리게 변하지만, 현재 11억 명인 인구는 30년 뒤 거의 2배로 늘어 중국(모든 저소득 국가가 닮고 싶어 하는 국가)보다 거의 50퍼센트나 많아질 것이다. 아프리카의 미래 전기 생산을 비판적으로 평가하면, 여전히 화석연료에 주로 의존하며, 수력을 제외한 신재생에너지 발전은 2030년에도 10퍼센트를 넘기지 못할 것이다. 한마디로, 고탄소 의존 상태에 머물 것이다.[104]

국가의 흥망성쇠가 지구온난화의 미래를 결정하는 유일하게 불확실한 변수는 아니다. 최근에 발표된 좋은 소식이라면, 2000~2017년의 위성 자료를 분석한 결과를 들 수 있다. 나무와 식물이 자라는 지역의 3분의 1이 푸른빛을 띠었고(매년 녹엽 면적이 상당히 증가해 더 많은 탄소를 흡수하고 저장할 수 있다는 뜻), 갈색을 띠는 곳(상당한 식물이 죽어간다는 뜻)은 5퍼센트에 불과했다. 예부터 숲은 배출하는 탄소보다 더 많이 저장하기 때문에 지속적인 '탄소 흡수원'으로 여겨졌고, 1990~2007년에는 매년 약 24억 톤의 탄소를 저장한 것으로 추산한다.[105] 이런 변화는 중국과 인도의 집약적인 경작지에서 특히 눈에 띈다. 중국의 경우에는 이런 변화를 숲의 확대로도 확인할 수 있다.

그러나 충분히 예측 가능했던, 그다지 좋지 않은 소식도 있다. 1900~2015년 생물권이 벌목으로 인해 나무의 14퍼센트를 잃었고, 그 기간에 나무의 치사율이 2배로 높아졌다. 아울러 오래되고 큰 나무가 더 많이 사라졌다. 세계의 숲이 점점 어려움에 처하고 나무들의 평균 키도 작아지고 있어, 과거만큼 탄소를 저장할 수 없다.[106] 성장률이 빨라지면서 거의 모든 수종과 기후권에서 나무의 수명이 단축하고 있는 듯하다. 따라서 탄소 흡수원의 상당 부분이 일시적인 것으로 전락했을 수도 있다.[107] 지구온난화에 따른 해수면 상승으로 저지대 해안 지역, 구체적으로는 태평양의 섬나라들이 필연적으로 가장 먼저 피해를 볼 것이란 경고를 얼마나 귀가 따갑도록 들었는가?[108] 하지만 태평양 환초環礁 국가, 투발루(피지의 북쪽, 솔로몬 제도의 동쪽)에 있는 101개 섬의 해안선 전부를 40년 동안 분석한 결과에 따르면, 그 나라의 국토 면적이 오히려 거의 3퍼센트나 증가했다.[109] 선입견에 사로잡혀 결론을 경솔하게 일반화하려는 습관은 항상 경계하며 피해야 한다.

사회의 진화는 예측할 수 없는 인간의 행동, 역사적으로 오랫동안 지속되어온 궤적의 급작스러운 변동, 국가의 흥망성쇠에 영향을 받고, 유의미한 변화를 시행하려는 우리의 능력에도 영향을 받는다. 이런 현실은 본질적으로 복잡해서 만족스러운 수준까지 파악할 수 없는 생물권의 순환 과정에도 영향을 미친다. 숲이 탄소를 흡수하는 동시에 발생시키는 것처럼 자연 과정에는 모순되는 면이 적지 않아, 우리가 2030년이나 2050년에 화석연료 소비, 탈탄소화 속도, 환경 상황 등에서 어디쯤에 있을지 자신 있게 말할 수 없다.

특히 여전히 의심적은 부분은 중대한 문제에 실질적으로 대처하는 데 필요한 '집단 결의'이다. 환경문제에는 세계 모두의 집단 결의가 필요하다. 해결책, 조정 방향, 적응 방안은 이미 마련되어 있다. 부유한 국가들은 일인당 평균 에너지 사용을 큰 폭으로 줄일 수 있고, 그렇게 하더라도 삶의 질을 안락하게 유지할 수 있다. 게다가 삼중 유리부터 내구성이 더 뛰어난 자동차 설계까지 단순한 기술적 해결책이 널리 확산하면, 상당한 누적 효과를 거둘 수 있을 것이다. 음식물 쓰레기를 절반으로 줄이고 세계 육류 소비의 구성에 변화를 주면, 식량 공급의 질을 떨어뜨리지 않고도 탄소 배출을 감축할 수 있다. 그러나 놀랍게도, 미래의 저탄소 '혁명'을 지겹도록 떠벌리면서도 이에 대한 처방은 없고, 있더라도 우선순위에서 저 아래에 있다. 아직 가능하지도 않은 대규모 전기 저장, 비현실적인 대규모 탄소 포집과 영구적인 지하 저장에 의존하는 '혁명'을 노래할 뿐이다. 이런 과장된 예측에 새로운 것은 전혀 없다.

1991년 한 저명한 환경운동가가 "재미와 이익을 위해 지구온난화를 줄여라"[110]라는 글을 발표했다. 그 약속이 현실과 조금이라도 비슷했더라면 그로부터 30년이 지난 지금, 우리는 온난화 재앙론자들의 점점 거세지는 번민에 직면하지 않았을 것이다. 그때와 마찬가지로 지금도 우리는 한층 놀랍고 '획기적인' 혁신과 인공지능이 주도하는 '해결책'을 약속받고 있다. 그러나 실제로 효과적인 조치는 결코 마법적이지 않고 점진적이며 많은 비용을 각오해야 한다는 게 현실이다. 수천 년 동안 우리는 환경에 점점 더 큰 규모로 더욱 집중적인 변화를 가했고, 그런 변화를 통해 많은 이익과 혜택을 거두었다. 그러나 그 때문에 생물권은 고통을 받았다. 이런 충격을 줄이는 방법은 많지만, 그 방법을 적절한 규모로 시행하기 위한 결의는 여전히 부족하다. 충분히 효과적인 방법으로 행동하기 시작하려면, 더구나 이제는 전

지구적 규모로 행동에 나서야 하기 때문에 경제·사회적으로 상당한 대가를 치러야 할 것이다. 하지만 우리가 미래를 내다보며 치밀한 계획하에 그렇게 할 수 있을까? 악화하는 상황에 떠밀린 뒤에야 어쩔 수 없이 움직이고, 결국 유의미하게 행동하지 못하는 것은 아닐까?

미래에 대하여

종말과 특이점 사이에서

apocalypse(종말)는 고대 그리스어 ἀποκάλυψιξ에서 라틴어를 거쳐 파생된 단어이다. 문자 그대로 해석하면 '덮개를 벗김uncovering'이라는 뜻이다. 기독교 세계에서 이 단어의 의미는 예언된 재림의 시작 혹은 계시로 옮겨갔고, 현대적 의미에서는 지구에 존재하는 생명체의 종말, 즉 세상이 끝나는 날, 다시 그리스어로 쓰인 성경 용어를 인용하면 '아마겟돈'과 동의어가 되었다.[1] 명확해서 조금도 다른 뜻으로 해석할 여지가 없다.

주요 종교들이 내놓는 온갖 형태의 지옥과 미래에 대한 종말론적 시각이 파멸을 예언하는 현대 지식인들에 의해 되살아났다. 그들은 급속한 인구 증가와 환경오염을 예부터 지적했고, 이제는 우리를 지옥으로 끌고 갈 원흉으로 지구온난화를 지목한다. 반면 구제 불능인 기술낙관주의자들은 기술을 통한 영원한 구원의 기적을 믿는 전통을 고수하고 있다. 인공지능과 딥 러닝deep learning 시스템이 우리 모두를 '특이점singularity'으로 어떻게 인도하는지를 다룬 글을 읽는 건 특별하지도 않다. singularity는 '개별적인, 유일무이한, 비길 데가 없는'을 뜻하는 라틴어 singularis에서 파생한 단어이다. 그러나 여기에서는 미래학자 레이 커즈와일Ray Kurzweil이 규정한 개념, 즉 어떤 함수가 무한값을 취하는 시점을 뜻하는 수학적 의미를 가리킨다.[2] 커즈와일은 2045년이 되면 인공지능이 인간의 지능을 넘어설 것이고, 생물학적 지능과 비생물학적 지능이 나타날 것이며, 기계 지능이 무한한 속도로 우주를 채울 것이라고 예언했다.[3] 그야말로 극단적인 상상으로, 이렇게 되면 우리는 힘들이지 않고 우주를 식민지로 만들 수 있을 것이다.

복잡한 시스템을 장기적 관점에서 모형화하는 작업은, 그럴듯한 극단적 의견에서 비롯한 결과를 실현해보려고 애쓴다. 종말론과 특이점이 대표적인 두 극단이고, 우리 미래는 이 둘을 아우르는 범위 내 어딘가에 있기 마련이다. 요즘 미래 예측에서 특히 눈에 띄는 것은, 두 극단을 부정하는 많은 증거에도 불구하고 두 극단 중 하나로 경도된다는 것이다. 과거에는 이분법에 기우는 이런 경향을 재앙론자와 기술만능주의자의 충돌로 묘사했지만, 이런 명칭도 감성의 극단적 양극화를 반영하기에는 너무 점잖은 듯하다.[4] 이러한 양극화에는 구시대적인 계량적 예측을 인용하는 경향이 뚜렷이 수반된다.

이 같은 계량적 예측은 자동차(2040년쯤에는 전기 자동차의 전 세계 판매량이 5,600만 대에 이를 것이다)와 탄소(2050년이면 유럽연합은 탄소 중립을 달성할 것이다)부터 비행(2037년쯤에는 항공기를 이용하는 여행자가 82억 명에 달할 것이다)까지 어떤 분야에서나 확인 가능하다.[5] 다른 분야를 예측한 수치도 흔히 들을 수 있다. 엄격히 말하면 이런 예측 대부분은 단순한 추측보다 나을 게 없다. 미심쩍은 가정, 혹은 정치적으로 급조된 결정을 근거로 설계한 컴퓨터 모형에서 얻은 2050년의 수치들은 유통기한이 지극히 짧다. 이쯤에서 내 목소리로 충고하고 싶다. 미래가 어떤 모습일지 더 잘 이해하고 싶다면, 이런 뉴에이지식 낡은 예언을 피하고, 그것을 요즘 팽배한 편향성과 기대치의 증거로 삼아라.

여러 세대 동안 기업과 정부는 예측의 가장 큰 생산자이자 소비자였다. 학계는 1950년대부터 대거 예측에 끼어들기 시작했다. 이제는 컴퓨터 소프트웨어를 사용하거나 (얼마 전부터 유행하는) 근거 없는 질적인 예측을 내던지며 누구나 예언자가 될 수 있다. 요즘 새롭게 확장되는 다른 분야들(정보 유통이나 대중 교육)이 그렇듯 예측 분야도 질은 양에 반비례한다. 많은 예측이 과거의 궤적을 단순히 확장한 것에 불과하다. 어떤 예측은 많은 변수를 반영하지만, 이는 매번 다른 가정을 사용하는 복잡한 상호작용 모형에서 얻어낸 결과로, 이야기식으로 풀어낸 시나리오를 수치로 표현한 것에 불과하다. 한편 계량적인 부분은 거의 없고 순전히 희망 사항을 나열하며, 정치적 올바름을 과도하게 반영한 예측도 적지 않다.

계량적 예측은 크게 세 범주로 나뉜다. 가장 작은 범주에는 어떻게 작동하는지 잘 알고 역학 관계가 한정된 일련의 과정을 다루는 예측이 포함된다. 두 번째로 훨씬 더 큰 범주에는 올바른 방향을 가리키지만 구체적 결과에 대해서는 상당히 불확실한 예측이 포함된다. 끝으로 세 번째 범주에는 내가 에너지와 환경에 관해 언급한 사례처럼 공상소설에 가까운 예측이 포함된다. 이런 예측도 수치로 가득할 수 있지만, 그 수치는 미심쩍은 가정의 결과일 뿐이다. 게다가 컴퓨터로 작성한 동화 같은 이야기가 추적한 과정은 현실 세계와 확연히 다르기 십상이다. 물론 그런 공상적 예측을 만들어내는 사람은 그러한 예측에 담긴 발견적 가치heuristic value, 즉 문제 해결에 도움을 주는 가치를 변명거리로 내세우겠지만, 경험이 일천한 사람은 그 결론을 들먹이며 자신의 편견을 강화하거나 다른 합리적 대안을 일축할 수 있다.

첫 번째 범주에 속한 예측(컴퓨터 모형을 통한 주관의 객관화)만이 특히 10년 남짓을 내다볼 때 튼실한 통찰과 적절한 방향을 제시할 수 있다. 크게는 인구 추정, 구체적으로는 출산율 추정이 이 제한된 범주의 가장 좋은 예이다. 합계출산율, 즉 여성이 평생 동안 낳으리라 예상되는 자식의 수가 한 세대 동안 '대체 수준'을 밑돌고(부모를 수적으로 대체하려면 여성 일인당 최소 2.1명의 자녀를 두어야 한다), 지난 10년 동안에는 1.8에서 1.5까지 뒷걸음질한 나라를 예로 들어보자. 향후 10년 내에 이처럼 낮은 출산율이 뒤집히며 상당한 인구 증가로 연결될 가능성은 없다. 실제로 지난 30년 동안 그런 사례를 보여준 국가는 없었다.[6] 가장 가능성 높은 전망은 출산율이 약간 회복하거나(1.5에서 1.7로) 더 떨어지는 것이다(1.3까지). 10년 후의 출산율은 정확히 짚어낼 수 없어도, 무척 가능성 높은 결과를 상대적으로 좁은 범위 내에서 예측할 수는 있다. 예컨대 유엔의 2030년 인구 예측에 따르면, 폴란드의 총인구는 2020년 3,790만 명에서 2030년에는 3,690만 명으로 줄어든다. 중간값에서 ±2퍼센트의 여유를 두었지만, 폴란드는 이민을 반기지 않기 때문에 집단 이주를 받아들일 가능성이 거의 없다. 따라서 2030년의 인구가 실제로 2퍼센트의 오차 범위 내에 있을 가능성이 무척 높다.[7]

반면 복잡한 시스템 — 많은 기술적이고 경제적이고 환경적인 요인의 상호작용을 반영하고, 뜻밖에도 넉넉한 정부 보조금이나 급작스러운 정책 전환 혹은 신법新法 제정 같은 임의적인 결정에 크게 영향을 받을 수 있는 시스템 — 과 관련 있는 단기적 예측은 여전히 불확실하고, 가까운 시일 내의 전망도 가능한 결과를 폭넓게 제시할 뿐이다. 전기 자동차의 채택에 대한 예측이 이 범주에 속하는 좋은 예이다.[8] 전기를 동력으로 사용하는 개인 이동 장치의 도입에 수반되는 기술적 어려움은 극복할 수 있는 문제이긴 했지만, 그 분야는 무비판적 지지자들이 오래전에 주장하기 시작한 것보다 훨씬 느리게 발전했다. 반면 내연기관은 효율성이 꾸준히 개선되어, 상대적으로 낮은 초기 비용과 오랫동안 함께한 친숙함 그리고 어디에서나 정비를 받을 수 있다는 이점을 앞으로도 한동안 누릴 것이다.[9]

일부 국가에서는 넉넉한 보조금을 제공하거나 전기 자동차의 특정 비율을 강제하며 전기 자동차 구입을 공격적으로 권장하지만, 도움을 전혀 주지 않거나 소극적인 지원에 그치는 국가도 적지 않다. 따라서 전기를 이용한 이동 수단에 대한 과거의 단기적 예측은 거의 예외없이 실제 비율보다 과대평가된 결과를 낳았다. 2014~2016년에 2020년경에는 8~11퍼센트까지 높아질 것이란 예측이 줄을 이었지만, 실제 비율은 2.5퍼센트에 불과했다.[10] 2030년 도로 위의 모든 자동차 중 전기 자동차가 차지하는 비율에 대한 2019년의 예측은, 실제 2030년의 결과와 한 자릿수 차이가 날 수 있고, 동시에 내연기관 자동차의 실제 판매량은 전기 자동차보다 많을 수 있다.[11]

세 번째 범주의 계량적 예측은 좀 더 자세히 들여다볼 가치가 있다. 돌이켜보면 다수의 예측이 자릿수조차 제대로 맞추지 못했을 뿐만 아니라, 주장과 결론이 실제 현상과 완전히 상충되었기 때문이다. 놀랍게도 이런 예측의 불발은 《성경》부터 노스트라다무스까지 역사적으로 유명한 예언의 경우도 다를 바 없다.[12] 현대의 많은 예언자도 더 낫지는 않았다. 하지만 어디에서나 컴퓨터를 사용할 수 있게 되자 그들의 위상이 부풀려졌고, 새로운 나쁜 뉴스를 학수고대하는 언론 덕분에 그들의 예언과 시나리오는 전례 없는 관심을 받으며 널리 배포되고 확산되었다.

실패한 예측

실패한 예측이 넘쳐흐르는 까닭에, 주제별이나 시기별 혹은 지역별로 분리해 그 예측들을 체계적으로 재점검하는 작업은 따분하고 지루할 것이다. 나이가 지긋한 독자라면, 지금쯤 우리가 원자력발전에 철저히 (혹은 크게) 의존했어야 한다고 회상할 것이다. 또 콩코드 여객기는 초음속으로 대륙을 넘나드는 비행의 서곡에 불과했어야 하고, Y2K 결함으로 2000년 1월 1일에 모든 컴퓨터가 멈추었어야 한다고도 회상할 것이다. 이러한 몇몇 유명한 사례를 재빨리 언급하고, 놀랍게도 제대로 평가되지 않은 실패를 간략히 설명하면 현실을 확인하는 유익한 기회가 될 수 있다. 게다가 그런 실수가 앞으로는 줄어들 것이라고 추정할 만한 객관적 이유도 없다. 연필과 종이로만 계산하는 상대적으로 단순한 예측에서 컴퓨터를 이용한 복잡한 시나리오로 옮겨가면, 필요한 계산을 하며 다양한 시나리오를 만들어내기가 더 쉬워지지만, 가정을 세워야 하는 필연적 위험을 없애지는 못한다. 오히려 반대의 결과가 나타날 수 있다. 경제·사회·기술·환경과 관련한 요인들의 상호작용을 결합하기 위해 모형이 더 복잡해지면, 더 많은 가정이 필요하고, 따라서 더 큰 실수를 범할 가능성도 높아지기 때문이다.

이제는 고전이 된 예측 실패의 몇몇 사례를 재점검하려면, 기술만능주의자와 재앙론자의 지적 대결을 들여다보는 것부터 시작하는 게 좋을 듯하다. 1960년대에 당시 판단으로 한계치를 넘어 걷잡을 수 없이 증가하던 인구에 대한 걱정은 기록으로도 추적 가능하다. 그때는 인구 증가율이 계속 상승했다. 수천 년 동안 세계 인구 증가율은 1퍼센트의 몇분의 1이었다. 1770년대에야 0.5퍼센트를 넘어섰고, 1920년대 중반에 1퍼센트를 넘었다. 그러나 1950년대 말에는 2퍼센트에 근접했고, 그 이후에는 계속 가속화했다. 결국, 전문가 집단과 대중 출판계에서 많은 사람이, 1960년에는 미국 최고의 과학 학술지 〈사이언스〉가 폭발적인 인구 증가를 걱정하며, 그런 역사적인 속도로 인구가 계속 늘어나면 2026년 11월 13일에는 인구 성장이 무한에 도달할 것이라고 주장하는 터무니없는 계산을 발표하기에 이르렀다.[13]

인구가 무한한 속도로 증가한다는 결론은 적잖은 상상을 불러일으켰다. 대다수가 극단에 치우치지는 않았지만 여전히 격변론이어서 현대 환경 운동의 시작과 유지에 도움을 주었다.[14] 그러나 인구 폭발을 두려워할 필요는 없었다. 재앙론자들은 유한한 지구에서 급속한 성장이 끝없이 계속될 수는 없다는 단순한 사실을 무시했다. 2026년 지구 종말의 날은 그야말로 난센스였다. 1960년대가 끝나기 전에 세계 인구 증가율은 최고점, 즉 연간 2.1퍼센트에 도달했고, 그 최고점을 넘어선 뒤에는 상당히 가파른 하락이 뒤따랐다. 2000년에는 1.32퍼센트, 2019년에는 1.08퍼센트에 불과했다.[15]

　50년 만에 상대적 증가율이 절반으로 떨어지고, 그 이후에는 절대적 증가율까지 하락하자(1987년 연간 9,300만 명이 증가해 최고점을 찍고, 2020년에는 약 8,000만 명으로 줄었다), 세계 인구에 대한 전망이 근본적으로 달라졌다.[16] 2020년대 초의 어느 시점에 세계 인구가 중대한 이정표를 넘어서고, 세계 인구의 절반은 합계 출산율이 대체 수준을 밑도는 국가들에서 살 것이라는 전망이었다. 새로운 현실이 도래하자, 새로운 재앙을 예측하는 계산이 곧바로 시작되었다. 출산율 하락 추세가 계속되면 세계 인구의 증가는 언제 멈출까? 인구 증가가 멈추면 마지막 호모 사피엔스는 언제 죽을까? 이런 종말론적 의문이 필연적으로 뒤따랐다. 또 재앙론자들은 2080년대가 되면 얼마나 많은 사람이 기아로 죽을지 추측하기 시작했다. 이번에는 인구 폭발 때문이 아니라, 인구가 모든 곳에서 고령화하고 줄어들면 농사일에 로봇을 집중적으로 투입하더라도 모든 인류를 먹여 살리는 데 필요한 노동인구가 부족할 것이기 때문이었다.

　자원 부족에 따른 세계 종말 예언은 식량에만 국한되지 않았다. 광물자원의 고갈은 격변론의 단골 주제 중 하나였다. 20세기 문명의 가장 중요한 에너지원인 원유의 미래도 디스토피아를 예언할 때 빠지지 않는 주제였다. 원유 채굴의 정점이 임박했다는 예측은 1920년대까지 거슬러 올라가지만, 1990년대와 21세기의 첫 10년 동안 새로운 기록을 연이어 세우며 존재론적 두려움까지 불러일으켰다.[17] 원유 생산 정점론을 철석같이 신봉하는 사람들 중에는 원유 채굴이 줄어들면 현대 경제가 붕괴하기 시작할 뿐만 아니라, 인류의 생활 방식이 산업화 시대 이전의 수준 아래로, 심지어 구석기 수렵 채집 생활 — 200만 년 전 동아프리카에서 살았던 호미닌 — 의 수준으로까지 떨어질 것이라고 믿는 사람이 적지 않았다.[18]

그런데 실제로는 어땠는가? 재앙론자들은 인간의 창의력이 미래에도 식량과 에너지와 물질에 대한 수요를 충족시킬 수 있으리라고는 생각하지 못한다. 그러나 1950년 이후 세계 인구가 3배로 늘었지만, 지난 세 세대 동안 우리는 그렇게 해냈다. 저소득 국가에서도 영양 결핍인 사람의 비율이 꾸준히 줄어, 1960년대의 약 40퍼센트에서 2019년에는 약 11퍼센트로 떨어졌다. 세계에서 인구가 가장 많은 중국의 경우, 일인당 일일 평균 식량 공급량이 이제 일본보다 15퍼센트나 높다.[19] 또 비료가 부족하기는커녕 질소비료 살포는 1975년 이후 2.5배 이상 증가했고, 세계 주곡 수확량은 이제 2.5배 더 많다.[20] 원유 채굴량도 1995~2015년 3분의 2만큼 늘었고, 2019년이 끝날 즈음, 즉 코로나19가 발발하기 이전의 유가(불변 가격)는 2009년보다 낮았다.[21] 한마디로, 재앙론자의 예측은 매번 틀린다.

한편 기술만능주의자들은 거의 기적에 가까운 해결책을 끝없이 약속하며, 비슷하게 형편없는 실적을 남겼다. 가장 널리 알려져서 관련 증거도 많은 예측 실패 중 하나는 핵분열이 만능에 가까우리라는 믿음이었다. 원자력발전이 2019년 미국에서는 전기 생산의 20퍼센트, 프랑스에서는 예외적으로 높아 약 72퍼센트를 차지하며 세계 전기의 약 10퍼센트를 생산했다. 하지만 원자력발전이 이루어낸 이런 부분적 성공은 1980년 이전에 폭넓게 예상하던 수치의 몇분의 1에 불과하다는 게 많은 사람들의 평가이다.[22] 당시 유수한 과학자와 대기업은 핵분열이 모든 다른 형태의 전기 발전을 대체할 것이라고 생각했을 뿐만 아니라, 초기의 원자로를 소비하는 것보다 더 많은 에너지를 일시적으로 생산할 수 있는 고속 증식로로 대체할 수 있을 것이라 믿기도 했다. 게다가 핵분열의 약속은 전기 발전에 그치지 않았다. 많은 비용을 들여가며 미심쩍기 짝이 없는 아이디어들을 시험하고 연구했다.

원자력 항공기와 핵폭발을 이용한 천연가스 생산 중 어떤 결정이 더 불합리하고 처음부터 실패가 예정된 것이었을까? 잠수함에 동력을 제공하는 소형 핵원자로를 설계하는 것과 원자로를 하늘에 뜰 수 있을 정도로 가볍게 만드는 것은 완전히 별개의 문제이다. 원자력 항공기는 극복할 수 없는 난제로 판명 났지만, 가망 없는 과제에 수십억 달러를 낭비한 뒤인 1961년에야 포기되었다.[23] 결국 핵분열에서 동력을 얻는 비행기는 이륙하지 못했다. 그러나 핵폭탄은 천연가스 생산을 확대하기 위한 방편으로 몇 번 터뜨렸다. 히로시마에 투하한 핵폭탄보다 2배의 위력을 지닌 29킬로톤급 핵폭탄을 1967년 12월 뉴멕시코주의 약 1.2킬로미터 지하에서 터뜨린 것이다(암호명: 프로젝트 가스버기). 1969년 9월에는 40킬로톤급 핵폭탄을 콜로라도주에서, 1973년에는 3기의 33킬로톤급 핵폭탄을 다시 콜로라도주에서 터뜨렸다. 당시 미국원자력위원회US Atomic Energy Commission는 향후 매년 40~50기의 핵폭탄을 터뜨릴 예정이었다.[24] 게다가 새로운 항구를 건설할 때도 핵폭발을 사용하고, 우주선에도 핵원자로를 동력원으로 사용하려는 계획이 있었다.

반세기가 지난 뒤에도 변한 것은 거의 없다. 세상을 놀라게 하는 예언들과 너무도 비현실적인 약속이 난무한다. 최근의 재앙론은 일반적으로는 환경의 질적 저하에, 구체적으로는 지구온난화에 대한 걱정에 집중되었다. 언론과 운동가들은 기후 종말론에 대해 글을 쓰며 최후의 경고를 내린다. 미래에는 인간이 살기에 적합한 면적이 줄어들고, 지구의 많은 지역이 머지않아 더는 거주할 수 없는 곳으로 전락하고, 기후 이동climate migration으로 미국과 세계의 인구 분포가 달라지고, 세계 평균 소득이 크게 줄어들 것이라고 위협한다. 심지어 환경 재앙을 피하려면 우리에게 10년밖에 남지 않았다는 주장을 서슴지 않는 예언도 적지 않다. 그레타 툰베리Greta Thunberg는 한 걸음 더 나아가 2020년 1월 우리에게 남은 시간이 8년이라고 특정하기도 했다.[25]

다시 몇 개월 뒤에는 유엔총회 의장이 완전한 사회적 붕괴를 피하기 위해서는 11년밖에 남지 않았다며, 그때는 지구가 여름

내내 계속되는 폭염과 급속한 해수면 상승으로 인한 침수로 몸살을 앓을 것이라고 경고했다. 그러나 태양 아래 새로운 것은 없다. 1989년에 이미 한 유엔 고위 관리가 "온실가스 문제를 해결하는 데는 10년의 시간밖에 남지 않았다. 그 시간이 지나면 우리가 통제할 수 있는 범위를 벗어날 것이다"라고 경고한 적이 있다. 달리 말하면, 지금쯤 우리는 통제 범위를 훌쩍 넘긴 세계에 있어야 하고, 우리 존재 자체가 보르헤스의 상상 세계(아르헨티나 소설가 호르헤 루이스 보르헤스의 환상적이고 마법적인 사실주의를 가리키는 표현 — 옮긴이)에 있어야 한다는 뜻이다.[26] 분명히 말하지만, 이처럼 끝없이 이어지는 걱정과 뜬금없이 나오는 예측이 없어도 우리는 얼마든지 잘 지낼 수 있다. 우리 세계가 2050년이나 2030년에 종말을 맞을 거라는 덧없는 경고를 매일 듣는다고 무슨 도움이 되겠는가?

예측이라는 이름으로 반복되는 그런 예언은 아무리 선의를 가지고 열정적으로 제시하더라도, 가능한 최선의 기술적 해결책이나 법적 구속력을 갖는 국제 협력을 끌어내기 위한 가장 효과적인 방법에 대해서는 어떤 실질적인 조언도 내놓지 않는다. 향후 수십 년 동안 편익이 명확하지 않은 지출은 억제하라고 국민을 설득해야 하는 난해한 과제를 해결하는 방법에 대해서도 뚜렷한 조언을 하지 않는다. 하기야 "지속 가능한 미래는 우리 손안에 있다"며 재앙론자들이 오랫동안 거짓 경보를 울려왔다고 주장하는 사람들에게, 또 《종말은 없다!》 《종말? 허튼소리!》라는 글을 쓰며 문명이 마지막 막幕을 향해 급속히 다가간다는

주장과는 완전히 대조적인 생각을 하는 사람들에게 그런 조언은 당연히 불필요할 것이다.[27]

2045년이든 2030년이든 우리의 지적 능력, 더 정확히 말하면 우리가 만들어낸 기계 덕분에 고삐 풀린 지적 능력에 한계가 없어질 테고, 어떤 문제도 지극히 사소한 것으로 전락할 텐데 환경이나 사회 혹은 경제에 가해지는 위협을 두려워할 이유가 무엇인가? 기술만능주의자의 약속에 비교하면, 나노테크놀로지를 통한 구원부터 새로운 합성 생명체의 조작까지 최근의 다른 구체적이고 무절제한 주장은 평범하게 여겨질 정도이다. 과연 어느 쪽이 맞을까? 지옥에 떨어지는 벌이 임박한 걸까, 아니면 과학이 빛의 속도로 모든 걸 처리하는 전능한 신의 경지에 이르게 될까?

과거의 허황된 예언에 비추어보면, 둘 모두 망상에 불과하다. 지금 우리가 누리는 문명은 1970년대 초에 예측하던 세계, 즉 지구 전체가 굶주림에 허덕이는 세계도 아니고, 비용이 들지 않는 핵분열로 에너지를 얻는 세계도 아니다. 따라서 지금으로부터 한 세대 뒤에 우리는 진화의 끝에 있지도 않을 것이고, '특이점'에 의해 변형된 문명에 있지도 않을 것이다. 2030년대에도 우리는 지금과 비슷한 상황에 있을 것이다. 빛의 속도로 모든 것을 처리하는 인공지능의 상상할 수 없는 혜택을 누리지는 못하더라도 여전히 불가능한 것을 해내려고 노력하며 장기적인 예측을 시도할 것이다. 더 곤혹스럽고 더 우스꽝스러운 예측이 있을 테고, 예상치 못한 사건들로 인해 놀라는 경우도 있을 것이다. 극단적 상황을 예상하고 상상하기는 매우 쉽다. 하지만 관성에 의한 발전과 예측하지 못한 중단에서 비롯되는 현실적인 미래를 예상하는 건 여전히 어렵다. 예측 모형이 아무리 많아도 그 어려움을 해소하지는 못한다. 따라서 우리의 장기 예측은 앞으로도 계속 틀릴 것이다.[28]

이런 결론은 모순도 아니고, 미래 예측을 일축하려는 '예측'은 더더욱 아니다. 복잡한 시스템에 내재한 관성의 예측할 수 없는 상호작용에 근거한 결론, 필연적이지는 않지만 무척 개연성이 높은 결론일 뿐이다. 그 복잡한 시스템의 한쪽 끝에는 장기적으로 항상 내재하는 필수적인 요소가 있고, 반대편에는 기술적 요인(가전제품의 등장, 전기 저장 분야의 획기적 돌파구)이나 사회적 요인(소련의 붕괴, 더욱 독해진 팬데믹)으로 인한 급작스러운 단절과 중단이 있다. 여하튼 요즘 들어 예측하기가 더 어려워진 이유는 중대한 변화가 엄청난 규모로 일어나기 때문이기도 하다.

관성, 규모와 질량

새로운 출발, 새로운 해결책, 새로운 성취는 항상 우리와 함께한
다. 우리 인간은 호기심이 많고, 오랜 적응의 역사를 지닌 종이
다. 게다가 최근에는 세계 인구 대부분의 삶을 더 건강하고 더
안전하고 더 장수하게 만드는 놀라운 성과를 이루어낸 종이기
도 하다. 하지만 근본적인 제약은 여전하다. 우리가 창의력을 발
휘해 몇몇 제약에는 변화를 주었지만, 그런 조절에는 한계가 있
다. 예컨대 땅과 물과 영양소 없이 식량을 생산할 수는 없다. 그
래도 앞에서 살펴보았듯 생산성이 높아지면 농경지 수요가 줄
어든다. 수득률 공백yield gap(수확 가능량과 실제 수확량 간 격차)을
없애는 데 성공하면 농경지 수요를 더 줄이는 게 가능하다.

그 격차는 아직도 상당하다. 비료를 많이 살포하고 완벽에 가
까운 관개시설로 집약적 재배를 시행하는 국가에서도 미국 옥

수수 평균 수확량보다 20~25퍼센트, 중국 쌀 평균 수확량보다 30~40퍼센트를 더 수확할 수 있을 뿐이다. 사하라사막 남쪽의 아프리카에서는 아직 평균 생산성이 낮기 때문에 2~4배까지 더 수확할 수 있을 것이다.[29] 생산성이 높고 이미 최적화한 농사법을 사용하는 국가가 농경지를 줄이려면, 비료와 관개의 추가 수요를 낮추는 수밖에 없다. 반면 아프리카는 다량 영양소의 평균 살포량을 크게 늘리고 관개시설도 확충해야 한다. 세계 인구가 계속 증가하는 한, 또 세계 인구가 더 나은 영양 공급을 요구하는 한, 많은 다른 경우에서 그렇듯 생물학적 한계 내에서 꾀하는 미래 성과의 상대적 향상이 출력 및 입력과 관련한 변수들과 절대적으로 분리되어 있다고 착각해서는 안 된다.

이런 점에서 '땅을 사용하지 않는' 도시 농업(고층 건물 형태의 수경 재배)에 대한 언론 보도에는 세계 식량 수요에 대한 진정한 이해가 전혀 엿보이지 않는다. 그런 농법으로는 영양소가 비타민 C와 섬유질에만 거의 집중된 푸른 잎줄기(상추, 바질)와 채소(토마토와 후추)를 생산할 수 있을 뿐이다.[30] 또 일정한 조명 아래서의 수경 재배로는 약 80억 명, 조만간 100억 명으로 예상되는 세계 인구를 먹이는 데 필요한 고탄수화물과 상대적으로 높은 단백질 및 지방질을 공급할 수 있는 30억 톤의 곡물과 콩과 식물을 생산해낼 수 없다.[31]

크고 복잡한 시스템이 관성을 띠며 유지되는 이유는 운영 규모 때문뿐 아니라 기본적인 에너지와 재료의 수요 때문이다. 에너지와 재료에 대한 수요는 더 높은 효율성과 최적화한 생산 과정을 찾으려는 탐구에 끊임없이 영향을 받는다. 그러나 효율성 개선과 상대적인 탈물질화에는 물리적 한계가 있고, 새로운 대안에서 얻는 이점은 비용 증가로 상쇄되고 만다. 이런 현실을 보여주는 사례는 넘치도록 많다. 다시 두 가지 기본적인 물질, 강철과 암모니아로 돌아가보자. (고로와 순산소 전로를 결합할 때) 강철을 생산하는 데 필요한 일차에너지의 이론적 최소량은 선철 톤당 약 18기가줄, 암모니아는 톤당 약 21기가줄이고, 그 이하로는 필요한 원소들이 합성되지 않는다.[32]

한 가지 가능한 해결책은 강철을 알루미늄으로 대체하는 것이다. 이렇게 하면 특정한 설계에 대해 질량은 줄어든다. 하지만 일차 알루미늄(채굴한 광석에서 직접 생산한 알루미늄 — 옮긴이)을 생산하는 데는 일차 강철보다 5~6배의 에너지가 필요하다. 또 강철의 강도를 필요로 하는 많은 곳에 사용하지 못한다는 단점도 있다. 한편 질소비료를 생산하는 데 필요한 에너지 비용과, 질소비료가 환경에 미치는 영향을 절감하는 가장 혁신적 방법은 사용량을 대폭 줄이는 것이다. 식량을 과도하게 생산하고 음식물 쓰레기가 넘치는 부유한 국가에서는 이 선택지가 가능하다. 하지만 주로 아프리카에 집중된 수억 명의 (성장이 위축된) 아이들은 더 많은 우유를 마셔야 하고 더 많은 육류를 먹어야 한다. 그 단백질은 작물 재배에 쓰이는 질소량을 크게 늘리는 경우에만 얻을 수 있다. 이런 결론을 실감나게 느낄 만한 수치를 예로 들어보자. 유럽연합 농경지에서는 헥타르당 연간 평균 160킬로그램의 비료를 살포하는 반면, 에티오피아에서는 20킬로그램에도 미치지 못한다. 세계 수요의 평가에서 흔히 무시하는 엄청난 발전 격차를 여실히 보여주는 한 자릿수 차이가 아닐 수 없다![33]

기본적인 필수 물질을 생산해 거의 80억 명의 인구에게 제공하는 문명에서, 몸에 익은 관습으로부터 벗어나려면 반복해서 규모의 제약constraints of scale을 마주치기 마련이다. 3장에서 이미 살펴보았듯 요즘 기본적인 물질의 필요량은 연간 수억 혹은 수십억 톤으로 추정된다. 이런 엄청난 규모 때문에 이것을 완전히 다른 상품으로 대체하거나(무엇이 40억 톤의 시멘트나 20억 톤의 강철을 대신하겠는가), 이런 기본적인 물질을 생산하는 완전히 새로운 방법을 신속히(수십 년이 아니라 수년 만에) 고안해내는 것은 불가능하다.

대규모 의존 관계의 필연적인 관성은 궁극적으로는 극복할 수 있다. 1920년 이전에는 미국 농지의 4분의 1이 말과 노새에게 먹일 사료를 재배하는 데 할애되었다는 사실을 기억해보라. 그러나 급격한 전환과 관련한 과거의 많은 사례는, 어떤 성과를 거두기에 적합한 기간을 짐작하는 데 별다른 도움이 되지 않는다. 과거의 전환이 상대적으로 빨랐던 데는 이유가 있다. 전환 규모가 비교적 작았기 때문이다. 1900년 세계 일차에너지 사용은 전통적인 생물 연료biomass fuel와 석탄을 필두로 한 화석연료로 양분되었다. 이때 모든 화석연료가 공급한 에너지량은 석탄 10억 톤이 공급하는 양과 엇비슷했다.[34] 한편 2000년 화석연료의 세계 순공급량은 1900년의 일차에너지 총공급량보다 한 자릿수가 많았다. 현재 우리의 기술 수단이 과거에 비해 많은 점에서 우월하지만, 새로운 전환(탈탄소화)을 향한 속도는 전통적인 생물 연료가 화석연료로 대체되던 속도보다 느리다.

신재생에너지(풍력과 태양광, 새로운 생물 연료)의 공급은 21세기에 들어 20년 동안 인상적인 폭으로 약 50배나 증가했지만, 세계의 화석 탄소에 대한 의존도는 미미하게, 즉 총공급의 87퍼센트에서 85퍼센트로 줄었을 뿐이다. 이 작은 하락도 대부분 과거 기준에서 재생에너지이던 수력발전이 증가한 덕분이다.[35] 총에너지 수요는 2020년보다 1920년에 한 자릿수가 낮았기 때문에, 21세기 초에 화석연료를 신재생에너지로 대체하는 것, 즉 탈탄소화하는 것보다 20세기 초에 나무를 석탄으로 대체하는 게 훨씬 더 쉬웠다. 따라서 탈탄소화의 최근 속도를 3배, 심지어 4배로 올리더라도 2050년까지는 화석 탄소가 여전히 주된 에너지원일 것이다.

전자화한 새로운 세계에서는 모든 게 훨씬 더 빨리 움직일 수 있을 것이란 결론을 귀가 따갑도록 듣지만, 이는 크게 잘못된 얘기이다. 이런 결론 뒤에는 범주 오류(서로 다른 범주에 속하는 것에만 해당하는 행동이나 특징을 같은 범주에서 생각하는 오류)가 있기 십상이다.[36] 정보와 접속이 더 빨라지고, 새로운 개인 장치의 채택도 더 빨라지는 건 사실이다. 그러나 실존에 반드시 필요한 것은 마이크로프로세서와 휴대폰이라는 범주에 속하지 않는다. 충분한 물 공급을 확보하고, 작물을 충분히 재배 및 가공하고, 가축을 먹이며 도살하고, 엄청난 양의 일차에너지를 생산해 전환하고, 원자재를 채굴해 적절한 용도로 변형해야 한다. 그 규모는 수십억 명에 달하는 소비자의 수요에 맞출 수 있어야 하고, 기반 시설은 대체 불가능한 것들을 생산하고 유통할 수 있어야 한다. 이런 일은 소셜 미디어의 프로필을 새로 작성하고, 더 값비싼 스마트폰을 구매하는 행위와는 확연히 다른 범주에 속한다.

게다가 이 새로운 발전을 가능하게 해주는 많은 기술은 거의 낯선 게 아니다. 최신형 스마트폰의 얇기와 정보를 처리하는 능력에 많은 사람이 놀라지만, 그런 대규모 소유를 가능하게 해주는 많은 기본적인 공정이 무척 오래되었다는 사실을 아는 사람이 몇이나 될까? 예컨대 초대형 슈퍼컴퓨터부터 초소형 휴대폰까지 현대의 모든 전자장치를 운영하는 마이크로프로세서를 비롯해 모든 마이크로프로세서의 기반은 무척 순수한 실리콘이다. 폴란드 화학자 얀 초크랄스키Jan Czochralski(1885~1953)가 단일한 실리콘 결정체 키우는 방법을 알아낸 건 1915년이었다. 그 뒤 다수의 트랜지스터가 실리콘에 집적되었고, 율리우스 에드가 릴리엔펠트Julius Edgar Lilienfeld(1882~1963)가 전계 효과 트랜지스터field-effect transistor로 특허를 얻은 때는 1925년이었다. 또 앞에서 언급했듯 집적회로는 1958~1959년에 탄생했고, 마이크로프로세서는 1971년에 태어났다.[37]

모든 전자장치에 동력을 공급하는 전기 대부분은 증기기관이나 가스터빈으로 만들어진다. 증기기관은 1884년 찰스 A. 파슨Charles Algernon Parsons(1854~1931)이 발명한 기계이고, 가스터빈은 1938년부터 상업용으로 활용되기 시작했다.[38] 10억 대의 유선전화를 휴대폰으로 대체하는 건 한 세대 만에 가능했지만,

증기기관과 가스터빈에 내재한 테라와트급 동력을 태양전지판이나 풍력 터빈으로 비슷한 시간 안에 대체하기란 불가능할 것이다. 휴대폰은 그 자체로는 무척 복잡하지만, 전기를 생산해서 변전해 전달하는 산업, 짓고 또 지어 유지해야 하는 대규모 기반 시설이 필요한 산업에서 거대한 피라미드의 정점에 있는 작은 장치에 불과하다.

태양전지판부터 리튬이온 배터리까지, 미세한 부품부터 커다란 집까지, 또 모든 것을 통째로 만들어내는 3D 프린터부터 휘발유를 합성하는 박테리아까지 많은 분야에 탁월한 혁신이 가능하다는 주장이 봇물처럼 끊이지 않지만, 이런 현실을 냉정히 바라보면 우리 삶에 필요한 기본적인 것들은 향후 20~30년 안에 크게 바뀌지 않을 것이라고 말하는 이유가 설명된다. 강철과 시멘트, 암모니아와 플라스틱은 여전히 문명을 떠받치는 물질의 네 기둥으로 존재할 것이다. 또 세계 운송에서도 많은 몫이 여전히 정제된 연료(자동차용 휘발유와 디젤유, 항공기용 등유, 선박에 쓰이는 디젤유와 연료유)에서 동력을 얻을 것이다. 농지 역시 쟁기와 써레 그리고 파종기를 장착한 트랙터, 비료 살포기로 경작하고, 콤바인으로 농작물을 수확해 트럭에 실을 것이다. 고층 아파트가 거대한 기계로 현장에서 찍혀 나오지는 않을 것이다. 곧 새로운 팬데믹이 밀려와도, 자주 입에 오르내리는 인공지능의 역할은 2020년 SARS-CoV-2 팬데믹이 닥쳤을 때와 마찬가지로 그다지 감동스럽지 않을 것이다.[39]

무지, 관례의 반복
그리고 겸손

코로나19 팬데믹은 미래를 대비하는 우리 능력의 한계를 전 세계에 완벽하게 보여주었다. 그 때문에 우리가 값비싼 대가를 치렀지만, 향후 30년 동안 그 능력이 극적으로 달라지지는 않을 것이고 그럴 수도 없다. 과학과 기술에서 전대미문의 '파괴적인' 진보라는, 아첨하는 찬사로 채워진 10년이 있은 뒤에 이번 팬데믹이 터졌다. 특히 눈에 띄는 찬사는 인공지능과 신경 학습망neural-learning network(말하자면 특이점의 아류)의 경이로운 위력을 활용할 시기가 임박했다는 예상이었다. 또 의지를 지닌 생명체를 공학적으로 만들어낼 수 있는 유전체 편집이 눈앞에 다가왔다는 예상도 있었다.[40]

유발 노아 하라리Yuval Noah Harari의 2017년 베스트셀러 《호모 데우스》만큼 이런 주장의 과도한 면을 여실히 보여주는 것은 없을 터이다.[41] 더 많은 증거가 필요했던지 코로나19 팬데믹이 우리 운명을 통제하는 신과 같은 능력이 우리에게 있다는 주장의 허망함을 폭로해주었다. 그렇게 입에 자주 오르내리던 능력은 그 바이러스의 RNA 가닥이 생성되는 걸 방지하고 확산을 억제하는 방법을 찾는 데 아무런 도움도 주지 못했다. 우리가 할 수 있는 일이라고는 중세 시대에 이탈리아 도시민들이 했던 일이 고작이었다. 그저 다른 사람들과 거리를 두고, 40일 동안 집 안에 머무는 것이었다. 한마디로, 콰란타 조르니quaranta giorni(40일) 동안 격리되는 것이었다.[42] 백신은 상대적으로 일찍 개발되었지만 질병에 걸린 사람을 치료하지도 못하고, 다음 팬데믹을 예방하지도 못한다. 따라서 다음 팬데믹이 바로 수년 뒤에 더 매서운 형태로 오지 않기를, 굳이 온다면 수십 년 후에나 비교적 특별하지 않은 계절성 유행병으로 오기를 기도하는 수밖에 없다.

코로나19가 전반적으로 부유한 국가, 특히 미국에 미친 영향에서, 우리가 앞다투어 칭찬하고 많은 비용을 쏟아부으며 미래를 만들어가던 시도들이 얼마나 잘못된 것이었는지가 잘 드러난다. 유인 우주 비행을 향한 새로운 단계, 특히 화성을 향한 공상과학적 임무와 목표가 누가 뭐래도 그런 시도들 중 맨 앞을 차지한다. 〈이코노미스트〉는 2020년 3월 12일 특별 기사로 개인 맞춤형 의료를 다루었다. 환자의 구체적 상태와 질병에 대한 반응을 고려해 진단과 치료를 개별적으로 맞춘다는 기사였다. 공교롭게도 바로 그때 코로나19가 유럽과 북아메리카를 휩쓸기 시작해 도시의 병원들은 산소 부족에 허덕이는 사람들로 넘쳐났다. 또 더 빠른 연결과 접속에 집착하며 5G망의 장점을 끝없이 나열하기도 한다.[43] 상투적으로 말하듯 유일하게 남은 세계 초강대국이 간호사와 의사에게 간단한 개인용 보호 장비, 예컨대 장갑과 마스크, 모자와 가운 같은 저차원적 물품조차 충분히 제공하지 못하는 데 그런 공상적 목표를 추구한다는 게 납득이 되는가?

그 결과 미국은 팬데믹이 창궐하는 중에 병원이 폐쇄되는 것만이라도 막기 위해 턱없이 부족한 양의 보호 장비를 공수해야 했고, 중국에 터무니없이 많은 돈을 지불했다. 뛰어난 세계화 설계자들이 생존에 필요한 거의 모든 기본적인 물품의 생산을 중국에 몰아놓은 탓이었다.[44] 매년 군사비로 5,000억 달러 이상(모든 잠재적 적국의 군사비를 합한 액수보다 많다)을 쓰는 국가이지만, 발생이 절대적으로 확실한 사태에 대해서는 아무런 대비가 되어 있지 않았다. 기본적인 의료품도 충분히 갖추어져 있지 않았다. 국내 생산에 수억 달러만 투자했더라도 수조 달러로 추정되는 코로나19로 인한 경제적 손실을 크게 줄일 수 있었을 것이다.[45]

유럽도 크게 다르지 않았다. 회원국들은 중국으로부터 간단한 의료용 보호 장비를 구입하려고 점보기를 앞다투어 띄웠다. 그전까지 그토록 자랑하던 국경의 부재가 순식간에 요새로 변했고, 점점 가까워지던 연합은 전체적으로 조율된 대응을 끌어내지 못했다. 팬데믹이 시작되고 처음 6개월 동안, 유럽 대륙에서 가장 인구가 많은 다섯 국가 중 네 곳(영국, 프랑스, 이탈리아, 스페인), 또 유럽에서도 가장 부유하고 지난 수십 년 동안 의료 시스템의 절대적 귀감이라는 찬사를 받던 국가들 중 두 곳(스위스, 룩셈부르크)이 세계에서 가장 높은 치사율을 기록했다.[46] 위기를 통해 현실이 가감 없이 드러나고, 혼돈과 잘못된 방향이 폭로된다. 코로나19에 대한 부유한 국가들의 대응은 '호모 데우스Homo deus'(신의 경지에 올라선 인간)라는 빈정거림을 받을 만하다!

한편 코로나19에 대한 부유한 세계의 대응에서, 충격적인 사건조차 망각하며 근본적인 현실에 여전히 비현실적으로 접근하는 우리의 습성이 여실히 드러났다. 코로나19 팬데믹이 창궐하기 시작했을 때, 나는 이번 사태가 적절한 역사적 관점에서 해결될 거라고는 기대하지 않았다. 하기야 트위터가 지배하는 사회에서 무엇을 기대할 수 있겠는가? 따라서 세계적으로 정확한 사망자 수는 불확실하지만 현대사에서 팬데믹으로 가장 많은 사망자를 낳았던 1918~1919년의 독감이 언급되는 걸 보고도 놀라지 않았다.[47] 그러나 위험을 다룬 장에서 이미 지적했듯 그때 이후로도 우리는 세 번의 주목할 만한 (그리고 전후 관계가 상당히 잘 파악된) 팬데믹을 겪었다. 하지만 그 사건들은 우리의 집단 기억에 깊은 인상을 남기지 않았다.

이에 대해 나는 이미 여러 방향에서 설명했지만 다른 그럴듯한 해설도 가능하다. 예컨대 1957~1958년의 팬데믹으로 인한 사망은 대부분의 국가에서 6~9개월 사이에 점진적으로 증가했다. 그렇게 결국 100만 명을 넘긴 사망자 수는 그때까지도 모든 성인의 기억에 뚜렷이 남았던 제2차 세계대전이라는 훨씬 더 큰 사건 때문에 잊힌 것일까? 개인적 차원에서든 집단적 차원에서든 망각은 기억을 위한 필수 보완재인 것일까? 그렇다면 우리가 당연히 예상했어야 하는 사태에 반복해서 속수무책으로 당하며 놀라는, 이런 망각의 습성은 앞으로도 변하지 않을까?

관례의 반복은 망각만큼 중요하다. 새로운 시작과 대담한 출발이라는 약속이 등장하지만, 곧 과거의 패턴과 접근법이 되풀이되며 또다시 실패할 환경이 조성된다. 이 말이 의심스러우면 2007~2008년의 금융 위기가 진행되던 동안, 또 그 직후의 정서를 점검해보라. 금융 질서가 거의 붕괴했는데, 그 사건에 책임진 사람이 있었던가? 막대한 신규 자금 투입 이외에 의심쩍은 관행을 개혁하고 경제적 불평등을 완화하기 위한 근본적 조치가 있었던가?[48]

다시 코로나19로 돌아가자. 과거의 잘못된 관례를 되풀이한다면, 팬데믹이 시작되기 전부터 그 팬데믹을 잘못 관리했음을 뜻하는 전략적 실수에 앞으로 누구도 책임지지 않을 게 당연하다. 두서없이 산만하게 진행된 청문회와 몇몇 싱크탱크가 권고를 곁들여 보고서를 제출하겠지만, 그 권고들은 즉시 잊히고 깊게 뿌리내린 관습에 아무런 변화도 주지 못할 것이다. 1918~1919년, 1958~1959년, 1968~1969년, 그리고 2009년의 팬데믹이 있은 뒤 우리 세계가 어떤 단호한 조치를 취했던가? 많은 정부가 미래의 팬데믹에 대비해 의료품을 확보해야 한다는 적절한 규정을 아직까지 제정하지 않았을 것이다. 그들의 대응은 지리멸렬까지는 아니어도 일관적이지 않아 예전과 다를 바 없을 것이다. 한 곳에서 대량생산하는 이점의 유혹을 떨치지 못하고, 덜 취약하지만 더 많은 비용을 치러야 하는 분산 생산을 선택하지 못할 것이다. 사람들도 국제선 항공기와 크루즈로 돌아가, 예전처럼 끊임없이 뒤섞이는 상황을 다시 연출할 것이다. 하지만 3,000명의 승무원과 5,000명의 승객, 그것도 대체로 나이가 많아 기저 질환을 가진 승객들이 함께 지내는 선박보다 바이러스가 배양되기에 더 좋은 환경이 또 있을까?[49]

달리 말하면, 이는 우리가 통제 범위를 벗어난 현실에 순응하는 법을 다시 배워야 한다는 뜻이기도 하다. 코로나19 팬데믹이 우리에게 유익한 교훈을 다시 떠올리게 해주었다. 이번 팬데믹은 노령층에서 유난히 사망률이 높았다. 또 이미 언급했듯 그런 결과는 기대 수명을 늘리려는 노력의 성공과 밀접한 관계가 있다.[50] 나는 1943년에 태어난 덕분에 이런 추세의 혜택을 누린 수천만 명에 속할 수 있었다. 그러나 양쪽의 이득을 동시에 취할 수는 없다. 기대 수명이 길어진 만큼 취약성도 당연히 확대되었다. 따라서 노령층의 동반 질병comorbidity(흔한 고혈압과 당뇨부터 덜 흔한 암과 면역결핍증까지 두 가지 이상의 만성질환을 동시에 앓는 상태)이 이번 팬데믹의 높은 사망률을 예측할 수 있는 명확한 지표였다.[51]

1968년과 2009년에 그랬듯 이번에도 이런 이유에서 기대 수명의 연장을 향한 우리 노력이 중단되지는 않겠지만, (계절성 독감이 유행하는 동안에도 그런 것처럼) 기대 수명의 부정적 영향을 염려하는 분위기가 조성될 것이다. 다음 팬데믹에서는 아니어도 언젠가는 자연 노화와 수명 연장이 복합되어 65세 이상 노령층의 비율이 무척 높아질 것이기 때문에 위험도 크게 증가할 것이다. 유엔의 추정에 따르면, 65세 이상 노령층의 비율이 2050년까지 약 75퍼센트나 증가한다. 또 부유한 국가에서는 4명 중 1명이 65세 이상일 것이다.[52] 2050년, 즉 일부 국가에서 국민의 3분의 1이 취약한 연령층에 속하는 시대에 코로나19보다 전염력이 강한 팬데믹이 닥치면 우리는 어떻게 대처해야 할까?

이런 현실은 많은 기술낙관론자들이 주장해온, 진보와 지속적 발전이 일반적이고 자동적이며 불가피한 현상이란 생각이 틀렸음을 입증해주는 증거이다. 진화도 마찬가지이지만 우리 인간 종의 역사도 끝없이 높이 솟구치는 화살이 아니다. 궤적을 예측할 수 없고, 목표가 명확하지도 않다. (세계 인구 모두를 충분히 먹일 수 있을 만큼의 식량 생산부터 위험한 감염병을 미리 예방하는 효과적인 백신까지) 우리 삶에 영향을 주는 많은 변수를 이해하고 통제하는 능력이 쌓여감에 따라 삶을 위협하는 전반적 위험은 줄었지만, 많은 실존적 위험을 더 잘 예측하거나 관리할 수 있게 된 것은 아니다.

간혹 중대한 사건에서 우리가 최악의 결과를 피하는 데 성공했던 것은 통찰력 있게 미래를 내다보며 경계심을 늦추지 않고, 효율적인 해결책을 찾아내기로 결정해 단호히 추진한 덕분이다. 효과적인 백신을 개발해 소아마비를 근절한 사례부터 더 믿음직한 비행기를 제작하는 동시에 더 나은 항공관제 시스템을 도입함으로써 상업용 비행의 위험을 낮춘 사례까지, 또 적절한 식품 가공에 냉장 기술과 개인위생 향상이 더해지며 식품 병원 균 감염을 낮춘 사례부터 화학요법과 줄기세포 이식을 통해 소아 백혈병의 생존율을 높인 사례까지, 자랑스러운 사례를 얼마든지 나열할 수 있다.[53] 물론 행운이 함께한 경우도 많았다. 예컨대 우리가 1950년대 이후로 실수나 사고로도 일어날 수 있는 핵 충돌을 수십 년 동안 피할 수 있었던 이유는 자동 안전장치 때문뿐 아니라, 어느 쪽으로든 치달을 수 있다는 판단 덕분이기도 하다.[54] 거듭 말하지만, 실패를 예방하는 우리 능력이 일괄적으로 나아졌다는 명백한 징후는 어디에도 없다.

안타깝게도 후쿠시마와 보잉 737 맥스가 이런 실패를 보여주는 완벽한 사례이다. 둘 모두 피해가 컸고, 여파가 지속적이었기 때문이다. 2011년 3월 11일 지진과 쓰나미가 덮쳤을 때, 도쿄전력이 후쿠시마 제1원자력발전소에서 3기의 원자로를 상실한 이유는 무엇인가? 그 발전소에서 남쪽으로 약 15킬로미터 떨어진 곳, 역시 똑같이 태평양을 마주한 해안 지대에 위치한 후쿠시마 제2원자력발전소도 동일한 쓰나미의 공격을 받았지만 경미한 피해조차 없었다. 후쿠시마 제1원자력발전소의 실패가 가져온 파급 효과는 대단했다. 일본이 전기 발전 용량의 30퍼센트를 잃은 것은 당연한 결과였고, 독일이 2021년까지 모든 원자로를 폐쇄하겠다는 결정을 내렸다. 특히 원자력에 대한 대중의 불신이 한층 깊어진 것은 말할 것도 없다.[55]

보잉은 1966년 747의 개발에 사활을 걸었고, 지금의 787까지 새로운 제트여객기를 소개하며 꾸준히 성공을 거두었다. 그런

데도 결국 두 건의 대참사로 이어진 의심쩍은 시도, 즉 (1964년에 도입한) 737의 동체를 확대하려고 계속 고집을 부린 이유는 무엇일까?[56] 첫 번째 치명적인 사고가 있은 후, 보잉이나 연방항공국에서 737 맥스의 운항을 중단하지 않은 이유는 무엇일까? 이 사건의 경우에도 파급 효과는 대단했다. 처음에는 2019년 3월부터 737 맥스 기종 전체에 이륙 금지 조치를 내렸고, 다음에는 그 기종의 생산을 중단하고 새로운 주문들도 취소했다. 장기적으로는 노후한 757을 대체할 새로운 기종을 설계해 인도하려는 보잉의 능력에도 악영향을 미칠 것이다. 게다가 코로나19로 인한 국제 여객 항공의 붕괴로, 이런 파급 효과가 전체적으로 더욱 심화했다.

새로운 설계와 구조, 복잡한 과정과 쌍방향 운영 등을 고려할 때, 후쿠시마와 보잉 737 맥스의 실패는 예방할 수 없는 것이었다. 따라서 앞으로도 이런 참혹한 현실이 예기치 못하게 닥칠 가능성이 있다. 미래는 과거의 재현이고, 경탄할 만한 발전과 피할 수 있는 (혹은 없는) 실패의 결합체이다. 그럼에도 앞날을 내다보자면, 우리가 직면하고 있는 모든 위험 중에서 기후변화가 가장 화급하고 효과적으로 대처해야 할 문제라는 의견이 만장일치까지는 아니어도 확실히 증가하는 추세라는 건 분명하다. 속도와 효율, 두 마리 토끼를 잡는 게 일반적인 생각보다 훨씬 어려운 데는 두 가지 근본적인 이유가 있다.

전대미문의 노력,
지체되는 보상

기후변화라는 난제를 상대하려면, 인류 역사상 처음으로 전 지구적 노력이 필요하다. 게다가 그 노력을 상당한 규모로 오랜 기간 지속해야 한다. 우리가 머잖아 효과적이고 필요한 규모로 탈탄소화를 이뤄낼 수 있을 것이란 결론을 내리려면, 과거의 모든 증거를 뒤집어야 한다. 유엔이 기후 문제를 갖고 처음 개최한 회의는 1992년에 있었다. 그 이후로 지금까지 우리는 일련의 국제 모임을 열었고, 평가와 연구도 멈추지 않았다. 그러나 거의 30년이 지난 오늘날까지도 온실가스의 연간 배출량을 줄이기 위해 구속력을 갖는 국제협약이 없고, 그런 협약이 체결되더라도 서둘러 채택할 가능성이 없다.

이런 노력이 효과를 거두려면 반드시 국제적 합의가 수반되어야 한다. 그렇다고 200개 국가가 서명을 해야 한다는 뜻은 아니다. 50개 정도의 작은 국가가 배출하는 온실가스의 양은 전부 합해도 상위 5개국의 배출량을 계량화할 때 생기는 오류에조차 미치지 못한다. 실질적 진전이 이루어지려면, 지금 모든 배출의 80퍼센트를 쏟아내는 그 상위 5개국이 명확하고 구속력 있는 약속을 반드시 지키겠다고 합의해야 한다. 그러나 우리는 그렇게 한마음으로 행동을 시작할 준비가 전혀 되어 있지 않다.[57] 기억하겠지만, 많은 찬사를 받은 파리협정에도 상위 배출국에 요구하는 구체적 감축 목표가 없었다. 구속력 없는 약속은 어떤 것도 완화하지 못한다. 오히려 2050년쯤에는 배출량이 50퍼센트 더 늘어나지 않을까 두렵다!

게다가 실효성 있는 노력에는 많은 비용이 들겠지만, 온실가스 배출을 완전히 없애지는 못하더라도 크게 줄이는 결과를 얻어내려면 적어도 두 세대 동안 지속해야 한다. 현실적으로 예상할 수 있는 수준을 넘어서는 과감한 감축도 수십 년 내에는 눈에 띄는 결과를 끌어내지 못할 것이다.[58] 여기서 세대 간 정의intergenerational justice라는 무척 까다로운 문제가 제기된다. 다시 말하면, 미래를 디스카운트하는 우리의 변하지 않는 성향이 여실히 드러난다.[59]

우리는 훗날보다 지금을 더 소중하게 생각한다. 따라서 현재 문제에는 아낌없이 돈을 쓴다. 예컨대 서른 살의 열렬한 등반가라면 내년 에베레스트산에 오르기 위한 허가증, 장비, 세르파, 산소 등에 6만 달러를 기꺼이 지불할 것이다. 그러나 2050년에 그 산을 오르는 약속권을 사라고 한다면, 자신의 건강에 대한 불확실성, 향후 네팔 정부의 안정성, 히말라야에 지진이 일어나 등정을 방해할 확률, 접근 자체가 폐쇄될 가능성 등을 고려해 그 돈을 매몰차게 깎을 것이다. 세계 기후변화를 완화하기 위해 탄소 가격을 책정하듯, 복잡하고 비용이 많이 드는 사업을 고민할 때 이처럼 미래를 디스카운트하는 보편적 성향은 무척 중요하다. 그 사업을 시작하는 세대에게는 확실한 경제적 이득이 없기 때문이다. 온실가스는 배출된 뒤에 오랫동안 대기에 머물기 때문에(이산화탄소는 200년), 감축을 강력하게 추진하더라도 수십 년 내에는 뚜렷한 성공 징후가 나타나지 않을 것이다. 성공한다면, 가장 먼저 지표면의 평균온도가 눈에 띄게 낮아질 것이다.[60]

세계적 탈탄소화 노력이 시작된 뒤에도 온도 상승은 25~30년 동안 계속되며, 과감한 대책을 수립하고 시행해야 한다는 중대한 과제가 대두할 것이다. 그러나 세계적으로 구속력을 갖고 수년 내에 폭넓게 채택할 만한 대책이 현재로서는 없기 때문에, 최적의 정책이 경제적 순편익을 기록하기 시작하는 손익분기 해와 측정할 만한 수준으로 온도가 하락하기 시작하는 해는 더욱더 미래로 미루어질 수밖에 없다. 흔히 사용하는 기후-경제 모형에 따르면, 2020년에 배출 완화 노력을 시작하면 손익분기 해는 2080년 안팎이다.

세계 평균 기대 수명(2020년에는 약 72세)이 그대로 유지된다면, 21세기 중반경에 태어나는 세대가 기후변화를 완화하기 위한 정책으로부터 경제적 누적 순편익을 처음으로 누리게 될 것이다.[61] 부유한 국가의 젊은 시민들이 즉각적 이득보다 먼 편익을 더 중요하게 생각할 각오가 되어 있을까? 또 인구가 꾸준히 증가하는 저소득 국가들은 기본적인 생존의 문제로 화석 탄소에 대한 의존을 늘려가는데, 부유한 국가의 젊은이들이 반세기 이상 동안 절약해야 하는 삶을 기꺼이 수용할까? 지금 40~50대도 자신들은 생전에 누리지 못할 보상을 후세에 전해주기 위해 그런 삶에 기꺼이 동참할까?

최근의 팬데믹을 통해 다시 깨달았듯 점점 커져가는 세계적 문제의 영향을 최소화하는 최선의 방법 중 하나는 그 문제를 해결하기 위한 우선순위를 정하고 기본 대책을 세우는 것이다. 그러나 그런 원칙을 세우고 따르기가 무척 어렵다는 걸 우리는 이번 팬데믹을 통해 다시금 알게 되었다. 한 국가에서도 대책에 일관성이 없고, 국제적 공조도 손발이 맞지 않았다. 위기를 겪는 동안 드러난 결함에서, 우리가 '기본적인 것'을 제대로 세우고 관리하지 못하는 실수를 반복한다는 사실이 명백히 증명되었고, 그에 따라 값비싼 대가를 치러야 했다. 이쯤에서 이 책의 독자들은 기본적인 것에는 식량과 에너지와 원자재 공급이 반드시 포함되며, 그 모든 것을 환경에 가급적 적은 영향을 주며 공급해야 함을 깨달았을 것이다. 또한 우리가 미래의 지구온난화 정도를 최소화하기 위해 취할 수 있는 단계들을 현실적으로 평가하며 수행해야 한다는 것도 깨달았을 것이다. 어렵고 벅찬 전망이고, 성공할 거라고 누구도 확신할 수 없다. 그렇다고 실패하리라 지레 겁먹을 것도 없다.

먼 미래에 대해 불가지론자가 된다는 것은 정직하겠다는 뜻이다. 우리는 우리 인식의 한계를 인정하고, 전 지구적 문제에 겸손하게 접근해야 한다. 또 전진과 후퇴 및 실패가 앞으로도 우리 진화의 일부일 것이고, 제한된 범위 내에서도 궁극적인 성공이 보장되지 않으며, 어떤 종류의 특이점에도 도달하지 못할 수 있다는 걸 인정해야 한다. 그러나 우리가 축적된 지혜를 끈기 있고 단호하게 사용하는 한, 때 이른 종말은 없을 것이다. 미래는 우리가 이루어내는 성취와 실패로부터 결정될 것이다. 우리가 똑똑해지고 운까지 좋아 미래의 모습과 특징을 부분적으로 예측할 수 있을지는 모르지만, 한 세대 후조차 여전히 전체 모습은 오리무중이다.

나는 이 마지막 장의 초고를 2020년 5월 8일에 썼다. 이날 유럽에서는 제2차 세계대전의 종전을 축하하는 75번째 기념식이 열렸다. 20세기 중반, 그 화창한 봄날에 그 시대에 존재하는 모든 지식을 상징하는 소수의 사람들이 모여 앉아, 2020년에는 세계가 어떤 모습일지 논의하며 예측했다고 상상해보자. 공학(가스터빈, 핵원자로, 전자 컴퓨터, 로켓)부터 생명과학(항생제, 살충제, 제초제, 백신)까지 많은 분야에서 큰 발전을 이루어냈기 때문에, 그들은 개인 이동 수단의 대중화, 대륙을 자유롭게 넘나드는 비행, 전자 컴퓨터의 확산, 작물 생산의 증가, 기대 수명의 큰 도약 등 많은 분야에서 정확한 예측을 해낼 수 있을 것이다.

그러나 우리가 지난 75년 동안 성공과 실패를 반복하며 만들어낸 세계의 복잡성과 미묘한 차이, 또 발전된 모습을 정확히 묘사해낼 수는 없을 것이다. 이런 상상이 불가능하다는 걸 실감하고 싶으면, 국가 단위로 생각을 좁히면 된다. 1945년 목조건물로 이루어진 일본 도시들은 그야말로 초토화되었다(교토 제외). 유럽은 전후의 혼란에 빠져 허덕였고, 곧이어 냉전으로 갈라졌다. 소련은 승리했지만 엄청난 희생을 치렀고, 여전히 스탈린의 무지막지한 통치하에 있었다. 미국은 미증유의 초강대국으로 부상하며, 세계경제 생산의 거의 절반을 떠맡았다. 중국은 지독히 가난했고, 다시 내전 직전에 있었다. 이런 상황에서 누가 일본의 흥망성쇠, 유럽의 재도약과 통합 및 분열 과정, 소련의 공격적 자신감("너희를 묻어버리겠다!")과 붕괴, 미국의 실수와 패배 그리고 헛수고와 실현되지 않은 가능성을 정확히 예측할 수 있었겠는가? 또 중국이 세계 최악의 기아로 고통받은 뒤 서서히 회복하고, 결국 의심쩍을 정도로 가파르게 성장할 줄 누가 예상할 수 있었겠는가?

1945년에는 누구도 인구가 50억 명이 더 많아진 세계, 게다가 생산한 식량의 상당량을 계속 버리면서도 역사상 어느 때보다 영양 공급이 충실한 세계를 예상하지 못했을 것이다. 많은 감염병(모든 곳에서 소아마비, 부유한 국가에서는 결핵)을 역사의 뒤안길로 몰아냈지만, 부유한 국가에서도 경제적 불평등이 확대되는 걸 막지 못하는 세계를 누구도 예측하지 못했을 것이다. 한층 더 깨끗해지고 건강해졌지만, 해양 플라스틱부터 토양 속 중금속까지 새로운 방식으로 더러워진 세계, 계속되는 생물권의 위축으로 더 위태로워진 세계, 정보가 즉각적이고 자유롭게 확산하는 대신 잘못된 정보와 거짓말과 파렴치한 주장까지 대거 퍼지는 대가를 감수해야 하는 세계를 누가 상상이라도 했겠는가.

한 시대가 지난 지금, 특이점이 임박했다고 믿는 사람이 아니라면, 우리가 미래의 기술혁신, 국가의 운명을 결정할 만한 사건, 또 향후 75년 동안 우리 문명의 운명을 좌우할 만한 결정을 더 정확히 예측할 수 있는 위치에 있다고 확신할 이유는 없다. 지구온난화의 궁극적 영향 및 신속한 탈탄소화의 필요성에 대한 관심이 최근에 높아졌지만, 미래를 결정하는 데는 21세기의 남은 기간 동안 세계 인구의 추세만큼이나 극소수의 불확실한 결과도 중요하다.

극단적 예측이 바라보는 미래는 확연히 다르다. 세계 인구가 2100년에는 150억 명(2020년의 약 2배)을 넘어설까, 아니면 현재 인구의 절반이 사라지고 중국 인구도 48퍼센트나 쪼그라들어 48억 명으로 줄어들까?[62] 두 예측의 중간값은 현재 수준에서 그다지 동떨어져 있지 않다(109억 명과 88억 명). 이런 비교에서 확인할 수 있듯 겨우 한 세대 뒤의 기본적인 인구 예측조차 크게 다르다. 예측을 부유한 국가의 현재 기대 수명에 국한하더라도 극단적으로 다르다. 결국 경제와 사회 그리고 환경의 향후 경로 또한 크게 다를 거라는 뜻이다. 이 책의 초고와 교정본은 코로나19의 첫 번째 파도와 두 번째 파도가 한창일 때 쓰였다. 1900년 이후의 빈도 — 1918년, 1957년, 1968년, 2009년, 2020년 — 로 팬데믹이 닥친다면, 2100년까지 두세 번의 팬데믹이 닥칠 것으로 예상된다. 따라서 21세기의 남은 기간 동안 우리에게 닥칠 새로운 팬데믹이 2020년 수준과 비슷할지, 아니면 훨씬 더 약하거나 지독할지 의문을 갖는 것은 당연하다. 이런 불확실성을 안고 살아가는 게 여전히 인간 조건의 본질이며, 이러한 현실이 미래를 내다보며 현명하게 행동하려는 우리 능력을 제한한다.

1장을 시작하며 말했듯 나는 비관론자도 아니고, 낙관론자도 아니다. 과학자이다. 세계가 '실제로' 어떻게 움직이는지 이해하는 데 필요한 절대 강령은 없다.

과거와 현재, 불확실한 미래를 현실적으로 파악하는 게 우리 앞에 펼쳐질 불가지의 시간에 접근하는 최고의 지름길이다. 우리가 미래를 구체적으로 알 수는 없지만, 진보와 후퇴, 극복할 수 없을 듯한 어려움과 기적에 가까운 발전이 뒤섞인 미래가 가장 그럴듯한 전망이라는 건 알고 있다. 여느 때와 마찬가지로 미래도 이미 결정된 게 아니다. 미래의 모습은 지금 우리가 어떻게 행동하느냐에 따라 달라진다.

부록

숫자에 대하여: 자릿수

시간은 강물처럼 흐르고, 유기체는 성장하며, 사물은 변한다. 소설의 세계에서도 이 불변의 과정과 결과는 거의 예외가 없고, 추상적으로 다루어진다. 동화에서도 마찬가지이다. 주인공은 부자(왕자)이거나 가난하고(신데렐라), 아름답거나(소녀) 추악하고(괴물), 대담하거나(기사) 소심하다(생쥐). 숫자는 뭔가를 단순히 헤아리는 수단으로만 주로 쓰인다. 다시 말하면, 줄거리를 보조하는 장치로 쓰이고, 거의 언제나 3이다. 삼형제, 세 가지 소원, 세 마리 아기 돼지…. 근대소설도 크게 다르지 않다. 헤밍웨이Ernest Hemingway(1899~1961)의 소설《태양은 다시 떠오른다》에서, 브렛 애슐리 부인은 "지독히 잘생겼지만" 그녀의 신장에 대해서는 어떤 언급도 없다. 피츠제럴드Scott Fitzgerald(1896~1940)의 유명한 소설에서, 개츠비는 첫 모습이 "내 또래의 남자"로만 소개될

뿐 정확한 나이와 재산의 규모는 언급되지 않는다. 정확한 시점만 간혹 눈에 띄고, 그것도 첫 문장에 주로 쓰인다. 에밀 졸라의 《돈》은 "증권거래소에서 11시 종이 울렸을 때…"로 시작된다. 포크너William Faulkner(1897~1962)의 《어둠 속의 침입자》는 "일요일 아침 정오였다…"로, 솔제니친Aleksandr Solzhenitsyn(1918~2008)의 《이반 데니소비치의 하루》는 "그날 아침 5시…"로 시작한다.

반면 오늘날의 세계는 숫자로 가득하다. 새로운 동화, 즉 거의 있을 법하지 않은 억만장자에 대한 이야기는 어마어마한 숫자를 대변credit에 써넣는다. 대형 여객선의 침몰이나 대량 학살에 대해 보도하는 최신 비극들에서는 어김없이 피해자 수를 거론한다. 국가별로, 또 종합적으로 일일 사망자 수를 집계하는 게 2020년 팬데믹의 피할 수 없는 절차 중 하나가 되었다. 우리 세계는 새로운 양적인 세계, 즉 사람들이 (페이스북에서) '친구'의 수를 헤아리고, 하루에 걸은 걸음 수를 핏비트Fitbit로 확인하고, 나스닥 평균 지수와 비교해 개인의 투자 능력을 평가하는 세계이다. 이렇듯 계량화하지 않는 부분이 없지만, 그 질에 의심의 눈길이 쏟아지는 경우가 비일비재하다. 숫자를 정확히 측정한 경우도 있지만, 엉성한 가정과 태만한 추정에 근거한 경우도 많기 때문이다. 많은 사람이 그런 숫자들을 인용 또는 활용하지만, 그 근거에 의문을 품는 사람은 안타깝게도 극소수에 불과하다. 그 숫자를 전후 관계까지 고려해 평가하는 사람은 더더욱 적다. 그러나 현대 세계에서 가장 충실한 숫자들, 예컨대 복잡한 현실의 완벽한 측정치일 숫자들도 직관적으로 이해하기에는 너무 크거나 너무 작은 양이어서 이해하기 힘든 경우가 많다.

그 때문에 숫자는 곧잘 오해와 오용의 대상이 된다. 취학 전 아동에게도 자릿수와 관련한 이론 체계가 있어 직관적인 '수 감각number sense'이 형성된다. 이 능력은 학교 교육을 통해 향상된다.[1] 물론 이때의 수 체계는 근사치에 불과해서 양이 천, 백만, 십억으로 늘어나면 제대로 기능하지 못한다. 여기에서 자릿수가 도움이 된다. 간단히 말해, 자릿수가 어떤 정수整數, whole number에서 첫 아라비아숫자의 뒤에 오는 아라비아숫자의 개수, 혹은 소수점 앞에 있는 첫 아라비아숫자의 뒤에 오는 아라비아숫자의 개수라고 생각해보자. 예컨대 7이란 숫자 뒤에 어떤 아라비아 숫자도 오지 않는다면, 또 3.5라는 숫자에서 첫 번째 숫자와 소수점 사이에 어떤 아라비아숫자도 추가로 쓰이지 않으면, 두 수는 0자릿수에 있는 것이 된다. 이 말을 십진법 상용로그로 표현하면 10^0이다. 따라서 1부터 10까지는 어떤 수나 10^0의 배수이다. 10은 10^1이 되고, 20은 2×10^1이 된다. 숫자가 커질수록 이런 표현의 이점은 명확히 드러난다. 여기에서 10배씩 뛰면 차례로 백 단위(10^2), 천 단위(10^3), 만 단위(10^4), 십만 단위(10^5), 백만 단위(10^6)로 헤아려진다.

백만 단위를 넘어서면, 우리는 자릿수 실수를 범하기 쉬운 영역에 들어선다. 창업자, 소유주, 운 좋은 상속자 등 부유한 가족들은 현재 보유 자산에 매년 수천만(10^7) 혹은 수억(10^8) 달러를 더한다. 2020년 세계에는 약 $2,100 \times 10$억(10^9) 달러가 있었다. 현재 가장 부유한 가족은 1,000억(10^{11}) 달러 이상의 자산을 보유한 것으로 추산한다.[2] 극빈한 아프리카 이민자의 남루한 옷과 찢어진 신발이 많아야 몇 달러에 불과하다면, 개인의 순자산에 서 그 격차가 열 자릿수에 달한다는 뜻이다.

이 차이는 너무나 커서, 가장 뚜렷이 대비되는 두 종류의 육상 동물, 즉 조류와 포유류를 구분 짓는 특성에서도 비슷한 것을 찾 아내지 못할 정도이다. 또 가장 작은 포유동물과 가장 큰 포유동 물의 체질량 차이는 여섯 자릿수에 '불과'하다. 에트루리아 뾰족 뒤쥐Etruscan shrew라고도 부르는 사비왜소땃쥐는 10^0그램인 반 면, 아프리카코끼리는 10^6그램이다. 한편 가장 작은 조류와 가 장 큰 조류의 날개폭 차이는 두 자릿수에 불과하다. 벌새의 날 개폭은 3센티미터이고, 안데스 콘도르의 날개폭은 320센티미터 이다.[3] 확실히 어떤 인간은 자연 진화가 군중으로부터 구분시킬 수 있는 것보다 한계를 훨씬 더 넘어선다.

어떤 값을 생략하지 않고 전부 쓰거나, 십진법 상용로그의 지 수로 표시하는 것보다 자릿수를 더 쉽게 표현하는 방법이 있다. 이런 배수는 과학 연구와 공학 현장에서 자주 사용하기 때문에 그리스어가 처음 세 자릿수를 가리키는 접두어로 쓰인다. 그리 하여 10^1은 데카, 10^2은 헥토, 10^3은 킬로이다. 또 3의 배수가 되 는 자릿수에도 그리스어를 사용해 10^6은 메가, 10^9은 기가이다. 현재까지 이름이 붙은 가장 높은 자릿수 '요타', 즉 10^{24}까지 3의 배수에는 그리스어를 사용한다. 실제 숫자부터 특정한 명칭까 지 모든 것을 다음의 표로 요약할 수 있다.

국제단위계에서 배수

접두어	약어	과학적 표기
헥토 hecto	h	10^2
킬로 kilo	k	10^3
메가 mega	M	10^6
기가 giga	G	10^9
테라 tera	T	10^{12}
페타 peta	P	10^{15}
엑사 exa	E	10^{18}
제타 zetta	Z	10^{21}
요타 yotta	Y	10^{24}

현대사회를 기능하게 해주는 엄청난 규모를 설명하는 또 다른 방법은, 전통적인 경험의 크기와 비교하는 것이다. 두 가지 핵심적인 예를 생각해보면 충분하다. 산업화 이전의 사회에서 육상 이동 속도의 양극단은 2배 정도의 차이만 있었다. 인간이 천천히 걷는 속도(시속 4킬로미터)와 말이 끄는 마차(시속 8킬로미터)가 그것이다(마차를 타려면 돈을 지불해야 했지만, 좌석에는 지붕이 없는 경우가 많았다). 반면 요즘의 이동 속도는 두 자릿수의 차이가 있다. 인간이 천천히 걷는 속도는 여전히 시속 4킬로미터이지만, 제트여객기의 속도는 시속 900킬로미터이다.

또 산업화 이전 시대에 개인이 흔하게 통제할 수 있는 가장 강력한 원동력(운동에너지를 전달하는 가축이나 기계)은 750와트의 동력을 지닌 말이었다.[4] 한편 요즘에는 수억 명이 자동차를 운전하고, 그 자동차의 동력은 100~300킬로와트이다. 달리 말하면, 가장 힘센 말보다 400배 강한 셈이다. 심지어 동체가 넓은 제트여객기의 조종사는 100메가와트(13만 마리 이상의 힘센 말이 끄는 힘에 해당하는 동력)를 순항 모드로 다룰 수 있다. 이런 차이는 너무 커서 직접적으로나 직관적으로 이해하기가 쉽지 않다. 따라서 현대사회를 이해하려면 자릿수에 대한 세심한 관심이 필요하다!

감사의 글

나에게 또 하나의 광범위한 책을 쓸 기회를 준 런던의 편집자 코너 브라운에게 감사의 말을 전하고 싶다. 캐나다 온타리오 암 연구센터에서 근무하면서도 내 첫 독자이자 신랄한 비판자 역할을 마다하지 않은 아들 데이비드에게도 고맙다는 말을 전하고 싶다.

옮긴이의 글
현실적이고 과학적으로 사고해야

현실적이려면 과학적이어야 한다. 현실과 과학에 기반해 말할
때 장기적인 설득력을 갖는다. 감성에 기댄 그럴듯한 말은 단기
적으로 효과가 있을지 모르지만 결국에는 '양치기 소년'이 된다.

이 책은 스밀이 《숫자는 어떻게 진실을 말하는가》를 더 구체
적이고 수학적으로 풀어낸 것이다. 수학이란 단어 때문에 지레
겁먹을 것은 없다. 부록의 자릿수 개념을 이해하고 읽어가면 아
무런 문제가 없다. 일곱 가지 주제로 나누어 세상이 어떻게 운영
되는지 설명하지만 궁극적으로는 우리 실존의 문제, 즉 환경으
로 귀결된다. 환경이란 단어가 지나치게 포괄적으로 들릴 수 있
겠다. 범위를 좁히면, 지구온난화와 기후변화 및 온실가스 배출
을 후반부에서 집중적으로 다룬다. 요즘은 어떤 이유에서인지
'지구온난화'보다 '기후변화'가 압도적으로 많이 쓰이지만(재미

삼아 global warming과 climate change를 구글 엔그램 뷰어로 검색해보라),
저자는 '지구온난화'라는 단어를 사용하는 데 거리낌이 없다.

기후변화의 주범 중 하나가 화석연료의 연소라는 건 누구나
알고 있다. 그 때문에 유엔이나 기후 회의 등에서 2050년까지
탄소 제로를 달성하겠다고 선언한다. 그러나 이 책의 저자 스밀
은 이런 선언 자체가 불가능한 약속이라며, 그 이유를 수학적으
로 설명한다. 스밀의 지적은 하나도 사실에 어긋나는 게 없다.
읽고 있으면 그의 논리에 빠져든다. 사실에 기반하고 있기 때문
에 논박할 여지가 없다. 과장된 선언, 예컨대 환경운동가로 유명
한 그레타 툰베리는 2020년 1월 우리에게 남은 시간이 8년이라
고 특정하기도 했다고 한다. 물론 스밀은 그럴 가능성이 전혀 없
다는 걸 숫자로, 또 과거의 선례로 증명해낸다. 2028년 지구가
종말을 맞이하지 않으면, 툰베리는 아마 "내가 그렇게 경고한 덕
분에 사람들이 경각심을 가져 탄소 배출량이 줄었다"라고 말할
수도 있다. 실제로 그런 효과가 있을지도 모르지만, 장기적 안목
에서 보면 '양치기 소녀'가 된다.

이런 이유에서 스밀은 "과거와 현재, 불확실한 미래를 현실적
으로 파악하는 게 우리 앞에 펼쳐질 불가지의 시간에 접근하는
최고의 지름길이다"라고 선언한다. 결국 우리 인식의 한계를 인
정하고, 전 지구적 문제에 겸손하게 접근하자는 것이다. 겸손해
야 거짓에서 완전히 벗어나지는 못해도 주변으로부터 빈정거
림은 받지 않을 테니 말이다. 2015년 파리에서 기후 회의가 열
릴 때 한 언론사는 "우리 계산에 따르면, 파리 기후 회담 때문에

30만 톤의 이산화탄소가 추가로 배출될 것이다. 그에 걸맞은 성과가 있기를 바란다"라고 빈정거렸고, "각국의 대표들은 경치 좋은 회의 장소로 여행하기를 즐기지만, 그들이 탄 제트여객기가 발생시키는 무서운 탄소 발자국에 대해서는 거의 생각하지 않는다"는 조롱도 있었다.

또 최근에는 '기후 위기'를 외치는 팝스타가 전용기를 이용하며 7개월 동안 탄소 8,293톤 뿌렸고, 24세의 한 억만장자에게는 "3분 타려고 전용기를 띄웠다"며 비난이 쏟아졌다. 기후 위기는 세계화와도 관계가 있다. 경제의 세계화만이 아니라 여행과 문화의 세계화도 기후 위기에 한몫을 한다. 또 편리해진 교통도 기후변화의 작은 원인이다. 예컨대 내가 사는 충주는 인구 21만 명의 도시이다. 버스로 서울(센트럴시티터미널과 동서울터미널)까지는 평균 1시간 40분이 걸린다. 그럼 하루에 상경하는 버스가 몇 번이나 있을까? 여러분도 생각해보라. 내가 이걸 수수께끼로 페이스북에서 물은 적이 있다. 한 후배는 20~30번, 충주에 사시는 분은 50회가량이라고 대답했다. 이 정도가 합리적이란 뜻일 것이다. 하지만 놀랍게도 평균 90회가 넘는다. 왜 그럴까? 편의성 때문일 듯하다. 그 대신, 탄소 발자국을 남겨야 한다. 이걸 줄이려면 우리가 조금 불편해져야 한다. 과연 감당할 수 있을까? 이런 이유에서 저자는 "미래의 모습은 지금 우리가 어떻게 행동하느냐에 따라 달라진다"라고 결론짓는다.

충주에서, 강주헌

1. 에너지에 대하여 - 연료와 전기

1   이 사건이 일어난 때를 정확히 찾아낼 수는 없다. 빨랐으면 37억 년 전, 적어도 25억 년 전으로 추정할 뿐이다. T. Cardona, "Thinking twice about the evolution of photosynthesis," *Open Biology* 9/3 (2019), 180246.

2   A. Herrero and E. Flores, eds., *The Cyanobacteria: Molecular Biology, Genomics and Evolution* (Wymondham: Caister Academic Press, 2008).

3   M. L. Droser and J. G. Gehling, "The advent of animals: The view from the Ediacaran," *Proceedings of the National Academy of Sciences* 112/16 (2015), pp. 4865 - 4870.

4   G. Bell, *The Evolution of Life* (Oxford: Oxford University Press, 2015).

5   C. Stanford, *Upright: The Evolutionary Key to Becoming Human* (Boston: Houghton Miin Harcourt, 2003).

6   호미닌이 불을 의도적으로 사용한 최초의 시기를 확정적으로 알아내는 건 앞으로도 불가능할 것이다. 그러나 가장 확실한 증거에 따르면, 80만 년 전을 넘기지는 않았을 것으로 추정한다. N. Goren-Inbar et al., "Evidence of hominin control of fire at Gesher Benot Ya'aqov, Israel," *Science 304*/5671 (2004), pp. 725 - 727.

7   랭엄은 불을 이용한 조리가 가장 중요한 진화적 발전의 하나였다고 주장한다. R. Wrangham, *Catching Fire: How Cooking Made Us Human* (New York: Basic Books, 2009).

8   많은 식물종의 재배는 구세계와 신세계의 여러 지역에서 독자적으로 이뤄졌다. 그러나 농업은 중동 지역에서 가장 먼저 시작했다. M. Zeder, "The origins of agriculture in the Near East," *Current Anthropology* 52/ Supplement 4 (2011), S221 - S235.

9   일하는 가축에는 소·물소·야크·말·노새·당나귀·낙타·라마·코끼리가 있었고, 빈번하지는 않지만 순록·개·양·염소가 포함되기도 했다.

말·당나귀와 노새를 비롯한 말과科를 제외하면, 낙타와 야크와 코끼리
만 교통수단으로 흔히 이용했다.

10 이런 기계들의 진화 과정은 V. Smil, *Energy and Civilization: A History*
    (Cambridge, MA: MIT Press, 2017), pp. 146 - 163에서 자세히 다루었다.

11 P. Warde, *Energy Consumption in England and Wales, 1560 - 2004* (Naples:
    Consiglio Nazionale delle Ricerche, 2007).

12 잉글랜드와 영국의 탄광 역사에서 대해서는 J. U. Nef, *The Rise of the
    British Coal Industry* (London: G. Routledge, 1932); M. W. Flinn et al., *History
    of the British Coal Industry*, 5 vols (Oxford: Oxford University Press, 1984 - 1993)
    를 참조하기 바란다.

13 R. Stuart, *Descriptive History of the Steam Engine* (London: Wittaker, Treacher
    and Arnot, 1829).

14 R. L. Hills, *Power from Steam: A History of the Stationary Steam Engine* (Cam-
    bridge: Cambridge University Press, 1989), p. 70; J. Kanefsky and J. Robey,
    "Steam engines in 18th-century Britain: A quantitative assessment,"
    Technology and Culture 21 (1980), pp. 161 - 186.

15 이 계산은 근사치에 불과하다. 우리가 노동인구와 역축의 정확한 수를
    알더라도 거기에서 얻는 전체적인 동력과 총노동시간에 대해서는 여전
    히 추정할 수밖에 없다.

16 실제 총량은 1800년에 0.5엑사줄을 넘지 않았지만, 1900년에는 거의
    22엑사줄, 2000년에는 350엑사줄, 2020년에는 525엑사줄로 상승했다. 범
    세계적 에너지 전환, 그리고 많은 국가에서 진행된 에너지 전환의 역사
    적 변천 과정을 자세히 알고 싶으면, V. Smil, *Energy Transitions: Global and
    National Perspectives* (Santa Barbara, CA: Praeger, 2017)를 참조하기 바란다.

17 에너지 효율성을 역사적으로 추적한 복합 평균값은 내가 Smil, *Energy
    and Civilization*, pp. 297 - 301을 쓸 때 직접 계산한 결과에서 인용한 것
    이다. 최근의 전체적인 전환율에 대해서는 Sankey가 전 세계(https://www.
    iea.org/sankey)와 개별 국가를 대상으로 작성한 에너지 흐름도를 참조하
    기 바란다. 미국을 예로 들면, https://flowcharts.llnl.gov/content/assets/
    images/energy/us/Energy_US_2019.png.이다.

18 이 계산에 사용한 기초자료는 유엔의 *Energy Statistics Yearbook*, https://

unstats.un.org/unsd/energystats/pubs/yearbook/과 BP의 *Statistical Review of World Energy*, https://www.bp.com/en/global/corporate/energy-economics/statisticalreview-of-world-energy/downloads.html.에서 구한 것이다.

19 L. Boltzmann, *Der zweite Hauptsatz der mechanischen Wärmetheorie*, 1886년 5월 29일, 빈 과학아카데미에서 개최한 Festive Session 강연. P. Schuster, "Boltzmann and evolution: Some basic questions of biology seen with atomistic glasses," in G. Gallavotti et al., eds., *Boltzmann's Legacy* (Zurich: European Mathematical Society, 2008), pp. 1 - 26도 참조할 것.

20 E. Schrödinger, *What Is Life?* (Cambridge: Cambridge University Press, 1944), p. 71.

21 A. J. Lotka, "Natural selection as a physical principle," *Proceedings of the National Academy of Sciences* 8/6 (1922), pp. 151 -154.

22 H. T. Odum, *Environment, Power, and Society* (New York: Wiley Interscience, 1971), p. 27.

23 R. Ayres, "Gaps in mainstream economics: Energy, growth, and sustainability," in S. Shmelev, ed., *Green Economy Reader: Lectures in Ecological Economics and Sustainability* (Berlin: Springer, 2017), p. 40. R. Ayres, *Energy, Complexity and Wealth Maximization* (Cham: Springer, 2016)도 참조할 것.

24 Smil, *Energy and Civilization*, p. 1.

25 Ayres, "Gaps in mainstream economics," p. 40.

26 에너지라는 개념의 역사는 J. Coopersmith, *Energy: The Subtle Concept* (Oxford: Oxford University Press, 2015)에서 자세히 다루어졌다.

27 R. S. Westfall, *Force in Newton's Physics : The Science of Dynamics in the Seventeenth Century* (New York: Elsevier, 1971).

28 C. Smith, *The Science of Energy: A Cultural History of Energy Physics in Victorian Britain* (Chicago: University of Chicago Press, 1998); D. S. L. Cardwell, *From Watt to Clausius: The Rise of Thermodynamics in the Early Industrial Age* (London: Heinemann Educational, 1971).

29 J. C. Maxwell, *Theory of Heat* (London: Longmans, Green, and Company, 1872), p. 101.

30 R. Feynman, *The Feynman Lectures on Physics* (Redwood City, CA: Addison-Wesley, 1988), vol. 4, p. 2.

31 열역학에 대한 안내서는 부족하지 않다. 그러나 가장 뛰어난 안내서로는 K. Sherwin, *Introduction to Thermodynamics* (Dordrecht: Springer Netherlands, 1993)를 들 수 있다.

32 N. Friedman, *U.S. Submarines Since 1945: An Illustrated Design History* (Annapolis, MD: US Naval Institute, 2018).

33 설비 이용률(capacity factor 혹은 load factor)은 실제 발전량과, 한 단위에서 생산할 수 있는 최대 출력 간 비율이다. 예컨대 5MW의 대형 풍력 터빈을 하루 종일 쉬지 않고 가동하면, 120MWh의 전기를 생산할 것이다. 하지만 실제 출력이 30MWh에 불과하면, 이 풍력 터빈의 설비 이용률은 25퍼센트가 된다. 2019년 미국의 연간 평균 설비 이용률을 보면, 태양전지판은 21퍼센트, 풍력 터빈은 35퍼센트, 수력발전소는 39퍼센트, 원자력발전소는 94퍼센트였다. Table 6.07.B, "Capacity Factors for Utility Scale Generators Primarily Using Non-Fossil Fuels," https://www.eia.gov/electricity/monthly/epm_table_grapher.php?t=epmt_6_07_b. 독일 태양전지판의 낮은 설비 이용률은 조금도 놀라운 게 아니다. 베를린과 뮌헨은 연간 일조 시간이 시애틀보다 적다!

34 무게 50그램, 42kJ/g의 파라핀 에너지밀도를 지닌 봉헌 양초에는 2.1메가줄(50×42,000)의 화학에너지가 함유되어 있다. 이 양초는 15시간 동안 타며 대략 40와트(약한 전구 정도)의 평균 일률을 발생한다. 그러나 두 경우 모두에서 총에너지의 극히 일부만이 빛으로 전환된다. 요즘의 백열전구는 2퍼센트 미만, 파라핀 양초는 0.02퍼센트에 불과하다. 양초 무게와 연소 시간에 대해서는 https://www.candlewarehouse.ie/shopcontent.asp?type=burn-times, 빛의 효율성에 대해서는 https://web.archive.org/web/20120423123823/http://www.ccri.edu/physics/keefe/light.htm 을 참조하기 바란다.

35 기초대사량에 대한 계산을 보려면 Joint FAO/WHO/UNU Expert Consultation, *Human Energy Requirements* (Rome: FAO, 2001), p. 37, http://www.fao.org/3/a-y5686e.pdf.을 참조하기 바란다.

36 Engineering Toolbox, "Fossil and Alternative Fuels -Energy Content"

(2020), https://www.engineeringtoolbox.com/fossil-fuels-energy-content-d_1298.html.

37 V. Smil, *Oil: A Beginner's Guide* (London: Oneworld, 2017); L. Maugeri, *The Age of Oil: The Mythology, History, and Future of the World's Most* Controversial Resource (Westport, CT: Praeger Publishers, 2006).

38 T. Mang, ed., *Encyclopedia of Lubricants and Lubrication* (Berlin: Springer, 2014).

39 Asphalt Institute, *The Asphalt Handbook* (Lexington, KY: Asphalt Institute, 2007).

40 International Energy Agency, *The Future of Petrochemicals* (Paris: IEA, 2018).

41 C. M. V. Thuro, *Oil Lamps: The Kerosene Era in North America* (New York: Wallace-Homestead Book Company, 1983).

42 G. Li, *World Atlas of Oil and Gas Basins* (Chichester: Wiley-Blackwell, 2011); R. Howard, *The Oil Hunters: Exploration and Espionage in the Middle East* (London: Hambledon Continuum, 2008).

43 R. F. Aguilera and M. Radetzki, *The Price of Oil* (Cambridge: Cambridge University Press, 2015); A. H. Cordesman and K. R. al-Rodhan, *The Global Oil Market: Risks and Uncertainties* (Washington, DC: CSIS Press, 2006).

44 미국 자동차의 평균 연비는 1930년대 초 약 16mpg(15L/100km)였지만, 1973년에는 13.4mpg(17.7L/100km)으로 40년 동안 오히려 조금씩 나빠졌다. 새로운 '기업 평균 연비 규제Corporate Average Fuel Economy Standards, CAFE'는 1985년까지 연비를 2배, 즉 27.5mpg(8.55L/100km)까지 올리겠다는 목표를 내세웠지만, 그 이후 원유 가격이 하락한 까닭에 규제는 2010년까지 유야무야되었다. V. Smil, *Transforming the Twentieth Century* (New York: Oxford University Press, 2006), pp. 203-208.

45 에너지 생산과 소비에 대한 자세한 통계자료는 유엔의 *Energy Statistics Yearbook*과 BP의 *Statistical Review of World Energy*에서 구할 수 있다.

46 S. M. Ghanem, *OPEC: The Rise and Fall of an Exclusive Club* (London: Routledge, 2016); V. Smil, *Energy Food Environment* (Oxford: Oxford University Press, 1987), pp. 37-60.

47 J. Buchan, *Days of God: The Revolution in Iran and Its Consequences* (New

York: Simon & Schuster, 2013); S. Maloney, *The Iranian Revolution at Forty* (Washington, DC: Brookings Institution Press, 2020).

48 에너지 집약적인 산업(금속공학, 합성화학)이 석유 사용을 줄인 첫 분야였다. 주 44에서 언급한 미국 '기업 평균 연비 규제'도 상당한 성공을 거두었다. 또 과거에는 원유나 연료유를 태우는 데 전적으로 의존했던 전기 발전이 석탄과 천연가스로 전환되었다.

49 1980년 이후 원유가 차지한 몫은 British Petroleum, *Statistical Review of World Energy*의 소비 자료를 근거로 계산한 것이다.

50 Feynman, *The Feynman Lectures on Physics*, vol. 1, pp. 4–6.

51 세계적으로 도시에 거주하는 인구가 점점 늘어나는 현상 때문에도 이 문제는 심각하다. 2007년 이후 세계 인구의 절반 이상이 도시에 거주하고 있으며, 2025년쯤에는 약 10퍼센트가 메가시티에 거주할 것으로 추정한다.

52 B. Bowers, *Lengthening the Day: A History of Lighting* (Oxford: Oxford University Press, 1988).

53 V. Smil, "Luminous efficacy," *IEEE Spectrum* (April 2019), p. 22.

54 소형 교류전동기는 1880년대 말 미국에서 처음 상업용으로 사용하기 시작했다. 1890년대 동안, 125와트 전동기로 동력을 전달하는 소형 송풍기가 거의 10만 대나 팔렸다. L. C. Hunter and L. Bryant, *A History of Industrial Power in the United States, 1780–1930*, vol. 3: *The Transmission of Power* (Cambridge, MA: MIT Press, 1991), p. 202.

55 S. H. Schurr, "Energy use, technological change, and productive efficiency," *Annual Review of Energy* 9 (1984), pp. 409–425.

56 전동기는 기본적으로 '편심 회전 질량 전동기eccentric rotating mass vibration motor'와 '선형 진동 전동기linear vibration motor' 둘로 나뉜다. 현재는 동전 형태의 전동기가 1.8밀리미터로 가장 얇다(https://www.vibrationmotors.com/vibration-motor-product-guide/cell-phone-vibration-motor). 2019년에만 13억 대가 팔렸다는 스마트폰의 세계 판매량(https://www.canalys.com/newsroom/canalys-global-smartphone-market-q4-2019)을 고려하면, 어떤 형태의 전동기도 이렇게 많이 만들어지지는 않았다.

57 프랑스의 초고속 열차 TGV에는 두 량의 동력차가 있고, 전동기의 총출

력은 8.8~9.6메가와트이다. 일본 신칸센 N700 시리즈에는 16개의 차량 중 14개에 전동기가 설치되어 있고, 총출력은 17메가와트이다. http://www.railway-research.org/IMG/pdf/r.1.3.3.3.pdf.

58 호화 자동차에 설치된 소형 보조 전동기의 총질량은 40킬로그램에 달한다. G. Ombach, "Challenges and requirements for high volume production of electric motors," SAE (2017), http://www.sae.org/events/training/symposia/emotor/presentations/2011/GrzegorzOmbach.pdf.

59 주방 기구에 있는 전동기에 대해 더 깊이 알고 싶으면, Johnson Electric, "Custom motor drives for food processors" (2020), https://www.johnsonelectric.com/en/features/custom-motor-drives-for-food-processors를 참조하기 바란다.

60 멕시코시티는 물 공급이 까다로운 가장 전형적인 도시이다. 주 수원지 쿠차말라Cutzamala강에서 취수한 물이 총수요의 3분의 2를 공급하는데, 이 물을 1킬로미터 이상 끌어올려야 한다. 연간 3억 세제곱미터 넘는 물을 공급한다는 사실을 고려하면, 3PJ 이상의 위치에너지가 소요된다는 뜻이다. 3PJ는 8만 톤의 디젤유에서 얻을 수 있는 에너지량이다. R. Salazar et al., "Energy and environmental costs related to water supply in Mexico City," *Water Supply* 12 (2012), pp. 768–772.

61 여기에 쓰이는 전동기는 상당히 작다(0.25~0.5마력, 즉 190~370와트). 대형 전동 송풍기조차 작은 조리 기구(400~500와트)보다 출력이 낮기 때문이다. 공기를 강제로 밀어내는 게 음식물을 자르고 반죽하는 것보다 훨씬 수월하다.

62 전기의 초기 역사는 L. Figuier, *Les nouvelles conquêtes de la science: L'électricité* (Paris: Manoir Flammarion, 1888); A. Gay and C. H. Yeaman, *Central Station Electricity Supply* (London: Whittaker & Company, 1906); M. MacLaren, *The Rise of the Electrical Industry During the Nineteenth Century* (Princeton, NJ: Princeton University Press, 1943); Smil, *Creating the Twentieth Century*, pp. 32–97에서 자세히 다루었다.

63 미국에서도 약간 높을 뿐이다. 2019년 미국에서 소비된 화석연료 전체의 27.5퍼센트가 전기 발전에 쓰였다. 석탄과 천연가스를 연료로 주로 사용했고, 액체연료의 비중은 무시해도 괜찮은 정도였다. https://flow-

charts,llnl.gov/content/assets/images/energy/us/Energy_US_2019.png.

64 International Commission on Large Dams, *World Register of Dams* (Paris: ICOLD, 2020).

65 International Atomic Energy Agency, *The Database of Nuclear Power Reactors* (Vienna: IAEA, 2020).

66 British Petroleum, *Statistical Review of World Energy*를 참조한 자료.

67 Tokyo Metro, Tokyo Station Timetable (2020년 접속), https://www.tokyometro.jp/lang_en/station/tokyo/timetable/marunouchi/a/index.html.

68 야간 위성사진들은 https://earthobservatory.nasa.gov/images/event/79869/earth-at-night에서 확인할 수 있다.

69 Electric Power Research Institute, *Metrics for Micro Grid: Reliability and Power Quality* (Palo Alto, CA: EPRI, 2016), http://integratedgrid.com/wp-content/uploads/2017/01/4-Key-Microgrid-Reliability-PQ-metrics.pdf.

70 코로나19의 치사율이 높은 기간에도 전기 공급에는 문제가 없었다. 그러나 일부 도시에서 일시적으로 영안실 부족 사태가 벌어져 냉동 트럭을 사용해야 했다. 영안실의 냉동 시설도 전동기에 의존하는 또 하나의 중요한 부분이다. https://www.fiocchetti.it/en/prodotti.asp?id=7.

71 나무를 심어서는 인간이 배출한 이산화탄소를 모두 제거할 수 없다. 그러나 대기로부터 이산화탄소를 직접 포집하는 게 얼마나 실효성 있고, 어떤 규모로 어떻게 시행해야 하는지에 대한 합의도 없다. 이 문제는 뒤에서 잠시 살펴보기로 한다.

72 United Nations Climate Change, "Commitments to net zero double in less than a year" (September 2020), https://unfccc.int/news/commitments-to-net-zero-double-in-less-than-a-year. Climate Action Tracker(https://climateactiontracker.org/countries/)도 참조하기 바란다.

73 The Danish Energy Agency, *Annual Energy Statistics* (2020), https://ens.dk/en/our-services/statistics-data-key-figures-and-energy-maps/annual-and-monthly-statistics.

74 독일의 발전 용량에 대한 자료는 Bundesverband der Energie-und Was-

serwirtschaft, *Kraftwerkspark in Deutschland* (2018), https://www.bdew.de/
energie/kraftwerkspark-deutschland-gesamtfoliensatz/;VGB, Stromer-
zeugung 2018/2019, https://www.vgb.org/daten_stromerzeugung.htm-
l?dfid=93254에서 확인할 수 있다.

75 Clean Line Energy가 5건의 대규모 송전 프로젝트 추진 계획을 세웠지
만 2019년 중단되었다. Plains & Eastern Clean Line은 2020년까지 미
국 전력망의 새로운 뼈대로 자리 잡을 예정이었고, 그에 대한 환경 영향
평가를 2014년에 완료했다. 하지만 에너지부가 철수하며 그 프로젝트도
중단되고 말았다. 이 전력망은 2030년까지도 완성할 가능성이 없다.

76 N. Troja and S. Law, "Let's get flexible—Pumped storage and the fu-
ture of power systems," IHA website (September 2020). 2019년 Florida
Power and Light는 세계 최대의 배터리 저장 장치, 즉 '900-MWh 맨해
튼 프로젝트'를 2021년 말에 완료할 것이라고 발표했다. 그러나 미국 배
스Bath 카운티에 있는 세계 최대 양수 발전소의 발전 용량은 24GWh로,
Florida Power and Light가 발표한 배터리 저장 용량의 27배에 달한다.
2019년 세계 양수 발전 용량은 9TWh로, 배터리 저장 용량 7GWh에 비
하면 무려 1,300배나 많다.

77 인구 2,000만 명의 메가시티에 필요한 하루치 전력량은 최소로 계산
해도 300GWh로, 플로리다에 있는 세계 최대 배터리 저장 용량보다
300배나 많다.

78 European Commission, *Going Climate-Neutral by 2050* (Brussels: European
Commission, 2020).

79 2019년 가장 많이 팔린 전기 자동차에 장착된 리튬이온 배터리의 밀도
는 약 250Wh/kg였다. G. Bower, "Tesla Model 3 2170 Energy Density
Compared to Bolt, Model S1009D," InsideEVs (February 2019), https://
insideevs.com/news/342679/tesla-model-3-2170-energy-density-
compared-to-bolt-model-s-p100d/.

80 2020년 1월에 발표된 최장 비행 노선은 뉴어크-싱가포르(9,534킬로미
터), 오클랜드-도하, 퍼스-런던이다. 특히 뉴어크-싱가포르 비행에는 약
18시간이 걸린다. T. Pallini, "The 10 longest routes flown by airlines in
2019," Business Insider (April 2020), https://www.businessinsider.com/

top-10-longest-flight-routes-in-the-world-2020-4.

81 Bundesministerium für Wirtschaft und Energie, *Energiedaten: Gesamtaus-gabe* (Berlin: BWE, 2019).

82 The Energy Data and Modelling Center, *Handbook of Japan's & World Energy & Economic Statistics* (Tokyo: EDMC, 2019).

83 Consumption data from British Petroleum, *Statistical Review of World Energy.*

84 International Energy Agency, *World Energy Outlook 2020* (Paris: IEA, 2020), https://www.iea.org/reports/world-energy-outlook-2020.

85 V. Smil, "What we need to know about the pace of decarbonization," *Substantia* 3/2, supplement 1 (2019), pp. 13-28; V. Smil, "Energy (r) evolutions take time," *World Energy* 44 (2019), pp. 10-14. 다른 관점에 대해서는 Energy Transitions Commission, *Mission Possible: Reaching Net-Zero Carbon Emissions from Harder-to-Abate Sectors by Mid-Century* (2018), http://www.energy-transitions.org/sites/default/files/ETC_MissionPossible_FullReport.pdf를 참조하기 바란다.

2. 식량 생산에 대하여-화석연료를 먹는다

1 B. L. Pobiner, "New actualistic data on the ecology and energetics of hominin scavenging opportunities," *Journal of Human Evolution* 80 (2015), pp. 1-16; R. J. Blumenschine and J. A. Cavallo, "Scavenging and human evolution," *Scientific American* 267/4 (1992), pp. 90-95.

2 V. Smil, *Energy and Civilization: A History* (Cambridge, MA: MIT Press 2018), pp. 28-40.

3 K. W. Butzer, *Early Hydraulic Civilization in Egypt* (Chicago: University of Chicago Press, 1976); K. W. Butzer, "Long-term Nile flood variation and political discontinuities in Pharaonic Egypt," in J. D. Clark and S. A. Brandt, eds., *From Hunters to Farmers* (Berkeley: University of California Press 1984), pp. 102-112.

4   FAO, *The State of Food Security and Nutrition in the World* (Rome: FAO, 2020), http://www.fao.org/3/ca9692en/CA9692EN.pdf.

5   흡수되는 파장은 푸른색의 경우 450~490나노미터, 붉은색의 경우에 635~700나노미터이다. 초록색(520~560나노미터)은 대체로 반사된다. 그 때문에 식물의 색이 대부분 초록색으로 보이는 것이다.

6   육지(숲, 초원, 작물)와 바다(주로 식물성플랑크톤)에서 일어나는 광합성의 연간 생산성은 거의 똑같다. 그러나 지상 식물과 달리 식물성플랑크톤 은 무척 단명해서 며칠을 넘기지 못한다.

7   19세기 미국 농사법에 대한 자세한 설명은 L. Rogin, *The Introduction of Farm Machinery* (Berkeley: University of California Press, 1931)에서 찾아볼 수 있다. 1800년 농사일에 투입된 시간 계산은 위의 책 234쪽에서 자세히 언급한 1790~1820년의 주된 농사법에 근거한 것이다.

8   1893년 노스다코타 리치랜드 카운티의 밀 재배에 대한 Rogin의 자료 (218쪽)를 근거로 계산한 것이다.

9   Smil, *Energy and Civilization*, p. 111.

10 1850~1940년 미국 농장의 평균 면적에 대해서는 US Department of Agriculture, *U.S. Census of Agriculture: 1940*, p. 68을 참조하기 바란다. 캔 자스 지역의 농장 면적에 대해서는 Kansas Department of Agriculture, Kansas Farm Facts (2019), https://agriculture.ks.gov/about-kda/kan-sas-agriculture를 참조하기 바란다.

11 대형 트랙터의 사진과 사양에 대해서는 농기계 제작 회사 존 디어John Deere의 웹사이트, https://www.deere.com/en/agriculture/를 참조하기 바란다.

12 내 계산은 관개시설이 없는 캔자스 밀밭에 대한 2020년 농작물 예산 과 일반적인 작업량 추정에 근거한 것이다. Kansas State University, *2020 Farm Management Guides for Non-Irrigated Crops*, https://www.ag-manager.info/farm-mgmt-guides/2020-farm-management-guides-non-irrigated-crops; B. Battel and D. Stein, *Custom Machine and Work Rate Estimates* (2018), https://www.canr.msu.edu/field_crops/uploads/files/2018percent20Custompercent20Machinepercent20Workpercen-t20Rates.pdf.

13 이런 간접적 에너지 사용을 계량화하려면 많은 추정과 근삿값을 피할 수 없다. 따라서 간접적 에너지 사용량은 직접 쓰인 연료 소비량만큼 정확히 산출하는 것이 불가능하다.

14 예컨대 세계에서 가장 폭넓게 사용하는 제초제 글리포세이트는 유럽에서 헥타르당 평균 100~300그램의 유효 성분이 살포된다. C. Antier, "Glyphosate use in the European agricultural sector and a framework for its further monitoring," *Sustainability* 12 (2020), p. 5682.

15 V. Gowariker et al., *The Fertilizer Encyclopedia* (Chichester: John Wiley, 2009); H. F. Reetz, *Fertilizers and Their Efficient Use* (Paris: International Fertilizer Association, 2016).

16 그러나 가장 많은 질소비료를 투입하는 작물은 일본 녹차이다. 건조한 녹차 잎에는 5~6퍼센트의 질소가 함유되어 있다. 녹차 농장에서는 질소를 대체로 헥타르당 500킬로그램 이상, 때로는 헥타르당 1톤까지 투입한다. K. Oh et al., "Environmental problems from tea cultivation in Japan and a control measure using calcium cyanamide," *Pedosphere* 16/6 (2006), pp. 770–777.

17 G. J. Leigh, ed., *Nitrogen Fixation at the Millennium* (Amsterdam: Elsevier, 2002); T. Ohyama, ed., *Advances in Biology and Ecology of Nitrogen Fixation* (IntechOpen, 2014), https://www.intechopen.com/books/advances-in-biology-and-ecology-of-nitrogen-fixation.

18 Sustainable Agriculture Research and Education, *Managing Cover Crops Profitably* (College Park, MD: SARE, 2012).

19 Émile Zola, *The Fat and the Thin*, https://www.gutenberg.org/files/5744/5744-h/5744-h.htm.

20 암모니아합성의 역사에 대해서는 V. Smil, *Enriching the Earth: Fritz Haber, Carl Bosch, and the Transformation of World Food Production* (Cambridge, MA: MIT Press, 2001); D. Stoltzenberg, *Fritz Haber: Chemist, Nobel Laureate, German, Jew* (Philadelphia, PA: Chemical Heritage Press, 2004)를 참조하기 바란다.

21 N. R. Borlaug, T*he Green Revolution Revisited and The Road Ahead*, Nobel Prize Lecture 1970, https://assets.nobelprize.org/uploads/2018/06/borlaug-lecture.pdf; M. S. Swaminathan, *50 Years of Green Revolution: An*

Anthology of Research Papers (Singapore: World Scientific Publishing, 2017).

22 G. Piringer and L. J. Steinberg, "Reevaluation of energy use in wheat production in the United States," *Journal of Industrial Ecology* 10/1–2 (2006), pp. 149–167; C. G. Sørensen et al., "Energy inputs and GHG emissions of tillage systems, *Biosystems Engineering* 120 (2014), pp. 2–14; W. M. J. Achten and K. van Acker, "EU–average impacts of wheat production: A meta–analysis of life cycle assessments," *Journal of Industrial Ecology* 20/1 (2015), pp. 132–144; B. Degerli et al., "Assessment of the energy and exergy efficiencies of farm to fork grain cultivation and bread making processes in Turkey and Germany," *Energy* 93 (2015), pp. 421–434.

23 디젤유는 모든 대형 농기계(트랙터, 콤바인, 트럭, 관개용 양수기)에 쓰인다. 물론 작물을 먼 곳까지 운송하는 화물열차를 끄는 기관차, 너벅선과 벌크선에도 디젤유를 사용한다. 소형 트랙터와 픽업트럭에는 휘발유를 사용하고, 작물을 건조하는 데는 프로판을 쓴다.

24 0.1리터는 요리 재료를 계량할 때 사용하는 미국 계량컵(정확히 236.59밀리리터)보다 적은 양이다.

25 N. Myhrvold and F. Migoya, *Modernist Bread* (Bellevue, WA: The Cooking Lab, 2017), vol. 3, p. 63.

26 Bakerpedia, "Extraction rate," https://bakerpedia.com/processes/extraction-rate/.

27 Carbon Trust, *Industrial Energy Efficiency Accelerator: Guide to the Industrial Bakery Sector* (London: Carbon Trust, 2009); K. Andersson and T. Ohlsson, "Life cycle assessment of bread produced on dierent scales," *International Journal of Life Cycle Assessment* 4 (1999), pp. 25–40.

28 육용계를 사육하는 CAFO에 대해서는 V. Smil, *Should We Eat Meat?* (Chichester: Wiley–Blackwell, 2013), pp. 118–127, 139–149를 참조하기 바란다.

29 US Department of Agriculture, *Agricultural Statistics* (2019), USDA Table 1–75, https://www.nass.usda.gov/Publications/Ag_Statistics/2019/2019_complete_publication.pdf.

30   National Chicken Council, "U.S. Broiler Performance" (2020), https://
      www.nationalchickencouncil.org/about-the-industry/statistics/
      u-s-broiler-performance/

31   가축의 생체 중 도체 무게, 식용 무게에 대해서는 Smil, *Should We Eat
      Meat?*, pp. 109 – 110을 참조하기 바란다.

32   V. P. da Silva et al., "Variability in environmental impacts of Brazilian
      soybean according to crop production and transport scenarios," *Journal
      of Environmental Management* 91/9 (2010), pp. 1831 – 1839.

33   M. Ranjaniemi and J. Ahokas, "A case study of energy consumption
      measurement system in broiler production," *Agronomy Research Biosystem
      Engineering* Special Issue 1 (2012), pp. 195 – 204; M. C. Mattioli et al.,
      "Energy analysis of broiler chicken production system with darkhouse
      installation," *Revista Brasileira de Engenharia Agrícola e Ambienta* 22 (2018),
      pp. 648 – 652.

34   US Bureau of Labor Statistics, "Average Retail Food and Energy Prices,
      U.S. and Midwest Region" (2020년 접속), https://www.bls.gov/regions/
      mid-atlantic/data/averageretailfoodandenergyprices_usandmidwest_
      table.htm; FranceAgriMer, "Poulet" (2020년 접속), https://rnm.francea-
      grimer.fr/prix?POULET.

35   R. Mehta, "History of tomato (poor man's apple)," *IOSR Journal of Human-
      ities and Social Science* 22/8 (2017), pp. 31 – 34.

36   토마토 100그램에는 약 20밀리그램의 비타민 C가 들어 있다. 비타민 C
      의 하루 권장량은 성인의 경우에 60밀리그램이다.

37   D. P. Neira et al, "Energy use and carbon footprint of the tomato
      production in heated multi-tunnel greenhouses in Almeria within an
      exporting agri-food system context," *Science of the Total Environment* 628
      (2018), pp. 1627 – 1636.

38   스페인 알메리아의 토마토 재배에는 질소비료가 헥타르당 연간
      1,000~1,500킬로그램 사용되는 반면, 미국 옥수수 재배에는 헥타르당
      평균 150킬로그램이 사용된다. US Department of Agriculture, *Fertilizer
      Use and Price* (2020), table 10, https://www.ers.usda.gov/data-products/

fertilizer-use-and-price.aspx.

39 "Spain: Almeria already exports 80 percent of the fruit and veg it produces," Fresh Plaza (2018), https://www.freshplaza.com/article/9054436/spain-almeria-already-exports-80-of-the-fruit-and-veg-it-produces/.

40 유럽 장거리 운행 트럭의 일반적 연비는 30L/100km, 즉 11MJ/km이다. International Council of Clean Transportation, *Fuel Consumption Testing of Tractor-Trailers in the European Union and the United States* (May 2018).

41 산업 규모의 어업은 현재 55퍼센트 이상의 바다에서 이뤄지고 있다. 농업에 할애하는 것보다 4배나 넓은 면적이다. D. A. Kroodsma et al., "Tracking the global footprint of fisheries," *Science* 359/6378 (2018), pp. 904-908. 불법 어선은 송수신 장치를 끄고 작업하지만, 수천 척의 불법 어선 위치가 https://www.marinetrac.com에 실시간으로 포착되어 오렌지색으로 나타난다.

42 R. W. R. Parker and P. H. Tyedmers, "Fuel consumption of global fishing fleets: Current understanding and knowledge gaps," *Fish and Fisheries* 16/4 (2015), pp. 684-696.

43 에너지 비용은 유럽에서 파괴적인 저인망으로 잡는 갑각류(새우와 랍스터)가 가장 높아 포획하는 데만 최대 17.3L/kg이다.

44 D. A. Davis, *Feed and Feeding Practices in Aquaculture* (Sawston: Woodhead Publishing, 2015); A. G. J. Tacon et al., "Aquaculture feeds: addressing the long-term sustainability of the sector," in *Farming the Waters for People and Food* (Rome: FAO, 2010), pp. 193-231.

45 S. Gingrich et al., "Agroecosystem energy transitions in the old and new worlds: trajectories and determinants at the regional scale," *Regional Environmental Change* 19 (2018), pp. 1089-1101; E. Aguilera et al., *Embodied Energy in Agricultural Inputs: Incorporating a Historical Perspective* (Seville: Pablo de Olavide University, 2015); J. Woods et al., "Energy and the food system," *Philosophical Transactions of the Royal Society B: Biological Sciences* 365 (2010), pp. 2991-3006.

46 V. Smil, *Growth: From Microorganisms to Megacities* (Cambridge, MA: MIT

Press, 2019), p. 311.

47 S. Hicks, "Energy for growing and harvesting crops is a large component of farm operating costs," Today in Energy (October 17, 2014), https:// www.eia.gov/todayinenergy/detail.php?id=18431.

48 P. Canning et al., *Energy Use in the U.S. Food System* (Washington, DC: USDA, 2010).

49 농장 통합은 오래전부터 꾸준히 진행되어온 변화였다. J. M. MacDonald et al., "Three Decades of Consolidation in U.S. Agriculture," USDA Economic Information Bulletin 189 (March 2018). 전체 식량 소비에서 수입이 차지하는 비중은 순식량 수출국(미국, 캐나다, 오스트레일리아, 프랑스)을 비롯해 많은 국가에서 증가하는 추세이다. 그 주된 이유는 신선한 과일과 채소 그리고 해산물에 대한 수요의 증가이다. 미국의 경우에는 2010년 이후 집 밖에서 소비하는 식품에 지불하는 예산이 집에서 소비하는 예산을 넘어섰다. M. J. Saksena et al., *America's Eating Habits: Food Away From Home* (Washington, DC: USDA, 2018).

50 S. Lebergott, "Labor force and Employment, 1800–1960," in D. S. Brady, ed., *Output, Employment, and Productivity in the United States After 1800* (Cambridge, MA: NBER, 1966), pp. 117–204.

51 Smil, *Growth*, pp. 122–124.

52 많은 종류의 유기성 폐기물에 함유된 질소량에 대해서는 Smil, *Enriching the Earth*, appendix B, pp. 234–236을 참조하기 바란다. 여러 합성 비료의 질소 함유량에 대해서는 *Yara Fertilizer Industry Handbook 2018*, https://www.yara.com/siteassets/investors/057-reports-and-presen-tations/other/2018/fertilizer-industry-handbook-2018-with-notes.pdf/를 참조하기 바란다.

53 나는 1990년대 중반경의 작물 생산에서 질소가 세계 전역에 어떻게 전달되었는지를 계산했고(V. Smil, "Nitrogen in crop production: An account of global flows," *Global Biogeochemical Cycles* 13 (1999), pp. 647–662), 2020년의 현황을 조사할 때는 수확량과 가축 수에 대한 최근 자료를 사용했다.

54 C. M. Long et al., "Use of manure nutrients from concentrated animal feeding operations," *Journal of Great Lakes Research* 44 (2018), pp. 245–252.

55 X. Ji et al., "Antibiotic resistance gene abundances associated with antibiotics and heavy metals in animal manures and agricultural soils adjacent to feedlots in Shanghai; China," *Journal of Hazardous Materials* 235 – 236 (2012), pp. 178 – 185.

56 FAO, *Nitrogen Inputs to Agricultural Soils from Livestock Manure: New Statistics* (Rome: FAO, 2018).

57 증발되는 암모니아는 인간의 건강에도 유해하다. 산성을 띠는 화합물과 대기에서 반응하며 폐 질환의 원인이 되는 미세한 입자를 만들어 내기 때문이다. 암모니아가 흙이나 물에 축적되면 질소량이 과도해질 수 있다. S. G. Sommer et al., "New emission factors for calculation of ammonia volatilization from European livestock manure management systems," *Frontiers in Sustainable Food Systems* 3 (November 2019).

58 콩과 피복 식물에 의한 생물 고정의 일반적 범위에 대해서는 Smil, *Enriching the Earth*, appendix C, p. 237을 참조하기 바란다. 미국의 주요 작물에 살포하는 평균 질소량은 US Department of Agriculture, *Fertilizer Use and Price*, https://www.ers.usda.gov/data-products/fertilizer-use-and-price.aspx에서 확인할 수 있다. 콩과 식물 생산의 점진적 하락에 대한 자료는 http://www.fao.org/faostat/en/#data/FBS에서 구할 수 있다.

59 최근에 발표된 세계 평균 생산량에 따르면, 쌀은 헥타르당 약 4.6톤, 밀은 3.5톤이었다. 대두는 2.7톤, 렌즈콩은 1.1톤에 불과했다. 생산량의 격차는 중국에서 훨씬 더 크다. 쌀은 헥타르당 7톤, 밀은 5.4톤이었지만 대두는 1.8톤, 중국인이 좋아하는 땅콩은 3.7톤이었다. 관련 자료는 http://www.fao.org/faostat/en/#data에서 확인할 수 있다.

60 이모작은 한 해에 동일한 작물을 연속해 심는 경우(중국에서는 쌀)뿐 아니라, 콩과 식물과 식용 작물을 번갈아 심는 경우(북중국 평야 지대에서는 땅콩과 밀)도 뜻한다.

61 S.-J. Jeong et al., "Effects of double cropping on summer climate of the North China Plain and neighbouring regions," *Nature Climate Change* 4/7 (2014), pp. 615 – 619; C. Yan et al., "Plastic-film mulch in Chinese agriculture: Importance and problem," *World Agriculture* 4/2 (2014), pp. 32 – 36.

62 경작지 단위면적당 부양할 수 있는 사람 수에 대해서는 Smil, *Enriching the Earth*를 참조하기 바란다.

63 2세 이상 미국인의 일일 평균 섭취량은 약 2,100칼로리인 반면, 일일 평균 공급량은 3,600칼로리이다. 70퍼센트 이상의 차이가 있는 셈이다. 대부분의 유럽연합 국가에서도 비슷한 차이를 확인할 수 있다. 부유한 국가 중에서 일본만이 공급량이 실제 소비량에 상당히 가깝다(약 2,700 : 2,000칼로리).

64 FAO, *Global Initiative on Food Loss and Waste Reduction* (Rome: FAO, 2014).

65 WRAP, *Household food waste: Restated data for 2007–2015* (2018).

66 USDA, "Food Availability (Per Capita) Data System," https://www.ers.usda.gov/data-products/food-availability-per-capita-data-system/.

67 중국의 일일 평균 식량 공급량은 현재 약 일인당 3,200칼로리이며, 일본의 평균값은 일인당 약 2,700칼로리이다. 중국의 음식물 쓰레기에 대해서는 H. Liu, "Food wasted in China could feed 30–50 million: Report," *China Daily* (March 2018)를 참조하기 바란다.

68 미국의 평균적인 가정은 가처분소득 중 9.7퍼센트만을 식품비에 사용한다. 유럽연합의 평균값은 영국의 7.8퍼센트부터 루마니아의 27.8퍼센트까지 다양하다. Eurostat, "How much are households spending on food?" (2019).

69 C. B. Stanford and H. T. Bunn, eds., *Meat-Eating and Human Evolution* (New York: Oxford University Press, 2001); Smil, *Should We Eat Meat?*

70 일반적인 침팬지의 육식성에 대해서는 C. Boesch, "Chimpanzees—red colobus: A predator-prey system," *Animal Behaviour* 47 (1994), pp. 1135–1148; C. B. Stanford, *The Hunting Apes: Meat Eating and the Origins of Human Behavior* (Princeton: Princeton University Press, 1999)를 참조하기 바란다. 보노보의 육식성에 대해서는 G. Hohmann and B. Fruth, "Capture and meat eating by bonobos at Lui Kotale, Salonga National Park, Democratic Republic of Congo," *Folia Primatologica* 79/2 (2008), pp. 103–110을 참조하기 바란다.

71 일본의 역사적 통계자료에서도 이런 추세를 확인할 수 있다. 1900년 17세 학생의 평균 신장은 157.9센티미터였다. 1939년의 평균값은

162.5센티미터였다(매년 1.1밀리미터씩 증가한 셈이다). 전시와 전후의 식량 부족으로 1948년 신장이 다시 160.6센티미터로 줄어들었지만, 2000년에는 양질의 영양 공급으로 평균 신장이 170.8센티미터(매년 0.2밀리미터씩 증가)가 되었다. Statistics Bureau, Japan, *Historical Statistics of Japan* (Tokyo: Statistics Bureau, 1996).

72 Z. Hrynowski, "What percentage of Americans are vegetarians?" Gallup (September 2019), https://news.gallup.com/poll/267074/percentage-americans-vegetarian.aspx.

73 일인당 평균 식용육 공급량(도체 무게)은 http://www.fao.org/faostat/en/#data/FBS에서 구할 수 있다.

74 프랑스인의 육류 소비 습관 변화에 대해서는 C. Duchène et al., *La consommation de viande en France* (Paris: CIV, 2017)를 참조하기 바란다.

75 유럽연합은 현재 곡물(밀, 옥수수, 보리, 귀리, 호밀) 총생산의 약 60퍼센트를 사료에 사용한다. USDA, *Grain and Feed Annual 2020*.

76 일인당 육류 공급(도체 무게)에 근거한 것이다. http://www.fao.org/faostat/en/#data/FBS.

77 L. Lassaletta et al., "50 year trends in nitrogen use efficiency of world cropping systems: the relationship between yield and nitrogen input to cropland," *Environmental Research Letters* 9 (2014), 105011.

78 J. Guo et al., "The rice production practices of high yield and high nitrogen use efficiency in Jiangsu," *Nature Scientific Reports* 7 (2016), article 2101.

79 세계 최대의 트랙터 제조 회사 존 디어가 시범용으로 처음 제작한 전기 트랙터에는 배터리가 없다. 트랙터에 부착된 얼레에 감긴 1킬로미터 길이의 전선을 통해 동력을 전달받는다. 흥미롭지만 보편적으로 적용하기 쉽지 않은 해결책이다. https://enrg.io/john-deere-electric-tractor-everything-you-need-to-know/.

80 M. Rosenblueth et al., "Nitrogen fixation in cereals," *Frontiers in Microbiology* 9 (2018), p. 1794; D. Dent and E. Cocking, "Establishing symbiotic nitrogen fixation in cereals and other non-legume crops: The Greener Nitrogen Revolution," *Agriculture & Food Security* 6 (2017), p. 7.

81   H. T. Odum, *Environment, Power, and Society* (New York: Wiley-Interscience, 1971), pp. 115 – 116.

3. 물질세계에 대하여 – 현대 문명의 네 기둥

1   트랜지스터를 사용한 최초의 상품은 1954년에 판매하기 시작한 소니 라디오였다. 최초의 마이크로프로세서는 1971년 출시한 인텔 4004, 처음으로 폭넓게 사용된 개인용 컴퓨터는 1977년에 출시한 애플 II였고, IBM PC는 1981년에 제작되었다. IBM이 스마트폰을 처음으로 내놓은 때는 1992년이다.

2   P. Van Zant, *Microchip Fabrication: A Practical Guide to Semiconductor Processing* (New York: McGraw-Hill Education, 2014). 에너지 비용에 대해서는 M. Schmidt et al., "Life cycle assessment of silicon wafer processing for microelectronic chips and solar cells," *International Journal of Life Cycle Assessment* 17 (2012), pp. 126 – 144를 참조하기 바란다.

3   Semiconductor and Materials International, "Silicon shipment statistics" (2020), https://www.semi.org/en/products-services/market-data/materials/si-shipment-statistics.

4   V. Smil, *Making the Modern World: Materials and Dematerialization* (Chichester: John Wiley, 2014); Smil, "What we need to know about the pace of decarbonization." 물질의 에너지 비용에 대해서는 T. G. Gutowski et al., "The energy required to produce materials: constraints on energy-intensity improvements, parameters of demand," *Philosophical Transactions of the Royal Society A* 371 (2013), 20120003을 참조하기 바란다.

5   상업적으로 중요한 금속 물질과 비금속 물질의 국가별 및 세계 연간 총생산은 미국지질조사국이 주기적으로 갱신해 발표한다. 가장 최근에 발표한 결과는 US Geological Survey, *Mineral Commodity Summaries 2020*, https://pubs.usgs.gov/periodicals/mcs2020/mcs2020.pdf이다.

6   J. P. Morgan, *Mountains and Molehills: Achievements and Distractions on the Road to Decarbonization* (New York: J. P. Morgan Private Bank, 2019).

7   여기에서 언급한 수치는 1.8기가톤의 철강, 4.5기가톤의 시멘트, 150메
    가톤의 암모니아, 370메가톤의 플라스틱이라는 연간 생산량을 기준으
    로 내가 다시 계산한 것이다.

8   Smil, "What we need to know about the pace of decarbonization." 탈
    탄소화 가능성을 낙관적으로 보는 견해에 대해서는 Energy Transitions
    Commission, *Mission Possible*을 참조하기 바란다.

9   M. Appl, *Ammonia: Principles & Industrial Practice* (Weinheim: Wiley-VCH,
    1999); Smil, *Enriching the Earth*.

10 Science History Institute, "Roy J. Plunkett," https://www.sciencehistory.
    org/historical-profile/roy-j-plunkett.

11 구체적 변화에 대해서는 V. Smil, *Grand Transitions: How the Modern World
    Was Made* (New York: Oxford University Press, 2021)를 참조하기 바란다.

12 세계 토지 사용의 역사에 대해서는 HYDE, *History Database of the Global
    Environment* (2010), http://themasites.pbl.nl/en/themasites/hyde/index.
    html을 참조하기 바란다.

13 플로리다와 노스캐롤라이나에서는 지금도 미국 인광석의 75퍼센트 이상
    을 생산하고, 이는 세계 전체 생산량의 약 10퍼센트를 차지한다. USGS,
    "Phosphate rock" (2020), https://pubs.usgs.gov/periodicals/mcs2020/
    mcs2020-phosphate.pdf.

14 Smil, *Enriching the Earth*, pp. 39 - 48.

15 W. Crookes, *The Wheat Problem* (London: John Murray, 1899), pp. 45 - 46.

16 하버의 발견에 영향을 준 선구자들과 하버의 실험실 실험에 대해서는
    Smil, *Enriching the Earth*, pp. 61 - 80을 참조하기 바란다.

17 카를 보슈의 생애와 업적에 대해서는 K. Holdermann, *Im Banne der Che-
    mie: Carl Bosch Leben und Werk* (Düsseldorf: Econ-Verlag, 1954)를 참조하기
    바란다.

18 당시 중국의 경작법에서 무기 질소비료가 차지한 비중은 2퍼센트를 넘
    지 않았다. Smil, *Enriching the Earth*, p. 250.

19 V. Pattabathula and J. Richardson, "Introduction to ammonia produc-
    tion," *CEP* (September 2016), pp. 69 - 75; T. Brown, "Ammonia technol-
    ogy portfolio: optimize for energy efficiency and carbon efficiency,"

Ammonia Industry (2018); V. S. Marakatti and E. M. Giagneaux, "Recent advances in heterogeneous catalysis for ammonia synthesis," *Chem-CatChem* (2020).

20   V. Smil, *China's Past, China's Future: Energy, Food, Environment* (London: RoutledgeCurzon, 2004), pp. 72–86.

21   M. W. 켈로그의 암모니아 공정에 대해서는 Smil, *Enriching the Earth*, pp. 122–130을 참조하기 바란다.

22   FAO, http://www.fao.org/faostat/en/#search/Food%20supply%20kcal%2Fcapita%2Fday.

23   L. Ma et al., "Modeling nutrient flows in the food chain of China," *Journal of Environmental Quality* 39/4 (2010), pp. 1279–1289. 인도에서는 합성 암모니아의 비중이 무척 높다. H. Pathak et al., "Nitrogen, phosphorus, and potassium in Indian agriculture," *Nutrient Cycling in Agroecosystems* 86 (2010), pp. 287–299.

24   근현대의 가장 중요한 발명 목록에 컴퓨터, 핵원자로, 트랜지스터, 자동차는 어김없이 포함되지만, 암모니아합성이 빠진 것을 보면 항상 재밌기만 하다.

25   일인당 연간 육류 소비량(도체 무게)은 이런 차이를 잘 보여주는 지표이다. 최근의 평균은 미국이 약 120킬로그램, 중국이 60킬로그램이지만 인도는 4킬로그램에 불과하다. http://www.fao.org/faostat/en/#data/FBS.

26   암모니아에는 얼룩을 제거하는 효능이 있어 세정제의 재료로 쓰인다. 북아메리카에서 가장 흔한 유리 세척제 윈덱스Windex에는 5퍼센트의 암모니아가 함유되어 있다.

27   J. Sawyer, "Understanding anhydrous ammonia application in soil" (2019), https://crops.extension.iastate.edu/cropnews/2019/03/understanding-anhydrous-ammonia-application-soil.

28   *Yara Fertilizer Industry Handbook*.

29   중국을 비롯한 동아시아, 인도를 필두로 한 남아시아에서 전체 요소의 60퍼센트 이상을 사용한다. Nutrien, *Fact Book 2019*, https://www.nutrien.com/sites/default/files/uploads/2019-05/Nutrien%20Fact%20Book%202019.pdf.

30   작물이 질소를 흡수하는 세계 평균, 즉 비료 사용 효율성은 1916~1980년 68퍼센트에서 45퍼센트로 떨어졌고, 그 이후로는 약 47퍼센트를 유지 했다. L. Lassaletta et al., "50 year trends in nitrogen use efficiency of world cropping systems: the relationship between yield and nitrogen input to cropland," *Environmental Research Letters* 9 (2014), 105011.

31   J. E. Addicott, *The Precision Farming Revolution: Global Drivers of Local Agricultural Methods* (London: Palgrave Macmillan, 2020).

32   계산은 http://www.fao.org/faostat/en/#data/RFN에서 구한 자료를 근거로 한 것이다.

33   아프리카보다 유럽은 1헥타르의 경작지당 3.5배 많은 질소를 사용한다. 유럽연합에서 비료를 가장 집중적으로 투여하는 농지와 사하라사막 남쪽에서 가장 척박한 경작지의 차이는 거의 10배에 이른다. http://www.fao.org/faostat/en/#data/RFN.

34   일부 공통된 중합 반응, 즉 단량체 분자들이 길게 사슬을 이룬 삼차원 네트워크로 전환되는 과정에는 약간 더 큰 질량의 초기 입력이 필요할 뿐이다. 예컨대 1단위의 저밀도 폴리에틸렌(비닐봉지를 만드는 데 가장 흔히 쓰이는 재료)을 생산하는 데는 1.03단위의 에틸렌이 필요하다. 동일한 비율이 염화비닐을 폴리염화비닐(의료 제품에 흔히 쓰이는 PVC)로 전환하는 데도 적용된다. P. Sharpe, "Making plastics: from monomer to polymer," *CEP* (September 2015).

35   M. W. Ryberg et al., *Mapping of Global Plastics Value Chain and Plastics Losses to the Environment* (Paris: UNEP, 2018).

36   The Engineering Toolbox, "Young's Modulus-Tensile and Yield Strength for Common Materials" (2020), https://www.engineeringtoolbox.com/young-modulus-d_417.html.

37   복합 재료를 주로 사용해 만든 최초의 항공기는 보잉 787이다. 부피로 따지면, 복합 재료가 보잉 787의 89퍼센트를 차지했다. 무게로는 복합 재료가 50퍼센트, 알루미늄 20퍼센트, 티타늄 15퍼센트, 강철 10퍼센트 였다. J. Hale, "Boeing 787 from the ground up," *Boeing AERO* 24 (2006), pp. 16–23.

38   W. E. Bijker, *Of Bicycles, Bakelites, and Bulbs: Toward a Theory of Sociotechni-*

cal Change (Cambridge, MA: The MIT Press, 1995).

39 S. Mossman, ed., *Early Plastics: Perspectives, 1850–1950* (London: Science Museum, 1997); S. Fenichell, *Plastic: The Making of a Synthetic Century* (New York: HarperBusiness, 1996); R. Marchelli, *The Civilization of Plastics: Evolution of an Industry Which has Changed the World* (Pont Canavese: Sandretto Museum, 1996).

40 N. A. Barber, *Polyethylene Terephthalate: Uses, Properties and Degradation* (Haupaugge, NY: Nova Science Publishers, 2017).

41 P. A. Ndiaye, *Nylon and Bombs: DuPont and the March of Modern America* (Baltimore, MD: Johns Hopkins University Press, 2006).

42 R. Geyer et al., "Production, use, and fate of all plastic ever made," *Science Advances* 3 (2017), e1700782.

43 온갖 종류의 작은 플라스틱 물품뿐 아니라 바닥과 병실 칸막이, 천장 타일, 출입문, 창틀도 플라스틱일 가능성이 크다.

44 미국의 개인용 보호 장구 부족 사태에 대한 포괄적인 검토는 S. Gondi et al., "Personal protective equipment needs in the USA during the COVID-19 pandemic," *The Lancet* 390 (2020), e90 – e91을 참조하기 바란다. 의료계도 많은 보고서를 제출했지만 그중 하나만을 언급하면, Z. Schlanger, "Begging for Thermometers, Body Bags, and Gowns: U.S. Health Care Workers Are Dangerously Ill-Equipped to Fight COVID-19," *Time* (April 20, 2020)이다. 세계적 관점에서는 World Health Organization, "Shortage of personal protective equipment endangering health workers worldwide" (3 March 2020)를 참조하기 바란다.

45 C. E. Wilkes and M. T. Berard, *PVC Handbook* (Cincinnati, OH: Hanser, 2005).

46 M. Eriksen et al., "Plastic pollution in the world's oceans: More than 5 trillion plastic pieces weighing over 250,000 tons afloat at sea," *PLoS ONE* 9/12 (2014) e111913. 대부분이 플라스틱이 아닌 이유에 대한 설명은 G. Suaria et al., "Microfibers in oceanic surface waters: A global characterization," *Science Advances* 6/23 (2020)을 참조하기 바란다.

47 강철과 주철을 분류한 기본적인 도표와 그래프는 https://www.mah.se/

upload/_upload/steel%20and%20cast%20iron.pdf에서 구할 수 있다.

48 선철의 오랜 역사에 대해서는 V. Smil, *Still the Iron Age: Iron and Steel in the Modern World* (Amsterdam: Elsevier, 2016), pp. 19 – 31을 참조하기 바란다.

49 일본, 중국, 인도, 유럽에서 근대 이전에 강철을 어떻게 제작했는지 알고 싶으면 Smil, *Still the Iron Age*, pp. 12 – 17을 참조하기 바란다.

50 화강암과 강철의 압축강도는 2억 5,000파스칼에 달하지만, 화강암의 인장강도는 25메가파스칼, 건축용 강철의 인장강도는 350~750메가파스칼에 이른다. Cambridge University Engineering Department, *Materials Data Book* (2003), http://www-mdp.eng.cam.ac.uk/web/library/enginfo/cueddatabooks/materials.pdf.

51 자세한 처리법에 대해서는 J. E. Bringas, ed., *Handbook of Comparative World Steel Standards* (West Conshohocken, PA: ASTM International, 2004)를 참조하기 바란다.

52 M. Cobb, *The History of Stainless Steel* (Materials Park, OH: ASM International, 2010).

53 Council on Tall Buildings and Human Habitat, "Burj Khalifa" (2020), http://www.skyscrapercenter.com/building/burj-khalifa/3.

54 The Forth Bridges, "Three bridges spanning three centuries" (2020), https://www.theforthbridges.org/.

55 D. MacDonald and I. Nadel, *Golden Gate Bridge: History and Design of an Icon* (San Francisco: Chronicle Books, 2008).

56 "Introduction of Akashi-Kaikyo-Bridge," Bridge World (2005), https://www.jb-honshi.co.jp/english/bridgeworld/bridge.html.

57 J. G. Speight, *Handbook of Oshore Oil and Gas Operations* (Amsterdam: Elsevier, 2011).

58 Smil, *Making the Modern World*, p. 61.

59 World Steel Association, "Steel in Automotive" (2020), https://www.worldsteel.org/steel-by-topic/steel-markets/automotive.html.

60 International Association of Motor Vehicle Manufacturers, "Production Statistics" (2020), http://www.oica.net/productionstatistics/.

61 Nippon Steel Corporation, "Rails" (2019), https://www.nippon-steel.

com/product/catalog_download/pdf/K003en.pdf.

62 컨테이너선의 역사에 대해서는 V. Smil, *Prime Movers of Globalization* (Cambridge, MA: MIT Press, 2010), pp. 180-194를 참조하기 바란다.

63 U.S. Bureau of Transportation Statistics, "U.S. oil and gas pipeline mileage" (2020), https://www.bts.gov/content/us-oil-and-gas-pipeline-mileage.

64 전투용 탱크는 현대 육군이 대규모로 배치한, 강철로 제작한 가장 무거운 무기이다. 미 육군의 주력 탱크 M1 에이브럼스는 거의 전부가 강철이어서 무게가 66.8톤에 달한다.

65 D. Alfè et al., "Temperature and composition of the Earth's core," *Contemporary Physics* 48/2 (2007), pp. 63-68.

66 Sandatlas, "Composition of the crust" (2020), https://www.sandatlas.org/composition-of-the-earths-crust/.

67 US Geological Survey, "Iron ore" (2020), https://pubs.usgs.gov/periodicals/mcs2020/mcs2020-iron-ore.pdf.

68 A. T. Jones, *Electric Arc Furnace Steelmaking* (Washington, DC: American Iron and Steel Institute, 2008).

69 강철 톤당 340kWh를 사용하는 EAF의 일률은 125~130MW이다. 이런 EAF를 하루 동안 운영하려면 1.63GWh의 전기가 필요할 것이다. 미국 일반 가정의 연간 평균 전기 사용량을 약 29kWh/day, 각 가정에 2.52명이 있다고 가정하면, EAF를 운영하는 데는 5만 6,000가구 혹은 14만 1,000명이 사용하는 전기량이 필요하다.

70 "Alang, Gujarat: The World's Biggest Ship Breaking Yard & A Dangerous Environmental Time Bomb," Marine Insight (March 2019), https://www.marineinsight.com/environment/alang-gujarat-the-world's-biggest-ship-breaking-yard-a-dangerous-environmental-time-bomb/. 2020년 3월의 구글 위성사진을 보면, 알랑 해변 곳곳에서 70척 이상의 선박과 굴착 장비가 해체되고 있었다. 남단에서는 P. 라제시 십브레이킹P. Rajesh Shipbreaking, 북서쪽으로 약 10킬로미터 떨어진 곳에서는 라젠드라 십브레이커스Rajendra Shipbreakers가 작업을 했다.

71 Concrete Reinforcing Steel Institute, "Recycled materials" (2020),

https://www.crsi.org/index.cfm/architecture/recycling.

72 Bureau of International Recycling, *World Steel Recycling in Figures 2014 –
    2018* (Brussels: Bureau of International Recycling, 2019).

73 World Steel Association, *Steel in Figures 2019* (Brussels: World Steel Associa-
    tion, 2019).

74 용광로의 오랜 역사에 대해서는 Smil, *Still the Iron Age*, 현대식 용광로 건
    설과 운영에 대해서는 M. Geerdes et al., *Modern Blast Furnace Ironmaking*
    (Amsterdam: IOS Press, 2009); I. Cameron et al., *Blast Furnace Ironmaking*
    (Amsterdam: Elsevier, 2019)을 참조하기 바란다.

75 순산소 전로의 발명과 확산 과정은 W. Adams and J. B. Dirlam, "Big
    steel, invention, and innovation," *Quarterly Journal of Economics* 80 (1966),
    pp. 167 – 189; T. W. Miller et al., "Oxygen steelmaking processes," in D.
    A. Wakelin, ed., *The Making, Shaping and Treating of Steel: Ironmaking Vol-
    ume* (Pittsburgh, PA: The AISE Foundation, 1998), pp. 475 – 524; J. Stubbles,
    "EAF steelmaking-past, present and future," *Direct from MIDREX* 3
    (2000), pp. 3 – 4에서 자세히 다루었다.

76 World Steel Association, "Energy use in the steel industry" (2019),
    https://www.worldsteel.org/en/dam/jcr:f07b864c-908e-4229-9f92-
    669f1c3abf4c/fact_energy_2019.pdf.

77 역사적 추세에 대해서는 Smil, *Still the Iron Age* ; US Energy Information
    Administration, "Changes in steel production reduce energy intensity"
    (2016), https://www.eia.gov/todayinenergy/detail.php?id=27292를 참조
    하기 바란다.

78 World Steel Association, *Steel's Contribution to a Low Carbon Future and
    Climate Resilient Societies* (Brussels: World Steel Association, 2020); H. He et al.,
    "Assessment on the energy flow and carbon emissions of integrated
    steelmaking plants," *Energy Reports* 3 (2017), pp. 29 – 36.

79 J. P. Saxena, *The Rotary Cement Kiln: Total Productive Maintenance, Techniques
    and Management* (Boca Raton, FL: CRC Press, 2009).

80 V. Smil, "Concrete facts," *Spectrum IEEE* (March 2020), pp. 20 – 21; Na-
    tional Concrete Ready Mix Associations, *Concrete CO2 Fact Sheet* (2008).

81 F.-J. Ulm, "Innovationspotenzial Beton: Von Atomen zur Grünen In-frastruktur," *Beton-und Stahlbetonbauer* 107 (2012), pp. 504-509.

82 요즘은 목조건물이 점점 높아지고 있다. 이런 건물을 짓는 데는 일반 판재보다 훨씬 더 강한 '구조용 집성재cross-laminated timber, CLT'를 사용한다. 이는 평평한 판재를 가마에서 건조해 여러 겹(3, 5, 7, 9)으로 접착한 공학적 목재로, 공장에서 제작해 현장에서 조립한다. https://cwc.ca/how-to-build-with-wood/wood-products/mass-timber/cross-lam-inated-timber-clt/. 2020년 현재, 세계에서 가장 높은 CLT 건물(85.4미터)은 볼 아르키텍테르Voll Arkitekter에서 설계해 2019년 노르웨이 부루문달Brumunddal에 세운 다목적 구조물(아파트, 호텔, 사무실, 식당, 수영장) 미에스토르네Mjøstårnet이다. https://www.dezeen.com/2019/03/19/mjos-tarne-worlds-tallest-timber-tower-voll-arkitekter-norway/.

83 F. Lucchini, *Pantheon-Monumenti dell' Architettura* (Roma: Nuova Italia Scienti-fica, 1966).

84 A. J. Francis, *The Cement Industry, 1796–1914: A History* (Newton Abbot: David and Charles, 1978).

85 Smil, "Concrete facts."

86 J.-L. Bosc, *Joseph Monier et la naissance du ciment armé* (Paris: Editions du Lin-teau, 2001); F. Newby, ed., *Early Reinforced Concrete* (Burlington, VT: Ashgate, 2001).

87 American Society of Civil Engineers, "Ingalls building" (2020), https://www.asce.org/project/ingalls-building/; M. M. Ali, "Evolution of Con-crete Skyscrapers: from Ingalls to Jin Mao," *Electronic Journal of Structural Engineering* 1 (2001), pp. 2-14.

88 M. Peterson, "Thomas Edison's Concrete Houses," *Invention & Technolo-gy* 11/3 (1996), pp. 50-56.

89 D. P. Billington, *Robert Maillart and the Art of Reinforced Concrete* (Cambridge, MA: MIT Press, 1990).

90 B. B. Pfeier and D. Larkin, *Frank Lloyd Wright: The Masterworks* (New York: Rizzoli, 1993).

91 E. Freyssinet, *Un amour sans limite* (Paris: Editions du Linteau, 1993).

92 *Sydney Opera House: Utzon Design Principles* (Sydney: Sydney Opera House, 2002).

93 History of Bridges, "The World's Longest Bridge—Danyang – Kunshan Grand Bridge" (2020), http://www.historyofbridges.com/famous-bridges/longest-bridge-in-the-world/.

94 US Geological Survey, "Materials in Use in U.S. Interstate Highways" (2006), https://pubs.usgs.gov/fs/2006/3127/2006-3127.pdf.

95 Associated Engineering, "New runway and tunnel open skies and roads at Calgary International Airport" (June 2015).

96 후버 댐을 다룬 책은 많지만, A. J. Dunar and D. McBride, *Building Hoover Dam: An Oral History of the Great Depression* (Las Vegas: University of Nevada Press, 2016)에서는 눈에 띄는 목격담을 많이 소개한다.

97 Power Technology, "Three Gorges Dam Hydro Electric Power Plant, China" (2020), https://www.power-technology.com/projects/gorges/.

98 미국의 시멘트 생산량, 무역, 소비에 대한 자료는 미국지질조사국이 매년 발표하는 연간 요약 보고서에서 구할 수 있다. The 2020 edition: US Geological Survey, *Mineral Commodity Summaries 2020*, https://pubs.usgs.gov/periodicals/mcs2020/mcs2020.pdf.

99 세계에서 두 번째로 시멘트를 많이 생산하는 인도의 2019년 생산량은 3억 2,000만 톤이었다. 이 엄청난 양도 중국 총생산량의 15퍼센트에 불과하다. USGS, "Cement" (2020), https://pubs.usgs.gov/periodicals/mcs2020/mcs2020-cement.pdf.

100 N. Delatte, ed., *Failure, Distress and Repair of Concrete Structures* (Cambridge: Woodhead Publishing, 2009).

101 D. R. Wilburn and T. Goonan, *Aggregates from Natural and Recycled Sources* (Washington, DC: USGS, 2013).

102 American Society of Civil Engineers, *2017 Infrastructure Report Card*, https://www.infrastructurereportcard.org/.

103 C. Kenny, "Paving Paradise," *Foreign Policy* (Jan/Feb 2012), pp. 31 – 32.

104 우크라이나에서 볼 수 있듯 핵잠수함 기지부터 핵원자로까지, 또 철도역과 대형 경기장부터 극장과 기념물까지 이제는 건물의 종류를 가리지 않고 세계 전역에서 거의 모든 유형의 콘크리트 구조물이 버려진다.

105 중국이 매년 공식적으로 발표하는 자료 *China Statistical Yearbook*을 근거로 계산한 것이다. 최근 판은 http://www.stats.gov.cn/tjsj/ndsj/2019/indexeh.htm에서 구할 수 있다.

106 M. P. Mills, *Mines, Minerals, and "Green" Energy: A Reality Check* (New York: Manhattan Institute, 2020).

107 V. Smil, "What I see when I see a wind turbine," *IEEE Spectrum* (March 2016), p. 27.

108 H. Berg and M. Zackrisson, "Perspectives on environmental and cost assessment of lithium metal negative electrodes in electric vehicle traction batteries," *Journal of Power Sources* 415 (2019), pp. 83–90; M. Azevedo et al., *Lithium and Cobalt: A Tale of Two Commodities* (New York: McKinsey & Company, 2018).

109 C. Xu et al., "Future material demand for automotive lithium-based batteries," *Communications Materials* 1 (2020), p. 99.

4. 세계화에 대하여 – 엔진과 마이크로칩, 그리고 그 너머

1 아이폰 부품을 생산하는 곳에 대해서는 "Here's where all the components of your iPhone come from," Business Insider, https://i.insider.com/570d5092dd089568298b4978을 참조하기 바란다. 실제 부품들은 "iPhone 11 Pro Max Teardown," iFixit (September 2019), https://www.ifixit.com/Teardown/iPhone+11+Pro+Max+Teardown/126000에서 확인할 수 있다.

2 2018/2019학년도에 미국의 크고 작은 대학에 등록한 외국인 학생은 거의 110만 명으로, 전체 대학생 수의 5.5퍼센트를 차지했고, 미국 경제에는 447억 달러를 기여했다. Open Doors 2019 Data Release, https://opendoors-data.org/annual-release/.

3 인파로 뒤덮인 주요 관광지의 사진만큼 코로나19 팬데믹 이전의 과잉 관광을 명확히 보여주는 증거는 없다. 온라인에서 overtourism을 검색하고, 사진을 클릭해보라.

4   World Trade Organization, *Highlights of World Trade* (2019), https://www.wto.org/english/res_e/statis_e/wts2019_e/wts2019chapter02_e.pdf.

5   World Bank, "Foreign direct investment, net inflows" (2020년 접속), https://data.worldbank.org/indicator/BX.KLT.DINV.CD.WD; A. Debnath and S. Barton, "Global currency trading surges to $6.6 trillion-a-day market," GARP (September 2019), https://www.garp.org/#!/risk-intelligence/all/all/a1Z1W000003mKKPUA2.

6   V. Smil, "Data world: Racing toward yotta," *IEEE Spectrum* (July 2019), p. 20. 숫자 단위에 대해서는 '부록'을 참조하기 바란다.

7   Peterson Institute for International Economics, "What is globalization?" (2020년 접속), https://www.piie.com/microsites/globalization/what-is-globalization.

8   W. J. Clinton, *Public Papers of the Presidents of the United States: William J. Clinton, 2000 – 2001* (Best Books, 2000).

9   World Bank, "Foreign direct investment, net inflows."

10 개인의 자유가 없음과 높은 부패지수는 대규모 투자 유인의 장애가 아닌 게 분명하다. 중국의 자유 점수는 100점 만점에 10점에 불과하지만 인도는 71점, 캐나다는 98점이다. 부패인식지수에서도 중국(80)은 인도와 더불어 무척 높다(핀란드는 3). Freedom House, "Countries and territories" (2020년 접속), https://freedomhouse.org/countries/freedom-world/scores; Transparency International, "Corruption perception index" (2020년 접속), https://www.transparency.org/en/cpi/2020/index/nzl.

11 G. Wu, "Ending poverty in China: What explains great poverty reduction and a simultaneous increase in inequality in rural areas?" World Bank Blogs (October 2016), https://blogs.worldbank.org/eastasiapacific/ending-poverty-in-china-what-explains-great-poverty-reduction-and-a-simultaneous-increase-in-inequality-in-rural-areas.

12 세계화를 비판하는 좋은 글을 일부만 소개해본다. J. E. Stieglitz, *Globalization and Its Discontents* (New York: W.W. Norton, 2003); G. Buckman, *Globalization: Tame It or Scrap It? : Mapping the Alternatives of the Anti-Globalization Movement* (London: Zed Books, 2004); M. Wolf, *Why Globalization*

Works (New Haven, CT: Yale University Press, 2005); P. Marber, "Globalization and its contents," *World Policy Journal* 21 (2004), pp. 29 –37; J. Bhagvati, *In Defense of Globalization* (Oxford: Oxford University Press, 2007); J. Miskiewicz and M. Ausloos, "Has the world economy reached its globalization limit?" *Physica A: Statistical Mechanics and its Applications* 389 (2009), pp. 797 –806; L. J. Brahm, *The Anti-Globalization Breakfast Club: Manifesto for a Peaceful Revolution* (Chichester: John Wiley, 2009); D. Rodrik, *The Globalization Paradox: Democracy and the Future of the World Economy* (New York: W.W. Norton, 2011); R. Baldwin, *The Great Convergence: Information Technology and the New Globalization* (Cambridge, MA: Belknap Press, 2016).

13 J. Yellin et al., "New evidence on prehistoric trade routes: The obsidian evidence from Gilat, Israel," *Journal of Field Archaeology* 23 (2013), pp. 361 –368.

14 Cassius Dio, *Romaika* LXVIII: 29: "그리고 그는 바닷가로 나갔다. 바다의 본성을 이미 경험한 터라 인도를 향해 출항하는 배를 바라보며 '내가 아직 젊었다면 바다를 넘어 인도까지 갔을 텐데'라고 중얼거렸다. 그는 인도에 대해 생각하기 시작했고, 인도의 풍습에 관심을 보였다. 그는 알렉산드로스를 행운아라고 생각했다."(번역: E. Cary).

15 V. Smil, *Why America is Not a New Rome* (Cambridge, MA: MIT Press, 2008).

16 J. Keay, *The Honourable Company: A History of the English East India Company* (London: Macmillan, 1994); F. S. Gaastra, *The Dutch East India Company* (Zutpen: Walburg Press, 2007).

17 짐꾼이 무거운 짐(50~70킬로그램)을 지고 산악 지역에서 하루에 이동할 수 있는 거리는 9~11킬로미터를 넘지 못했다. 비교적 가벼운 짐(35~40킬로그램)을 지고는 하루에 24킬로미터, 즉 말을 이용하는 카라반과 거의 같은 거리를 이동할 수 있었다. N. Kim, *Mountain Rivers, Mountain Roads: Transport in Southwest China, 1700 –1850* (Leiden: Brill, 2020), p. 559.

18 J. R. Bruijn et al., *Dutch-Asiatic Shipping in the 17th and 18th Centuries* (The Hague: Martinus Nijho, 1987).

19 J. Lucassen, "A multinational and its labor force: The Dutch East India Company, 1595 –1795," *International Labor and Working-Class History* 66

(2004), pp. 12 – 39.

20   C. Mukerji, *From Graven Images: Patterns of Modern Materialism* (New York: Columbia University Press, 1983).

21   W. Franits, *Dutch Seventeenth-Century Genre Painting* (New Haven, CT: Yale University Press, 2004); D. Shawe-Taylor and Q. Buvelot, *Masters of the Everyday: Dutch Artists in the Age of Vermeer* (London: Royal Collection Trust, 2015).

22   W. Fock, "Semblance or Reality? The Domestic Interior in Seventeenth-Century Dutch Genre Painting," in M. Westermann, ed., *Art & Home: Dutch Interiors in the Age of Rembrandt* (Zwolle: Waanders, 2001), pp. 83 – 101.

23   J. de Vries, "Luxury in the Dutch Golden Age in theory and practice," in M. Berg and E. Eger, eds., *Luxury in the Eighteenth Century* (London: Palgrave Macmillan, 2003), pp. 41 – 56.

24   D. Hondius, "Black Africans in seventeenth century Amsterdam," *Renaissance and Reformation* 31 (2008), pp. 87 – 105; T. Moritake, "Netherlands and tea," World Green Tea Association (2020), http://www.o-cha. net/english/teacha/history/netherlands.html.

25   A. Maddison, "Dutch income in and from Indonesia 1700 – 1938," *Modern Asia Studies* 23 (1989), pp. 645 – 670.

26   R. T. Gould, *Marine Chronometer: Its History and Developments* (New York: ACC Art Books, 2013).

27   C. K. Harley, "British shipbuilding and merchant shipping: 1850 – 1890," *Journal of Economic History* 30/1 (1970), pp. 262 – 266.

28   R. Knauerhase, "The compound steam engine and productivity: Changes in the German merchant marine fleet, 1871 – 1887," *Journal of Economic History* 28/3 (1958), pp. 390 – 403.

29   C. L. Harley, "Steers afloat: The North Atlantic meat trade, liner predominance, and freight rates, 1870 – 1913," *Journal of Economic History* 68/4 (2008), pp. 1028 – 1058.

30   전신의 역사에 대해서는 F. B. Jewett, *100 Years of Electrical Communication in the United States* (New York: American Telephone and Telegraph, 1944);

D. Hochfelder, *The Telegraph in America, 1832–1920* (Baltimore, MD: Johns Hopkins University Press, 2013); R. Wenzlhuemer, *Connecting the Nineteenth-Century World. The Telegraph and Globalization* (Cambridge: Cambridge University Press, 2012)을 참조하기 바란다.

31 전화의 초기 역사에 대해서는 H. N. Casson, *The History of the Telephone* (Chicago: A. C. McClurg & Company, 1910); E. Garcke, "Telephone," in *Encyclopaedia Britannica*, 11th edn, vol. 26 (Cambridge: Cambridge University Press, 1911), pp. 547–557을 참조하기 바란다.

32 Smil, *Creating the Twentieth Century*.

33 G. Federico and A. Tena-Junguito, "World trade, 1800–1938: a new synthesis," *Revista de Historia Económica / Journal of Iberian and Latin America Economic History* 37/1 (2019); CEPII, "Databases," http://www.cepii.fr/CEPII/en/bdd_modele/bdd.asp; M. J. Klasing and P. Milionis, "Quantifying the evolution of world trade, 1870–1949," *Journal of International Economics* 92/1 (2014), pp. 185–197. 증기의 세계화 과정에 대해서는 J. Darwin, *Unlocking the World: Port Cities and Globalization in the Age of Steam, 1830–1930* (London: Allen Lane, 2020)을 참조하기 바란다.

34 US Department of Homeland Security, "Total immigrants by decade," http://teacher.scholastic.com/activities/immigration/pdfs/by_decade/decade_line_chart.pdf.

35 19세기 여행의 증가에 대해 자세히 알고 싶으면 P. Smith, *The History of Tourism: Thomas Cook and the Origins of Leisure Travel* (London: Psychology Press, 1998); E. Zuelow, *A History of Modern Tourism* (London: Red Globe Press, 2015)을 참조하기 바란다.

36 레닌은 1900년 7월부터 1905년 11월까지, 그 후에는 1907년 12월부터 1917년 4월까지 서유럽(프랑스, 스위스, 잉글랜드, 독일, 벨기에)과 오스트리아령 폴란드에 살며 여행했다. R. Service, *Lenin: A Biography* (Cambridge, MA: Belknap Press, 2002).

37 Smil, *Prime Movers of Globalization*.

38 F. Oppel, ed., *Early Flight* (Secaucus, NJ: Castle, 1987); B. Gunston, *Aviation: The First 100 Years* (Hauppauge, NY: Barron's, 2002).

39   M. Raboy, *Marconi: The Man Who Networked the World* (Oxford: Oxford University Press, 2018); H. G. J. Aitkin, *The Continuous Wave: Technology and the American Radio, 1900 – 1932* (Princeton, NJ: Princeton University Press, 1985).

40   Smil, *Prime Movers of Globalization*.

41   J. J. Bogert, "The new oil engines," *The New York Times* (September 26, 1912), p. 4.

42   E. Davies et al., *Douglas DC-3: 60 Years and Counting* (Elk Grove, CA: Aero Vintage Books, 1995); M. D. Klaás, *Last of the Flying Clippers* (Atglen, PA: Schier Publishing, 1998); "Pan Am across the Pacific," Pan Am Clipper Flying Boats (2009), https://www.clipperflyingboats.com/transpacific-airline-service.

43   M. Novak, "What international air travel was like in the 1930s," Gizmodo (2013), https://paleofuture.gizmodo.com/what-international-air-travel-was-like-in-the-1930s-1471258414.

44   J. Newman, "Titanic: Wireless distress messages sent and received April 14 – 15, 1912," Great Ships (2012), https://greatships.net/distress.

45   A. K. Johnston et al., *Time and Navigation* (Washington, DC: Smithsonian Books, 2015).

46   새로운 장치의 채택률을 비교한 도표에 대해서는 D. Thompson, "The 100-year march of technology in I graph," *The Atlantic* (April 2012), https://www.theatlantic.com/technology/archive/2012/04/the-100-year-march-of-technology-in-1-graph/255573/을 참조하기 바란다.

47   V. Smil, *Made in the USA: The Rise and Retreat of American Manufacturing* (Cambridge, MA: MIT Press, 2013).

48   S. Okita, "Japan's Economy and the Korean War," *Far Eastern Survey* 20 (1951), pp. 141 – 144.

49   강철과 시멘트와 암모니아(질소)의 생산에 대한 역사적 통계자료는 US Geological Survey, "Commodity statistics and information," https://www.usgs.gov/centers/nmic/commodity-statistics-and-information 에서 구할 수 있다. 플라스틱 생산에 대해서는 R. Geyer et al., "Production, use, and fate of all plastics ever made," *Science Advances* 3/7 (2017), e1700782를 참조하기 바란다.

50   R. Solly, *Tanker: The History and Development of Crude Oil Tankers* (Barnsley: Chatham Publishing, 2007).

51   United Nations, *World Energy Supplies in Selected Years 1929 – 1950* (New York: UN, 1952); *British Petroleum, Statistical Review of World Energy*.

52   P. G. Noble, "A short history of LNG shipping, 1959 – 2009," SNAME (2009).

53   M. Levinson, *The Box* (Princeton, NJ: Princeton University Press, 2006); Smil, *Prime Movers of Globalization*.

54   미국 자동차 시장에서 수입 자동차의 점유율은 높아진 반면, 디트로이트산 자동차의 점유율은 줄어든 현상에 대해서는 Smil, *Made in the USA*를 참조하기 바란다.

55   제2차 세계대전이 끝난 뒤에는 독일의 아우크스부르크-뉘른베르크 기계 공장Maschinenfabrik-Augsburg-Nürnberg, MAN이 디젤엔진의 기술적 발전을 주도했다. 그러나 현재 가장 큰 디젤엔진은 핀란드의 바르질라Wärtsilä에서 설계해 아시아(일본, 한국, 중국)에서 만들어진다. https://www.wartsila.com/marine/build/engines-and-generating-sets/diesel-engines (2020년 접속).

56   Smil, *Prime Movers of Globalization*, pp. 79 – 108.

57   G. M. Simons, *Comet! The World's First Jet Airliner* (Philadelphia: Casemate, 2019).

58   E. E. Bauer, *Boeing: The First Century* (Enumclaw, WA: TABA Publishers, 2000); A. Pelletier, *Boeing: The Complete Story* (Sparkford: Haynes Publishing, 2010).

59   역사상 어떤 상업용 여객기보다 보잉 747을 다룬 책이 많이 출간되었다. J. Sutter and J. Spenser, *747: Creating the World's First Jumbo Jet and Other Adventures from a Life in Aviation* (Washington, DC: Smithsonian, 2006). 보잉 747의 내부를 보려면, C. Wood, *Boeing 747 Owners' Workshop Manual* (London: Zenith Press, 2012)을 참조하기 바란다.

60   "JT9D Engine," Pratt & Whitney (2020년 접속), https://prattwhitney.com/products-and-services/products/commercial-engines/jt9d. 터보팬에 대해 더 자세히 알고 싶으면, N. Cumpsty, *Jet Propulsion* (Cambridge: Cambridge University Press, 2003); A. Linke-Diesinger, *Systems of Commercial Turbofan Engines* (Berlin: Springer, 2008)를 참조하기 바란다.

61   E. Lacitis, "50 years ago, the first 747 took off and changed aviation," *The Seattle Times* (February 2019).

62   S. McCartney, *ENIAC* (New York: Walker & Company, 1999).

63   T. R. Reid, *The Chip* (New York: Random House, 2001); C. Lécuyer and D. C. Brock, *Makers of the Microchip* (Cambridge: MIT Press, 2010).

64   "The story of the Intel 4004," Intel (2020년 접속), https://www.intel. com/content/www/us/en/history/museum-story-of-intel-4004.html.

65   World Bank, "Export of goods and services (percentage of GDP)" (2020년 접속), https://data.worldbank.org/indicator/ne.exp.gnfs.zs.

66   United Nations, *World Economic Survey*, 1975 (New York: UN, 1976).

67   S. A. Camarota, *Immigrants in the United States, 2000* (Center for Immigration Studies, 2001), https://cis.org/Report/Immigrants-United-States-2000.

68   P. Nolan, *China and the Global Business Revolution* (London: Palgrave, 2001); L. Brandt et al., eds., *China's Great Transformation* (Cambridge: Cambridge University Press, 2008).

69   S. Kotkin, *Armageddon Averted: The Soviet Collapse, 1970 – 2000* (Oxford: Oxford University Press, 2008).

70   C. VanGrasstek, *The History and Future of the World Trade Organization* (Geneva: WTO, 2013).

71   World Bank, "GDP per capita growth (annual percent)—India" (2020년 접속), https://data.worldbank.org/indicator/NY.GDP.PCAP.KD.ZG?locations =IN.

72   World Trade Organization, *World Trade Statistical Review 2019* (Geneva: WTO, 2019), https://www.wto.org/english/res_e/statis_e/wts2019_e/ wts2019_e.pdf.

73   World Bank, "Trade share (percent of GDP)" (2020년 접속), https://data. worldbank.org/indicator/ne.trd.gnfs.zs.

74   World Bank, "Foreign direct investment, net outflows (percent of GDP)" (2020년 접속), https://data.worldbank.org/indicator/BM.KLT.DINV. WD.GD.ZS.

75   S. Shulgin et al., "Measuring globalization: Network approach to coun-

tries' global connectivity rates and their evolution in time," *Social Evolu-
tion & History* 18/1 (2019), pp. 127 – 138.

76 United Nations Conference on Trade and Development, *Review of
Maritime Transport, 1975* (New York: UNCTAD, 1977); *Review of Maritime
Transport, 2019* (New York: UNCTAD, 2020); *50 Years of Review of Maritime
Transport, 1968 – 2018* (New York: UNCTAD, 2018).

77 Maersk, "About our group," https://web.archive.org/web/20071012231026/
http://about.maersk.com/en; Mediterranean Shipping Company, "Gülsün
Class Ships" (2020년 접속), https://www.msc.com/tha/about-us/new-
ships.

78 International Air Transport Association, *World Air Transport Statistics*
(Montreal: IATA, 2019)와 과거에 발행한 연감.

79 World Tourism Organization, "Tourism statistics" (2020년 접속), https://
www.e-unwto.org/toc/unwtot/current.

80 K. Koens et al., *Overtourism? Understanding and Managing Urban Tourism
Growth beyond Perceptions* (Madrid: World Tourism Organization, 2018).

81 G. E. Moore, "Cramming more components onto integrated circuits,"
Electronics 38/8 (1965), pp. 114 – 117; "Progress in digital integrated elec-
tronics," *Technical Digest, IEEE International Electron Devices Meeting* (1975),
pp. 11 – 13; "No exponential is forever: but 'Forever' can be delayed!",
paper presented at Solid-State Circuits Conference, San Francisco (2003);
Intel, "Moore's law and Intel innovation" (2020년 접속), http://www.intel.
com/content/www/us/en/history/museum-gordon-moore-law.html.

82 C. Tung et al., *ULSI Semiconductor Technology Atlas* (Hoboken, NJ: Wiley-In-
terscience, 2003).

83 J. V. der Spiegel, "ENIAC-on-a-chip," Moore School of Electrical
Engineering (1995), https://www.seas.upenn.edu/~jan/eniacproj.html.

84 H. Mujtaba, "AMD 2nd gen EPYC Rome processors feature a gargan-
tuan 39.54 billion transistors, IO die pictured in detail," WCCF Tech
(October 2019), https://wccftech.com/amd-2nd-gen-epyc-rome-iod-
ccd-chipshots-39-billion-transistors/.

85 P. E. Ceruzzi, *GPS* (Cambridge, MA: MIT Press, 2018); A. K. Johnston et al., *Time and Navigation* (Washington, DC: Smithsonian Books, 2015).

86 MarineTraffic, https://www.marinetraffic.com.

87 Flightradar24, https://www.flightradar24.com; Flight Aware, https://flightaware.com/live/.

88 예컨대 프랑크푸르트공항에서 시카고 오헤어공항까지의 정상적인 비행경로는 대권항로great circle route를 따라 그린란드 남단을 지나간다(Great Circle Mapper, http://www.gcmap.com/mapui?P =FRA-ORD를 참조할 것). 그러나 강한 제트기류가 끼어들면 비행경로가 북쪽으로 이동해서 비행기는 그린란드 빙하 위를 지나간다.

89 가장 최근에는 2010년 4월과 5월에 아이슬란드의 에이야퍄들라이외퀴들Eyjafjallajökull이 폭발하며 비행경로가 바뀐 사례도 있다. BGS Research, "Eyja allajökull eruption, Iceland," British Geological Survey (2020년 접속), https://www.bgs.ac.uk/research/volcanoes/icelandic_ash.html.

90 M. J. Klasing and P. Milionis, "Quantifying the evolution of world trade, 1870 – 1949," *Journal of International Economics* 92 (2014), pp. 185 – 197.

91 식량 자급자족률을 정리한 지도로는 Food and Agriculture Organization, "Food self-suciency and international trade: a false dichotomy?" in *The State of Agricultural Markets IN DEPTH 2015 – 16* (Rome: FAO, 2016), http://www.fao.org/3/a-i5222e.pdf를 참조하기 바란다.

92 인터넷이 죽기 전에 방문하고 싶은 10곳, 13곳, 20곳, 23곳, 50곳 심지어 100곳의 버킷 리스트를 작성하는 데 도움을 준다. 구글에서 'Bucket list places to visit'을 검색해보라.

93 세계 제조업에서 미국과 유럽의 비중이 줄어드는 현상에 대해서는 M. Levinson, *U.S. Manufacturing in International Perspective* (Congressional Research Service, 2018), https://fas.org/sgp/crs/misc/R42135.pdf; R. Marschinski and D. Martínez-Turégano, "The EU's shrinking share in global manufacturing: a value chain decomposition analysis," *National Institute Economic Review* 252 (2020), R19 – R32에서 자세히 검토했다.

94 중국과의 교역에서 만성적인 대규모 적자에도 불구하고, 2019년 캐나다
    는 5억 달러 상당의 종이와 판지 및 펄프를 수입했다. 하지만 자연스레
    재생되는 삼림 자원의 캐나다의 일인당 보유량은 중국보다 90배나 많
    다. FAO, *Global Forest Resources Assessment 2020*, http://www.fao.org/3/
    ca9825en/CA9825EN.pdf.

95 A. Case and A. Deaton, *Deaths of Despair and the Future of Capitalism*
    (Princeton, NJ: Princeton University Press, 2020).

96 S. Lund et al., *Globalization in Transition: The Future of Trade and Value
    Chains* (Washington, DC: McKinsey Global Institute, 2019).

97 OECD, *Trade Policy Implications of Global Value Chains* (Paris: OECD, 2020).

98 A. Ashby, "From global to local: reshoring for sustainability," *Operations
    Management Research* 9/3 – 4 (2016), pp. 75 – 88; O. Butzbach et al., "Man-
    ufacturing discontent: National institutions, multinational firm strat-
    egies, and anti-globalization backlash in advanced economies," *Global
    Strategy Journal* 10 (2019), pp. 67 – 93.

99 OECD, "COVID-19 and global value chains: Policy options to build
    more resilient production networks" (June 2020); UNCTAD, *World
    Investment Report 2020* (New York: UNCTAD, 2020); Swiss Re Institute,
    "De-risking global supply chains: Rebalancing to strengthen resilience,"
    Sigma 6 (2020); A. Fish and H. Spillane, "Reshoring advanced manu-
    facturing supply chains to generate good jobs," Brookings (July 2020),
    https://www.brookings.edu/research/reshoring-advanced-manufactur-
    ing-supply-chains-to-generate-good-jobs/.

100 V. Smil, "History and risk," *Inference* 5/1 (April 2020). Six months into the
    COVID pandemic, dire shortages of PPE still persisted in American
    hospitals: D. Cohen, "Why a PPE shortage still plagues America and
    what we need to do about it," CNBC (August 2020), https://www.cnbc.
    com/2020/08/22/coronavirus-why-a-ppe-shortage-still-plagues-
    the-us.html.

101 P. Haddad, "Growing Chinese transformer exports cause concern in
    U.S.," Power Transformer News (May 2019), https://www.powertrans-

formernews.com/2019/05/02/growing-chinese-transformer-exports-cause-concern-in-u-s/.

102 N. Stonnington, "Why reshoring U.S. manufacturing could be the wave of the future," *Forbes* (September 9, 2020); M. Leonard, "64 percent of manufacturers say reshoring is likely following pandemic: survey," Supply Chain Dive (May 2020), https://www.supplychaindive.com/news/manufacturing-reshoring-pandemic-thomas/577971/.

5. 위험에 대하여 – 바이러스부터 식습관과 태양면 폭발까지

1 A. de Waal, "The end of famine? Prospects for the elimination of mass starvation by political action," *Political Geography* 62 (2017), pp. 184 – 195.

2 잦은 손 씻기의 긍정적 영향에 대해서는 Global Handwashing Partnership, "About handwashing" (2020년 접속), https://globalhandwashing.org/about-handwashing/을 참조하기 바란다. 일산화탄소 중독의 위험은 과거 장작 난로가 유일한 난방원이던 추운 기후권에서 무척 높았다. J. Howell et al., "Carbon monoxide hazards in rural Alaskan homes," *Alaska Medicine* 39 (1997), pp. 8 – 11. 1990년대 초부터 많은 종류의 값싼 일산화탄소 감지기가 시장에 출시되며, 불완전연소로 인한 사망이 크게 줄어들었다.

3 1959년 볼보의 닐스 이바르 볼린Nils Ivar Bohlin이 처음 고안한 삼점식 안전벨트만큼 단순한 안전장치는 없을 듯하다. 삼점식 안전벨트는 낮은 비용으로 중대한 부상을 예방함으로써 많은 생명을 구했다. 1985년 독일 특허청이 지난 100년을 대표하는 여덟 가지 가장 중요한 혁신의 하나로 삼점식 안전벨트를 선정한 것은 당연한 일이다. N. Bohlin, "A statistical analysis of 28,000 accident cases with emphasis on occupant restraint value," SAE Technical Paper 670925 (1967); T. Borroz, "Strapping success: The 3-point seatbelt turns 50," *Wired* (August 2009).

4 이는 일본의 대외 관계에서 오랫동안 골머리를 썩히던 문제였다. 일본은 '국제적 아동 탈취의 민사적 측면에 관한 협약Convention on the Civil As-

pects of International Child Abduction´(1980년 제정해 1983년 12월 1일부터 발효)에 서명하는 걸 반복적으로 거부했다. 이 협약에 대해서는 https://assets. hcch.net/docs/e86d9f72-dc8d-46f3-b3bf-e102911c8532.pdf를 참조 하기 바란다. 일본은 결국 2014년 이 협약에 서명했지만, 친권을 되찾는 데 성공한 미국이나 유럽의 배우자는 극소수에 불과하다.

5   폭력적 충돌의 감소에 대해서는 J. R. Oneal, "From realism to the liberal peace: Twenty years of research on the causes of war," in G. Lundestad, ed., *International Relations Since the End of the Cold War: Some Key Dimensions* (Oxford: Oxford University Press, 2012), pp. 42 – 62; S. Pinker, "The decline of war and conceptions of human nature," *International Studies Review* 15/3 (2013), pp. 400 – 405를 참조하기 바란다.

6   National Cancer Institute, "Asbestos exposure and cancer risk" (2020년 접속), https://www.cancer.gov/about-cancer/; American Cancer Society, "Talcum powder and cancer" (2020년 접속), https://www.cancer. org/cancer/cancer-causes/talcum-powder-and-cancer.html; J. Entine, *Scared to Death: How Chemophobia Threatens Public Health* (Washington, DC: American Council on Science and Health, 2011). 지구온난화에 대해서는 지구 의 종말까지 예견하며 최근에 발간된 많은 책을 참조하기 바란다. 이런 예견에 대한 반론은 6장과 7장에서 다룬다.

7   S. Knobler et al., *Learning from SARS: Preparing for the Next Disease Outbreak—Workshop Summary* (Washington, DC: National Academies Press, 2004); D. Quammen, *Ebola: The Natural and Human History of a Deadly Virus* (New York: W. W. Norton, 2014).

8   위험을 다룬 문헌은 무척 많고, 분야도 세분화된 편이다. 기업의 위험 관 리에 대한 서적과 논문이 가장 많고, 자연재해를 다룬 연구가 그 뒤를 잇는다. 위험 관리에 대한 주된 정기간행물로는 *Risk Analysis, Journal of Risk Research, Journal of Risk*가 손꼽힌다.

9   구석기시대 동안 인간의 진화에 대해서는 F. J. Ayala and C. J. Cela-Cond, *Processes in Human Evolution: The Journey from Early Hominins to Neandertals and Modern Humans* (New York: Oxford University Press, 2017)를 참조하기 바란다. 구석기 다이어트의 효과에 대한 주장으로는 https://

thepaleodiet.com/, 구석기 다이어트의 공정한 평가에 대해서는 Harvard T. H. Chan School of Public Health, "Diet review: paleo diet for weight loss" (2020년 접속), https://www.hsph.harvard.edu/nutritionsource/ healthy-weight/diet-reviews/paleo-diet/를 참조하기 바란다. 물론 우리를 단순한 채식주의자를 넘어 엄격한 채식주의자로 바꿔주겠다고 단언할 뿐만 아니라 "문자 그대로 세계를 구원하겠다"고 약속하는 책도 부족하지 않다. 가장 많이 읽히는 두 권의 책을 소개하면 J. M. Masson, *The Face on Your Plate: The Truth About Food* (New York: W.W. Norton, 2010)와 J. S. Foer, *We Are the Weather: Saving the Planet Begins at Breakfast* (New York: Farrar, Straus and Giroux, 2019)이다.

10 E. Archer et al., "The failure to measure dietary intake engendered a fictional discourse on diet-disease relations," *Frontiers in Nutrition* 5 (2019), p. 105. 요즘의 다이어트 연구에 대한 가장 포괄적이면서도 비판적인 의견 교환에 대해서는 E. Archer et al., "Controversy and debate: Memory-Based Methods Paper 1: The fatal flaws of food frequency questionnaires and other memory-based dietary assessment methods," *Journal of Clinical Epidemiology* 104 (2018), pp. 113 – 124를 참조하기 바란다.

11 식이성 지방과 콜레스테롤이 심장 질환에 미치는 영향에 대해서는 아직도 논란이 많다. 초기의 주장에 대해서는 American Heart Association, "Dietary guidelines for healthy American adults," *Circulation* 94 (1966), pp. 1795 – 1800; A. Keys, *Seven Countries: A Multivariate Analysis of Death and Coronary Heart Disease* (Cambridge, MA: Harvard University Press, 1980)를 참조하기 바란다. 초기 견해를 비판하며 뒤집은 주장으로는 A. F. La Berge, "How the ideology of low fat conquered America," *Journal of the History of Medicine and Allied Sciences* 63/2 (2008), pp. 139 – 177; R. Chowdhury et al., "Association of dietary, circulating, and supplement fatty acids with coronary risk: a systematic review and meta-analysis," *Annals of Internal Medicine* 160/6 (2014), pp. 398 – 406; R. J. De Souza et al., "Intake of saturated and trans unsaturated fatty acids and risk of all cause mortality, cardiovascular disease, and type 2 diabetes: systematic review and meta-analysis of observational studies," *British Medical Journal*

(2015); M. Dehghan et al., "Associations of fats and carbohydrate intake with cardiovascular disease and mortality in 18 countries from five continents (PURE): a prospective cohort study," *The Lancet* 390/10107 (2017), pp. 2050–2062; American Heart Association, "Dietary cholesterol and cardiovascular risk: A science advisory from the American Heart Association," *Circulation* 141 (2020), e39–e53을 참조하기 바란다.

12 1950~2020년 모든 국가와 지역에서 기대 수명이 평균 5년 높아졌다. United Nations, *World Population Prospects 2019*, https://population.un-.org/wpp/Download/Standard/Population/.

13 일본의 통계자료에서 이런 변화의 추세를 확인할 수 있다. Statistics Bureau, Japan, *Historical Statistics of Japan* (Tokyo: Statistics Bureau, 1996).

14 H. Toshima et al., eds., *Lessons for Science from the Seven Countries Study: A 35-Year Collaborative Experience in Cardiovascular Disease Epidemiology* (Berlin: Springer, 1994).

15 미국과 일본에서 소비되는 설탕의 총량에 대해 더 많이 알고 싶으면, S. A. Bowman et al., *Added Sugars Intake of Americans: What We Eat in America, NHANES 2013–2014* (May 2017); A. Fujiwara et al., "Estimation of starch and sugar intake in a Japanese population based on a newly developed food composition database," *Nutrients* 10 (2018), p. 1474를 참조하기 바란다.

16 일본 요리에 대한 좋은 안내서로는 M. Ashkenazi and J. Jacob, *The Essence of Japanese Cuisine* (Philadelphia: University of Philadelphia Press, 2000); K. J. Cwiertka, *Modern Japanese Cuisine* (London: Reaktion Books, 2006); E. C. Rath and S. Assmann, eds., *Japanese Foodways: Past & Present* (Urbana, IL: University of Illinois Press, 2010)가 있다.

17 스페인의 음식 섭취율에 대한 자료는 Fundación Foessa, *Estudios sociológicos sobre la situación social de España, 1975* (Madrid: Editorial Euramerica, 1976), p. 513; Ministerio de Agricultura, Pesca y Alimentación, *Informe del Consumo Alimentario en España 2018* (Madrid: Ministerio de Agricultura, Pesca y Alimentación, 2019)을 인용한 것이다.

18 비교의 근거는 FAO, "Food Balances" (2020년 접속), http://www.fao.org/

faostat/en/#data/FBS이다

19 심혈관성 질환에 대해서는 L. Serramajem et al., "How could changes in diet explain changes in coronary heart disease mortality in Spain—The Spanish Paradox," *American Journal of Clinical Nutrition* 61 (1995), S1351 – S1359; OECD, *Cardiovascular Disease and Diabetes: Policies for Better Health and Quality of Care* (June 2015)를 참조하기 바란다. 기대 수명에 대해서는 United Nations, *World Population Prospects 2019*를 참조하기 바란다.

20 C. Starr, "Social benefit versus technological risk," *Science* 165 (1969), pp. 1232 – 1238.

21 자세한 계량적 위험 평가에 따르면, 담배에는 18가지 유해하거나 유해할 수 있는 물질이 함유되어 있다. K. M. Marano et al., "Quantitative risk assessment of tobacco products: A potentially useful component of substantial equivalence evaluations," *Regulatory Toxicology and Pharmacology* 95 (2018), pp. 371 – 384.

22 M. Davidson, "Vaccination as a cause of autism—myths and controversies," *Dialogues in Clinical Neuroscience* 19/4 (2017), pp. 404 – 407; J. Goodman and F. Carmichael, "Coronavirus: Bill Gates 'microchip' conspiracy theory and other vaccine claims fact-checked," BBC News (May 29, 2020).

23 2020년 9월 초, 미국인의 3분의 2가 코로나19 백신이 개발되더라도 그 백신을 맞지 않을 거라고 대답했다. S. Elbeshbishi and L. King, "Exclusive: Two-thirds of Americans say they won't get COVID-19 vaccine when it's first available, USA TODAY/Suolk Poll shows," USA Today (September 2020).

24 두 재앙이 건강에 미친 결과에 대한 포괄적 보고서는 B. Bennett et al., *Health Effects of the Chernobyl Accident and Special Health Care Programmes*, Report of the UN Chernobyl Forum (Geneva: WHO, 2006); World Health Organization, *Health Risk Assessment from the Nuclear Accident after the 2011 Great East Japan Earthquake and Tsunami Based on a Preliminary Dose Estimation* (Geneva: WHO, 2013)에서 확인할 수 있다.

25 World Nuclear Association, "Nuclear power in France" (2020년 접속),

https://www.world-nuclear.org/information-library/country-profiles/
countries-a-f/france.aspx.

26 C. Joppke, *Mobilizing Against Nuclear Energy: A Comparison of Germany and the United States* (Berkeley, CA: University of California Press, 1993); Tresantis, Die *Anti-Atom-Bewegung: Geschichte und Perspektiven* (Berlin: Assoziation A, 2015).

27 이런 관점을 주장한 학자들로는 Baruch Fischho and by Paul Slovic: B. Fischho et al., "How safe is safe enough? A psychometric study of attitudes towards technological risks and benefits," *Policy Sciences* 9 (1978), pp. 127-152; B. Fischho, "Risk perception and communication unplugged: Twenty years of process," *Risk Analysis* 15/2 (1995), pp. 137-145; B. Fischho and J. Kadvany, *Risk: A Very Short Introduction* (New York: Oxford University Press, 2011); P. Slovic, "Perception of risk," *Science* 236/4799 (1987), pp. 280-285; P. Slovic, *The Perception of Risk* (London: Earthscan, 2000); P. Slovic, "Risk perception and risk analysis in a hyperpartisan and virtuously violent world," *Risk Analysis* 40/3 (2020), pp. 2231-2239가 있다.

28 산업재해와 건설 사고에 의한 사망자 수를 전형적으로 보여주는 세 건의 주목할 만한 사건이 최근에 있었다. 퀘벡의 라크메강티크Lac-Mégantic에서 원유를 운반하던 기차가 탈선해 화염에 휩싸이며 폭발한 사고로 47명이 사망했다(2013년 7월 6일). 방글라데시 수도 다카에서 건물이 붕괴해 옷을 만들던 1,129명의 노동자가 사망했다(2013년 4월 24일). 브라질에서 브루마지뉴Brumadinho 댐 붕괴로 233명이 사망했다(2019년 1월 25일).

29 베이스 점핑을 한 사람이 땅을 내려다보며 4초 동안 자유낙하하면 72미터를 내려온 셈이고, 속도는 시속 120킬로미터에 이른다. "BASE jumping freefall chart," *The Great Book of Base* (2010), https://base-book.com/BASEFreefallChart.

30 A. S. Ramírez et al., "Beyond fatalism: Information overload as a mechanism to understand health disparities," *Social Science and Medicine* 219 (2018), pp. 11-18.

31 D. R. Kouabenan, "Occupation, driving experience, and risk and acci-

dent perception," *Journal of Risk Research* 5 (2002), pp. 49 – 68; B. Keeley et al., "Functions of health fatalism: Fatalistic talk as face saving, uncertainty management, stress relief and sense making," *Sociology of Health & Illness* 31 (2009), pp. 734 – 747.

32   A. Kayani et al., "Fatalism and its implications for risky road use and receptiveness to safety messages: A qualitative investigation in Pakistan," *Health Education Research* 27 (2012), pp. 1043 – 1054; B. Mahembe and O. M. Samuel, "Influence of personality and fatalistic belief on taxi driver behaviour," *South African Journal of Psychology* 46/3 (2016), pp. 415 – 426.

33   A. Suárez-Barrientos et al., "Circadian variations of infarct size in acute myocardial infarction," *Heart* 97 (2011), 970e976.

34   World Health Organization, "Falls" (January 2018), https://www.who.int/news-room/fact-sheets/detail/falls.

35   살모넬라균에 대해서는 Centers for Disease Control and Prevention, "Salmonella and Eggs", https://www.cdc.gov/foodsafety/communication/salmonella-and-eggs.html을 참조하기 바란다. 차의 잔류 살충제에 대해서는 J. Feng et al., "Monitoring and risk assessment of pesticide residues in tea samples from China," *Human and Ecological Risk Assessment: An International Journal* 21/1 (2015), pp. 169 – 183을 참조하기 바란다.

36   FBI가 최근 발표한 살인과 과실치사에 대한 통계자료를 보면, 10만 명당 볼티모어는 51명, 마이애미는 9.7명, 로스앤젤레스는 6.4명이다. https://ucr.fbi.gov/crime-in-the-u.s/2018/crimein-the-u.s.-2018/topic-pages/murder.

37   최근 중국에서 수입했지만 오염을 이유로 최대 규모로 반송한 사례에는 흔히 처방되는 고혈압 약이 있었다. Food and Drug Administration, "FDA updates and press announcements on angiotensin II receptor blocker (ARB) recalls (valsartan, losartan, and irbesartan)" (November 2019), https://www.fda.gov/drugs/drug-safety-and-availability/fda-updates-and-press-announcements-angiotensin-ii-receptor-blocker-arb-recalls-valsartan-losartan.

38   Office of National Statistics, "Deaths registered in England and Wales:

2019," https://www.ons.gov.uk/peoplepopulationandcommunity/birthsdeathsandmarriages/deaths/bulletins/deathsregistrationsummary-tables/2019.

39 K. D. Kochanek et al., "Deaths: Final Data for 2017," *National Vital Statistics Reports* 68 (2019), pp. 1–75; J. Xu et al., *Mortality in the United States, 2018*, NCHS Data Brief No. 355 (January 2020).

40 Starr, "Social benefit versus technological risk." 1989년 로널드 하워드Ronald Howard가 도입한 측정 기준 '마이크로모트'는 데이비드 슈피겔할터David Spiegelhalter의 많은 연구에 적용되었다. R. A. Howard, "Microrisks for medical decision analysis," *International Journal of Technology Assessment in Health Care* 5/3 (1989), pp. 357–370; M. Blastland and D. Spiegelhalter, *The Norm Chronicles: Stories and Numbers about Danger and Death* (New York: Basic Books, 2014).

41 United Nations, *World Mortality 2019*, https://www.un.org/en/development/desa/population/publications/pdf/mortality/WMR2019/World-Mortality2019DataBooklet.pdf.

42 CDC, "Heart disease facts," https://www.cdc.gov/heartdisease/facts.htm; D. S. Jones and J. A. Greene, "The decline and rise of coronary heart disease," *Public Health Then and Now* 103 (2014), pp. 10207–10218; J. A. Haagsma et al., "The global burden of injury: incidence, mortality, disability-adjusted life years and time trends from the Global Burden of Disease study 2013," *Injury Prevention* 22/1 (2015), pp. 3–16.

43 World Health Organization, "Falls" (January 2018), https://www.who.int/news-room/fact-sheets/detail/falls.

44 Statistics Canada, "Deaths and mortality rates, by age group" (2020년 접속), https://www150.statcan.gc.ca/t1/tbl1/en/tv.action?pid=1310071001&pickMemberspercent5B0percent5D=1.1&pickMemberspercent5B-1percent5D=3.1.

45 L. T. Kohn et al., *To Err Is Human: Building a Safer Health System* (Washington, DC: National Academies Press, 1999).

46 M. Makary and M. Daniel, "Medical error-the third leading cause of

death in the US," *British Medical Journal* 353 (2016), i2139.

47 K. G. Shojania and M. Dixon-Woods, "Estimating deaths due to medical error: the ongoing controversy and why it matters," *British Medical Journal Quality and Safety* 26 (2017), pp. 423 – 428.

48 J. E. Sunshine et al., "Association of adverse effects of medical treatment with mortality in the United States," *JAMA Network Open* 2/1 (2019), e187041.

49 2016년 미국 병원에서 환자의 평균 입원 기간은 4.6일이었고, 전체적으로는 3,570만 일이었다. W. J. Freeman et al., "Overview of U.S. hospital stays in 2016: Variation by geographic region" (December 2018), https://www.hcup-us.ahrq.gov/reports/statbriefs/sb246-Geographic-Variation-Hospital-Stays.jsp.

50 Bureau of Transportation Statistics, "U.S. Vehicle-miles" (2019), https://www.bts.gov/content/us-vehicle-miles.

51 A. R. Sehgal, "Lifetime risk of death from firearm injuries, drug overdoses, and motor vehicle accidents in the United States," *American Journal of Medicine* 133/10 (October 2020), pp. 1162 – 1167.

52 World Health Rankings, "Road trac accidents" (2020년 접속), https://www.worldlifeexpectancy.com/cause-of-death/road-tracffic-accidents/by-country/.

53 말레이시아항공 370편의 미스터리는 영원히 해결되지 않을 가능성이 크다. 온갖 추측과 의견이 분분하지만, 전혀 예기치 않게 우연한 계기로 미스터리가 풀릴 수는 있을 것이다. 보잉 737 맥스의 연이은 추락 사고 (376명 사망)를 조사한 결과, 이 항공기를 설계대로 제작하고 운영 지침을 전달하는 데 미심쩍은 관행이 있었다는 게 밝혀졌다.

54 International Civil Aviation Organization, *State of Global Aviation Safety* (Montreal: ICAO, 2020).

55 K. Soreide et al., "How dangerous is BASE jumping? An analysis of adverse events in 20,850 jumps from the Kjerag Massif, Norway," *Trauma* 62/5 (2007), pp. 1113 – 1117.

56 United States Parachute Association, "Skydiving safety" (2020년 접속),

https://uspa.org/Find/FAQs/Safety.

57 US Hang Gliding & Paragliding Association, "Fatalities" (2020년 접속), https://www.ushpa.org/page/fatalities.

58 National Consortium for the Study of Terrorism and Responses to Terrorism, *American Deaths in Terrorist Attacks, 1995–2017* (September 2018).

59 National Consortium for the Study of Terrorism and Responses to Terrorism, *Trends in Global Terrorism: Islamic State's Decline in Iraq and Expanding Global Impact; Fewer Mass Casualty Attacks in Western Europe; Number of Attacks in the United States Highest since 1980s* (October 2019).

60 서부 해안의 지진 피해를 일목요연하게 정리한 책으로는 R. S. Yeats, *Living with Earthquakes in California* (Corvallis, OR: Oregon State University Press, 2001)가 있다. 서부 해안의 지진이 태평양 건너편에 미치는 영향에 대해서는 B. F. Atwater, *The Orphan Tsunami of 1700* (Seattle, WA: University of Washington Press, 2005)을 참조하기 바란다.

61 E. Agee and L. Taylor, "Historical analysis of U.S. tornado fatalities (1808-2017): Population, science, and technology," *Weather, Climate and Society* 11 (2019), pp. 355–368.

62 R. J. Samuels, *3.11: Disaster and Change in Japan* (Ithaca, NY: Cornell University Press, 2013); V. Santiago-Fandiño et al., eds., *The 2011 Japan Earthquake and Tsunami: Reconstruction and Restoration, Insights and Assessment after 5 Years* (Berlin: Springer, 2018).

63 E. N. Rappaport, "Fatalities in the United States from Atlantic tropical cyclones: New data and interpretation," *Bulletin of American Meteorological Society* 1014 (March 2014), pp. 341–346.

64 National Weather Service, "How dangerous is lightning?" (2020년 접속), https://www.weather.gov/safety/lightning-odds; R. L. Holle et al., "Seasonal, monthly, and weekly distributions of NLDN and GLD360 cloud-to-ground lightning," *Monthly Weather Review* 144 (2016), pp. 2855–2870.

65 Munich Re, *Topics. Annual Review: Natural Catastrophes 2002* (Munich: Munich Re, 2003); P. Löw, "Tropical cyclones cause highest losses: Natural

disasters of 2019 in figures," Munich Re (January 2020), https://www.munichre.com/topics-online/en/climate-change-and-natural-disasters/natural-disasters/natural-disasters-of-2019-in-figures-tropical-cyclones-cause-highest-losses.html.

66 O. Unsalan et al., "Earliest evidence of a death and injury by a meteorite," *Meteoritics & Planetary Science* (2020), pp. 1 – 9.

67 National Research Council, *Near-Earth Object Surveys and Hazard Mitigation Strategies: Interim Report* (Washington, DC: NRC, 2009); M. A. R. Khan, "Meteorites," *Nature* 136/1030 (1935), p. 607.

68 D. Finkelman, "The dilemma of space debris," *American Scientist* 102/1 (2014), pp. 26 – 33.

69 M. Mobberley, *Supernovae and How to Observe Them* (New York: Springer, 2007).

70 NASA, "2012: Fear no Supernova" (December 2011), https://www.nasa.gov/topics/earth/features/2012-supernova.html.

71 NASA, "Asteroid fast facts" (March 2014), https://www.nasa.gov/mission_pages/asteroids/overview/fastfacts.html; National Research Council, *Near-Earth Object Surveys and Hazard Mitigation Strategies*; M. B. E. Boslough and D. A. Crawford, "Low-altitude airbursts and the impact threat," *International Journal of Impact Engineering* 35/12 (2008), pp. 1441 – 1448.

72 US Geological Survey, "What would happen if a 'supervolcano' eruption occurred again at Yellowstone?" https://www.usgs.gov/faqs/what-would-happen-if-a-supervolcano-eruption-occurred-again-yellowstone; R. V. Fisher et al., *Volcanoes: Crucibles of Change* (Princeton, NJ: Princeton University Press, 1997).

73 Space Weather Prediction Center, "Coronal mass ejections," National Oceanic and Atmospheric Administration (2020년 접속), https://www.swpc.noaa.gov/phenomena/coronal-mass-ejections.

74 R. R. Britt, "150 years ago: The worst solar storm ever," Space.com (September 2009), https://www.space.com/7224-150-years-worst-so-

lar-storm.html.

75 S. Odenwald, "The day the Sun brought darkness," NASA (March 2009), https://www.nasa.gov/topics/earth/features/sun_darkness.html.

76 Solar and Heliospheric Observatory, https://sohowww.nascom.nasa. gov/.

77 T. Phillips, "Near miss: The solar superstorm of July 2012," NASA (July 2014), https://science.nasa.gov/science-news/science-at-nasa/2014/ 23jul_superstorm.

78 P. Riley, "On the probability of occurrence of extreme space weather events," *Space Weather* 10 (2012), S02012.

79 D. Moriña et al., "Probability estimation of a Carrington-like geomagnetic storm," *Scientific Reports* 9/1 (2019).

80 K. Kirchen et al., "A solar-centric approach to improving estimates of exposure processes for coronal mass ejections," *Risk Analysis* 40 (2020), pp. 1020 – 1039.

81 E. D. Kilbourne, "Influenza pandemics of the 20th century," *Emerging Infectious Diseases* 12/1 (2006), pp. 9 – 14.

82 C. Viboud et al., "Global mortality impact of the 1957 – 1959 influenza pandemic," *Journal of Infectious Diseases* 213/5 (2016), pp. 738 – 745; CDC, "1968 Pandemic (H3N2 virus)" (2020년 접속), https://www.cdc.gov/flu/ pandemic-resources/1968-pandemic.html; J. Y. Wong et al., "Case fatality risk of influenza A(H1N1pdm09): a systematic review," *Epidemiology* 24/6 (2013).

83 World Economic Forum, *Global Risks 2015, 10th Edition* (Cologny: WEF, 2015).

84 "Advice on the use of masks in the context of COVID-19: Interim guidance," World Health Organization (2020).

85 J. Paget et al., "Global mortality associated with seasonal influenza epidemics: New burden estimates and predictors from the GLaMOR Project," *Journal of Global Health* 9/2 (December 2019), 020421.

86 W. Yang et al., "The 1918 influenza pandemic in New York City:

Age-specific timing, mortality, and transmission dynamics," *Influenza and Other Respiratory Viruses* 8 (2014), pp. 177-188; A. Gagnon et al., "Age-specific mortality during the 1918 influenza pandemic: Unravelling the mystery of high young adult mortality," *PLoS ONE* 8/8 (August 2013), e6958; W. Gua et al., "Comorbidity and its impact on 1590 patients with COVID-19 in China: A nationwide analysis," *European Respiratory Journal* 55/6 (2020), article 2000547.

87   J.-M. Robine et al., eds., *Human Longevity, Individual Life Duration, and the Growth of the Oldest-Old Population* (Berlin: Springer, 2007).

88   CDC, "Weekly Updates by Select Demographic and Geographic Characteristics" (2020년 접속), https://www.cdc.gov/nchs/nvss/vsrr/covid_weekly/index.htm#AgeAndSex.

89   D. M. Morens et al., "Predominant role of bacterial pneumonia as a cause of death in pandemic influenza: implications for pandemic influenza preparedness," *Journal of Infectious Disease* 198/7 (October 2008), pp. 962-970.

90   A. Noymer and M. Garenne, "The 1918 influenza epidemic's effects on sex dierentials in mortality in the United States," *Population and Development Review* 26/3 (2000), pp. 565-581.

91   서부 해안의 지진 피해를 일목요연하게 정리한 책으로는 R. S. Yeats, *Living with Earthquakes in California* (Corvallis, OR: Oregon State University Press, 2001)가 있다. 서부 해안의 지진이 태평양 건너편에 미치는 영향에 대해서는 B. F. Atwater, *The Orphan Tsunami of 1700* (Seattle, WA: University of Washington Press, 2005)를 참조하기 바란다.

92   P. Gilbert, *The A-Z Reference Book of Syndromes and Inherited Disorders* (Berlin: Springer, 1996).

93   산악 지역이 많아 국토의 15퍼센트에 불과한 저지대에 국민이 모여 살고, 강력한 지진과 화산 폭발 및 파괴적인 쓰나미의 위험이 상존하는 일본이 이런 현실을 보여주는 대표적인 예이다. 비슷하면서도 다른 이유로 역시 인구밀도가 높은 자바섬과 방글라데시 해안 지역도 마찬가지이다.

94   이 주제를 다룬 최근의 출판물로는 O. Renn, *Risk Governance: Towards*

an Integrative Approach (Geneva: International Risk Governance Council, 2006);
G. Gigerenzer, *Risk Savvy: How to Make Good Decisions* (New York: Penguin
Random House, 2015)가 있다.

95 V. Janssen, "When polio triggered fear and panic among parents in the
1950s," *History* (March 2020), https://www.history.com/news/polio-fear-
post-wwii-era.

96 1958년 미국 GDP는 1957년 수준보다 5퍼센트 상승했고, 1969년에는
7퍼센트를 넘었다. Fred Economic Data (2020년 접속), https://fred.stlou-
isfed.org/series/GDP.

97 The Museum of Flight, "Boeing 747-121" (2020년 접속), https://www.
museumoight.org/aircraft/boeing-747-121.

98 Y. Tsuji et al., "Tsunami heights along the Pacific Coast of Northern
Honshu recorded from the 2011 Tohoku and previous great earth-
quakes," *Pure and Applied Geophysics* 171 (2014), pp. 3183-3215.

99 2004년 11월, 오사마 빈 라덴은 미국인들에게 테러 공격을 한 이유가
"미국이 파산할 때까지" 피를 흘리게 하기 위함이고, "전쟁을 원하는 백
악관"의 도움을 받았다고 주장했다. 연설 전문은 https://www.aljazeera.
com/archive/2004/11/200849163336457223.html에서 구할 수 있다. 또
오사마 빈 라덴은 테러를 계획하고 추진하는 데 50만 달러 정도가 들었
을 거라는 영국 왕립국제문제연구소의 추정치를 언급하기도 했다. 하
지만 미국이 이라크, 아프가니스탄, 파키스탄, 시리아에서 전쟁을 하며
2018년까지 쏟아부은 비용은 5.9조 달러까지 치솟았다. 차용한 돈의 이
자, 퇴역 군인의 치료비 등을 포함한 향후 40년 동안의 비용은 8조 달러
까지 올라갈 것으로 추정한다. Watson Institute, "Costs of War" (2018),
https://watson.brown.edu/costsofwar/papers/summary.

100 C. R. Sunstein, "Terrorism and probability neglect," *Journal of Risk and
Uncertainty* 26 (2003), pp. 121-136.

101 Federal Bureau of Investigation, "Crime in the U.S." (2020년 접속),
https://ucr.j.gov/crime-in-the-u.s.

102 E. Miller and N. Jensen, *American Deaths in Terrorist Attacks, 1995–2017*
(September 2018), https://www.start.umd.edu/pubs/START_American-

TerrorismDeaths_FactSheet_Sept2018.pdf.

103 A. R. Sehgal, "Lifetime risk of death from firearm injuries, drug over-doses, and motor vehicle accidents in the United States," *American Journal of Medicine* 133/10 (May 2020), pp. 1162-1167.

6. 환경에 대하여 – 우리가 가진 유일한 생물권

1 이런 가장 환상적인 비전에 대해서는 https://www.spacex.com/mars를 참조하기 바란다. 화성 정복을 위한 그들의 단계는 이렇다: 2022년 화성을 향해 첫 임무를 맡고 떠난다. 목표는 소박하게 "수자원의 존재 여부를 확인하고, 위험 요소가 있는지 살펴보며, 전기와 채굴과 생명 유지를 위한 기반 시설을 갖추는 것"이다. 2024년의 두 번째 임무는 추진체 창고를 건설하고, 미래의 대규모 비행을 준비하며 "첫 화성 기지로서 향후 도시를 건설하고, 궁극적으로는 화성에 자족적인 문명을 세우는 주춧돌 역할을 하는 것"이다. 이런 판타지를 좋아하는 독자라면 K. M. Cannon and D. T. Britt, "Feeding one million people on Mars," *New Space* 7/4 (December 2019), pp. 245-254를 읽어보기 바란다.

2 B. M. Jakosky and C. S. Edwards, "Inventory of CO_2 available for terra-forming Mars," *Nature Astronomy* 2 (2018), pp. 634-639.

3 이 가능성은 2020년 5월 뉴욕과학원New York Academy of Sciences이 주최한 웹 세미나에서 논의되었다. 이때 코넬대학교의 한 유전학자는 "우리가 윤리적으로 그렇게 해야만 하는가?"라고 말하기도 했다. "Alienating Mars: Challenges of Space Colonization," https://www.nyas.org/events/2020/webinar-alienating-mars-challenges-of-space-colonization. 완보동물 같은 회복 탄력성을 지닌 인간의 가능성은 외견상 무척 진지하게 다루어졌다. 하기야 당시 뉴욕시는 코로나19로 하루에 500명 이상이 사망하고, 병원은 단순한 개인 보호 장구조차 부족해 마스크와 장갑을 재사용해야 했다. 방위고등연구계획국Defense Advanced Research Project Agency도 이런 가능성을 논의하는 데 국민의 세금을 쓰고 있다. J. Koebler, "DARPA: We Are Engineering the Organism that will Terra-

form Mars," VICE Motherboard (June 2015), https://www.vice.com/en_us/article/ae3pee/darpa-we-are-engineering-the-organisms-that-will-terraform-mars.

4 J. Rockström et al., "A safe operating space for humanity," *Nature* 461 (2009), pp. 472–475.

5 프리 다이빙 및 수면 무호흡의 기록과 관련한 모든 활동에 대해서는 https://www.guinnessworldrecords.com/search?term=freediving을 참조하기 바란다.

6 회당 평균 호흡량(폐로 흡입하는 공기량)은 남자의 경우에는 500밀리리터, 여자의 경우에는 400밀리리터이다. S. Hallett and J. V. Ashurst, "Physiology, tidal volume" (June 2020), https://www.ncbi.nlm.nih.gov/books/NBK482502/. 평균적으로 회당 450밀리리터를 흡입하고, 분당 16회 숨을 들이마시면 분당 7.2리터를 흡입하는 셈이다. 산소는 공기의 21퍼센트를 차지하므로, 분당 1.5리터의 산소를 마시는 것이다. 그러나 그중 약 23퍼센트만을 폐에서 흡수하고 나머지는 소멸된다. 따라서 실제로 흡입하는 순산소량은 분당 약 350밀리리터이다. 다시 말하면, 하루에 500리터란 뜻이다. 무게로 환산하면, 1.429g/L이므로 약 700그램이다. 격렬한 신체 활동을 하면 더 많은 산소가 필요하다. 일일 활동으로 30퍼센트 정도의 산소가 더 필요하면 하루 흡입량은 약 900그램이 된다. 최대 산소 흡입량에 대해서는 G. Ferretti, "Maximal oxygen consumption in healthy humans: Theories and facts," *European Journal of Applied Physiology* 114 (2014), pp. 2007–2036을 참조하기 바란다.

7 A. P. Gumsley et al., "Timing and tempo of the Great Oxidation Event," *Proceedings of the National Academy of Sciences* 114 (2017), pp. 1811–1816.

8 R. A. Berner, "Atmospheric oxygen over Phanerozoic time," *Proceedings of the National Academy of Sciences* 96 (1999), pp. 10955–10957.

9 지상 식물의 탄소 함량에 대해서는 V. Smil, *Harvesting the Biosphere* (Cambridge, MA: MIT Press, 2013), pp. 161–165를 참조하기 바란다. 여기에서의 계산은 이 모든 탄소의 완전한 산화를 가정한 것이다.

10 https://twitter.com/EmmanuelMacron/status/1164617008962527232.

11 S. A. Loer et al., "How much oxygen does the human lung consume?"
    Anesthesiology 86 (1997), pp. 532–537.

12 Smil, *Harvesting the Biosphere*, pp. 31–36.

13 J. Huang et al., "The global oxygen budget and its future projection,"
    Science Bulletin 63/18 (2018), pp. 1180–1186.

14 물론 생물 다양성의 손실부터 수량 보존력의 변화까지 열대우림의 의도
    적인 대규모 발화나 가뭄에 바싹 마른 숲에서 일어나는 자연 발화를 걱
    정하는 데는 다른 이유가 많다.

15 세계 물 공급과 사용 현황에 대한 최근 조사에 대해서는 A. K. Biswas et
    al., eds., *Assessing Global Water Megatrends* (Singapore: Springer Nature, 2018)
    를 참조하기 바란다.

16 Institute of Medicine, *Dietary Reference Intakes for Water, Potassium, Sodium,
    Chloride, and Sulfate* (Washington, DC: National Academies Press, 2005).

17 세계에서 가장 인구가 많은 나라들을 살펴보면, 농업에 투입하는 담
    수의 양이 인도에서는 90퍼센트, 인도네시아에는 80퍼센트, 중국에서
    는 65퍼센트이다. 그러나 미국에서는 약 35퍼센트에 불과하다. World
    Bank, "Annual freshwater withdrawals, agriculture (percent of total fresh-
    water withdrawal)" (2020년 접속), https://data.worldbank.org/indicator/
    er.h2o.fwag.zs?end=2016&start=1965&view=chart.

18 Water Footprint Network, "What is a water footprint?" (2020년 접속),
    https://waterfootprint.org/en/water-footprint/what-is-water-foot-
    print/.

19 M. M. Mekonnen and Y. A. Hoekstra, *National Water Footprint Accounts:
    The Green, Blue and Grey Water Footprint of Production and Consumption* (Delft:
    UNESCO-IHE Institute for Water Education, 2011).

20 N. Joseph et al., "A review of the assessment of sustainable water use
    at continental-to-global scale," *Sustainable Water Resources Management* 6
    (2020), p. 18.

21 S. N. Gosling and N.W. Arnell, "A global assessment of the impact of
    climate change on water scarcity," *Climatic Change* 134 (2016), pp. 371–385.

22 Smil, *Growth*, pp. 386–388.

23 다양한 방식으로 사용되는 농지 구분의 장기적 추세에 대해서는 FAO, "Land use," http://www.fao.org/faostat/en/#data/RL을 참조하기 바란다. 미국에서 발표한 한 연구에 따르면, 2009년 세계 농지 면적이 최고치에 달했고, 그 이후에는 완전하게 줄어드는 추세이다. J. Ausubel et al., "Peak farmland and the prospect for land sparing," *Population and Development Review* 38, Supplement (2012), pp. 221–242. 하지만 FAO의 자료에 따르면, 농지 면적은 2009~2017년 4퍼센트 정도 증가했다.

24 X. Chen et al., "Producing more grain with lower environmental costs," *Nature* 514/7523 (2014), pp. 486–488; Z. Cui et al., "Pursuing sustainable productivity with millions of smallholder farmers," *Nature* 555/7696 (2018), pp. 363–366.

25 2019년 세계 암모니아 생산량에는 160메가톤의 질소가 포함되었고, 그중 약 120메가톤은 비료에 쓰였다. FAO, *World Fertilizer Trends and Outlook to 2022* (Rome: FAO, 2019). 이미 180메가톤을 초과한 생산 역량은 2026년경 거의 20퍼센트 증가할 것으로 예상되고, 주로 아시아와 중동을 중심으로 약 100곳에 공장 신설이 계획되어 있다. Hydrocarbons Technology, "Asia and Middle East lead globally on ammonia capacity additions" (2018), https://www.hydrocarbons-technology.com/comment/global-ammonia-capacity/.

26 US Geological Survey, "Potash" (2020), https://pubs.usgs.gov/periodicals/mcs2020/mcs2020-potash.pdf.

27 J. Grantham, "Be persuasive. Be brave. Be arrested (if necessary)," *Nature* 491 (2012), p. 303.

28 S. J. Van Kauwenbergh, *World Phosphate Rock Reserves and Resources* (Muscle Shoals, AL: IFDC, 2010).

29 US Geological Survey, *Mineral Commodity Summaries 2012*, p. 123.

30 International Fertilizer Industry Association, "Phosphorus and 'Peak Phosphate'" (2013). M. Heckenmüller et al., *Global Availability of Phosphorus and Its Implications for Global Food Supply: An Economic Overview* (Kiel: Kiel Institute for the World Economy, 2014)도 참조하기 바란다.

31 V. Smil, "Phosphorus in the environment: Natural flows and human

interferences," *Annual Review of Energy and the Environment* 25 (2000), pp. 53 –88; US Geological Survey, "Phosphate rock," https://pubs.usgs. gov/periodicals/mcs2020/mcs2020-phosphate.pdf.

32　M. F. Chislock et al., "Eutrophication: Causes, consequences, and controls in aquatic ecosystems," *Nature Education Knowledge* 4/4 (2013), p. 10.

33　J. Bunce et al., "A review of phosphorus removal technologies and their applicability to small-scale domestic wastewater treatment systems," *Frontiers in Environmental Science* 6 (2018), p. 8.

34　D. Breitburg et al., "Declining oxygen in the global ocean and coastal waters," *Science* 359/6371 (2018).

35　R. Lindsey, "Climate and Earth's energy budget," NASA (January 2009), https://earthobservatory.nasa.gov/features/EnergyBalance.

36　W. F. Ruddiman, *Plows, Plagues & Petroleum: How Humans Took Control of Climate* (Princeton, NJ: Princeton University Press, 2005).

37　2° Institute, "Global CO$_2$ levels" (2020년 접속), https://www.co2levels. org/.

38　2° Institute, "Global CH$_4$ levels" (2020년 접속), https://www.methanelevels.org/.

39　지구온난화 지수는 이산화탄소를 1로 할 때, 메탄은 28, 이산화질소는 265, 여러 염화플루오린화탄소는 5,660~13,900, 육플루오린화황은 23,900이다. Global Warming Potential Values, https://www.ghgprotocol.org/sites/default/files/ghgp/Global-Warming-Potential-Values%20%28Feb%2016%202016%29_1.pdf.

40　IPCC, *Climate Change 2014: Synthesis Report. Contribution of Working Groups I, II and III to the Fifth Assessment Report of the Intergovernmental Panel on Climate Change* (Geneva: IPCC, 2014).

41　J. Fourier, "Remarques générales sur les Temperatures du globe terrestre et des espaces planetaires," *Annales de Chimie et de Physique* 27 (1824), pp. 136 –167; E. Foote, "Circumstances affecting the heat of the sun's rays," *American Journal of Science and Arts* 31 (1856), pp. 382 –383. 푸트의 명쾌한 결론: "나는 태양광의 영향이 탄산가스 내에 있을 때 가장 크다

는 걸 알아냈다. (…) 대기에 탄산가스가 있으면 우리 지구의 온도가 높아질 것이다. 누군가 말하듯이 인류 역사의 한 시대에 탄산가스가 지금보다 높은 비율로 공기와 섞였다면, 그 자체의 활동으로 온도가 상승하고 무게도 필연적으로 증가했을 것이다."

42 J. Tyndall, "The Bakerian Lecture," *Philosophical Transactions* 151 (1861), pp. 1–37 (28쪽에서 인용).

43 S. Arrhenius, "On the influence of carbonic acid in the air upon the temperature of the ground," *Philosophical Magazine and Journal of Science*, 5/41 (1896), pp. 237–276.

44 K. Ecochard, "What's causing the poles to warm faster than the rest of the Earth?" NASA (April 2011), https://www.nasa.gov/topics/earth/features/warmingpoles.html.

45 D. T. C. Cox et al., "Global variation in diurnal asymmetry in temperature, cloud cover, specific humidity and precipitation and its association with leaf area index," *Global Change Biology* (2020).

46 S. Arrhenius, *Worlds in the Making* (New York: Harper & Brothers, 1908), p. 53.

47 R. Revelle and H. E. Suess, "Carbon dioxide exchange between atmosphere and ocean and the question of an increase of atmospheric CO_2 during the past decades," *Tellus* 9 (1957), pp. 18–27.

48 Global Monitoring Laboratory, "Monthly average Mauna Loa CO_2" (2020년 접속), https://www.esrl.noaa.gov/gmd/ccgg/trends/.

49 J. Charney et al., *Carbon Dioxide and Climate: A Scientific Assessment* (Washington, DC: National Research Council, 1979).

50 N. L. Bindo et al., "Detection and Attribution of Climate Change: from Global to Regional," in T. F. Stocker et al., eds., *Climate Change 2013: The Physical Science Basis. Contribution of Working Group I to the Fifth Assessment Report of the Intergovernmental Panel on Climate Change* (Cambridge: Cambridge University Press, 2013).

51 S. C. Sherwood et al., "An assessment of Earth's climate sensitivity using multiple lines of evidence," *Reviews of Geophysics* 58/4 (December 2020).

52 미국에서는 석탄에서 천연가스로의 전환이 무척 빠르게 진행되었다.

2011년에는 44퍼센트의 전기를 석탄으로 생산했지만, 2020년에는 그 비중이 20퍼센트로 떨어졌다. 반면 천연가스를 사용한 전기 발전은 23퍼센트에서 39퍼센트로 증가했다. US EIA, *Short-Term Energy Outlook* (2021).

53 1850년을 기준으로 할 때 2014년 인간이 야기한 증가분의 세계 평균값은 제곱미터당 1.97와트, 이산화탄소로부터는 1.80와트, 그 밖의 혼합된 온실가스로부터는 1.07와트, 에어로졸로부터는 −1.04와트, 토지 사용의 변화로부터는 −0.08와트였다. C. J. Smith et al., "Effective radiative forcing and adjustments in CMIP6 models," *Atmospheric Chemistry and Physics* 20/16 (2020).

54 National Centers for Environmental Information, "More near-record warm years are likely on the horizon" (February 2020), https://www.ncei. noaa.gov/news/projected-ranks; NOAA, *Global Climate Report—Annual 2019*, https://www.ncdc.noaa.gov/sotc/global/201913.

55 교토 벚나무에 대해서는 R. B. Primack et al., "The impact of climate change on cherry trees and other species in Japan," *Biological Conservation* 142 (2009), pp. 1943-1949를 참조하기 바란다. 프랑스 포도밭에 대해서는 Ministère de la Transition Écologique, "Impacts du changement climatique: Agriculture et Forêt" (2020), https://www.ecologie.gouv. fr/impacts-du-changement-climatique-agriculture-et-foret, 고산지대 빙하의 해빙과 그 영향에 대해서는 A. M. Milner et al., "Glacier shrinkage driving global changes in downstream systems," *Proceedings of the National Academy of Sciences* (2017), www.pnas.org/cgi/doi/10.1073/pnas.1619807114를 참조하기 바란다.

56 2019년 화석연료의 연소로 거의 37기가톤의 이산화탄소가 배출되었다. 이 정도의 이산화탄소가 생성되려면 27기가톤에 가까운 산소가 필요하다. Global Carbon Project, *The Global Carbon Budget 2019*.

57 J. Huang et al., "The global oxygen budget and its future projection," *Science Bulletin* 63 (2018), pp. 1180-1186.

58 이 복잡한 측정은 1989년에 시작되었다. Carbon Dioxide Information and Analysis Center, "Modern Records of Atmospheric References and

Notes 293 Oxygen (O_2) from Scripps Institution of Oceanography"
(2014), https://cdiac.ess-dive.lbl.gov/trends/oxygen/modern_records.
html.

59   2019년까지 알려진 화석연료 매장지는 British Petroleum, *Statistical Review of World Energy*를 참조하기 바란다.

60   L. B. Scheinfeldt and S. A. Tishko, "Living the high life: high-altitude
adaptation," *Genome Biology* 11/133 (2010), pp. 1-3.

61   S. J. Murray et al., "Future global water resources with respect to climate change and water withdrawals as estimated by a dynamic global
vegetation model," *Journal of Hydrology* (2012), pp. 448-449; A. G.
Koutroulis and L. V. Papadimitriou, "Global water availability under
high-end climate change: A vulnerability based assessment," *Global and
Planetary Change* 175 (2019), pp. 52-63.

62   P. Greve et al., "Global assessment of water challenges under uncertainty in water scarcity projections," *Nature Sustainability* 1/9 (2018), pp.
486-494.

63   C. A. Dieter et al., *Estimated Use of Water in the United States in 2015*
(Washington, DC: US Geological Survey, 2018).

64   P. S. Goh et al., *Desalination Technology and Advancement* (Oxford: Oxford
Research Encyclopedias, 2019).

65   A. Fletcher et al., "A low-cost method to rapidly and accurately screen
for transpiration efficiency in wheat," *Plant Methods* 14 (2018), article 77.
식물 전체의 증산 효율이 킬로그램당 4.5그램이란 말은, 1킬로그램의
생물량을 생산하는 데 222킬로그램의 증산된 물이 필요하고, 낟알은 총
생물량의 절반가량이므로 그 비율은 거의 450킬로그램으로 2배라는 뜻
이다.

66   Y. Markonis et al., "Assessment of water cycle intensification over land
using a multisource global gridded precipitation dataset," *Journal of Geophysical Research: Atmospheres* 124/21 (2019), pp. 11175-11187.

67   S. J. Murray et al., "Future global water resources with respect to climate change and water withdrawals as estimated by a dynamic global

vegetation model."

68   Y. Fan et al., "Comparative evaluation of crop water use efficiency, economic analysis and net household profit simulation in arid Northwest China," *Agricultural Water Management* 146 (2014), pp. 335 – 345; J. L. Hatfield and C. Dold, "Water-use efficiency: Advances and challenges in a changing climate," *Frontiers in Plant Science* 10 (2019), p. 103; D. Deryng et al., "Regional disparities in the beneficial effects of rising CO_2 concentrations on crop water productivity," *Nature Climate Change* 6 (2016), pp. 786 – 790.

69   IPCC, *Climate Change and Land* (Geneva: IPCC, 2020), https://www.ipcc.ch/srccl/; P. Smith et al., "Agriculture, Forestry and Other Land Use (AFOLU)," in IPCC, *Climate Change 2014*.

70   Smil, *Should We Eat Meat?*, pp. 203 – 210.

71   D. Gerten et al., "Feeding ten billion people is possible within four terrestrial planetary boundaries," *Nature Sustainability* 3 (2020), pp. 200 – 208. FAO, *The Future of Food and Agriculture: Alternative Pathways to 2050* (Rome: FAO, 2018), http://www.fao.org/3/I8429EN/i8429en.pdf도 참조하기 바란다.

72   나는 이렇게 썼다. "(연속된 팬데믹 사이의) 간격을 평균한 값과 가장 높은 값을 1968년에 더하면 1996~2021년 사이라는 계산이 나온다. 확률적으로 말하면, 지금 우리는 위험이 무척 높은 구간에 있다. 따라서 향후 50년 내에 또 한 번의 팬데믹이 닥칠 가능성은 실질적으로 100퍼센트이다." V. Smil, *Global Catastrophes and Trends* (Cambridge, MA: MIT Press, 2008), p. 46. 실제로 내가 언급한 기간에 우리는 두 번의 팬데믹을 겪었다. 하나는 앞의 책을 출간하고 1년 후인 2009년의 H1N1 바이러스였고, 다른 하나는 2020년의 SARS-Cov-2였다.

73   Johns Hopkins(https://coronavirus.jhu.edu/map.html)와 Worldometer(https://www.worldometers.info/coronavirus/)에서 매일 갱신되는 세계 통계자료를 제공했다. 이번 팬데믹에 대한 전반적인 상황을 파악하려면 적어도 2년을 기다려야 할 것이다.

74   U. Desideri and F. Asdrubali, *Handbook of Energy Efficiency in Buildings*

(London: Butterworth-Heinemann, 2015).

75 Natural Resource Canada, *High Performance Housing Guide for Southern Manitoba* (Ottawa: Natural Resources Canada, 2016).

76 L. Cozzi and A. Petropoulos, "Growing preference for SUVs challenges emissions reductions in passenger car market," IEA (October 2019), https://www.iea.org/commentaries/growing-preference-for-suvs-challenges-emissions-reductions-in-passenger-car-market.

77 J. G. J. Olivier and J. A. H. W. Peters, *Trends in Global CO₂ and Total Greenhouse Gas Emissions* (The Hague: PBL Netherlands Environmental Assessment Agency, 2019).

78 United Nations, "Conference of the Parties (COP), https://unfccc.int/process/bodies/supreme-bodies/conference-of-the-parties-cop.

79 N. Stockton, "The Paris climate talks will emit 300,000 tons of CO_2, by our math. Hope it's worth it," *Wired* (November 2015).

80 United Nations, *Report of the Conference of the Parties on its twenty-first session, held in Paris from 30 November to 13 December 2015* (January 2016), https://unfccc.int/sites/default/files/resource/docs/2015/cop21/eng/10a01.pdf.

81 에어컨의 미래에 대해서는 International Energy Agency, *The Future of Cooling* (Paris: IEA, 2018)을 참조하기 바란다.

82 Olivier and Peters, *Trends in Global CO₂ and Total Greenhouse Gas Emissions* 2019 Report.

83 T. Mauritsen and R. Pincus, "Committed warming inferred from observations," *Nature Climate Change* 7 (2017), pp. 652-655.

84 C. Zhou et al., "Greater committed warming after accounting for the pattern effect," *Nature Climate Change* 11 (2021), pp. 132-136.

85 IPCC, *Global warming of 1.5℃* (Geneva: IPCC, 2018), https://www.ipcc.ch/sr15/.

86 A. Grubler et al., "A low energy demand scenario for meeting the 1.5℃ target and sustainable development goals without negative emission technologies," *Nature Energy* 526 (2020), pp. 515-527.

87 European Environment Agency, "Size of the vehicle fleet in Eu-

rope" (2019), https://www.eea.europa.eu/data-and-maps/indicators/
size-of-the-vehicle-fleet/size-of-the-vehicle-fleet-10. 1990년
의 상황은 https://www.eea.europa.eu/data-and-maps/indicators/ac-
cess-to-transport-services/vehicle-ownership-term-2001을 참조하
기 바란다.

88 National Bureau of Statistics, *China Statistical Yearbook, 1999-2019*,
    http://www.stats.gov.cn/english/Statisticaldata/AnnualData/.

89 SEI, IISD, ODI, E3G, and UNEP, *The Production Gap Report: 2020 Spe-
    cial Report*, http://productiongap.org/2020report.

90 E. Larson et al., *Net-Zero America: Potential Pathways, Infrastructure, and Im-
    pacts* (Princeton, NJ: Princeton University, 2020).

91 C. Helman, "Nimby nation: The high cost to America of saying no to
    everything," *Forbes* (August 2015).

92 The House of Representatives, "Resolution Recognizing the duty of the
    Federal Government to create a Green New Deal" (2019), https://www.
    congress.gov/bill/116th-congress/house-resolution/109/text; M. Z.
    Jacobson et al., "Impacts of Green New Deal energy plans on grid sta-
    bility, costs, jobs, health, and climate in 143 countries," *One Earth* 1 (2019),
    pp. 449-463.

93 T. Dickinson, "The Green New Deal is cheap, actually," *Rolling Stone* (April
    6, 2020); J. Cassidy, "The good news about a Green New Deal," *New
    Yorker* (March 4, 2019); N. Chomsky and R. Pollin, *Climate Crisis and the
    Global Green New Deal: The Political Economy of Saving the Planet* (New York:
    Verso, 2020); J. Rifkin, *The Green New Deal: Why the Fossil Fuel Civilization
    Will Collapse by 2028, and the Bold Economic Plan to Save Life on Earth* (New
    York: St. Martin's Press, 2019).

94 체계적 변화를 위해 세계 인구의 3.5퍼센트를 동원하려는 이 운동에
    참여하고 싶으면, Extinction Rebellion, "Welcome to the rebellion,"
    https://rebellion.earth/the-truth/about-us/를 참조하기 바란다. 여기에
    서 요약한 글을 직접 확인하고 싶으면, Extinction Rebellion, *This Is Not
    a Drill: An Extinction Rebellion Handbook* (London: Penguin, 2019)을 참조하

기 바란다.

95 P. Brimblecombe et al., *Acid Rain—Deposition to Recovery* (Berlin: Springer, 2007).

96 S. A. Abbasi and T. Abbasi, *Ozone Hole: Past, Present, Future* (Berlin: Springer, 2017).

97 J. Liu et al., "China's changing landscape during the 1990s: Large-scale land transformation estimated with satellite data," *Geophysical Research Letters* 32/2 (2005), L02405.

98 M. G. Burgess et al., "IPCC baseline scenarios have overprojected CO_2 emissions and economic growth," *Environmental Research Letters* 16 (2021), 014016.

99 H. Wood, "Green energy meets people power," *The Economist* (2020), https://worldin.economist.com/article/17505/edition2020/get-ready-renewable-energy-revolution.

100 Z. Hausfather et al., "Evaluating the performance of past climate model projections," *Geophysical Research Letters* 47 (2019), e2019 GL085378.

101 Smil, "History and risk."

102 Johns Hopkins (https://coronavirus.jhu.edu/map.html)와 Worldometer(https://www.worldometers.info/coronavirus/)에서 매일 갱신되는 세계 및 국가별 통계자료를 제공했다.

103 이것과 다음 단락에 대한 자료의 출처는 다음과 같다. GDP에 대해서는 World Bank, "GDP per capita (current US$)" (2020년 접속), https://data.worldbank.org/indicator/NY.GDP.PCAP.CD., 중국 통계자료에 대해서는 National Bureau of Statistics, *China Statistical Yearbook, 1999-2019*, 국가별 이산화탄소 배출량에 대해서는 Olivier and Peters, *Trends in Global CO_2 and Total Greenhouse Gas Emissions* 2019 Report를 참조하기 바란다.

104 유엔의 인구 예측에 따르면, 2020~2050년에 증가할 총인구의 99.6퍼센트가 저개발 국가에서, 약 53퍼센트는 사하라사막 남쪽의 아프리카에서 태어난다. United Nations, *World Population Prospects: The 2019 Revision* (New York: UN, 2019). 아프리카의 전기 발전에 대해서는 G. Alova et al., "A machine-learning approach to predicting Africa's electricity mix

based on planned power plants and their chances of success," *Nature Energy* 6/2 (2021)를 참조하기 바란다.

105 Y. Pan et al., "Large and persistent carbon sink in the world's forests," *Science* 333 (2011), pp. 988 – 993; C. Che et al., "China and India lead in greening of the world through land-use management," *Nature Sustainability* 2 (2019), pp. 122 – 129. J. Wang et al., "Large Chinese land carbon sink estimated from atmospheric carbon dioxide data," *Nature* 586/7831 (2020), pp. 720 – 723도 참조하기 바란다.

106 N. G. Dowell et al., "Pervasive shifts in forest dynamics in a changing world," *Science* 368 (2020); R. J. W. Brienen et al., "Forest carbon sink neutralized by pervasive growth-lifespan trade-offs," *Nature Communications* 11 (2020), article 4241.1234567890도 참조하기 바란다.

107 P. E. Kauppi et al., "Changing stock of biomass carbon in a boreal forest over 93 years," *Forest Ecology and Management* 259 (2010), pp. 1239 – 1244; H. M. Henttonen et al., "Size-class structure of the forests of Finland during 1921 – 2013: A recovery from centuries of exploitation, guided by forest policies," *European Journal of Forest Research* 139 (2019), pp. 279 – 293.

108 P. Roy and J. Connell, "Climatic change and the future of atoll states," *Journal of Coastal Research* 7 (1991), pp. 1057 – 1075; R. J. Nicholls and A. Cazenave, "Sea-level rise and its impact on coastal zones," *Science* 328/5985 (2010), pp. 1517 – 1520.

109 P. S. Kench et al., "Patterns of island change and persistence offer alternate adaptation pathways for atoll nations," *Nature Communications* 9 (2018), article 605.

110 에이머리 러빈스Amory Lovins가 세계 환경을 다룬 책에 기고한 한 챕터의 제목이다. A. Lovins, "Abating global warming for fun and profit," in K. Takeuchi and M. Yoshino, eds., *The Global Environment* (New York: Springer-Verlag, 1991), pp. 214 – 229. 젊은 독자를 위해 덧붙이면, 러빈스는 1976년에 발표한 논문으로 명성을 얻었다. 그 논문에서 러빈스는 미국을 위해 '연성soft' 에너지를 활용하는 방안, 즉 낮은 규모로 재생에너지

를 활용하는 방법을 개략적으로 제시했다. A. Lovins, "Energy strategy: The road not taken," *Foreign Affairs* 55/1 (1976), pp. 65–96. 그의 견해에 따르면, 2000년 미국은 약 7억 5,000만 톤의 석유에 해당하는 에너지를 연성 기술로 얻어야 했다. 수력발전은 소규모도 연성도 아니기 때문에 대규모 수력발전을 제외한 뒤 재생에너지로 7억 5,000만 톤의 석유에서 얻는 에너지를 대체해야 했다는 뜻이다. 따라서 러빈스는 24년 만에 목표치의 90퍼센트나 틀린 셈이다. 결국 비현실적인 '녹색' 주장의 전조를 수십 년 전에 보여준 예측이었다.

7. 미래에 대하여—종말과 특이점 사이에서

1   종말론, 종말론적 예언과 상상 그리고 해석을 다룬 책은 상당히 많다. 그러나 나는 이와 관련해 주제넘게 특정한 책을 추천하지는 않으려 한다.

2   인공지능이 인간의 능력을 넘어설 것이란 상상은, 특이점에 도달할 때 요구되는 순간적인 물리적 변화율을 상상하는 것과 곧잘 비교된다.

3   R. Kurzweil, "The law of accelerating returns" (2001), https://www.kurzweilai.net/the-law-of-accelerating-returns. 그의 *The Singularity Is Near* (New York: Penguin, 2005)도 참조하기 바란다. 2045년의 도래는 https://www.kurzweilai.net/에서 예언했다. 거기에는 그때가 되기 전인 "2020년쯤이면 나노 로봇이 현재의 의료 기술보다 더 영리해져서 대부분의 질병이 사라질 것이다. 우리가 먹는 일반적인 식사는 나노 시스템으로 대체될 수 있다"라는 예언도 있다. P. Diamandis, "Ray Kurzweil's mind-boggling predictions for the next 25 years," Singularity Hub (January 2015), https://singularityhub.com/2015/01/26/ray-kurzweils-mind-boggling-predictions-for-the-next-25-years/. 물론 언젠가 이런 예측이 실현되면, 그로부터 수년이 지나지 않아 누구도 농업, 식량, 건강, 의학에 관한 책을 쓸 필요가 없을 테고, 우리 세계가 실제로 어떻게 움직이는지에 대한 책도 필요 없을 것이다. 나노 로봇이 모든 걸 해낼 테니 말이다!

4   메릴랜드대학교의 줄리언 사이먼Julian Simon은 20세기의 마지막 20년을

대표하며 많은 영향력을 행사한 기술만능주의자 중 한 명이었다. 가장 자주 인용되는 그의 저서로는 The Ultimate Resource (Princeton, NJ: Princeton University Press, 1981); J. L. Simon and H. Kahn, The Resourceful Earth (Oxford: Basil Blackwell, 1984)가 있다.

5 전기 자동차에 대해서는 Bloomberg NEF, Electric Vehicle Outlook 2019, https://about.bnef.com/electric-vehicle-outlook/#toc-download, 유럽연합 탄소 배출에 대해서는 EU, "2050 long-term strategy," https://ec.europa.eu/clima/policies/strategies/2050_en, 2025년 세계 정보에 대해서는 D. Reinsel et al., The Digitization of the World From Edge to Core (November 2018), https://www.seagate.com/files/www-content/our-story/trends/files/idc-seagate-dataage-whitepaper.pdf, 2037년 세계 비행에 대해서는 "IATA Forecast Predicts 8.2 billion Air Travelers in 2037" (October 2018), https://www.iata.org/en/pressroom/pr/2018-10-24-02/을 참조하기 바란다.

6 국가별 장기 출산율을 보려면, World Bank's Data Bank: https://data.worldbank.org/indicator/SP.DYN.TFRT.IN을 참조하기 바란다.

7 United Nations, World Population Prospects 2019, https://population.un.org/wpp/Download/Standard/Population/.

8 전기 자동차는 21세기 들어 20년 동안 많은 관심을 받은 만큼 기대 또한 과장되기도 했다. 2017년 〈파이낸셜 포스트〉에는 "화석연료를 사용하는 모든 자동차는 8년 내에 사라지고, 대형 석유 회사와 대형 자동차 공장이 '쌍둥이 죽음'을 맞을 것이란 연구가 산업계에 큰 충격을 주었다"라는 기사까지 실렸다. 그러나 정말 충격적이었던 것은 과학기술에 대한 몰이해가 그 우스꽝스러운 주장으로 이어졌다는 것이다. 2020년 초에도 도로 위를 달리는 내연기관 자동차가 약 12억 대였다. 그 많은 자동차를 5년 만에 사라지게 하려면 어떻게 해야 할까?

9 배터리를 이용하는 전기 자동차와 전통적인 자동차가 언제쯤 비용 균형점에 도달할 것인지는 아직도 불분명하다. 그러나 언젠가 그 균형점에 도달하더라도 적잖은 구매자가 나중의 이득보다는 당장의 비용을 더 중요하게 생각할 수 있다. MIT Energy Initiative, Insights into Future Mobility (Cambridge, MA: MIT Energy Initiative, 2019), http://energy.mit.edu/insight-

sintofuturemobility.

10   전기 자동차의 최근 판매량과 장기 전망에 대해서는 Insideevs, https://
     insideevs.com/news/343998/monthly-plug-in-ev-sales-scorecard/;
     J.P. Morgan Asset Management, *Energy Outlook 2018: Pascal's Wager* (New
     York: J.P. Morgan, 2018), pp. 10 – 15을 참조하기 바란다.

11   Bloomberg NEF, *Electric Vehicle Outlook 2019*.

12   미셸 드 노스트라다무스Michel de Nostradamus는 1555년 자신의 예언집을
     발간했고, 그의 예언을 진실로 믿는 사람들은 그 이후 줄곧 그의 글을
     읽고 해석해왔다. 그 예언집은 값비싼 영인본부터 저렴한 킨들판까지
     선택의 폭이 상당히 넓다.

13   H. Von Foerster et al., "Doomsday: Friday, 13 November, A.D. 2026,"
     Science 132 (1960), pp. 1291 – 1295.

14   P. Ehrlich, *The Population Bomb* (New York: Ballantine Books, 1968), p. xi; R.
     L. Heilbroner, *An Inquiry into the Human Prospect* (New York: W. W. Norton,
     1975), p. 154.

15   United Nations, *World Population Prospects 2019*의 자료를 근거로 계산한
     수치이다.

16   United Nations, *World Population Prospects 2019*의 중간값에서 추정했다.

17   V. Smil, "Peak oil: A catastrophist cult and complex realities," *World
     Watch* 19 (2006), pp. 22 – 24; V. Smil, "Peak oil: A retrospective," *IEES
     Spectrum* (May 2020), pp. 202 – 221.

18   R. C. Duncan, "The Olduvai theory: Sliding towards the post-industrial
     age" (1996), http://dieo.org/page125.

19   영양 결핍에 대한 자료는 FAO의 연간 보고서를 참조하기 바란다. 최
     신판은 *The State of Food Security and Nutrition*, http://www.fao.org/3/
     ca5162en/ca5162en.pdf에서 확인할 수 있다. 식량 공급에 대해서는
     http://www.fao.org/faostat/en/#data/FBS를 참조하기 바란다.

20   http://www.fao.org/faostat/en/#data/를 근거로 계산했다.

21   British Petroleum, *Statistical Review of World Energy*의 자료를 근거로 계
     산했다.

22   S. Krikorian, "Preliminary nuclear power facts and figures for 2019,"

International Atomic Energy Agency (January 2020)의 자료를 근거로 계산했다. https://www.iaea.org/newscenter/news/preliminary-nuclear-power-facts-and-figures-for-2019.

23 M. B. Schier, *Spectacular Flops: Game-Changing Technologies That Failed* (Clinton Corners, NY: Eliot Werner Publications, 2019), pp. 157 − 175.

24 S. Kaufman, *Project Plowshare: The Peaceful Use of Nuclear Explosives in Cold War America* (Ithaca, NY: Cornell University Press, 2013); A. C. Noble, "The Wagon Wheel Project," WyoHistory (November 2014), http://www.wyohistory.org/essays/wagon-wheel-project.

25 줄어드는 기후 틈새climate niche에 대해서는 C. Xu et al., "Future of the human climate niche," *Proceedings of the National Academy of Sciences* 117/21 (2010), pp. 11350 − 11355, 기후 이동에 대해서는 A. Lustgarten, "How climate migration will reshape America," *The New York Times* (December 20, 2020), 줄어드는 소득에 대해서는 M. Burke et al., "Global non-linear effect of temperature on economic production," *Nature* 527 (2015), pp. 235 − 239, 툰베리의 예언에 대해서는 A. Doyle, "Thunberg says only 'eight years left' to avert 1.5°C warming," Climate Change News (January 2020), https://www.climatechangenews.com/2020/01/21/thunberg-says-eight-years-left-avert-1-5c-warming/을 참조하기 바란다.

26 재앙적 예언에 현혹되는 이유는 인간의 부정 편향성으로 가장 잘 설명할 수 있는 듯하다. D. Kahneman, *Thinking Fast and Slow* (New York: Farrar, Straus and Giroux, 2011); United Nations, "Only 11 years left to prevent irreversible damage from climate change, speakers warn during General Assembly high-level meeting" (March 2019), https://www.un.org/press/en/2019/ga12131.doc.htm; P. J. Spielmann, "U.N. predicts disaster if global warming not checked," AP News (June 1989), https://apnews.com/bd45c372caf118ec99964ea547880cd0.

27 FII Institute, *A Sustainable Future is Within Our Grasp*, https://fii-institute.org/en/downloads/FIII_Impact_Sustainability_2020.pdf; J. M. Greer, *Apocalypse Not!* (Hoboken, NJ: Viva Editions, 2011); M. Shellenberger, *Apocalypse Never: Why Environmental Alarmism Hurts Us All* (New York:

Harper, 2020).

28 V. Smil, "Perils of long-range energy forecasting: Reflections on look-
    ing far ahead," *Technological Forecasting and Social Change* 65 (2000), pp.
    251-264.

29 Food and Agriculture Organization, *Yield Gap Analysis of Field Crops:
    Methods and Case Studies* (Rome: FAO, 2015).

30 이런 작물의 조직에서 물이 95퍼센트 이상을 차지하고, 두 기본 다량 영
    양소, 즉 식이 단백질과 지방질은 전혀 혹은 거의 없다.

31 그 정도의 작물을 생산하는 데 필요한 수경 재배 시설을 짓는 데 재료(강
    철, 플라스틱, 유리)뿐 아니라 그 시설을 유지하는 데 필요한 에너지(난방,
    조명, 공기 조절) 비용은 거의 천문학적일 것이다.

32 여러 물질의 에너지 비용에 대해서는 Smil, *Making the Modern World*를
    참조하기 바란다. 강철의 최소 에너지 비용에 대해서는 J. R. Fruehan et
    al., *Theoretical Minimum Energies to Produce Steel for Selected Conditions* (Colum-
    bia, MD: Energetics, 2000)를 참조하기 바란다.

33 FAO, "Fertilizers by nutrient" (2020년 접속), http://www.fao.org/faostat/
    en/#data/RFN.

34 Smil, *Energy Transitions*에서 인용한 자료이다.

35 British Petroleum, *Statistical Review of World Energy*의 자료를 근거로 계
    산했다.

36 범주 오류를 흥미진진하게 다룬 글로는 O. Magidor, *Category Mistakes*
    (Oxford: Oxford University Press, 2013); W. Kastainer, "Genealogy of a
    category mistake: A critical intellectual history of the cultural trauma
    metaphor," *Rethinking History* 8 (2004), pp. 193-221이 있다.

37 이 기본적인 발명의 기원에 대해서는 Smil, *Transforming the Twentieth Cen-
    tury*를 참조하기 바란다.

38 Smil, *Prime Movers of Globalization*.

39 A. Engler, "A guide to healthy skepticism of artificial intelligence and
    coronavirus" (Washington, DC: Brookings Institution, 2020).

40 "CRISPR: Your guide to the gene editing revolution," *New Scientist*,
    https://www.newscientist.com/round-up/crispr-gene-editing/.

41 Y. N. Harari, *Homo Deus* (New York: Harper, 2018); D. Berlinski, "Godzooks," *Inference* 3/4 (February 2018).

42 E. Trognotti, "Lessons from the history of quarantine, from plague to influenza," *Emerging Infectious Diseases* 19 (2013), pp. 254-259.

43 S. Crawford, "The Next Generation of Wireless—'5G'—Is All Hype," *Wired* (August 2016), https://www.wired.com/2016/08/the-next-generation-of-wireless-5g-is-all-hype/.

44 "Lack of medical supplies 'a national shame,'" BBC News (March 2020); L. Lee and K. N. Das, "Virus fight at risk as world's medical glove capital struggles with lockdown," Reuters (March 2020); L. Peek, "Trump must cut our dependence on Chinese drugs—whatever it takes," *The Hill* (March 2020).

45 2020년 발발한 코로나19 팬데믹의 최종적인 비용은 오랜 시간이 지난 뒤에야 밝혀질 것이다. 그러나 조 단위가 넘는 큰 자릿수일 것은 분명하다. 2019년 세계경제 생산은 90조 달러에 가까웠다. 팬데믹 비용이 수조 달러라 하더라도 몇 퍼센트가 줄어든다.

46 그러나 코로나19 팬데믹의 사망자에 대한 전 세계의 평가가 완료될 때까지는 최종적인 판단을 내릴 수 없다.

47 J. K. Taubenberger et al., "The 1918 influenza pandemic: 100 years of questions answered and unanswered," *Science Translational Medicine* 11/502 (July 2019), eaau5485; Morens et al., "Predominant role of bacterial pneumonia as a cause of death in pandemic influenza: Implications for pandemic influenza preparedness," *Journal of Infectious Disease* 198 (2008), pp. 962-970.

48 "The 2008 financial crisis explained," History Extra (2020), https://www.historyextra.com/period/modern/financial-crisis-crash-explained-facts-causes/.

49 현재 최대 규모의 크루즈선에는 6,000명 이상의 승객이 탑승할 수 있다. 여기에 30~35퍼센트의 승무원을 더해야 한다. Marine Insight, "Top 10 Largest Cruise Ships in 2020," https://www.marineinsight.com/know-more/top-10-largest-cruise-ships-2017/.

50 R. L. Zijdeman and F. R. de Silva, "Life expectancy since 1820," in J. L. van Zanden et al., eds., *How Was Life? Global Well-Being since 1820* (Paris: OECD, 2014), pp. 101 – 116.

51 이런 과도한 사망률은 유럽연합의 경우에는 European Mortality Monitoring(https://www.euromomo.eu/)에 주기적으로 업데이트되고, 미국의 경우에는 Centers for Disease Control(https://www.cdc.gov/nchs/nvss/vsrr/covid19/excess_deaths.htm)에 업데이트된다.

52 국가별과 지역별 연령층 분포는 https://population.un.org/wpp/Download/Standard/Population/에서 확인할 수 있다.

53 American Cancer Society, "Survival Rates for Childhood Leukemias," https://www.cancer.org/cancer/leukemia-in-children/detection-diagnosis-staging/survival-rates.html.

54 US Department of Defense, *Narrative Summaries of Accidents Involving U.S. Nuclear Weapons 1950–1980* (1980), https://nsarchive.files.wordpress.com/2010/04/635.pdf; S. Shuster, "Stanislav Petrov, the Russian officer who averted a nuclear war, feared history repeating itself," *Time* (September 19, 2017).

55 이 재앙에 대한 가장 자세한 보고서는 International Atomic Energy Agency, *The Fukushima Daiichi Accident* (Vienna: IAEA, 2015)이다. 일본 국회도 공식적인 보고서를 발행했다. *The Offcial Report of the Fukushima Nuclear Accident Independent Investigation Commission*, https://www.nirs.org/wp-content/uploads/fukushima/naiic_report.pdf.

56 보잉의 공식적인 발표는 https://www.boeing.com/737-max-updates/en-ca/737MAX에 업데이트되는 737 맥스를 참조하기 바란다. 비판적 평가에 대해서는 특히 D. Campbell, "Red-line," *The Verge* (May 2019); D. Campbell, "The ancient computers on Boeing 737 MAX are holding up a fix," *The Verge* (April 2020)를 참조하기 바란다.

57 2018년 세계 이산화탄소 배출량 비율은 다음과 같았다. 가장 많이 배출하는 중국이 30퍼센트에 가까웠다. 상위 2개국, 즉 미국과 중국이 43퍼센트, 상위 5개국(중국, 미국, 인도, 러시아, 일본)이 51퍼센트, 상위 10개국(독일, 이란, 한국, 사우디아라비아, 캐나다 추가)이 거의 정확히 3분의 2를 차

지했다. Olivier and Peters, *Global CO₂ emissions from fossil fuel use and cement production per country, 1970–2018.*

58 장기적인 노력은 눈에 띄는 성과가 금방 드러나지 않기 때문에 중국, 미국, 인도, 사우디아라비아 같은 이질적인 국가들이 뭔가를 전반적으로 합의해서 꾸준히 추진할 가능성이 더욱더 줄어든다.

59 이제 고전이 된 램지의 평가는 명확하다. "우리는 과거의 즐거움에 비교해 훗날의 즐거움을 디스카운트하지는 않는다. 이런 행위는 윤리적으로 변명의 여지가 없고, 상상력의 부재에서 비롯되는 관습이다." F. P. Ramsey, "A mathematical theory of saving," *The Economic Journal* 38 (1928), p. 543. 물론 이런 완고한 태도는 상당히 비현실적이다.

60 C. Tebaldi and P. Friedlingstein, "Delayed detection of climate mitigation benefits due to climate inertia and variability," *Proceedings of the National Academy of Sciences* 110 (2013), pp. 17229–17234; J. Marotzke, "Quantifying the irreducible uncertainty in near term climate projections," *Wiley Interdisciplinary Review: Climate Change* 10 (2018), pp. 1–12; B. H. Samset et al., "Delayed emergence of a global temperature response after emission mitigation," *Nature Communications* 11 (2020), article 3261.

61 P. T. Brown et al., "Break-even year: a concept for understanding intergenerational trade-offs in climate change mitigation policy," *Environmental Research Communications* 2 (2020), 095002. 동일한 모형을 사용해서, 켄 칼데이라Ken Caldeira는 (최근에 많은 국가가 목표로 제시했듯이) 2050년까지 탄소 제로를 위한 투자의 내부 수익률과, 회피된 기후 피해가 탄소 배출의 절감을 위해 투자한 비용을 넘어서는 양의 수익positive return이 시작되는 때를 계산했다. 수익률은 약 2.7퍼센트이고, 양의 수익은 다음 세기 초에야 가능하다.

62 High forecast: United Nations, *World Population Prospects 2019.* Low forecast: S. E. Vollset et al., "Fertility, mortality, migration, and population scenarios for 195 countries and territories from 2017 to 2100: a forecasting analysis for the Global Burden of Disease Study," *The Lancet* (July 14, 2020).

1   M. M. M. Mazzocco et al., "Preschoolers' precision of the approximate number system predicts later school mathematics performance," *PLoS ONE* 6/9 (2011), e23749.

2   United States Census, *HINC-01. Selected Characteristics of Households by Total Money Income* (2019), https://www.census.gov/data/tables/time-series/demo/income-poverty/cps-hinc/hinc-01.html; Credit Suisse, *Global Wealth Report* (2019), https://www.credit-suisse.com/about-us/en/reports-research/global-wealth-report.html; J. Ponciano, "Winners/Losers: The world's 25 richest billionaires have gained nearly $255 billion in just two months," *Forbes* (May 23, 2020).

3   V. Smil, "Animals vs. artifacts: Which are more diverse?" *Spectrum IEEE* (August 2019), p. 21.

4   The power of prime movers is reviewed in V. Smil, *Energy in Civilization: A History* (Cambridge, MA: MIT Press, 2017), pp. 130–146.

찾아보기